# THE RED PRINCE

## The Secret Lives of a Habsburg Archduke

# 紅王子

## 一位貴族的秘密人生與流轉中的近代歐洲認同

Timothy Snyder

提摩希・史奈德——著　黃好萱——譯

# 各界好評

「本書真正的傑出之處，在於它帶領讀者來到十九世紀的浮華世界、接著經歷炮火連天的新世紀開端、見證一九三〇年代流亡貴族在巴黎的淫靡生活、窺探納粹德國的影子政治，最終再來到蘇聯占領下受盡壓迫的戰後東歐。史奈德將威廉生前身後的宏大歷史故事鑲嵌於精巧、縝密的框架中，最後反思其與當今時局的關聯，內容發人深省。」

——《外交事務》（*Foreign Affairs*）

「史學家不似小說家，寫作時通常是不苟言笑、鮮少展現幽默感。開點玩笑無傷大雅，但研究奧匈帝國晚期的史學家多是剖析帝國的種種民族衝突、思考當時的政治權謀，並爭論帝國解體的原因。然而，耶魯大學專門研究歐洲東部邊境地區的史學家提摩希・史奈德現在卻大膽打破了此傳統。其新作《紅王子》背後的目的絕非為了引人發笑，畢竟故事是以慘痛的悲劇作結。可本書主角卻是個天性憨傻的人——然而他令人笑中帶淚的歷險記，正是他那時代的象徵。」

——《紐約書評》（*New York Review of Books*）

「史奈德撰寫的傳記以一精彩主題巧妙引讀者上鉤，向他們訴說二十世紀歐洲的歷史和政治真相。」

——《泰晤士報》（*The Times*）

「史奈德對哈布斯堡家族諸多奇聞的描繪讀來充滿樂趣。」

——《星期日泰晤士報》（*Sunday Times*）

「史奈德道盡威廉絢爛的一生，以及其浮華表象下的憂傷。威廉的政治關係時而不討人喜歡，但史奈德在歷史背景下敘寫這段故事，因而讓人得以同理；這位支持君主制的王公貴族意外有著引人共鳴的形象，他對烏克蘭建國大業的付出是出自真心，而非僅是為了攀附上位。……《紅王子》讓歷史失落的一章躍然紙上，更與我們這個時代息息相關。」

——《波士頓環球報》（*Boston Globe*）

「提摩希・史奈德是說故事的能手。」

——《電訊報》（*The Telegraph*）

「在當今研究中東歐的歷史學家裡，最有才氣、最敏銳的大概就屬史奈德了。他絕對是講述此故事的不二人選。他發掘出大量鮮有人知的資料和引人入勝的細節。……這本書精彩萬分，讀來扣人心弦，處處充滿驚喜和令人難忘的小插曲。此書填補了我們的知識斷層，並以通俗易懂的筆法介紹歐洲史上這片幾乎無人關注的領域。」

——《觀察者》(*The Spectator*)

「史奈德巧妙處理此人非凡一生所體現出的、至今仍然棘手的民族與性別認同問題。」

——《科克斯書評》(*Kirkus Reviews*)

「有時候，市面上總會出現一本讓你讀完仍意猶未盡的書。喜歡歐洲歷史的人必定會等不及翻開《紅王子》。……文采極其優雅又流暢。……是研究該段歷史的人的必備讀物。」

——《週日論壇報》(*The Sunday Tribune*)

「《紅王子》不僅是為鮮有人知的威廉・哈布斯堡作傳。耶魯大學知名史學家提摩希・史奈德將這位大公及其家族的故事揮灑於歐洲歷史的豐富畫布上。要不是書中羅列出廣大的資料來源和各式學術機構，本書幾乎可算是一部歷史小說了。」

——《冷戰研究期刊》(*Journal of Cold War Studies*)

「提摩希・史奈德必能躋身同輩裡最傑出、最具原創精神的東歐史學家。他的作品值得我們關注。」

——提摩希・賈頓艾許（Timothy Garton Ash），知名歷史學家，《檔案》作者

「提摩希・史奈德早已證明他極擅於處理像中東歐身分認同這樣的複雜議題。他現在更展現出自己說好故事的能耐：條理清晰、輕快又引人入勝。《紅王子》深入鑽研這片多數西方讀者不熟悉的歷史領域，實為寓教於樂之作。」

——諾曼・戴維斯（Norman Davies），英國國家學術院院士

「美國最有才華、最創新的歷史學家。」

——尼爾・弗格森（Niall Ferguson），知名歷史學家，《帝國》、《末日》作者

「看看這位下足功夫的大師史家——耐心、堅定、嚴謹又聰明。一年裡，我能聽到幾個聞所未聞的故事？這種事可不常有。所以小心了，本書很容易上癮！現在我也打算要讀他的其他作品了——你們一定也會。」

——艾倫・佛斯特（Alan Furst），《波蘭軍官》與《海外記者》作者

「凡是對中東歐歷史有興趣者，《紅王子》肯定會讓你手不釋卷。但本書的魅力不止於此。此書集嚴謹的學術研究、對世界的感知及優秀文筆於一身，是非常罕有的成就。」

——約翰・盧卡奇（John Lukacs），《倫敦五日》作者

# 目次

導讀
# 成為烏克蘭人的哈布斯堡大公，中東歐近代史的蹊徑

夏克勤（美國印第安納大學布魯明頓校區歷史系副教授）

對王子公主的好奇、崇拜甚至癡迷，是法律上人人平等的當代大眾社會甩不掉的詭異習慣。二戰之後，不同門派的社會史家努力地從下而上的觀點，想扭轉歷史敘事與大眾歷史意識過於聚焦大人物甚至王公貴胄的傳統觀點。但出了學院，在說服大眾與王公貴胄告別這一點，職業歷史學家仍困在革命尚未成功的階段，連同志應否繼續努力可能都是疑問。

美國東歐史名家提摩希・史奈德乾脆挑了位哈布斯堡大公，以他的傳記講述一段驚心動魄的中東歐近代史。史奈德筆下的主人翁威廉・馮・哈布斯堡—洛特林根（Wilhelm von Habsburg-Lothringen），並不是家喻戶曉的大人物。他是早被遺忘的小名流，只有少數烏克蘭民族主義者與學者勉強記得這位歷史邊緣的註腳。史奈德可謂另闢蹊徑，以這位罕為人知、或就算為人知也被視為與「歷史潮流」始終不同調的過氣小牌皇族為主軸，透過職業歷史學家常逃避的傳記文類，重探歐洲近代史上極端重要，在東歐尤其刻骨銘心的民族認同與民族國家形成問題。威廉・哈布斯堡的「多重秘密人生」（英文版副標題）不但挑戰在中東歐各國陰魂不散、以民族解放與民族命定論為基調的官方正統歷史敘事，也透過史奈德的

生花妙筆展示人稱歷史旁流、支流、潛流、斷流，換個角度拉長尺度來看，很可能比所謂歷史主流，更能說明歷史主流；它們甚至才是真正主流。

皇家八卦與威廉的離奇人生，讀來非常引人入勝。這不只是偷窺名人，或是小民看大人出醜的快感。始於亞得里亞無憂海濱少年，隨父親的波蘭大夢（史蒂芬大公想成為哈布斯堡君主國內的波蘭國王）在加利西亞波蘭環境接受教育，威廉卻反抗父親轉而支持（哈布斯堡加利西亞省內）受波蘭民族主義者壓迫的烏克蘭民族主義，然後有意識地將自己教育成屬於烏克蘭的哈布斯堡人，就像父親想建立屬於波蘭、認同波蘭的哈布斯堡支系一樣。在一戰後期，身為哈布斯堡軍官，但也是烏克蘭的哈布斯堡大公與可能的未來烏克蘭國王，他率領哈布斯堡建立的烏克蘭部隊，在俄羅斯帝國內的哈布斯堡占領區進行不折不扣的民族建構「烏克蘭化」政策，支持農民與民族主義反抗運動，得到「紅王子」的激進名聲，招來德國與其他哈布斯堡官員的猜忌。

德國戰敗，哈布斯堡帝國在協約國冷眼旁觀下瓦解。自稱民族國家的各個中東歐新國家成立，面對晚期哈布斯堡帝國同樣的問題：「少數民族」的民族問題。相較不屬於任何民族的哈布斯堡王朝，這些新統一、新獨立民族國家一個比一個凶狠。威廉在詭譎多變，布爾什維克俄國與新獨立（不需要哈布斯堡國王的）波蘭對峙的一戰延長賽之中，繼續為烏克蘭民族主義效力。雖然是「紅」王子，卻也毫無窒礙地在一九二〇年代初期與德國的保守極右派陰謀家與企業家合謀，寄望白色國際利用反共恐懼與反凡爾賽情緒促進中歐聯合，進而發動另場戰爭改變局勢，創造烏克蘭獨立的空間。威廉合作的人士不乏反民主極端民族主義者、未來納粹、騙子，他參加的陰謀很有詐騙與幻想成分，也不意外地以失敗告終。

但是烏克蘭認同似乎讓他心安理得與各路人馬周旋，或被他人利用。

一九二〇中期到一九三〇年代中期，失去政治舞臺（「被歷史潮流」淹沒？），也與父親公開決裂（波蘭民族主義 vs. 烏克蘭民族主義）的威廉，在巴黎等地過著紈褲子弟的放蕩人生。史奈德盡力從零碎的史料與戰間期巴黎社會脈絡，勾勒出一幅在性生活等各方面視主流社會規範於無物的流亡者圖像。身為哈布斯堡，威廉長期是無國籍者，他與下階層性工作者和聲名狼藉的女冒險家來往，就像他跟其他棲身巴黎的舊貴族流亡者交際一樣自然。他最後被交際花捲入詐欺案（很可能是涉入東歐情報機構的圈套），匆匆逃亡，因醜聞失去參與三〇年代中後期哈布斯堡新一波復辟政治的機會。其後威廉對法西斯等反民主右派政治意識形態產生興趣。認定法西斯及納粹政策對烏克蘭反抗蘇聯有利，再加上忌妒哈布斯堡家族新族長與皇位繼承人奧托的光采，他公開表示支持納粹，並一反過去同情猶太人的態度。德奧合併之後，他被納粹徵召重回軍官身分。死忠認同波蘭的大哥艾伯赫特大公一家在一九三九年之後，被納粹狠狠迫害，而威廉在維也納坐冷板凳，有很多時間謀取被納粹沒收的大哥與早亡（也是波蘭人）二哥的財產。

但是威廉也比很多人早預測納粹的敗亡。作為烏克蘭民族主義者，納粹對烏克蘭的種族主義剝削政策，逼威廉判斷納粹不可能幫助烏克蘭脫離蘇聯，甚至不可能在戰場上擊敗蘇聯。他開始為西方盟國的情報人員工作，並且在戰爭後期協助烏克蘭民族主義者與法國情報機構建立聯繫。二戰結束，威廉以為可以在重生奧地利共和國支持重建的民主，找到落腳之處。但是他深深涉入烏克蘭民族主義運動，招來紅軍反情報組織的注意。一九四七年六月威廉在維也納的英國占領區被蘇聯軍人綁架，並以階下囚的身分生平第一次赴基輔。他最後於一九四八年五月被判服刑二十五年，並很快地在八月因肺結核死於基輔的監獄醫院。其後數年蘇聯政府假稱他活著，而奧地利政府在一九五二年取消他一九三六年取得的奧地利國籍，很方便地不用再關心他的下落。威廉遺骨流落何方無人知曉。

哈布斯堡大公、烏克蘭民族主義者、激進的紅王子、右派陰謀家、業餘的商人（詐欺犯？）、法西斯崇拜者、納粹同情者與德軍軍官、為西方盟國工作的間諜、民主選舉支持者、雙性戀花花公子、愛開車兜風、一輩子沒有認真工作養過自己（他靠家族，尤其是波蘭人哥哥們的津貼過日子）。威廉看起來就是位充滿缺陷又欠缺政治原則，甚至無能隨波逐流，「被歷史潮流」淘汰，在民族主義與宣稱平等（甚至民主）的大眾社會中沒有一席之地的前皇族大公。但是史奈德提醒讀者，威廉無法預測的起伏人生，他的野心與缺陷，都非常人性，也非常地二十世紀東歐。他的個人生涯，始終反映他身處的時代。一位可能不是特別有才華，也常常識人不明的紈褲子弟，卻自己選擇成為烏克蘭人，名為瓦西里．維希萬尼。而政治變色龍皮之下始終不變的，是他的烏克蘭民族認同；他在二十歲之前決定成為烏克蘭的哈布斯堡，五十三歲時作為姓哈布斯堡的烏克蘭人為烏克蘭民族主義運動而死。他被蘇聯特務審訊時堅持只說烏克蘭語。

那麼，威廉的「多重秘密人生」在中東歐歷史的大圖像裡，到底有什麼重要性？為什麼史奈德的書不是，或至少不只是又一本哈布斯堡宮闈八卦？

《紅王子》一書，其實是以更親民也更生動的方式，透過一個人的傳記，印證發揮史奈德對於東歐民族主義的主要觀點。台灣這幾年陸續出版史奈德著作的中譯。《暴政》（英文二〇一七年，中文二〇一九年）、《到不自由之路》（英文二〇一八年，中文二〇二三年）、《重病的美國》（英文二〇二〇年，中文二〇二〇年），甚至《黑土》（英文二〇一五年，中文二〇一八年）是比較偏向政治評論的作品，它們的共同主題是自由民主制度的危機與前途，也是他近年的關懷重心。《民族重建》（英文二〇〇三年，中文二〇二三年）與《血色大地》（英文二〇一〇年，中文二〇二二年）則是史奈德作為東歐歷史學家確立一家之言著作，與《紅王子》（英文二〇〇八年，中文二〇二五年）和稍早的《秘密戰爭速寫》（暫譯標題，英文二〇〇五年）構成他在二十一世紀初七年內接連出版，以現在叫作波蘭與烏克蘭的區域為關注核心的東歐四部曲。

接連獲獎的《民族重建》已經是東歐史博士生資格考試必讀的經典。該書主題是近代早期的東歐波蘭立陶宛聯邦地域與人群，如何演變成今日的波蘭、烏克蘭、白羅斯、立陶宛民族與民族國家。史奈德在該書中多番論證，說明「重建」其實是「改建」或「新建」，將原本階級、地域、或宗教信仰為主的社會政治區分，透過政治演變，尤其是帝國政策與不同菁英團體對於政治權力的爭奪與政治疆界的想像，陸續轉化為我們今天所認知與理解的民族區分與認同。這個長時間的進程，有許多複雜甚至隨機的因素。這些東歐「民族」歷史上並非如民族主義者所說，自古以來就存在，透過語言、文化甚至血緣定義，可以清楚區分界線。「民族」在近代早期東歐，通常指的是享有參政特權的（多語）貴族階級群體。農民、工匠甚至城居中間階層不是原本「民族」的成員。到了十九世紀下半，甚至二十世紀中期，才因民族主義的思想發展與政治動員，有了現代意義的民族輪廓與邊界，而占人口絕大多數的農民才被民族主義者在概念上加入「民族」（因為據稱語言文化相同，所以「自古以來」就是一族而應共享政治權力與命運）。而且這個進程，很大部分是政治的決定：戰爭、帝國（包括蘇聯）政策、外交斡旋、強權政治、以及二戰期間與二戰之後的族群清洗。例如加利西亞的波蘭與烏克蘭民族主義土地爭執，可以說是二戰後在蘇聯的控制下以族群清洗與重劃政治邊界的方式「解決」。民族主義的力量，不是來自於歷史悠久，也不是來自於語言文化或血緣的共通，而是來自於人們因為各種原因主動或被動接受、甚至擁抱共屬於叫作某某民族的群體。

《紅王子》主人翁威廉．哈布斯堡體現了這個進程。哈布斯堡家族並不屬於任何現代意義的民族，雖然他們長期強調自己的德意志文化與德意志政治角色。威廉的父親懷抱成為（哈布斯堡體制下）波蘭王的野心，希望在民族主義抬頭的年代，結合對王朝的效忠與對民族的認同。威廉的烏克蘭認同在一九二〇年之前也有一樣的性質。重點是：威廉一家有空間也願意自己選擇民族認同，為自己選擇的民族犧牲，沒有絲毫違和感。而威廉政治上看似變色龍的立場轉換，也反映出東歐民族主義的力量（威廉始終一致信念就是烏克蘭認同）與挫折（外力決定民族的形狀、疆域、與獨立於否）。命運操之在人，民族主義者不只需要信念與策略，也需要機運。軍人、間諜、詐欺犯、國會議員、陰謀家、紈褲前朝子弟、地主、商人、投機客完全是民族獨立運動史的一部分，無論之後的官方民族歷史與正統民族神話是否將他們消音滅形。

《紅王子》也是透過威廉．哈布斯堡一家三代，來談二十世紀中東歐，尤其是波蘭、烏克蘭、與帝國之後剩餘（小）奧地利的歷史。史奈德使用二十多個檔案館的十餘種語言史料，消化大量的相關前人研究，將一家人不同成員的認同與遭遇，巧妙地鑲嵌進二十世紀上半波蘭的獨立、消亡、蘇聯控制下再獨立，烏克蘭的一九一八到一九二一年短暫建（兩）國及其後不停歇的獨立抗爭運動，以及奧地利共和國的無奈成立、內戰、被納粹德國併吞、一九四五年的幸運再生（且沒被蘇聯控制）等歷史脈絡。讀《紅王子》，是讀威廉的一生，也是讀他的父親、他的兄姊與嫂嫂們的生涯，以及他們所在、所認同的後哈布斯堡中東歐國度與人群的命運。尤其在民族認同逐漸被各國以族裔（ethnicity）甚至種族（race）定義的中東歐，他們所代表以個人政治認同決定民族身分的傳統（與自由）被完全否定。我覺得整本書裡最讓人佩服的人物，是威廉的大嫂。她原名愛麗絲．安卡克羅納，出身瑞典貴族家族，為愛情嫁了兩位波蘭貴族（第二任丈夫是威廉的大哥），成為堅定的波蘭人。集信念、膽識、美貌於一身，連負責審訊她的蓋世太保對她都又敬又怕。但是二戰後波蘭政府大筆一揮，為波蘭受盡納粹折磨的大哥大嫂一家，卻不能繼續當波蘭人住在波蘭。哈布斯堡家族在歐洲叱吒數世紀，常依賴她這種有才華的女性成員撐起大局。可是二戰後的東歐，她卻沒有容身之地。

對史奈德的中東歐史著作有興趣的讀者，如果覺得《民族重建》過於學院，其中出場人物太多討論太複雜，或覺得《血色大地》太血腥不忍卒讀，《紅王子》的主題與論點與它們不但有重疊之處，傳記本身又有眉目清楚的先天優勢；加上威廉生平的離奇曲折就像小說，《紅王子》可以看作進入前兩本書的另一種途徑。當然，最理想就是三本書都讀。它們各有論證與偏重，寫作角度風格亦不同。但互相補充、印證、解釋之處正是智識樂趣所在。

細心的《紅王子》讀者，可能會注意史奈德在最後一章討論歐洲民族主義與歐盟時，多少有些挑釁地宣稱：歐洲各國，無論是課本上不斷重複的經典案例德意志與義大利，或是一戰之後號稱從帝國壓迫解放的中東歐諸國，今日就算招牌不改，但早已不是當年出自民族統一／解放大業的十九或二十世紀民族國家。古典的中東歐歐洲民族國家「本質上已經消亡，它們重演哈布斯堡的多民族歷史，只是速度更快、更殘酷，結局也更血腥」。史奈德也認為哈布斯堡帝國與歐盟之間有不少相似可比之處。雖然不乏諷刺與無奈，但基本上兩者都是避免更壞情況發生的機制。此類對哈布斯堡帝國歷史與其遺產比較正面的看法，大致反應國際學界過去四十餘年研究的成果，尤其是民族主義動員與大眾對帝國認同支持的共生關係，與哈布斯堡官方大致寬宏包容的族群政策態度。史奈德對於威廉的呈現，即使不時指出他個人缺陷與不一致，大體上仍是正面敗者的形象。這不僅是史奈德對烏克蘭與波蘭歷史處境一貫的同情，愛屋及烏，也是學界對中東歐哈布斯堡經驗的看法漸趨正面之一環。哈布斯堡的統治與哈布斯堡家族本身，尤其與十九世紀同時期鄰近地區，以及二十世紀哈布斯堡垮臺之後的中東歐歷史經驗相比，愈看愈有可取之處。

《紅王子》一書另有兩個值得一提的長處。史奈德為了幫助讀者進入二十世紀初的哈布斯堡中東歐脈絡，第一章〈金色〉藉著重述一九〇八年慶祝法蘭茲．約瑟夫皇帝登基六十年的一齣祝賀劇，將哈布斯堡帝國的政治史做了扼要概述（哈布斯堡王朝的顏色是黑與金）。這是我見過最好讀的哈布斯堡帝國一章極簡史，內容大致可靠，也不落入老式中東歐史窠臼。本書附錄最後的〈名稱與語言〉，扼要解釋哈布斯堡體制、機構與稱謂。兩者合讀，就是不會讓人頭痛的哈布斯堡晚期歷史順手題解。

此外，史奈德的寫作手法高明，讀者不需擔心多到讓人暈眩的人名地名。他非常有效率地只帶入必要的人物與必要的細節。配合書末附錄的出場人物傳略與哈布斯堡世系表，讀者可以放心跟著史奈德走，看他如何在可靠（與不可靠）史料與根據脈絡的推測之間，拼圖出順暢的大敘事與小故事；將個人遭遇放在大脈絡，大圖像微縮到個人身上。史奈德的寫作巧思，也在以不同顏色代表每一章的內容與主導意象。例如〈藍色〉，大海的顏色，不意外是威廉的亞得里亞濱海童年。〈紅色〉，是年輕前線軍官的戰爭經驗與激進改革者的顏色。〈白色〉，是因為參加二〇年代的反布爾什維克白色國際保守派陰謀。〈棕色〉，傳統上納粹運動的代表色，是威廉傾向法西斯與納粹的時期。〈橙色〉，最後一章，史奈德將威廉的一生與他的烏克蘭願景，連結到當今的烏克蘭與統合中的歐洲，因此用了二〇〇四年烏克蘭橙色革命的今典。

本書在二〇〇八年出版，用橙色討論威廉的烏克蘭夢，與烏克蘭及其他東歐國家在二十一世紀初寄望於歐洲統合之間的關係作結，看來言之成理。但是史奈德二〇〇八年相對樂觀的判斷，也成了時代的遺跡。歐盟不再是歐洲諸國理所當然的歷史終點。疑歐脫歐成為主流政治立場一派，甚至是政治現實。史奈德在二〇〇八年將歐洲民族國家的去民族主義、自願放棄部分主權加入歐盟的「再哈布斯堡化」（這是我的用語）趨勢，也就是二十世紀拼命想離開大型共同體，二十一世紀初搶著加入大型共同體，視為理所當然。但在東西歐各國疑歐反歐盟的民族主義強硬右派、甚至種族主義極右派近年選舉屢創得票新高，甚至躍升組成政府最大力量的二〇二〇年代，哈布斯堡的正面遺產似乎又被中東歐放棄。俄羅斯對烏克蘭從二〇一四年開始的武裝入侵，以及從二〇二二年起進行的全面戰爭，似乎對於威廉的烏克蘭願景，以及歐洲民族主義的馴化，再度打了大問號。

可是短期的悲觀，未必會在長期眼光中得到確認。威廉看似常敗大公，但史奈德提醒我們他可能更在「歷史潮流」的前端：「威廉的抱負儘管在當時看來怪異，卻在今天結成了果實。他相信烏克蘭值得存在，於是在選定此處後便盡心推動自己稱為『烏克蘭化』的工作。當今烏克蘭的大多數公民都認同烏克蘭的民族身分，也對烏克蘭國家的未來懷有信心，由此看來『烏克蘭化』確實成功了。在威廉開始為自己籌劃烏克蘭大業的近一世紀之後，這個國家已成為東歐重要的民主國度。隨著俄羅斯投向選舉式專制、波蘭穩穩加入歐盟，烏克蘭也成為了歐洲政治的樞紐。」俄烏戰爭可見的後果之一，是烏克蘭民族主義，尤其公民民族主義（civic nationalism）的信念，看來更加強固。無論戰爭結果，烏克蘭多元的烏語及俄語人口，對烏克蘭這個政治共同體有了更清楚而強烈的信念。烏克蘭民族是因為背景各異的烏克蘭人，希望它在俄羅斯的戰爭威脅之下存續，而能不絕。正如十九世紀晚期法國學者勒南（Ernest Renan）所言，民族是「每日舉行的公民投票」，而不是語言、文化、或血緣的命定。

如此透過實踐存在的民族認同，最核心就是個人選擇認同的自由。史奈德在〈橙色〉的結尾說：「創造和重塑身分的能力確實最是接近任何自由概念的核心——無論是免受他人壓迫的自由，還是成為自己的自由。哈布斯堡人在鼎盛時期擁有我們沒有的自由，那種得以傾注想像力與決心創造自我的自由。二十世紀的人經常貶之為頹廢和墮落，但這實為誤解。哈布斯堡家族確實自視為國家而非臣民，並從中得益。可是到頭來，作為政府的一分子，而非政府的工具——不正是自由人的願望嗎？……民族必須面朝未來，人們日日都在創造與重塑民族。若我們真以為民族只存在於掌權者提供的整齊歷史敘事之中，那我們自己的故事便結束了。」紅王子威廉身兼過氣小牌皇族與常敗民族主義者，看來只能是徹底的歷史敗者。但是在史奈德筆下，充滿包袱與缺陷的他，或許也是現代人的先驅與值得欽羨的對象。如果我們眼光放遠的話。

致I. K.、致T. H.、致B. E.，

致前人，

也致來者。

此生，即你的永生！

——尼采

# 序曲

從前從前，城堡裡住著一位年輕貌美的公主，芳名瑪麗亞．克里斯蒂娜（Maria Krystyna）。她在城堡裡讀著書，總習慣從終章讀起，以開頭作結。而後納粹來了，史達林主義者隨後跟上。本書說的就是她的家族故事，因此我們也要從結局說起。

一九四八年八月十八日，午夜前一小時，一名烏克蘭上校逝世於基輔的蘇聯監獄。他曾在維也納當過間諜，先是於二戰期間抵抗希特勒，接著在冷戰初期對抗史達林。他躲過蓋世太保的追捕，卻未能逃離蘇聯反情報部門的掌心。有一天，烏克蘭上校告訴同事他要出門吃午餐，之後維也納便再也沒人見過他。他被紅軍綁架、送上飛機押往蘇聯，並受到嚴刑拷打。他死於監獄醫院，而後葬身無名塚裡。

烏克蘭上校有一名兄長，他也擔任過上校，同樣曾抵抗納粹。他憑藉過人勇氣，在德國各座監獄和集中營裡熬過整場戰爭。蓋世太保的酷刑使他半身癱瘓、單眼失明。二戰結束後，兄長歸國欲拿回家族遺產。家產位於波蘭，兄長也自命為波蘭人。可家產已於一九三九年遭納粹奪走，一九四五年再次被共產黨沒收充公。納粹的審訊者得知其家族有德國背景，欲逼迫上校承認自己種族上是德裔。可他斷然拒絕。如今，他在新入主的共產政權身上聽到同一套說辭。他們說，他在種族上屬於德裔，因此無權在新生的波蘭擁有地產。納粹奪走的，會由共產黨收下。

與此同時，波蘭上校的幾個孩子都難以適應新的共產秩序。女兒在申請醫學院時必須填寫家庭的社會階級，選項有工人、農民與知識分子——馬克思官僚制度的標準分類。這位苦惱的年輕小姐在猶豫久久之後，決定寫下「哈布斯堡」。這是實話。申請醫學院的人正是年輕的公主克里斯蒂娜・哈布斯堡。她的父親是那位波蘭上校，前述的烏克蘭上校則是她的叔叔，兩人都是哈布斯堡王朝的親王、皇帝的後裔、歐洲最顯赫家族的成員。

公主的父親艾伯赫特（Albrecht）和王叔威廉（Wilhelm）生於十九世紀末，在帝國當道的世界中長大成人。當時他們家族仍統治著哈布斯堡君主國，那是歐洲最自豪、最古老的王國，北至烏克蘭的連綿山區，南至亞得里亞海的溫暖水域。哈布斯堡含納十多個歐洲民族，六百年來王權從無動搖。在民族主義興起的年代，烏克蘭上校威廉與波蘭上校艾伯赫特成長過程中便被教導要保衛並壯大家族帝國。他們將成為波蘭王子與烏克蘭王子，效忠領土更加廣袤的君主國，臣服於哈布斯堡皇帝。

此種皇室民族主義是兩人父親史蒂芬（Stefan）的主意。他屏棄帝國家族傳統的四海一家主義，自命為波蘭人，盼能成為波蘭的攝政或親王。長子艾伯赫特是他的忠誠繼承人；么子威廉卻離經叛道，選擇投向另一民族。不過兩個兒子都貫徹了父親的基本理念。史蒂芬認為，民族主義的崛起在所難免，但帝國的瓦解卻非必然。讓各民族自成一國並無法解放少數民族；恰恰相反，他料想到，這麼做只會讓歐洲成為一眾難登大雅之堂的弱小國度，只能依附更強大的國家才能生存。史蒂芬認為，歐洲人倒不如將自身民族理念寄託於更偉大的皇權——尤其是哈布斯堡君主國。在事事不盡如人意的歐洲，哈布斯堡是上演民族大戲的絕佳舞臺，沒有更好的選擇了。史蒂芬心想，那就讓民族政治繼續延燒吧，只要不脫離這座寬容帝國的舒適領土便好，畢竟這裡有著自由的媒體與議會。

因此，對哈布斯堡家族史蒂芬這支血脈、乃至於對王朝本身來說，第一次世界大戰都是一場悲劇。戰爭期間，哈布斯堡的敵人——俄羅斯、英國、法國、美國——都將民族情緒化為抵抗皇室的力量。戰後，哈布斯堡君主國分崩離析、遭到開腸破肚，民族主義就此成為歐洲霸主。一九一八年的慘敗讓選擇烏克蘭的么子威廉尤感創痛。一戰前，烏克蘭土地本是由哈布斯堡與俄羅斯帝國分治。威廉一直自問的民族問題也就應運而生：他能否一統烏克蘭，將之併入哈布斯堡君主國？他能否為哈布斯堡家族統治烏克蘭，就如父親統治波蘭的心願？有很長一段時間，他似乎原本有能力成事。

威廉開創了哈布斯堡的烏克蘭分支，他學習當地語言、於一戰期間指揮烏克蘭部隊、與自己選擇的這個民族緊緊相依。一九一七年，在布爾什維克革命摧毀俄羅斯帝國之時，烏克蘭正待征服，他的機運也來臨了。一九一八年，威廉奉哈布斯堡皇帝之命前往烏克蘭草原，他努力培養平民的民族意識，協助窮人保住從富人手中拿走的土地。他成了舉國的傳奇人物——會說烏克蘭語的哈布斯堡貴族、愛民如子的大公——紅王子。

紅王子威廉・馮・哈布斯堡（Wilhelm von Habsburg）穿過奧地利軍服、哈布斯堡大公朝服、巴黎流亡人士的便裝，也曾配有金羊毛勳章領飾，偶爾還以女裝示人。他能揮舞軍刀、操作手槍、掌控船舵，亦懂得使用高爾夫球桿；有必要時他能擺布女人，欲尋歡時便找男人作樂。他通曉多種語言：大公夫人母親所說的義大利語、大公父親的德語、英國皇室友人的英語、父親欲統治國度的波蘭語，還有自己欲統御土地的烏克蘭語。他並非白璧無瑕，但話說回來，白璧無瑕也無法打造民族國家。每次民族革命，就如每次魚水之歡，都是在借鑒前人。而每個開國元勳都曾輕狂風流過。威廉對自己的政治忠誠度與開放的性關係都表現得毫不羞恥。在他看來，自己的忠誠或慾望無法由旁人定義與約束。然而，在這種滿不在意的表象下，卻隱藏著他特有的道德信條：憑藉身上巴黎飯店房間的香水氣息，憑藉奧地利護照上偽造者的墨跡，他拒絕讓國家的權力定義自己的身分認同。

歸結到底，威廉在身分認同上的態度與兄長艾伯赫特並無太大差異。艾伯赫特重視家族，他效忠波蘭，是父親的優秀兒子。在極權主義的年代，兩兄弟全然不知曉彼此作為，卻又有著相似的行事作風。兩人都知道民族身分可以改變，但拒絕屈就於威脅。艾伯赫特在納粹的拷問下否認自己是德裔。雖然他的家族曾統治德意志土地數百年，但他拒絕接受納粹那種認定民族是由出身界定的種族觀。他已選定了波蘭。威廉則是甘冒大險監視蘇聯，盼著能為烏克蘭爭取西方強權庇護。在接受蘇聯秘密警察審訊的那幾個月，他堅持只說烏克蘭語。兄弟倆都沒能從極權政權的淩遲下恢復元氣，而他們所代表的歐洲也未能重新振作。納粹和蘇聯都認定民族代表著不可動搖的歷史事實，無關人民當下的意志。正是因為兩者曾以如此暴力的手段統治大半歐洲，此種種族觀念才延續至今，歷史的不死之手竟仍悄悄掌控我們。

哈布斯堡家族卻有著更靈活的史觀。王朝可以永久延續，而少有王朝會自認為不值得延續下去。史達林掌權了四分之一個世紀，希特勒則只有八分之一。哈布斯堡卻是在位數百年。而出生於十九世紀的史蒂芬和兩個兒子——艾伯赫特與威廉——也沒有理由相信二十世紀會是家族的末日。畢竟，對這個在神聖羅馬帝國滅國後仍存續下來的神聖羅馬皇族而言、對這個撐過宗教改革的天主教統治家族而言、對這個撐過法國大革命和拿破崙戰爭的保守派皇室而言，民族主義算什麼？在一戰開打前的歲月裡，哈布斯堡也適應了現代觀念，但他們卻像是迎向意外之風的水手，相信旅程會繼續，只是路線稍有不同。史蒂芬和兒子們在面對民族時，並沒有民族必將勝利、帝國則飄搖而亡的預感。他們相信，波蘭和烏克蘭的自由能成為哈布斯堡擴張歐洲版圖的助力。他們認為時間存在著無限潛能，生命裡的各種時刻也充滿榮耀的曙光，就如一滴露水等待晨曦映照出自己的七彩光芒。

即便這滴露水最後被踩在長筒軍靴的黑色鞋底下又如何？這些哈布斯堡人在生前打了敗仗，也未能為他們的民族掙得自由。他們和自己選定的民族一樣，被納粹和史達林主義者踩在腳下。然而，曾審判與裁決他們的專制者也已消逝。有鑑於納粹和共產統治的恐怖，我們不可能視二十世紀的歐洲史為邁向美好未來的進步之路。出於同一原因，我們也很難將一九一八年哈布斯堡的垮臺作為自由時代的開端。那我們又該如何評價歐洲當代史呢？也許這些哈布斯堡人，連同他們已然倦怠的永恆之感，以及對多彩當下的滿懷希望，可以提供我們些許啟發。畢竟過去的每一刻都充滿未發生和可能永遠不會發生之事——如烏克蘭君主國或哈布斯堡復辟；也蘊含看似不可能但事實證明可能之事——如統一的烏克蘭國度或包含著自由波蘭、正在統合的歐洲。若過往如此，那麼如今亦然。

而今，克里斯蒂娜結束漫長的流亡生涯後，終於重回自己年少時棲身過的波蘭城堡。父親的波蘭大業終告勝利，就連王叔充滿異國情懷的烏克蘭獨立之夢也已實現。波蘭加入歐盟，烏克蘭的民主人士也為爭取自由選舉而在國內發起抗議，手裡揮舞著歐洲旗幟。而祖父的預言——愛國主義與對於更廣大歐洲的忠誠並無矛盾——似乎也離奇應驗了。

二〇〇八年，克里斯蒂娜公主安坐在祖父的城堡裡，從結尾到開頭，將這段往事娓娓道來。王叔紅王子的故事她卻並不知曉，或是不願講述。那故事於一九四八年以基輔之死作結。開頭卻來得很早，早在公主出生之前，便始於叔叔威廉反抗她祖父謀求的波蘭大業、始於叔叔選定烏克蘭而非波蘭，甚至或可追溯到更早以前，始於哈布斯堡皇帝法蘭茲．約瑟夫（Franz Josef）對這座多民族帝國的漫長統治，讓波蘭人和烏克蘭人都能對未來的民族解放懷抱念想之時。史蒂芬於一八六〇年出生時正值法蘭茲．約瑟夫在位期間，威廉在一八九五年出生之際法蘭茲．約瑟夫仍在掌權。等到史蒂芬決定舉家成為波蘭人，統治者依舊是法蘭茲．約瑟夫，至威廉選擇烏克蘭時他也還在位。所以說，這故事也許要從一世紀以前講起：遙想一九〇八年，史蒂芬一家遷至一座波蘭城堡，威廉開始夢想打造自己的民族王國，法蘭茲．約瑟夫正慶祝登基六十週年……

# 金色　帝王之夢

在歐洲王朝之中，無一國祚比得過哈布斯堡；而在哈布斯堡歷代皇帝中，也無一人的在位時間長過法蘭茲・約瑟夫。一九〇八年十二月的第二天，帝國最上層的名流都聚集在維也納的宮廷歌劇院，慶祝皇帝統治六十週年。王公貴族、文武百官、主教政客都前來祝賀這位仍然堅信君權神授的統治者的長壽。這次聚會的場所不只是音樂廳，更是一座永恆的殿堂。此宮廷歌劇院就如法蘭茲・約瑟夫在維也納建造的其他宏偉建築一樣具有仿古精神，*設計是參考文藝復興風格，但又面向歐洲最美麗的現代大道。宮廷歌劇院是環城大道（法蘭茲・約瑟夫在位時鋪設的環形大道，包圍著內城區）的瑰寶之一，就如戒環上的寶石。自大道鋪成起直至現在，人民不分貴賤都能乘著路面電車無止盡沿著環城大道繞行，彷彿手裡的車票是通往永恆。

皇帝的慶典在前一晚就開始了。環城大道周圍與城裡的維也納人都在窗邊點起一根蠟燭，在黑夜裡映照出微弱的金色光芒。這個習俗始於六十年前的維也納——法蘭茲・約瑟夫於革命和戰爭期間登

* 譯註：維也納環城大道上的公共建築各自以它們的功能，採用了相應的歷史風格，亦稱作建築的歷史主義，例如國會是新古典，市政廳是歌德，大學是文藝復興。

上哈布斯堡王座之時——並於他的長久統治期間傳及全帝國。不只維也納，還有布拉格、克拉科夫（Cracow）、利維夫（Lviv）、的里亞斯特（Trieste）、薩爾茲堡（Salzburg）、茵斯布魯克（Innsbruck）、盧比安納（Ljubljana）、馬里波爾（Maribor）、布爾諾（Brno）、切爾諾夫策（Chernivtsi）、布達佩斯、塞拉耶佛及其他中東歐各地數不盡的城鎮村莊，忠誠的哈布斯堡子民都會向皇帝致敬，展現自己的耿耿忠心。六十個年頭之後，法蘭茲・約瑟夫皇帝已成為他數千萬子民——德意志人、波蘭人、烏克蘭人、猶太人、捷克人、克羅埃西亞人、斯洛維尼亞人、斯洛伐克人、匈牙利人、羅馬尼亞人——中絕大多數人唯一知曉的統治者。然而，維也納的金色光芒卻不是為了懷舊。市中心數千支閃爍的蠟燭在數百萬個電燈泡的映照下相形失色。環城大道上所有宏偉建築都由好幾千盞燈泡點亮。廣場與十字路口也裝點著通電的巨大星芒。皇帝本人的宮殿霍夫堡（Hofburg）燈火通明。上百萬民眾都踏出家門一睹壯觀景象。

十二月二日早晨，在環城大道上的皇室宮殿霍夫堡內，各大公與女大公都前來祝賀皇帝法蘭茲・約瑟夫。他們是流著相同血脈的親王與公主，像他一樣曾是哈布斯堡皇帝的繼承人選。雖然他們大多在維也納擁有自己的宮殿，但這些人仍是從帝國各地前來，來自他們遠離宮廷生活的各處避世居所，或是自己懷抱野心想要征服的據點。比方說，史蒂芬大公在亞得里亞海的帝國南部就擁有兩座宮殿，在北部的加利西亞山谷亦坐擁兩座城堡。那天早上，史蒂芬偕妻子瑪麗亞・特蕾西亞（Maria Theresia）帶著兩人的六個孩子來到霍夫堡向皇帝道賀。根據宮規，十三歲的么子小威廉現在正值能夠參加儀式的年齡。小威廉成長於蔚藍大海邊，此時周身卻都是象徵家族權力與千秋萬代的奢華擺設。這也是他能見到父親史蒂芬穿著全套禮服的罕見場合。父親脖子上還掛著代表最崇高騎士團的金羊毛勳章領飾。不過小威廉似乎不太在意這種大排場。雖然他確實趁機參觀了存放王座和珠寶的國庫，但他只記得司儀長得好像一隻金公雞。

晚間，皇帝與各位大公將在宮廷歌劇院裡再次會面，但這次會有其他觀眾的見證。至六點，其餘賓客都已抵達就座。而就在鄰近七點整時，大公與大公夫人（包含史蒂芬、瑪麗亞・特蕾西亞和他們的孩子）便都在等候指示進場。大公和女大公會依序隆重出場，一起大步走向自己的包廂。史蒂芬、小威廉與家人來到左側包廂裡，保持站姿。直到此時，法蘭茲・約瑟夫皇帝本人才現身。他今年七十八歲，已經掌權六十年。皇帝彎折著腰，卻很硬朗，還蓄著很有氣勢的鬢鬍，一副高深莫測的神情。他向樓上席位傳來的掌聲致意。皇帝站了會兒。法蘭茲・約瑟夫是以習慣站著出名：他在所有場合都保持站姿，所以各種行程都是讓人鬆了口氣地短暫。他也是出了名的堅毅：兄弟、妻子和獨子都死於非命，只有他存活至今。他的壽數比人民還要長久，經歷多個世代，似乎連時間都是手下敗將。而現在，他精準於七點整入座，其他人也能坐下了，下一場演出終於可以開始。

布幕拉起，觀眾的目光也從現任皇帝轉向一位先帝。獨幕劇《帝王之夢》（*The Emperor's Dream*）係專為慶祝皇帝登基週年而作，主角正是首位哈布斯堡皇帝魯道夫（Rudolf）。觀眾知道，魯道夫是於十三世紀為哈布斯堡開創了王朝的第一人，家族的統治地位自那時延續至今。一二七三年，他成為首位由眾王公推選為神聖羅馬皇帝的哈布斯堡家族成員。雖然在由數百個大小主權國度組成的中世紀歐洲裡，此一頭銜握有的權力有限，但在位者卻主張繼承了已消逝的羅馬帝國遺產，並能領導整個基督教世界。一二七八年，也正是魯道夫憑著戰爭，從令人生畏的捷克國王奧托卡（Ottokar）手中奪下奧地利諸領地。而這片領土也成為了世襲核心領地，魯道夫將之傳給眾兒子，他們而後再傳給所有哈布斯堡人，就這樣代代傳承至法蘭茲·約瑟夫本人。

舞臺上，皇帝魯道夫開始朗聲道出自己對這片奧地利土地未來命運的擔憂。征服已成往事，他現在放眼的是未來。他傳承給兒子的領土會怎麼樣呢？這些兒子是值得託付的繼承人嗎？哈布斯堡接下來又會如何？真實的魯道夫是個身材高大、瘦削、作風相當殘忍的人物，現在卻由一位矮胖討喜的演員扮演。現實中的他舉止殘暴，在舞臺上卻成了一個想小睡片刻的可愛傢伙。魯道夫在王座上睡著了。代表未來的神靈從皇帝身後升起，向他講述哈布斯堡家族接下來幾世紀將有的輝煌。隨著柔和的音樂響起，魯道夫也請未來之靈做他的嚮導。未來之靈接著向他展示五幅夢境，意在使他放心，他掙得的一切都將受珍惜守護。[1]

第一幅夢境是兩個偉大皇族的聯姻。一五一五年，哈布斯堡將賭注下在亞傑隆（Jagiellon）家族上。他們是波蘭的統治者，東歐第一大家族。哈布斯堡與對方安排了兩樁婚事，在賭上自家王土的同時，也是在謀求贏得亞傑隆家族土地的機會。一五二六年，時任波蘭、匈牙利及波希米亞國王的路易·亞傑隆率軍於摩哈赤戰役（Battle of Mohács）對抗鄂圖曼帝國。他的軍隊被擊潰，國王也於逃跑途中落馬死在河裡。依照婚約，其妻為哈布斯堡家族的成員。故在路易死後，波希米亞和匈牙利的王冠便由她的兄弟繼承。波希米亞和匈牙利就此成為哈布斯堡王土，由所有繼任的哈布斯堡統治者收下，代代相傳至法蘭茲·約瑟夫本人。匈牙利國王馬提雅·科爾溫（Matthias Corvinus）在十五世紀便曾寫下：「仗就任別人打！爾幸福的奧地利只管結婚，戰神給予他人之物，會由愛神餽贈予汝。」他指的正是哈布斯堡取得西班牙的過程，那時家族娶了一位繼承順位排行第六的女孩，接著便旁觀其他五人配合地相繼死去。而馬提雅自己的匈牙利王國也步上了後塵。

然而，未來之靈也向魯道夫解釋道，掌管匈牙利並非如此簡單。哈布斯堡與鄂圖曼人之間戰爭不斷。一六八三年，鄂圖曼帝國率領十萬士兵進軍維也納。教堂鐘聲響徹哈布斯堡王土，在城鎮落入土耳其人之手以前敲響了警鐘，然後沉寂下來。維也納遭到圍困，哈布斯堡四面楚歌。此時北方的鄰國兼天主教國度波蘭前來相助。波蘭國王率領令人聞風喪膽的騎兵往南疾馳，紮營於一座可俯瞰城市的小丘上。正如一位穆斯林編年史家所回憶，國王手下的騎士席捲鄂圖曼帝國陣營，就如一股黑色洪流吞噬其所到之處。維也納自由了。在第二幅夢境裡，未來之靈向魯道夫展示哈布斯堡皇帝與波蘭國王的會面。鄂圖曼帝國被擊敗，哈布斯堡成為匈牙利和中歐無可置疑的統治者。

哈布斯堡打勝仗後，現在要煩惱的就是婚姻了。正如未來之靈向魯道夫解釋的，他們眼前的危機在於繼承問題。哈布斯堡以同一家族的兩分支統御大半歐洲、大半世界，其中一分支產生了西班牙及其遼闊殖民領地的領主，另一支則是神聖羅馬帝國皇帝兼中歐的共主。一七〇〇年，西班牙世系後繼無人，中歐分支欲搶奪對西班牙及其帝國的控制，但沒有成功。然而中歐世系也缺乏男嗣來繼承王位。《國事詔書》（Pragmatic Sanction）便是最終的解方，正如未來之靈的第三幅夢境所描繪。夢境中，皇帝當著年僅八歲的女大公瑪麗亞・特蕾西亞面前宣布，她將成為自己的繼承人。一七四〇年，瑪麗亞・特蕾西亞登上哈布斯堡王位，成為最知名的哈布斯堡統治者。未來之靈向魯道夫保證，她將以堅定的手段治國。

在未來之靈向魯道夫揭示的第四幅夢境中，女帝瑪麗亞・特蕾西亞將家族的婚姻帝國主義原則發揮到了極致。一七六三年，瑪麗亞．特蕾西亞與一家人在鋼琴前為年輕的莫札特鼓掌。夢境中，只見她的十六個孩子都在場。莫札特的出現，恰好能暗示哈布斯堡家族是懂得欣賞藝術的文明統治者。但此夢境的重點，卻在於瑪麗亞．特蕾西亞運用自己的子宮與智慧擴展家族在歐洲的權力。她培養長子治國，然後與他共治，她也盡量將女兒們嫁給歐洲諸王。長子約瑟夫是開明的專制君主，且就如他的母親，也希望將哈布斯堡君主國的遼闊領土打造成治理得宜的國度。么女為瑪麗亞．安東尼婭（Maria Antonia），但她的法文名瑪麗．安東妮（Marie Antoinette）更為人所知，她正是法國大革命的眾矢之的。

瑪麗亞．特蕾西亞嫁女於法國王儲，正是哈布斯堡婚姻外交的典型範例。法國本是哈布斯堡的宿敵。雖然雙方都屬天主教國，但法國曾支持篤信伊斯蘭教的鄂圖曼帝國進軍維也納。甚至還有法國外交官想透過行賄來阻撓波蘭干涉。在十六至十七世紀的宗教戰爭期間，法國也曾支持新教王公對付哈布斯堡。法國波旁王朝是哈布斯堡爭奪歐洲大陸權力的主要對手。而法國在與該家族長期抗戰的過程中，也開創出以「國家利益高於一切」為原則的現代外交手段。為對抗此種決絕作風，哈布斯堡便派出一位女孩褪去象徵奧國的禮服。一七七三年，十四歲的瑪麗亞．安東尼婭在萊茵河畔揮別故土朝服，象徵性地成為了法國王妃瑪麗．安東妮。就這樣，兩大王族藉著婚姻契約確立了舊秩序的正當性。

在瑪麗亞．特蕾西亞用女兒當作禮物，欲平息波旁王朝敵意的十六年後，法國王室卻被大革命給推翻了。法國廢后瑪麗．安東妮成了普通公民，還被控以叛國罪和其他更嚴重的罪名。斷頭臺砍下了她所認識和所愛之人的脖子。一七九二年，她在牢獄裡還被要求親吻一位公主（謠傳那曾是她的同性情人）被砍下頭顱的嘴唇。一七九三年，她因阻礙革命和性虐待兒子而被定罪，就此被送上革命廣場的斷頭臺。[2]

一七九〇年代，隨著法國大革命先後轉為恐怖與獨裁統治，拿破崙．波拿巴（Napoleon Bonaparte）也率領大軍欲推翻全歐洲的舊秩序。他帶來一種嶄新的政治形態，其中在位的君王自詡為代表人民，而非神意所欲之階序。拿破崙以從哈布斯堡等敵國手中奪取的土地開創新王國，他於一八〇四年自行加冕為法皇，接著便將自己的親戚推上諸國王位。一八一〇年，哈布斯堡再次嘗試聯姻，將皇帝的女兒許配給拿破崙。這筆交易是由精明的哈布斯堡外交官克萊門斯．馮．梅特涅（Klemens von Metternich）所促成。確實成婚的兩人也成了一對幸福夫妻。一八一二年，拿破崙向莫斯科進軍，哈布斯堡則持中立態度。入侵俄羅斯帝國注定無果，這是一場扭轉局勢的災難。一八一三年，哈布斯堡加入勝券在握的反拿破崙同盟，拿破崙最終落敗。

法國大革命與拿破崙戰爭是第五幅夢境的前奏。接著，未來之靈向魯道夫揭示一八一四至一八一五年的維也納會議。在二樓的會議廳裡，從三扇窗可見到帝國首都風光，天花板則有四扇格柵供梅特涅的間諜使用，還有五扇門供談判各方進出，歐洲諸國便是在此實現了和平。此會議以法治（君主國應由世襲正統君主統治）與權力平衡（任一國都不得擾亂歐陸的其他地區）作為指導原則。這是未來之靈向魯道夫展示的最後一幅夢境，此景充滿希望。哈布斯堡不僅以勝者之姿從拿破崙戰爭中崛起，更有著舉足輕重的地位，家族追求歐洲的穩定，而家族權力的穩定也是歐洲其他強權利益之所在。家族在最終聯盟裡的盟友英國、俄國和普魯士都支持此結果。法國恢復君主制，也重回以往歐洲強權的地位。

未來之靈結束夢境之時，世界一切安好。魯道夫憑藉狡猾與暴力打造而成的領地，由後人以受幸運眷顧的婚姻、女性權力和巧妙外交手段來維繫與擴張。戲劇來到尾聲，魯道夫很讚賞這個講述他的王朝如何善用軟實力的故事，並表示自己已厭倦戰爭，樂見諸國締造和平。

本劇作者是一位由政府委員會相助的女爵。她迴避哈布斯堡日漸衰頹的問題，改為著重和平締造的主題。哈布斯堡人在維也納會議上表現出色，讓其他強權接受了他們將北部舊波蘭土地和南部亞得里亞海劃為己有的要求，但即便他們的領土因此擴張，卻仍只不過是一座中歐帝國。

觀眾知道，從魯道夫到法蘭茲．約瑟夫之間的許多皇帝都更強取豪奪，也統治過更遼闊的土地。幾位皇帝還曾宣稱擁有全世界，甚至超出全世界。卡爾五世（Karl von Habsburg）*在新舊世界的帝國堪稱日不落，他以「超越世界之巔」（Plus ultra）作為自己的座右銘。其子費利佩（Philip）†則鑄造了一枚勳章，上頭刻著「擁有世界仍不足」（Orbis non sufficit）。而腓特烈三世（Friedrich von Habsburg）對母音A、E、I、O、U的著名解讀也引起世人的久久共鳴。用這位國王在十五世紀使用的拉丁語來說，就是「Austriae est imperare orbi universo」，在後來幾世紀的德語則為「Alle Erdreich ist Österreich untertan」，而以我們這時代的通用語來說，便意指「奧地利帝國就是我們的宇宙」。

AEIOU的另一個解讀大概是最能討法蘭茲．約瑟夫的歡心了：「奧地利國祚綿延，超越眾國」（Austria erit in orbe ultima），也可譯為「奧地利將延續到世界盡頭」。這句座右銘是法蘭茲．約瑟夫之父的最愛，法蘭茲．約瑟夫的兒子魯道夫（取此名也是為了致敬首位哈布斯堡皇帝）亦曾特別強調這句話。二十年前的一八八八年，王儲魯道夫曾激烈批評父親放棄了帝國過往的輝煌，且委屈退居歐洲二流國家之列的平庸命運。正如魯道夫所說，固有的無盡抱負最終卻以外交場上的妥協告終，這令他以釋懷。這樣的挫折感，正是現代魯道夫——法蘭茲．約瑟夫之子兼繼承人——於一八八九年舉槍自盡的原因之一。[3]

就算法蘭茲．約瑟夫大概真的願意放棄過往榮耀好了，但矛盾的是，這或許也是他的偉大之處。然而皇帝肯定也注意到了這齣戲稍有蹊蹺。此劇畢竟是為了向他道賀而寫，但五幅夢境卻無一演出他在位六十年間的任何事跡。確實，《皇帝之夢》的故事結束於一八一五年，是他出生的前十五年。他本人，以及他漫長一生中的所有事件和成就都被抹去。

法蘭茲．約瑟夫誕生於一八三〇年，也是民族主義時代之始。正是在這一年，巴黎爆發反對復辟君王的革命，波蘭的叛亂也幾乎突破俄羅斯帝國的掌控。本在維也納會議上擴大了自身勢力範圍的哈布斯堡王朝，如今卻面臨著義大利、德意志、波蘭和南斯拉夫的民族問題。

種種民族大哉問都是拿破崙的臨別贈禮。他曾自封為義大利國王，並解散了神聖羅馬帝國和數十個德意志小邦國，就此鋪下日後德國統一的道路。他也建立伊利里亞王國（Kingdom of Illyria），此為南斯拉夫土地的稱謂，其中的各民族後來分別被稱為塞爾維亞、克羅埃西亞及斯洛維尼亞人。他恢復十八世紀晚期因帝國瓜分而從地圖上消失的一部分波蘭，成立了華沙公國（Duchy of Warsaw）。哈布斯堡聯手

* 譯註：臺灣一般譯作查理五世，卡爾為德語發音。

† 譯註：即菲利浦二世。

Jonathan Wyss, Topaz Maps

## 哈布斯堡時代的世界，約一五八〇年

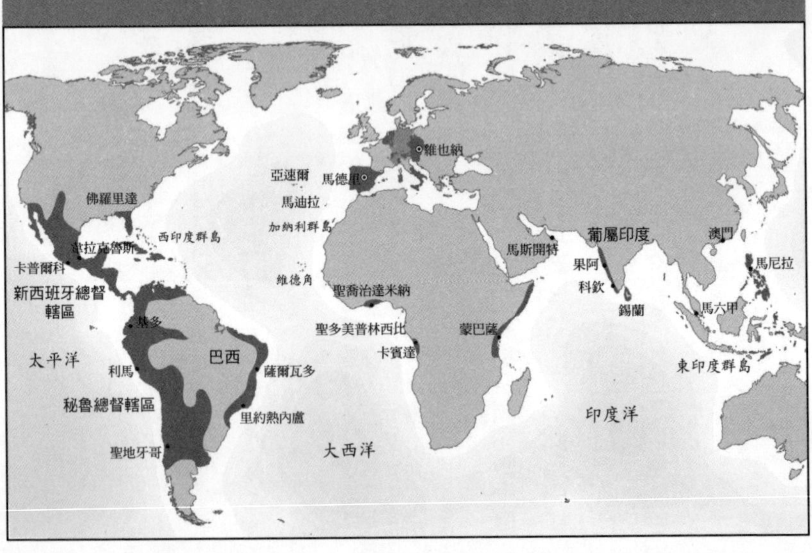

盟國摧毀了這些拿破崙創始的政體，之後便將民族主義視為一種全歐洲都應壓制的革命思想。時任首相的梅特涅命令手下警察逮捕密謀造反者，並讓審查人員刪除報刊書籍中的可疑段落。法蘭茲・約瑟夫年輕時的哈布斯堡君主國是個警察國家。[4]

雖然法蘭茲・約瑟夫從幼年時期的一八三〇至一八四〇年代便被教導要治理一個保守帝國，但愛國人士卻讓地方色彩流過帝國的黑色邊界，繪出一幅未來歐洲的模糊地圖。一八四八年二月，巴黎再度爆發革命。在哈布斯堡王土之內，擁有驕傲歷史和大批貴族階級的各民族（德意志人、波蘭人、義大利人和匈牙利人）都趁此機會挑戰哈布斯堡，紛紛開始抗議和起事。他們為人民呼喊著民族自由，但這套新的說詞實則是貴族為爭取更大地方權威，而替舊有訴求披上的外衣。梅特涅首相只得乘坐洗衣車逃離維也納。

法蘭茲・約瑟夫年方十八便登基為帝。為了對付叛變的各貴族民族，他轉而向他人求助——羅馬尼亞人、克羅埃西亞人、烏克蘭人與捷克人。有些民族起而反抗皇帝，有些民族則持續效忠於他，但無論是哪一種，所有民族都主張自身的存在。所以即便叛變的民族在戰場上吞敗，民族主義的原則仍愈發普遍、廣受認可。更重要的是，哈布斯堡已悄悄發起一場社會革命。為了爭取屬於平民的民族支持，他們為農民卸除了對地主的傳統義務。這些老百姓的子孫都將成為富裕的農場主，甚至升格為小鎮居民。在歷史上沒有貴族階級的人群，也將漸漸認為自己是值得享有權利的民族。

一八四八年，愛國主義大受共鳴，但其在實踐上的矛盾也一一顯現。原以民族自由之名而得以抵抗皇帝的各民族全都想要打壓其他民族：匈牙利人打壓斯洛伐克人、波蘭人打壓烏克蘭人、義大利人打壓克羅埃西亞人，諸如此類。所以法蘭茲・約瑟夫也得以運用此種各方相爭的局面，找出一條重回最高權力寶座的路線。其中，兵力最強大的匈牙利人最終敗於忠於君王的士兵軍官手下（雖然法蘭茲・約瑟夫也只能紆尊降貴向隔壁的俄羅斯帝國討援兵）。民族問題可以由作家提出、由叛亂分子催促答案，但若無君王與將帥，這些問題便是無解。

在世人的記憶中，一八四八年的革命是為各民族之春，各國王皇帝也從中上了一課。一八四八年之後，君王們瞭解到民族主義的風險與機運，彼此間興起了一種新的較勁型態。各民族無法選定統治者，現在便由統治者來選定民族了。大獎便是德意志土地，其中三十多個邦國若加總起來，將會是歐洲最富饒、最強大的國家。一八五〇年代，法蘭茲・約瑟夫曾要求較弱小的統治者臣服於自己的王權之下，意圖統一所有德意志邦國，但是勞而無功。

德國的統一不需哈布斯堡參與。是曾向哈布斯堡稱臣的普魯士，找到了結合世襲王朝統治與德意志民族主義的方法。普魯士是幅員甚廣的德意志君主國，首都位於柏林，由霍亨索倫（Hohenzollern）王朝統治。霍亨索倫家族曾經臣服於哈布斯堡，如今雙方已成對手。在哈布斯堡需要選票以保住神聖羅馬帝位時，霍亨索倫便曾從中得到好處。當哈布斯堡在西班牙王位繼承戰期間需要支持時，他們同意將國王頭銜授予霍亨索倫。霍亨索倫最偉大的統治者腓特烈・威廉（Friedrich Wilhelm）樹立起國家權力的兩大支柱：財政和軍隊。一六八三年，正當哈布斯堡為籌措資金而熔化金製聖物，以在鄂圖曼帝國的圍困下保衛首都時，普魯士則正制定稅收制度。一七四〇年，普魯士否認《國事詔書》之效力、挑戰女大公特蕾西亞的統治權、進攻哈布斯堡君主國，最終奪下大半富饒的西利西亞省。霍亨索倫家族現在不僅是王室，更是在戰場上擊敗了哈布斯堡的強權。

一八六六年，普魯士國王威廉一世攻擊法蘭茲．約瑟夫的哈布斯堡君主國。數量占劣勢的普魯士部隊憑精良武器與組織有方，而在薩多瓦（Sadova）贏得了決定性勝利。大軍也許可以繼續攻向維也納，但普魯士首相奧托．馮．俾斯麥（Otto von Bismarck）卻無意摧毀哈布斯堡。他想要保住君主國，以作為防範俄羅斯和鄂圖曼帝國的屏障。俾斯麥一邊也親手將其餘的德意志諸邦統一為君主制民族國家。一八七〇年，他向法國宣戰並取勝，一切大功告成。那場戰爭讓許多德意志小邦國都加入了普魯士陣營，這次勝利也使之成為全歐頂尖的軍事強國。一八七一年一月，凡爾賽宮的鏡廳成為德國統一的場景。有位偉大的普魯士將軍曾說過，王權的穩固在於詩歌。德國最偉大的詩人弗里德里希．席勒（Friedrich Schiller）亦認為，待德意志擁有自己的民族劇院時，就能算是合格的民族了。但事實證明，對外戰爭亦是上演民族戲碼的舞臺。筆要配上劍才更有威力。

一八六六年的戰敗與哈布斯堡退出德意志地區，兩件事都對下一代的哈布斯堡家族有著深遠影響。生於一八六〇年的史蒂芬大公，在俾斯麥統一民族的年代還是個幼兒。在一八六六年的那場戰爭中，普魯士軍隊曾疾馳過他的家鄉摩拉維亞省（Moravia），和平條約便是於該處簽訂。一八七〇年代，史蒂芬在摩拉維亞接受教育時，該省正毗鄰令人欣羨的強大德國。德國的統一使哈布斯堡似乎只能永遠退守——要不是當個弱小的對手抵抗德國，就是加入德國當個弱小盟友。法蘭茲．約瑟夫那一代人明白，世界強國的地位已遙不可及，但在一八六六年以前，他們原本還能夢想著歐洲與德意志。哈布斯堡不再是歐洲強權、甚至也不再是統御德國的候選人，而史蒂芬正是在此情此景下長大成人的初代大公。

就連哈布斯堡擴張的傳統手段——婚姻——現在也只剩失敗的記憶。一八八六年，史蒂芬迎娶了一位身兼托斯卡尼（Tuscany）公主的哈布斯堡女大公，他的命運也就此與另一個因民族統一（義大利）而成為孤兒的女孩交織在一起。史蒂芬的童年是由俾斯麥的新德國所塑造，而新娘瑪麗亞·特蕾西亞的童年則是由法國在義大利推行的民族帝國主義所決定。法皇拿破崙三世曾於義大利煽動愛國主義，與皮德蒙－薩丁尼亞王國（Kingdom of Piedmont-Sardinia）結盟，意圖從哈布斯堡手中奪取義大利北部。一八五九年，法國與皮德蒙於索費里諾戰役（Battle of Solferino）擊敗奧地利。義大利所謂的「復興」風潮就此展開，半島上眾多小邦國漸漸合而為一，乘著德國的勢頭構築屬於自己的義大利。一八六六年，普魯士在史蒂芬的故鄉摩拉維亞擊敗哈布斯堡軍隊，哈布斯堡又失去了威尼斯。他們本將其割讓給法國，盼能讓對方保持中立，結果卻眼睜睜看著法國再將土地拱手讓給義大利。

義大利正漸漸形成統一的君主制民族國家。愛國人士在因勝利而歡欣鼓舞之餘，也不忘接下來的目標便是讓所有外國勢力（包含法國）撤出他們的國度。一八七〇年，普魯士進攻法國，法軍只得撤軍羅馬保衛家園。但普軍仍成功攻入了巴黎。在柏林成為一統德國的首都之時，羅馬也成了一統義大利的首都。法國和哈布斯堡這對爭搶歐洲霸權的宿敵都吃了敗仗，新生的德國才是在歐洲大陸上所向披靡者。瑪麗亞·特蕾西亞女大公的祖父與外祖父都曾統治過義大利領土，而義大利王國一統之後，兩方的繼承譜系都失去了意義。就這樣，她與史蒂芬的婚姻等同於撤出了哈布斯堡不再統治的義大利。

夢境只能停留在一八一五年，避開接下來民族主義惡夢的開端。法蘭茲·約瑟夫出生於一個欲維持現有秩序的警察國家，後也於革命中登上王位。他的統治沒有和平，只有失敗；沒有穩定，卻有損失；沒有普世權力，卻有逐漸腐蝕國家的地域主義*。除去法蘭茲．約瑟夫之外的每一位君王似乎都能駕馭民族主義，並憑藉著打造君主制民族國家，於現代歐洲找到自己輝煌的一席之地。前述似乎都不適合作為夢境的主題。

在劇中，法蘭茲．約瑟夫在位的六十年必須以不同的手法來呈現。隨著《帝王之夢》接近尾聲，魯道夫也表示自己對夢中景象很滿意，並詢問故事的後續走向。他恰如其分地提出一套新論述來闡釋榮耀的意義，此論述無關領土擴張，所以也能將法蘭茲．約瑟夫奉為哈布斯堡王朝最偉大的人物。魯道夫面向皇帝，張開雙臂向他致意，並引用《新約聖經》，稱「愛」為至高無上的美德與成就。未來之靈附和他的觀點，稱魯道夫和法蘭茲．約瑟夫就如所有哈布斯堡人，深受所有人民的愛戴。[6]

接著愛之靈親自現身了。愛這個字在德文是陰性，在舞臺上由一名女子扮演，她取代未來之靈與魯道夫站上舞臺中心。她對皇帝和他的子民還有最後的話要說。她表示，自己飛越了高山與谷地、橫跨河流與汪洋，已見證過法蘭茲．約瑟夫謙卑子民的日常生活。她的話語撫慰人心，她說所有人都愛著他們的皇帝。這齣戲的最後幾句話表達著對皇帝的感恩，由愛之靈親口說出，代全君主國的子民發言。至此，觀眾已非常清楚，劇中帝王所指的不再是魯道夫，而是法蘭茲．約瑟夫。布幕落下，所有目光和掌聲都集中在法蘭茲．約瑟夫身上。愛之靈以看似無害的主題結合了過去與現在，為哈布斯堡人的歷史劃

* 譯註：原文為 particularism，指民族主義。

下值得慶賀的句點。[7]

劇情不全然有誤。哈布斯堡人確實愛著子民，至少是因為他們代表著王土、權力和財富。幾世紀以來，哈布斯堡一直都會為了方便統治而順應各種語言與習俗。他們的愛重視四海一家、不分異己，只為牟利、不帶個人情感，因此在某種意義上也可說是無瑕疵的。我們很難將他們歸類於單一族群。年輕的小威廉便領悟到，「我們家的族群組成非常混雜。」要說哈布斯堡天生有何屬於特定民族的特質，那就只有他們自己的家族了。現代民族主義多以家庭為喻，主張同一民族為共享先祖之地的手足。可畢竟哈布斯堡的統治已延續了一世紀又一世紀、一代又一代；而在二十世紀，許多子民仍舊視他們的皇帝為父親或祖父，他們要這種隱喻何用？他們的先祖之地就是父輩曾踏足之處，遍及歐洲、遍及揚帆航行過的世界各地。他們可以放任、忍受帝國子民的民族主義，也許有一天更能駕馭它。[8]

愛的主題讓哈布斯堡的歷史得以從一個紀元過渡到下一個。幾世紀來，哈布斯堡的愛本來等同於與領土的婚姻。而到十九世紀，所言之愛已不僅限於適婚的哈布斯堡公主和外國統治者之間，卻在於哈布斯堡轄下的許多民族和統治者法蘭茲．約瑟夫之間。愛無法再拓展帝國領土，但也許可以維繫領土。法蘭茲．約瑟夫自一八四八年登基後的歷史，就是帝國內民族主義興起的歷史。他面臨的統治問題，則在於民族主義是否能與對他本人和王位的更高忠誠調和。正因廣納數十個民族的哈布斯堡君主國無法成為一個民族國家，所以當民族統一大業在他處如火如荼展開之際，法蘭茲．約瑟夫和他的政府便努力尋求並找到因應民族差異的解方。過去五十年也是民族妥協的時期。

在戰場上抵抗義大利和普魯士失利之後，法蘭茲．約瑟夫和大臣們難有討價還價的餘地，只能對一個又一個民族讓步。一八五九年在義大利受到意外打擊之後，法蘭茲．約瑟夫皇帝於一八六〇年頒布類似憲法的《十月文告》（October Diploma），賦予哈布斯堡各省省議會一定權力，藉以安撫各古老民族的傳統貴族統治階級。此文告顯示，皇帝雖在原則上擁有絕對權力，但在實踐上也能與地區權威相互協調。一八六六年慘敗給普魯士後，法蘭茲．約瑟夫便與最龐大、最難討好的貴族民族匈牙利談成條件。一八四八年的匈牙利叛亂正是迄今最嚴重者。根據一八六七年的《妥協憲章》（Ausgleich）條款，匈牙利貴族可獲得半個帝國的掌控權。[9]

自一八六七年起，哈布斯堡君主國便被稱為奧匈帝國，帝國內諸民族的歷史從此走上不同道路。匈牙利奉行中央集權制，目的在於鞏固匈牙利仕紳的權力與財富。另一半通常人稱「奧地利」的無名帝國則是採取相異的政策。這是個奇怪的政體，她就像是一名坐在岩石上的性感女子，從東北到西南懷抱著匈牙利。帝國領地豐富多元，包括東北部從波蘭奪得的加利西亞——此地居住著波蘭人、烏克蘭人和猶太人；還有西南部曾為威尼斯領地的伊斯垂亞（Istria）和達爾馬提亞（Dalmatia），它們是克羅埃西亞人、斯洛維尼亞人及義大利人的居住地。中間則是哈布斯堡舊領地——由德意志人和捷克人主宰的省分。猶太人無所不在，但在加利西亞和維也納尤其普遍。確實，幾乎各處都有來自各民族的成員。同化和雙語現象屢見不鮮。大群帝國文武百官都認為自己已跳脫民族身分，是王朝的忠誠僕人。

法蘭茲．約瑟夫的民族政策雖不適合作為夢境主題，但也不乏某種了不起的特質。他主導著一場空前的偉大實驗：一個多民族帝國能否在一個由各民族組成的歐洲中存續？若答案為是，帝國又是建

Jonathan Wyss, Topaz Maps

**哈布斯堡時代的歐洲，一九〇八年**

立在哪些基本原則之上？第一個原則，是向有悠久歷史的民族妥協——那些擁有大批貴族、主張擁有傳統自治權的民族。哈布斯堡在將匈牙利境內主權授予匈牙利貴族後不久，便把加利西亞的行政權交給了波蘭貴族。第二個原則是農民社會的支持，用以制衡前述的貴族民族。一八四八年，法蘭茲·約瑟夫徹底廢除農奴制。一八六七年，他頒布憲法，讓所有民族在形式上一律平等。自一八七九年起，皇帝的手下大臣也逐步將平等投票權擴及所有成年男性，並於一九〇七年的選舉實現男性普選。議會下議院漸漸成為君主國人民的代表，不再只是代貴族發言。

第三個原則，就是與捷克人持續協商。捷克人位居王土中心：波希米亞和摩拉維亞。土地最富饒，稅收也最重。捷克人不僅因其身分及居住地而占有舉足輕重的地位，原因更在於他們代表的意義。捷克人屬於斯拉夫民族，因此也象徵君主國的未來。哈布斯堡既已與德意志和義大利斷絕關係，他們便注定要統治一個由斯拉夫人占大宗的帝國。整個哈布斯堡君主國人口有近一半為斯拉夫人（捷克人、斯洛伐克人、波蘭人、烏克蘭人、斯洛維尼亞人、克羅埃西亞人或塞爾維亞人）；只有大約四分之一是德意志人，另外四分之一為匈牙利人。君主國勢必得保住斯拉夫子民的忠誠，故而得滿足野心勃勃的捷克民族運動。斯拉夫民族倘若心懷不滿，就可能會群起造反，稱君主國為來自德意志異族的壓迫。斯拉夫人也可能決定聯手哈布斯堡領土之外的斯拉夫國家（如俄羅斯帝國或塞爾維亞）。一九〇五年，在史蒂芬的家鄉摩拉維亞省，德意志人和捷克人便正式被區分為不同的政治群體，其成年人享有各自的選舉，兒童就讀各自的學校。[10]

二十世紀初是民族復興的時代，詩人和史學家創作出民族歷史，以吸引大眾加入集結為一的民族運動。民族大戲總脫不了以下三幕劇：過往的黃金時代因外侮而終結，今時景況因異族暴政而黯淡無光，未來的命運則寄託於解放與否。作家將代表各草根民族的麥稈編織成已逝榮耀的黃金，而哈布斯堡王朝——老練的煉金術士——饒有興致地旁觀。哈布斯堡人盼望著，每齣民族劇的第二幕（異族暴政）都能以地方元素演繹：舉例來說，捷克人埋怨的對象只限於當地德意志人，別視哈布斯堡為來自德意志的暴政即可；或者是，讓烏克蘭人認為自己是受到加利西亞波蘭貴族的羞辱，而非怪罪將統治權授予波蘭人的哈布斯堡。若故事是這樣講述的，那君主國便能作為上演民族戲劇的歐洲舞臺，而非可能被勒令退場的演員。

哈布斯堡向貴族民族妥協，盼能搶在對方要求完全民族獨立之前，先滿足他們的胃口；而支持農民民族，則是想在他們進入政壇時討取民眾的歡心。他們相信，平民社會將把效忠帝國的傳統習俗帶入民主政治時代。在各省，維也納會扮演仲裁者，傾聽爭議、協調讓步。哈布斯堡將繼續處於帝國中心，平衡貴族民族與農民民族之間的關係、贏得各民族的忠誠，並將他們對維也納的不滿轉變為對彼此的敵視。

縱使君主國對現代民族主義政治做出種種調適，法蘭茲．約瑟夫仍是最後一位舊派君主，他本人就曾這樣告訴過老羅斯福（Theodore Roosevelt）。有個對皇帝讚譽有加的傳記作者便說過，其長處正在於他對自己那時代的思想不屑一顧。這位皇帝不願使用電話或電梯。就算在晚上生病了，除非醫生穿著正式禮袍，否則他也拒絕就醫。他仍然是位絕對君王，宣稱權力來自神意。憲法、男子選舉權和國會都應是君主賜予子民的禮物；它們可以被給予，也能被撤回。君王是自己選擇要依自己頒布的憲法及議會通過的法律來治國。而法蘭茲．約瑟夫之所以願意支持逐步擴大投票權，也是因為他認為這樣能夠擴大他的實權。他的座右銘「Viribus unitis」意思正是「憑藉團結一致的力量」。

法蘭茲．約瑟夫治下的成就儘管真實，作為夢境卻太過平淡。因此在最後一幕中，魯道夫對法蘭茲．約瑟夫打了手勢，以戲劇效果掩去缺失的世紀，愛之靈則在劇終時被請上前掌控舞臺，將觀眾注意力引向他們的君王。全場人當然都心知肚明，帝國複雜的安排，是各方勢力彼此妥協的結果。古老的民族被賦予地區議會，新生的民族則獲得在帝國議會中投票的權利。舊有民族為法蘭茲．約瑟夫任命大臣，新民族的代表則起草進步的法律。舊民族仍在皇帝身邊占有一席之地，新民族則讓下一代得受教育。每一次妥協，都難免在解決一個危機的同時引發下一個，而種種危機又能在君主國的法律和政治框架內解決。這樣的現實情形雖然尷尬，卻還可讓人接受，既能取悅取得部分成就的民族主義者，也能討掌權數十年的皇帝歡心。此情景曾持續很長時間，甚至本有可能延續下去。[11]

史蒂芬大公在包廂裡鼓掌，但他心中也有擔憂。他明白，愛就意味著民族妥協，而兩者他都樂見其成，但他擔心民族妥協的時代即將結束。他知道，哈布斯堡是一座讓各民族可展現自我立場、提出主張、解決爭端的舞臺，但舞臺後門卻黯淡無光。

民族妥協在哈布斯堡王土內效果理想，卻無法阻擋境外的民族挑戰。北方和西方邊境的民族主義已將哈布斯堡逐出德意志和義大利，現在東部和南部也潛伏著其他威脅。德國和義大利已完成統一，但另外兩個民族——波蘭和南斯拉夫——則否。史蒂芬在巴爾幹地區擁有莊園，他最忌憚的就是哈布斯堡的南部鄰國塞爾維亞，統治該地的王朝不僅憎恨哈布斯堡，更覬覦他們的土地。而在哈布斯堡君主國和塞爾維亞之間，則座落著受各方爭搶的波士尼亞與赫塞哥維納。就在幾星期前的一九〇八年十月，哈布斯堡才將它們正式合併。來到此刻，一九〇八年十二月，報紙上正充斥戰爭的謠言。而同在那天晚上現身宮廷歌劇院的哈布斯堡參謀總長，則想要先發制人對塞爾維亞開戰。[12]

當《帝王之夢》的掌聲沈寂下來，法蘭茲．約瑟夫卻收到了壞消息。維也納原本將他沐浴在金光之中，歌劇院也讚頌著他的子民與千秋。可是帝國各地為他慶祝登基週年的方式就沒有如此平靜了。在布拉格，同一齣戲同時上演，但捷克人正在抗議與暴動。原本為此場合隆重掛上的哈布斯堡黑金色旗幟被撕毀和踐踏。有人和在塞爾維亞的抗議人群一樣，焚燒哈布斯堡的國旗。確實，有些捷克人已決定將塞爾維亞的事業視為己志。他們抗議帝國吞併波士尼亞與赫塞哥維納，一邊高呼著：「塞爾維亞萬歲！」[13]法蘭茲．約瑟夫幾乎無暇考慮此事。布拉格當局立刻宣布戒嚴。在維也納的宮廷歌劇院，帷幕再度升起，第二場演出開始。這次是輕快的芭蕾舞短曲《來自祖國》（*From the Homeland*），身穿民族服飾的舞者和歌手登上舞臺、翩然起舞，訴說著各民族對皇帝的擁戴。至尾聲，他們集合成一支巨大歌隊，面向皇帝道出全體人員的忠誠。史蒂芬在包廂裡看著舞者。眼前是居於王土內的十幾支民族，以各式各樣的民族服飾呈現。他戴著金羊毛勳章領飾，那是哈布斯堡親王的標誌，但他明白服裝可改。他本人更偏好難以料及的轉變。回到他座落於加利西亞的個人城堡裡，史蒂芬老愛臨時宣布舉行化裝舞會，自己也總是以搞笑扮裝亮相，畢竟他本人就如一位睿智的小丑。

史蒂芬瞭解這場帝王之夢：在夢想帝國裡，民族主義雖然存在，但各民族仍竭誠效忠他們共同的統治者。而他有個屬於自己的夢想。民族主義難免，民族統一難免，但這樣未必就會削弱哈布斯堡的實力。德義兩國已以民族主義之名告別哈布斯堡，但波蘭人和南斯拉夫人仍然留了下來。前述這些都是一八一五年維也納會議與舞臺夢境努力壓抑、最終藉由子彈與刺刀在現實中展現的民族問題。法蘭茲．約瑟夫早明白妥協是持久的關鍵，但哈布斯堡仍尚未於靜態夢境的冷色調中找到民族熱忱的熾熱色彩，也尚未將民族解放進行曲的激昂曲調和於傳統帝國的輕柔和聲中。

史蒂芬相信，波蘭仍然是最後、最好的希望。史蒂芬相信自己已找出一種調和民族妥協與帝國榮耀的方法。他的民族妥協會從自身出發，全心奉獻給波蘭大業。他不會靜待子民的崇拜，而是加入子民的行列。民族政治的嚴峻現實將使他放棄哈布斯堡這座舞臺，在登基慶典後離開首都，不只以哈布斯堡大公的身分、更以波蘭王公的身分返回加利西亞王國。他學習波蘭語、研讀波蘭藝術和歷史。他將自己的城堡重建為波蘭風格，聘請波蘭家庭教師來教導孩子。他讓波蘭上層貴族的子弟拜訪他的三個女兒。讓其他人去擔憂即將爆發的巴爾幹戰爭吧，史蒂芬更想見證自己的孩子締結連理。他選中的民族還未興起打造王室的念頭，但他們的王室會由他樹立。

波蘭是個想像中的王國，而史蒂芬正有著豐富想像力。他一生閱歷無數。在摩拉維亞的孩提時代，他目睹了普魯士人羞辱哈布斯堡、打造德國的過程。青年時期，他娶了一位公主，她那時正逃離義大利半島上哈布斯堡政權的殘骸。他帶她前往位於亞得里亞海的宮殿，兩人一起目睹塞爾維亞的崛起和南斯拉夫統一的威脅。波蘭肯定會是下一個。史蒂芬會做足準備的，他的家人也是。

公子小威廉同樣有著豐富想像力。在所有子女之中，就屬他繼承了史蒂芬的幻想情懷。他的年紀已經大到足以領會、足以模仿，也幾乎足以反叛父親的計畫了。反叛將始於加利西亞，始於哈布斯堡君主國最北端的寒冷城堡，他將選擇去愛一支被父親忽略的民族——烏克蘭人。然而，威廉烏克蘭之夢的開端，就如他父親的波蘭夢，一樣能在帝國南端、在亞得里亞海的溫暖水域旁尋得。正是在此處，夢中景象開始閃動，一如波濤上的金色陽光。

# 藍色　濱海童年

來到一九〇八年十二月，史蒂芬．馮．哈布斯堡身處宮廷歌劇院的包廂中，配戴著他的金羊毛勳章領飾，正觀看《帝王之夢》。舞臺上，未來之靈則在引領先帝魯道夫踏上幾世紀的時空旅程，一覽哈布斯堡的未來榮光。她讓他見識到戰場報捷、大都市的崛起和貿易的一片榮景。未來之靈最後指向亞得里亞海，她在那裡見到「一支優秀的不敗海軍艦隊，漂浮於碧波蕩漾的海面上，駛過港口旁幽深的柏樹林」。史蒂芬就曾於那片藍色大海上航行，種下柏樹，並效力於那支海軍。他正是在那片藍色世界養育孩子。其子威廉在此地度過了大半少年時光。

來到一九三四年七月，威廉．馮．哈布斯堡身處蒙馬特（Montmartre）一間高級俱樂部，正揮霍著父親的遺產。紅燈點亮棟棟建築，紅磨坊風車轉動，在漸暗天色下劃著慵懶的圓圈。威廉正坐著與一位專門記錄名人生活的記者朋友閒聊。他在某個時間點抬手看了看錶，動作間袖口落下，臂上露出了一枚船錨刺青。鄰桌有名女子驚得倒抽一口氣。她以為自己遇上了哪個粗蠻水手，便趕緊喊來領班投訴。威廉和友人笑得開懷，這故事肯定也會讓隔天巴黎的報紙讀者發噱。

來到一九四七年八月，威廉身處一輛無牌車的後座，車子正往蘇聯監獄疾馳而去。獄警在取下手錶時，肯定也注意到了錶下的船錨刺青。拷問隨之而來，威廉提到了父親史蒂芬以及他的濱海童年。這答案於訊問者而言並無意義，他們一心只想證明他是烏克蘭的民族主義分子，因此也是史達林的敵人。他確實是，但他又是怎麼走到了這一步？在父親的耳濡目染下，威廉的建國之旅要始於海濱一處哈布斯堡轄下的溫暖土地。這枚刺青記錄著一段形塑了父與子、但已遭人遺忘的海權追尋。那刺青出現在威廉故事的尾聲，也預示著故事的起頭。[1]

史蒂芬和威廉雖是最後一代嘗試稱霸大海的哈布斯堡人，但他們卻非先例。哈布斯堡於十六世紀曾是全世界首屈一指的海上強權，那是他們的巔峰時代。至十八世紀，失去了西班牙、葡萄牙及尼德蘭的哈布斯堡難再以世界帝國自居，只能擱淺歐陸。戰勝拿破崙之後，大海才為他們開闢了新通道：亞得里亞海的東部和西部海岸。哈布斯堡以威尼斯作為海軍據點及主要港埠。而後在一八四八年革命期間，義大利叛軍謀殺了在威尼斯掌管哈布斯堡軍械庫的指揮官。於是帝國必須另尋港口，為海軍覓得更穩固的據點。[2]

在亞得里亞海北端，哈布斯堡將的里亞斯特市重建為現代海港。至一八五九年，的里亞斯特便有鐵路接通維也納；一八六九年蘇伊士運河（Suez Canal）開通之後，其船隻已可航行至亞洲及非洲。哈布斯堡人快速跨出這兩步，就此加入全球化時代。同樣在一八五〇至一八六〇年代，哈布斯堡重建了亞得里亞海東部海岸的村落普拉（Pula）作為海軍基地。工程開始時，此地只有居民數百和眾多鬼魂。普拉是金羊毛神話中女巫美狄亞（Medea）背叛親弟、任他魂斷自己的情人傑森（Jason）手下之處。普拉在古羅馬統治下有處公共集會廣場，周圍坐落著拜占庭和神聖羅馬帝國的省級機關。後來當地度過了漫漫五百年，人們又回到舊有生活型態。重建開始時，普拉的羅馬廢墟還迴盪著山羊的叫聲。但不消二十年，此地就如的里亞斯特，一樣成了一座擁有數萬居民的多民族現代城市。[3]

新生的亞得里亞海帝國有必要抵禦義大利民族主義的影響。義大利人曾於一八四八年起而反抗，並於一八五九年擊敗了哈布斯堡。義大利統一本身就是個沒有終點的過程。新民族王國裡的愛國人士可找不到理由停止在亞得里亞海周圍擴張領土——至的里亞斯特、至普拉，甚至是沿著東部沿岸更深入南方。在義大利人的想像之中，大海的東部和西部沿岸並無不同。即便是在哈布斯堡治下，亞得里亞海以東的城市仍說義大利文，這是承襲自威尼斯延續了數世紀的傳統。建立可與義大利相抗衡的海軍不僅是國安問題，更攸關威望，而哈布斯堡有能耐也的確在與義大利的海軍軍備競賽中勝出。在民族統一的時代背景下，哈布斯堡只能主宰海洋。在一八六六年的戰爭中，哈布斯堡將德意志領導權輸給了普魯士、威尼斯統治權輸給了義大利，但他們至少在海上擊敗了義大利人。[4]

哈布斯堡的海軍改革是大公馬克西米利安（Maximilian）——法蘭茲．約瑟夫皇帝之弟——的功勞。一八四八年革命之後，正是他為普拉新建的基地奠定了基石；正是他從一八五九年的慘敗中領悟到哈布斯堡必須掌控亞得里亞海；也正是他說服了法蘭茲．約瑟夫國家有可能、亦有必要打造一支現代作戰艦隊。馬克西米利安曾研究過美國內戰的鐵甲艦部署情形，並發現木製戰艦的時代已經過去。他是一八六二年海軍預算的幕後推手，促成哈布斯堡於往後幾年建立起一支鐵甲艦隊。馬克西米利安總令人遙想起當年哈布斯堡海軍的輝煌。他於的里亞斯特比照船隻外型建造自己的宮殿「米拉瑪」（Miramar），上頭裝著如舷窗般的圓形窗戶。就連內裡也予人深入大海之感，彷彿船艙正隨著腳步聲的輕柔迴響而搖

Jonathan Wyss, Topaz Maps

哈布斯堡時代的亞得里亞地區，
約一九〇八年

晃。大廳裡則裝掛著曾統御大西洋世界的哈布斯堡西班牙世系祖宗肖像，他也命木船諾瓦拉號（*Novara*）的船員環球航行，以哈布斯堡之名為地理大發現時代劃上句點。[5]

而後馬克西米利安的機運來了，他可以成為墨西哥皇帝，效法哈布斯堡的西班牙世系立下豐功偉業。墨西哥此時雖為獨立國家，卻是有債在身，而其歐洲債主（尤其是法國）也正想討債。法國向馬克西米利安獻計，提議他至墨西哥稱帝統治，幾位經過精挑細選的墨西哥貴族也同意此事。大公猶豫了，最後是因為妻子想當皇后才決定答應。一八六四年，他以法軍為後盾，乘坐諾瓦拉號航向墨西哥。但法國人一直降伏不了的墨西哥共和主義者卻抵制他的帝國。一八六七年二月，法國人離開，墨西哥人則於當年五月逮住了馬克西米利安。他向綁架者援引自己的種種家族特權，卻只惹得對方一陣大笑。馬克西米利安曾判帶頭的共和主義者死刑，如今他自己也落得相同下場。

一八六七年六月十九日早晨，基勒打羅（Queretaro）的一處沙丘上響起七記槍聲。五發打中馬克西米利安的身軀。他倒下了，卻還在呼吸，仍會說話，也許是在說著他為了統治而習得的西班牙語，隨後一名軍官將配劍指向馬克西米利安的心臟。另一名士兵則開槍助他解脫，墨西哥帝國不復存在。馬克西米利安臨終時還是保住了些許尊嚴。行刑前，他原諒了七名劊子手，並送給他們每人一枚金幣，請他們別往頭部開槍。諾瓦拉號回航奧地利，船上載著他的屍體。[6]

墨西哥一劫讓哈布斯堡海軍丟了一位厲害將領，統治家族裡也沒有一位大公可以為海軍利益代言。而下一代的年輕大公史蒂芬似乎正是很棒的替代人才。生於一八六〇年的史蒂芬出身哈布斯堡的軍人血脈。他的爺爺正是在阿斯本（Aspern）一役勝過了拿破崙的卡爾大公。父親死後，史蒂芬便交由叔叔艾伯赫特養育，艾伯赫特不僅是哈布斯堡的陸軍元帥，也是稱職的軍事政策制定者。史蒂芬和三位手足自小便由叔叔教育成領袖。哥哥腓特烈成了陸軍元帥。弟弟歐根（Eugen）則為條頓騎士團（Teutonic Knights）的大團長。姊姊瑪麗亞·克里斯提娜（Maria Christina）更於馬克西米利安失敗處振作起來，她嫁給西班牙國王，重拾哈布斯堡與西班牙的連繫。[7]

身材高大、精力充沛、體格健壯的史蒂芬被派往海軍，繼續完成馬克西米利安的另一項未竟之事：為哈布斯堡掌控亞得里亞海。他在帝國海軍學院就讀兩年後，於一八七九年獲任為軍官。隨著史蒂芬的位階步步高升，他仍很受年輕軍官的歡迎（雖然前輩們就不覺得他有這麼討喜了）。史蒂芬還是帝國皇家遊艇中隊（Imperial and Royal Yacht Squadron）的創始成員。該團體是個與海軍無正式關係的榮譽協會。當時大多數貴族都認為遊艇是種屬於資產階級的行為，只想敬而遠之。所以說，史蒂芬對此運動的支持表現出其進步觀點。大家都覺得他是個具有現代思維的人。[8]

史蒂芬的戀愛經歷就很老派了。他追求的對象是身兼托斯卡尼公主的哈布斯堡女大公瑪麗亞·特蕾西亞。她的爺爺為托斯卡尼末代大公：哈布斯堡的利奧波德二世（Leopold II von Habsburg），他於一八五九年遭到義大利推翻。外公則是兩西西里（Two Sicilies）國王：波旁的斐迪南二世（Ferdinand II），他在一八六二年曾因殘酷鎮壓叛亂而得到「炸彈國王」（King Bomb）的稱號。生於一八六二年的瑪麗亞·特蕾西亞年紀尚幼時，義大利便已準備成為不需外來王朝的統一王國。受史蒂芬垂青是她的幸事。要是她跟著他來到普拉、來到哈布斯堡轄下的亞得里亞海，她就能繼續說自己的義大利母語了。兩人的結合也象徵著哈布斯堡成為海上強權的抱負不滅。

瑪麗亞・特蕾西亞與這位追求者有著相近的血緣。史蒂芬的祖父卡爾也是她的外曾祖父，所以特蕾西亞和史蒂芬實為隔代表親。這正能體現出哈布斯堡的婚配傳統。兩個哈布斯堡人的婚姻正好門當戶對，必然能討維也納宮廷的歡心。法蘭茲・約瑟夫皇帝很快就向各國元首發出親筆手書的結婚公告，並贈送這對夫婦一套精美銀器。美國總統格羅佛・克里夫蘭（Grover Cleveland）寫信祝福史蒂芬和瑪麗亞・特蕾西亞家庭美滿。這對新人的確很有機會過上幸福生活。兩人於一八八六年二月二十八日於維也納皇宮成婚。史蒂芬是略微高攀了：他的新娘與皇帝的關係比自己更為親近，她與宮廷的關係也是。在哈布斯堡想征服亞得里亞海的新生野心之中，瑪麗亞・特蕾西亞正身處中心位置。夫妻倆定居於普拉。他們正好能在此繁衍後代，開創一支懷抱正當現代野心的哈布斯堡新世系。[9]

史蒂芬和瑪麗亞・特蕾西亞・馮・哈布斯堡的婚姻為這時動盪不斷的王朝帶來些許喜悅。哈布斯堡領土的衰敗湊成了這對年輕夫妻——新娘失去義大利，但於哈布斯堡的亞得里亞海岸覓得替代品，丈夫歷經哈布斯堡陸軍戰敗，但得以將日益壯大的現代化海軍作為補償。艦隊有其探索潛能，至少能創造出重回國際強權地位的表象。史蒂芬本人便花上自己大半青春歲月於地中海周圍航行，還曾遠至拉丁美洲。

然而，對於大多數哈布斯堡人而言，這座君主國似乎仍是個平庸的陸上帝國，他們時常自覺被種種責任束縛。法蘭茲・約瑟夫的君主國向外受制於盟國德意志，向內也只能屈就於人民，這樣的國家可無法滿足大多數哈布斯堡王子。他們以榮耀換取國祚，放棄普世權力的古老夢想，只為守住那個保衛歐洲持久安全卻搖搖欲墜的承諾。數世紀以來頭一遭，哈布斯堡大公竟無締結婚姻以換取王位的對象，也沒有能在戰場上光榮取勝的軍隊。他們受制於看似無敵手的歐洲對手，也因皇帝看似永無止境的壽數而無法繼承王位。

誠然，馬克西米利安大公遠比他作為皇帝的兄長更有才華，但他卻遠赴新大陸追逐墨西哥夢想，至死方休。法蘭茲．約瑟夫的獨子兼王儲魯道夫大公同樣野心勃勃，卻壯志不得酬。就如多數王位繼承人，他與父親也難以相處。法蘭茲．約瑟夫很欣賞魯道夫青少年時期的一位家庭教師，因為他會在半夜用槍聲喚醒少年，讓他於雪地中鍛煉。魯道夫的叛逆並非表現在行動上，而是思想上。他信奉人權與民族權利。然而只要父親在位一日，他就無法自己發聲談論政治。魯道夫曾於報上匿名撰文批評當局政策。他對哈布斯堡與德國結盟尤其不滿，因魯道夫更偏好法國，認為自己所信奉的自由與民主理念就是發源於該地。他也很可能嫉妒著德皇威廉二世。威廉二世幾乎與他同齡，卻已經大權在握。

一八八八年，魯道夫年屆三十：正值顏面盡失的年紀，況且他父親十八歲便登基了。他與妻子關係疏離，想要離婚。她為他生了個女兒，他則傳染性病給她，讓她永遠無法為他生下兒子。教宗為他向父親提出婚姻無效的訴求，這肯定讓魯道夫更覺軟弱無力。魯道夫尋求酒精、嗎啡和女人的慰藉，這些都只讓他更感痛苦。性病很可能會讓他發瘋。在眾多情婦之中，十七歲的希臘混血女爵瑪麗．維瑟拉（Mary Vetsera）並非他的最愛。米茲．卡斯帕（Mizzi Casper）才是他最得寵的情人，大概稱得上畢生摯愛了。魯道夫在維也納給了米茲一棟房子，讓她住在那裡，還有個共同友人在那經營高級妓院。在這段悲傷的時日裡，他聊以慰藉的就是與她一起上酒吧、哼唱時下熱門歌曲。然而，當魯道夫提議讓兩人共赴黃泉時，米茲只一笑置之，並向警方舉報，盼能阻止他。但維瑟拉就是真正的紅顏禍水了，她煽動魯道夫對死亡的執著。一八八九年一月三十日，法蘭茲．約瑟夫收到噩耗：他的獨子被發現死在梅耶林（Mayerling）的獵宮裡。負責調查的醫生發現魯道夫和維瑟拉的頭部雙雙中彈，槍就掉在魯道夫的右手附近。[10]

王儲之死終結了皇帝的直系血脈。法蘭茲．約瑟夫與皇后伊莉莎白不會再有兒子了。她年紀太大，夫妻關係也已疏遠。法蘭茲．約瑟夫每天晨起於硬床上、沖個冷水澡，接著便用會議與文書作業度過充實的一天。伊莉莎白則是忙著照鏡子和做健身操，只為保持十九英寸半的腰圍。「我是奴隸，」皇后自承道，「頭髮的奴隸。」她的頭髮長及腳跟，必得堅持保養。她會收藏其他美女的肖像，要求駐伊斯坦堡的哈布斯堡外交官蒐羅「土耳其後宮的美女照片」。她有親吻女孩的癖好。伊莉莎白也會離開維也納遠行，經常流連於南部的希臘島嶼。一八九〇年代，終於現身維也納的皇后卻用面紗遮住衰老的面容。一八九八年九月十日，她在日內瓦準備登上輪船時，不料竟有一名義大利無政府主義者用尖錐將她一擊斃命。她死於內出血，並不曉得那把薄薄刀片已刺穿自己的心臟。[11]

法蘭茲．約瑟夫皇帝失去了親弟馬克西米利安、兒子魯道夫，還有妻子伊莉莎白。這些確實都是他個人的悲劇，但也是對哈布斯堡王朝的挑戰。法蘭茲．約瑟夫統治已久，但終有一天他會死去。屆時又有誰能接替王位？除去馬克西米利安外，皇帝還有兩位兄弟。年紀較輕的路德維希．維克多（Ludwig Viktor）大公喜歡收藏藝術品和興建皇宮，堂堂大公擺弄這些也在情理之中。不過他也好著女裝，能引誘男人上鉤更好。他要是能低調行事，這癖好也不會讓他登不上大雅之堂，但被密友暱稱為「親親路德維希」（Lutziwutzi）的維克多並不以謹慎出名。他在維也納中央浴場（Central Bath House）多次恣意妄為之後，便被送往薩爾斯堡附近的一座城堡。他邀請軍官隨行，可還是千方百計想讓他們褪去褲子。如此一來，就只剩另一位兄弟卡爾・路德維希（Karl Ludwig）大公了，但他因癡迷天主教而賠上性命。一八九六年，他在飲下約旦河「不潔」的聖水後便一命嗚呼。

然而，卡爾・路德維希還是生下了下任王儲。他與三個妻子中的第二任育有三子：法蘭茲・斐迪南（Franz Ferdinand）、奧托・法蘭茲（Otto Franz）和斐迪南・卡爾（Ferdinand Karl）。三人中最出名的就屬奧托・法蘭茲了，他喜歡在咖啡館裡裸體跳舞，有次還把一碗菠菜打翻在皇帝的半身像上。他也因羞辱自己懷孕的妻子而被法蘭茲・約瑟夫搧過耳光。有一次，其中一人（我們尚不清楚是奧托・法蘭茲還是法蘭茲・斐迪南）則為了測試馬匹，策馬躍過喪禮上正被抬過的棺材。總之，法蘭茲・斐迪南雖然不像兄弟那麼饒富趣味，但也是出了名的搗蛋。不過他還活著，又是皇帝的大侄子，所以王儲就是他了。[12]

奧托・法蘭茲最後慘死於梅毒。哥哥法蘭茲・斐迪南王儲則患有肺結核，因此得南下亞得里亞海呼吸新鮮空氣。他在那裡見到了表姊瑪麗亞・特蕾西亞，並與表姊夫史蒂芬一起航行。他在他們的陪伴下體驗到一種全然有別於故土的氛圍。在帝國首都維也納的遠方，在普拉這處溫暖安全的避風港，史蒂芬和瑪麗亞・特蕾西亞正為哈布斯堡家族帶來新氣象，構築專屬於自己、令人欽佩的世系。兩人的孩子接二連三出生，九年內就誕下六個孩子。

長女出生於一八八六年，名叫伊蓮諾拉（Eleanora）。長子卡爾・艾伯赫特出生於一八八八年，魯道夫自殺前的幾個月。卡爾・艾伯赫特的名字是在致敬兩位哈布斯堡軍事英雄，分別為父親的伯伯兼監護人艾伯赫特，以及父親的祖父兼母親的外曾祖父卡爾。取名依循傳統，是對上幾代人的尊重。就尚在人世的艾伯赫特而言，取其名也是個極為精明之舉。此時史蒂芬還不算是最富有的大公，但他在養父艾伯赫特去世後就能繼承巨額財富。在卡爾・艾伯赫特之後，瑪麗亞・特蕾西亞又生下雷娜塔（Renata）和美荻黛（Mechtildis）兩個女兒。美荻黛之名同是在致敬艾伯赫特。艾伯赫特自己的女兒美荻黛是意外自殺身亡，她為了藏起香菸不讓父親發現，不慎引燃自己的衣服。

史蒂芬對未來的王朝自有成算，兩個小兒子的命名也透露出他強大的政治想像。下一個兒子出生於一八九三年，於受洗時被命名為里奧・卡爾・瑪麗亞・西里爾—美多德（Leo Karl Maria Cyril-Methodius）。西里爾和美多德原是基督教裡的聖人兄弟，不過他們非屬天主教，而是東正教。一千年前，兄弟倆為向斯拉夫人傳教，而創造出一種後來成為了東正教禮拜儀式上會使用的傳統語言。雖然兩人是生卒於一〇五四年基督教分裂之前，但此後人們便將他們的成就與東正教聯想在一塊。里奧就出生在他們的瞻禮日七月五號。但在傳統上，此節日是由東正教慶祝，最近才獲天主教會的認可，這是一種討好巴爾幹半島東正教徒的策略，且是由教宗良十三世（Leo XIII）下令進行，這似乎也解釋了取名里奧（Leo）的原由。中間名瑪麗亞應該明顯是指聖母瑪麗亞（在該時空背景下，天主教徒比東正教徒更崇敬她）。不過根據傳統，西里爾和美多德的雙親就分別名叫里奧與瑪麗亞。所以說，里奧和瑪麗亞這兩個名字不僅是援引天主教對時任教宗和聖母瑪麗亞的稱呼，顯然也與東正教有關。里奧、瑪麗亞、西里爾、美多德這四個名字也可解釋為兩位東正教聖人及其父母的名字。[13]

這個名字為基督教的大分裂架起了一座橋樑。自一〇五四年起，歐洲的基督教世界便各分「東西」。史蒂芬之子里奧是歐洲最顯赫天主教家族的繼承人，他之所以如此命名，正是為了有一天能夠吸引東正教徒。在十九世紀末的巴爾幹地區，援引宗教的做法就是一種民族政治。史蒂芬是在對當今最迫切的外交問題──「東方問題」──提出哈布斯堡的解答。在東南歐，哈布斯堡宿敵鄂圖曼帝國的勢力正在衰落。東方問題所問的，就是以東正教徒為大宗的巴爾幹地區將落誰手：是塞爾維亞等民族君主國？還是本信東正教，且渴望將東正教塞爾維亞納作附庸的俄羅斯帝國？史蒂芬在經歷義大利和德國之後，便領悟到民族統一可能會威脅到君主國。哈布斯堡南境的克羅埃西亞居民與哈布斯堡一樣同為天主教徒，但他們使用的方言極近似於被分類為塞爾維亞語的方言。塞爾維亞若是統一南斯拉夫民族，國土便能環抱亞得里亞海岸，包括普拉和史蒂芬在該處的宮殿。

里奧就是史蒂芬對東方問題的回答：任由民族主義繼續吧，就讓民族主義者統一領土，讓南斯拉夫誕生，讓它團結塞爾維亞人和克羅埃西亞人，團結東正教與天主教徒，但務必讓這一切發生在哈布斯堡的統治下，讓我兒作為執政的哈布斯堡人。新統一的各民族國度可以成為哈布斯堡的王土，既能滿足地方人民的願望，又能讓大夥兒加入一個和平繁榮的帝國、優越的文明。

史蒂芬並非唯一有相同所見的哈布斯堡人。王子魯道夫也曾認為，哈布斯堡應成為巴爾幹地區的主宰，以及──就如他在一八八六年所說──「歐洲東方的霸主」。要攀上此高位，就得與巴爾幹半島諸民族君主國結盟，滲透其經濟，擁護德語為巴爾幹的文化語言。繼他之後成為王儲的法蘭茲．斐迪南也有類似的想法。一八八〇年代末至一八九〇年代初，法蘭茲．斐迪南與史蒂芬在亞得里亞海乘遊艇旅行，他很可能曾提及將南斯拉夫領地和平併入哈布斯堡君主國的想法。其概念是讓二元的奧匈帝國成為奧、匈、南斯拉夫三元帝國。哈布斯堡可能會趁著鄂圖曼帝國最終崩潰時引發的危機，設法征服巴爾幹的東正教國家，並將其子民納入新的哈布斯堡王土。史蒂芬似乎邁出了魯道夫和法蘭茲・斐迪南未曾邁出的一步：為未來的巴爾幹勢力範圍備好哈布斯堡的候選人。最有可能的是，里奧的父親打算將他栽培成某種哈布斯堡巴爾幹王國的攝政王。[14]

史蒂芬的么子出生於一八九五年二月十日，其名威廉也承載著他類似的野心。威廉是十四世紀末一位準備藉婚姻登上波蘭王座的哈布斯堡大公之名。他與波蘭的少女國王雅德維加（Jadwiga）訂婚——而她之所以會成為國王，是因為波蘭沒有女王。* 一三八五年，威廉至波蘭欲與十一歲的少女履行婚約，卻遭波蘭貴族逮住驅逐出境。這無關乎禮數，只是貴族們希望她能另嫁他人。她最後嫁給了立陶宛大公爵，共同開創出在後來兩世紀統御了波蘭和大半東歐的亞傑隆家族。一五二六年，卻是亞傑隆將波希米亞和匈牙利輸給了哈布斯堡。然而波蘭隨後仍保持獨立遠超過兩世紀。[15]

不過，善於等待的哈布斯堡人仍於十八世紀得到了大量的波蘭領土，與相鄰帝國合作瓜分古老的波蘭。十九世紀，舊時的波蘭國土仍由哈布斯堡君主國、德意志及俄羅斯帝國分別占領。史蒂芬明白這樣的安排並不算特別穩妥。他的養父艾伯赫特在哈布斯堡的波蘭領土坐擁名為加利西亞的大片土地，史蒂芬曾前去拜訪他。他肯定大略曉得波蘭反抗帝國統治的歷史。拿破崙就曾團結波蘭人民反抗三個壓迫

---

* 譯註：因為波蘭法理上沒有女王，所以女性繼承人成為女性國王。

者。一八〇九年，其扶植的華沙公國軍隊甚至入侵過哈布斯堡轄下的加利西亞。在一八三〇及一八六三年，波蘭亦曾兩度想推翻俄羅斯統治。一八九〇年代，德國轄下的波蘭人抵制柏林於波蘭購地及削弱天主教會的舉措。在哈布斯堡領土內，波蘭文化的處境較為有利，波蘭人參政的機會也很豐富。加利西亞省便是由波蘭人治理，奧地利帝國甚至有兩位內閣總理是波蘭人。部分波蘭人相信，哈布斯堡王有朝一日也許會為了犒賞他們的忠誠，而支持在遼闊的哈布斯堡君主國內，建立一座統一的波蘭王國。[16]

這是卡爾·史蒂芬寄託在家人身上、認為他們可以實現的民族願望。一八九四至一八九五年，在瑪麗亞·特蕾西亞懷上威廉時，史蒂芬便知道自己注定要入主波蘭。艾伯赫特此時行將就木。在威廉出世後的八天，他

波蘭國家檔案館，日維茨

一八九五年，哈布斯堡家族肖像。從左至右為：雷娜塔、里奧、威廉、瑪麗亞·特蕾西亞、伊蓮諾拉、艾伯赫特、史蒂芬、美荻黛。

便與世長辭。史蒂芬繼承了加利西亞的土地。他明白，自己是解決波蘭問題（在那時的歐洲，此民族問的迫切程度僅次於東方問題）的不二人選。他在巴爾幹地區的歷練讓他學會了想像民族統一的景象。從自己的南方視角看來，史蒂芬早已認定，未來的民族統一應在哈布斯堡的支持下完成。威廉生來就是波蘭問題的答案。波蘭問題叩問的是：舊波蘭的三個部分是否能再次統一？若能，要作為一個獨立國家還是作為帝國內的領地？史蒂芬的回答是：波蘭統一的話，就讓它處於哈布斯堡的疆域之內，讓波蘭成為哈布斯堡的領地，讓波蘭的攝政王來自我的家族。史蒂芬的所有孩子都學波蘭語，但唯有威廉打從出生起就開始學習。

史蒂芬計畫的成敗，不僅有賴未來俄羅斯帝國的衰敗（畢竟其坐擁超過一半的舊波蘭國土），也有賴於瓜分波蘭的另一國——德國——抱持友善態度。一八九五年，最知名的威廉就屬德皇威廉二世了。哈布斯堡曾於一八七九年與德國簽署同盟協議。至一八九〇年代，兩國之間的關係也愈來愈緊密，這部分要歸功於史蒂芬的個人外交。兒子出世幾週後，史蒂芬便指揮船隊前往德國慶祝連接北海和波羅的海的運河開通。史蒂芬比威廉二世更擅長航行，但德國基爾（Kiel）的帝國戰港（Imperial War Harbor）卻是雄偉異常，令哈布斯堡的普拉基地相形見絀，而德國海軍也強大得令人無法望其項背。一八六六年之戰便證實了奧地利在陸上絕非德國敵手，史蒂芬如今發現在公海上亦然。若哈布斯堡君主國無力反抗德國，那就必須與之結交。告訴德皇自己甫出生的兒子名叫威廉，這樣的小舉動雖令他百感交集，但也意在向盟友表示忠誠。[17]

史蒂芬隨後從海軍退役。也許是德國的大場面讓他相信，在海軍服役並非通往榮耀的途徑。海軍只讓他得以一瞥其他哈布斯堡人曾經主宰過的藍色海洋。想必，眼見德國和英國的艦隊不斷壯大，史蒂芬現在也領悟到稱霸海洋的野心終究是徒勞。他本身就是親英派，他會從英國訂購遊艇，還能說一口流利的英語。要是海洋給不出令人滿意的解方，那麼民族或許可以。也許民族妥協的時代能夠轉變為民族榮耀的時代。他的退休標誌著哈布斯堡夢想的終結，標誌著這位年輕力盛的大公征服公海夢想的終結。但史蒂芬現在有了新的夢想。他非常富有、婚姻幸福，還育有六個健康的孩子。他三十六歲，成熟到足以瞭解周圍世界的變化，但也年輕得足以相信自己有占得先機的能耐。[18]

史蒂芬離開海軍，欲嘗試採納有利於自己與家族帝國的民族政策。他為兒子們取的名字也象徵著自己栽培他們統治新王國——沿著帝國邊境開創巴爾幹王國及波蘭王國——的心願。要是民族統一勢不可擋，那就令其在大公的指引下、在哈布斯堡的遼闊領土內發生吧。要是民族主義勢必到來，那就納其為己用，用來擴張帝國，而非拆解帝國。此計若要奏效，哈布斯堡的大公就得事先重塑自我為民族領袖的樣子。有了史蒂芬身先士卒，王子們便能學會如何放棄傳統的軍隊領袖角色，自我改造為人民開創者的新形象。此一對權力變化的假設相當有力。而現在史蒂芬需要的，就是一處能驗證假設的實驗場所。

史蒂芬在亞得里亞海上的洛希尼島建造了自己的退休別墅，而這裡將成為他孵育現代七彩君主國的伊甸園。這座島擁有小徑，但無大路；數世紀以來不斷修築和重建的石柵欄打理好了這片土地，同時形成複雜的屏障。史蒂芬的別墅名叫「波賈沃里」(Podjavori)，意為「桂冠之下」。他將之建造於遠離海岸的松樹林間高處，選定此地是為了其氣候環境。對於常患肺結核的家族來說，這裡應有著理想濕度。若要造訪史蒂芬的別墅，就得從港口往西行，然後沿著崎嶇小徑爬上一座名為「加爾瓦略」(Cavalry)的小丘，很可能還得僱個幫工和一頭載行李的驢子。

「波賈沃里」是一處精心打造的天堂，為的就是讓家人常保健康、讓感官好好享受。這裡雖遠離文明社會，卻也不算太遠。常人不必費心就能看出此地的自然景觀已經過人類雙手改造。史蒂芬從世界各地引進兩百種植物，由他雇來的維也納設計師和義大利園丁經手，將別墅周圍的地貌打造成一座壯觀花園。蜘蛛蘭綻放的花朵黑中帶藍，是最生機勃勃的原生種之一。有位曾於冬天來訪的英國女家庭教師便稱這座島是「一場美夢」。她寫道：「空氣中充滿了柳丁柑橘樹、玫瑰及合歡木的芬芳。」[19]

史蒂芬在洛希尼島上的皇宮，從露臺看去的視野。

這位家教老師名叫內莉．瑞安（Nellie Ryan），是位生性開朗的年輕小姐。她甫登島便來到這處史蒂芬為家人打造的世外桃源。他派侍從前來接待，侍從親吻她的手，滿懷歉意地說自己只懂「我愛你」三個英語單字。內莉初見史蒂芬大公時，他便堅持要兩人立刻來打一場網球。他有一整座周圍種滿棕櫚樹的球場供自己使用，還有四名身穿民族服飾的當地球童用長桿扛著球網，隨時待命。「那場球打得很過癮，」她寫道，談的是與大公的首場球賽，「但我不久就發現他很輸不起。」[20]

幾天後，史蒂芬進入她的房間，他對老師的家具自有主見。史蒂芬嫌她的擺設「沒有藝術風味」，說著就把她的所有東西全扔到房間正中，堆成一堆。見他忙得滿頭大汗，家庭教師正擔心他的妻子發現丈夫這副德性會嚇一跳，結果瑪麗亞．特蕾西亞就出現了，但她只是對丈夫一貫的執著一笑置之。不一會兒，有位訪客前來，說隔天要外出打獵。史蒂芬立刻就忘了手邊工作。他留下身後的一團亂，帶著新同伴大步走進大廳，一邊瘋狂地比手畫腳。[21]

史蒂芬似乎不再做正事了。他晨起後便穿上典型的畫家服裝：鬆垮的燈芯絨褲、寬大的直筒夾克，外加一頂草帽，接著便腋下夾著畫布、帶著一位僕人出門了。他絲毫不因自己完全沒有藝術天賦而氣餒。有時候，他會在早上出航到亞得里亞海上，於幾天或幾週後帶回幾幅新的畫作。晚上，史蒂芬不是在家裡漫無目的地忙來轉去，就是彈鋼琴或舉行派對。[22]

他真正的職責是教育孩子。史蒂芬細細安排他們的每日行程，甚至精準到每一分鐘的地步，不過生活並非全無樂趣。六個孩子分別是小諾拉、卡爾、雷娜塔、小黛、里奧和小威廉，他們會在家裡接受教育，向出身下層貴族和資產階級的老師學習。孩子們由當地的婦女悉心照料（正如他們的家教老師所說，是為了稀釋「太濃的貴族血統」），教育他們的老師也是出身所謂更有活力的階級。孩子們每天六點起床、七點做彌撒、八點上課、十點吃三明治配一杯酒（就算是小孩也都會喝酒）、十一點散步練習說外語、十二點吃午餐再配點葡萄酒，然後打網球或溜冰，三點半喝下午茶吃蛋糕、三點四十五分上課、七點晚餐。[23]

小威廉和兄弟姐妹每頓午、晚餐都會由僕人伺候著穿衣打扮；每餐飯也都得按身分地位排定順序進入餐廳，就算只有自家人一起吃飯，沒有客人也一樣。哀悼過世的近親時，他們得身穿黑衣（這很常發生）。父親生日那天，每個孩子都必須用不同的語言寫封信給他。孩子們會說義大利語——母親和亞得里亞海的語言；會說德語——父親和帝國的語言；他們也說法語和英語——兩者在史蒂芬眼中都屬文明的象徵。一八九五年起，他們也開始學習波蘭語。孩子們一整天都會用德語、義大利語、法語、英語和波蘭語互相交談。我們既可說五種語言都是他們的母語，也可說他們根本沒有母語。[24]

史蒂芬在洛希尼島上仍是個水手。他經常偕同藝術家一起航行，有時也會帶上如法蘭茲・斐迪南等其他客人。他教三個兒子航海，按自己喜歡的規格訂購英國造船廠的客製遊艇。他會以英語致信船商要求一些小改動，解釋說「這樣能讓船隻更美觀」。新遊艇交貨總是令人興奮。一家人會環繞亞得里亞海航行，前往的里亞斯特、威尼斯或義大利等地。有一次，一家子來到巴里（Bari）參觀聖尼古拉大教堂。史蒂芬堅持要買下一頭他看上的黑山羊。[25]

一九〇〇年夏天，一家人前往彼得堡，那是哈布斯堡東方的強大鄰國兼敵手——俄羅斯帝國的首都。哈布斯堡君主國東鄰俄羅斯，雙方有著綿長的邊界，關係相當緊張。兩座帝國都在爭搶巴爾幹：俄羅斯希望讓巴爾幹半島上東正教君主國林立，並且臣服於己；奧地利則盼能把持住亞得里亞海，並趁著鄂圖曼帝國走下坡時從中圖利。雙方在波蘭問題上也是敵手。俄羅斯奉行嚴格的中央集權制，對加利西亞享有自由的波蘭人時時警惕。若讓加利西亞成為波蘭統一的大本營，那波蘭的擴張就只會以犧牲俄羅斯作為代價。[26]

史蒂芬因熱愛大海而與其他皇族常有往來，也因此讓他時時思索掌權的途徑。一九〇二年，史蒂芬前往馬德里，作為奧地利代表參加外甥——波旁暨哈布斯堡國王阿方索十三世——的成年禮。阿方索的父親於他出生前就去世了，所以他一出生即為國王，其母瑪麗亞．克里斯提娜則擔任攝政王直至兒子年滿十六歲。瑪麗亞．克里斯提娜為史蒂芬的姊姊，他成功將兒子養育成王。史蒂芬不願落於人後。他的孩子自小便知道表親已當上國王。阿方索生來即登上王座，小威廉則是生來要為自己創造王座。[27]

從洛希尼島沿海出發的環歐之旅，讓孩子們漸漸習得如何締造變革。要想改動歐洲版圖，孩子們就得學會適時調整自己的身分和行為。一家人旅行時，史蒂芬會教導小威廉等孩子轉換公眾身分的方法與時機；偽裝已成家常便飯。舉例來說，史蒂芬便曾於一九〇五年偕家人「隱姓埋名」前往巴黎。史蒂芬使用假名，這樣他的行程就不具官方性質。當時的外交充滿繁文縟禮，此舉正好讓法國政府免去了以大公及大公夫人之禮數接待這家人的義務。此事說來也有些好笑：在哈布斯堡大公「隱姓埋名」抵達港口時，還是有人得向地方當局通風報信——此為哈布斯堡外交部長的任務，他也負責監督大公在國外的行為。[28]

這些航程也是小威廉政治教育的一環。他和家人無論去到哪裡，都會受到王室和國家元首等級的待遇，因為他們本就是王室成員。人們會稱一家子為「王／皇子殿下」，因為他們身兼帝國與王室的大公和大公夫人，未來也有可能成為統治者。國王和王后們還會登上遊艇拜訪他們。孩子們瞭解到，世界上的國家分為三種：一是由哈布斯堡人或其親屬統治的帝國和王國，二是不受哈布斯堡人及其親屬統治的帝國和王國，三則是如法國之類的共和國。對孩子們來說，乘遊艇航行這樣的教育方式，肯定比在洛希尼島的日常行程有趣多了。然而卻有蛛絲馬跡顯示，他們與家裡僱用的水手有些意料之外的接觸。[29]

一九〇六年夏天，又到了探險的時候，小威廉已經年紀夠大，可以在甲板上幫忙了。他的父親正打算去伊斯坦堡壯遊一番。史蒂芬這次一樣想要「隱姓埋名」旅行，他告訴大家自己會帶著一家人和僕從抵達一處主要港口，同時還要小心偽裝。他這趟旅程用的假名是「日維茨伯爵」。選擇這身分大有深意。史蒂芬繼承的加利西亞土地，正是坐落於在波蘭語中名為「日維茨」（Żywiec）的城鎮與周邊。他與哈布斯堡外交部長通信時便使用此化名，信件全是以波蘭語寫成。而當時的外交部長確實是個波蘭人，但就如所有哈布斯堡官員，他在工作上用的是德語。這封信必須翻譯，好讓一干困擾的部門官員能夠回應。一九〇六年，史蒂芬的孩子們逐漸長成了年輕男女，他便特意讓大家優先說波蘭語，德語退居其次。[30]

一九〇六年，小威廉將滿十一歲。他是個濱海的快樂小孩：古銅色肌膚、金紅色頭髮、藍色眼睛——人人稱道的美貌。在亞得里亞海，他能在清澈見底的海水裡游泳，鹽分足以讓他這樣瘦弱的小男孩漂浮無礙。海豚數量很多。漁民靜候著他們口中稱為「藍魚」的沙丁魚。時間由天氣定義（在小威廉的母語義大利語中，兩者用的是同一個詞），尤其更由風所定義，各種風都有其稱謂：北方吹來的冷冽唐蒙單落山風（Tramontane）、來自撒哈拉的西洛可暖風（Scirocco）、來自東北方增強迅速的波拉風（Bora）。小威廉的成長歷程有點不同尋常，他生於普拉，卻注定要落腳波蘭；他住在南方濱海，卻被栽培著要生活在北方的加利西亞。他的父親於一八九五年便給小威廉取了個波蘭名字，但直到一九〇七年才將加利西亞作為一家人的主要住所。

同年，史蒂芬宣布一家子為波蘭人，並展開自己的波蘭王位爭奪戰。小男孩在伊斯垂亞度過了童年，搬到加利西亞對他來說肯定難受，甚至難以適應；永遠的童年就此中斷。然而小威廉自幼便被教導改變是意料中事。他花了大半少年時光學習五種語言、穿著三套衣服。而為了達成家族抱負的更遠大目標，他在家在外都懂得禮數與變通。他們相信家族統治權不滅，因而篤信變通之重要；而對變通之信心，又再使他們堅信統治權不滅。哈布斯堡人自認處於此種良性循環，不知何故不受時間之桎梏。[31]

然而，史蒂芬投向波蘭民族之舉不僅是典型的哈布斯堡權力策略，更意味著放棄永恆的寧靜感、放棄海洋作為無盡力量的泉源、放棄這座島嶼作為培養至善人性之桃源。一家人勢必得面對時間，踏上一段走向民族解放的艱苦旅程。史蒂芬將於加利西亞找到一支自己可容身的波蘭民族——儘管他們由不得他如花園般布置，或如遊艇般駕駛。在史蒂芬的新家，就連家人也會有解放之感。小威廉將拒絕接受他的波蘭繼承權，轉而支持自己選定的敵對民族——烏克蘭。

史蒂芬和小威廉躍上岸尋找民族王國。正如甫上岸的水手，他們也感覺到腳下地面仍在晃動。小威廉隨父親走上前、一起走向民族的動盪未來，卻仍不忘在手腕上銘刻下自己永恆的帝國童年：在港口輕晃的船錨，還有在黑暗中點亮未知旅程的北極星。大海的藍已嵌入他的肌膚之下，也將永遠留在那裡，留待被巴黎昏暗餐館中一位緊張的明眼小姐發現，或在審訊室的刺眼眩光下，由史達林的一位冷漠僕人察覺。

# 綠色　東方歐洲

一九〇六年秋天，史蒂芬大公帶著一家人從洛希尼島出發，走海路至伊斯坦堡會見鄂圖曼帝國的蘇丹。有高興的小威廉在甲板上作伴，他駕著遊艇往南穿過亞得里亞海口。他和船員一路上也用步槍擊退來襲的海盜，小威廉和兄弟們肯定很享受這種刺激場面。待槍聲平息，大夥兒也已來到地中海，一行人沿著希臘航行，穿越神話王國。

史蒂芬在希臘的科孚島下錨，欲造訪一座為伊莉莎白皇后建造的宮殿。她以特洛伊傳說裡的希臘英雄之名，將之命名為阿基里斯宮（Achilleion）。而特洛伊戰爭之所以爆發，正是因為一眾希臘女神無法決定誰最美麗。這故事很適合伊莉莎白，畢竟她一輩子都在煩惱自己究竟是不是最可人的女王。阿基里斯也和伊莉莎白一樣自私又孩子氣。在特洛伊的故事裡，一點莫名其妙的小事都能讓他掄拳頭或是在營帳裡生悶氣。伊莉莎白在科孚島建造這座宮殿，讓過往傳奇有了現代之感。她和眾多歐洲人一樣，讓現代希臘人相信他們是古代希臘人的後裔，經典不僅屬於歐洲，更特別屬於希臘民族。[1]

科孚島上的伊莉莎白宮殿處處讓史蒂芬讚嘆不已。兩位哈布斯堡人相信，古希臘人象徵歐洲文明的起點，也是因自己的家族才得以延續。更何況史蒂芬還是持有金羊毛勳章的騎士，這個哈布斯堡轄下的騎士團正是得名於希臘神話中的傑森和阿爾戈眾英雄。在古老故事裡，傑森集結了全世界最厲害的英雄，帶領他們乘著阿爾戈號（*Argo*）航向東方尋找神奇金羊毛。對這個成立於一四三〇年的中世紀騎士團而言，傑森的旅程正是十字軍東征的典範，他們誓言要為基督教世界收復鄂圖曼首都伊斯坦堡。一五七〇年代，出身哈布斯堡的西班牙國王費利佩二世組建海軍於地中海擊敗了鄂圖曼帝國，他有艘宏偉戰艦就名為阿爾戈號。鄂圖曼即便在海上敗於此種奇怪的象徵之下，在陸上仍威脅著哈布斯堡。其軍隊便曾於一六八三年圍困維也納。史蒂芬對波蘭歷史很有研究，他知道是波蘭騎兵拯救了哈布斯堡。那一天，波蘭國王十幾歲的兒子也為拯救維也納而戰，他是金羊毛勳章的一員，而史蒂芬自己的兒子也很快便會加入。[2]

神話英雄阿基里斯與傑森兩人都曾懷抱著征服的念想往東航行。阿基里斯於盛怒下擊潰特洛伊，在殺掉城裡最厲害的戰士之後，拖著赤身裸體的屍首遊城示眾。傑森則是引誘美狄亞，使之背叛家人，最後助他拿到了金羊毛。哈布斯堡實踐東征願景的手段有時是英雄之劍，但往往更有賴於丘比特之箭，他們將矛頭指向伊斯蘭教和東方，指向看似為永久威脅的鄂圖曼帝國。大約在哈布斯堡成為歐洲權力中心的同時，鄂圖曼帝國也在近東紮穩了根基。五百年以來，兩個王朝在陸上和海上較勁，雙方的拉鋸造就了整段東南歐的歷史。

可來到二十世紀的現在，民族主義的年代，一切都不同了。曾令人望而生畏的伊斯蘭教，如今卻以其弱點威脅著哈布斯堡。鄂圖曼帝國之所以成為令哈布斯堡擔憂的鄰國，原因並不在於他們從基督教帝國強取土地，而是因為他們將土地拱手讓給了新生的基督教王國。第一個例子要屬希臘，該國與哈布斯堡相距夠遠，所以會是歐洲版圖上的迷人新成員。伊莉莎白最崇拜的藝術家——英國浪漫主義詩人拜倫勳爵（Lord Byron）便是死於希臘獨立戰爭。不過下一個獨立的王國塞爾維亞就完全是另一回事了。該國與哈布斯堡接壤，其居民使用的方言與哈布斯堡的南部方言非常相似。一九〇三年起，塞爾維亞便是由敵對的王朝統治，他們顯然很有興趣擴張領土，不吝將觸角伸到周圍的帝國。塞爾維亞乃至於整個民族主義對哈布斯堡的威脅並不亞於鄂圖曼帝國。

縱使東方航海之旅喚起了阿基里斯與傑森的英雄豪情，但史蒂芬的旅程絕非同一類型。他帶著一家人來到鄂圖曼帝國，除了觀光之外，也身負求取和平的重任。小威廉那時十一歲，伊斯坦堡的景象當然讓他這樣的小男孩著迷不已。衰敗自有其魅力，對小朋友來說尤其如此。在壯麗的蘇丹宮廷、聖索菲亞（Hagia Sophia）、藍色清真寺（Blue Mosque）面前，小男孩可顧不上什麼政治衰退。從古到今的遊客皆然，地毯商人同樣讓他忍不住上前查看他們的商品。這是小威廉等孩子們第一次品味伊斯蘭風情，但不會是最後一次。一九〇七年，全家人來到阿爾及爾（Algiers）和突尼西亞（Tunisia）。北非令小威廉最是印象深刻，成年後他仍對此地記憶猶新。他一生都熱愛阿拉伯人。[3]

史蒂芬算是個東方主義者，雖然他的幻想目前最遠只觸及波蘭東部。一家人在馬爾他島上找到了史蒂芬所求之物，他們於一九〇七年也造訪過該地。馬爾他和波蘭除了兩地語言均含有字母「ż」之外，似乎全無共同之處。只是馬爾他所彰顯出的帝國民族主義，恰巧正是史蒂芬盼能採用、如實體現的類型。馬爾他是歐洲最南端的島嶼，為英國屬地。二十年來，英國一直在島上培植英語和獨立的馬爾他民族認同。於是，即便受過教育的島民多使用義大利語，但馬爾他人仍就此隔絕於義大利民族統一之外。從馬爾他一例可見，民族統一是能被遏制的，民族認同也可以服務於帝國。小威廉對此一無所知，但他確實成了親英派，他很喜歡英國王室到遊艇上拜訪家人。他大概還注意到，除了他在島上說的英語和義大利語之外，馬爾他人還會使用自己的語言——源自阿拉伯語的語言。[4]

一九〇九年，全家人回到北非。小威廉那時十三歲，史蒂芬正使用波蘭名字駕駛遊艇航行。兩人曾於維也納觀賞過《帝王之夢》，史蒂芬則已開始在加利西亞實現自己的波蘭夢。即便史蒂芬正領著小威廉和一家人航行於東地中海，他的僕人隨從卻早已在遙遠北方、在加利西亞準備起新的家宅了。搬到波蘭無疑是家庭裡衝突的根源，外出旅行多少能緩解氣氛。而小威廉在聽過伊斯蘭教高聳宣禮塔傳來提醒信眾禮拜的召喚聲後，哈布斯堡在加利西亞的漂亮木製天主教堂已無法提起他太多興趣了。[5]

這片前波蘭領土位於哈布斯堡的東北邊緣，那裡多讓人聯想到落後和熊，甚至是荒唐地聯想到北極熊，因為在維也納人的想像中，東加利西亞就等同於哈布斯堡的西伯利亞。然而，對於多年來乘火車往返於伊斯垂亞和加利西亞、並搭船遊歷伊斯蘭世界的小威廉來說，波蘭算是東方最無趣之處了。父親將他從兒時的大海帶到內陸邊境，一邊又用東方的伊斯蘭風味挑起他的胃口。波蘭還未能成為一家人落腳的新家，就已經先被東方來的暖風攪動得令人難耐。小威廉從未真正在加利西亞安頓下來，事實上他從未在任何地方尋得安定，他也從未擺脫對東方的渴望。

就在父親終於準備安定下來、為一家人在哈布斯堡轄下的加利西亞打造袖珍波蘭王國之際，小威廉正在學習漫遊流浪。史蒂芬在日維茨的兩座城堡占地均幅員遼闊：四萬公頃的森林，面積幾乎是列支敦士登公國（Principality of Liechtenstein）的四倍、美國羅德島州（Rhode Island）的五分之一。這片領

Jonathan Wyss, Topaz Maps

哈布斯堡轄下的加利西亞，
約一九〇八年
波羅的海
考納斯
柯尼斯堡
但澤
明斯克
德
國
比亞里斯托
維斯瓦河
俄羅斯帝國
波森
華沙
布格河
平斯克
拉當
盧布林
樂斯拉夫
西利西亞
盧茨克
基輔
布拉格
克拉科夫
利維夫
摩拉維亞
日維茨
加利西亞
布爾諾
布察奇
奧地利
哈布斯堡君主國
沃羅赫塔
切爾諾夫策
聶斯特河
維也納
布科維納
比薩拉比亞
多瑙河
布達佩斯
斯蒂利亞
基希納烏
敖德薩
克盧日
匈牙利
克羅埃西亞—斯洛沃尼亞
羅馬尼亞
波士尼亞
與赫塞哥維納
貝爾格勒
布加勒斯特
塞爾維亞
多瑙河
塞拉耶佛
普利文
黑海
亞得里亞海
蒙特內哥羅
索非亞
保加利亞
科索沃

土甚至還有自己的經濟活動，史蒂芬繼承了叔叔於一八五六年創立的啤酒廠。他下重本投資：買下最新設備、安裝電氣照明、購入火車車廂。這些設備也被用來運送從廣闊林地取得的木材。他也用做生意賺得的利潤來裝修落成於十九世紀的「新城堡」（他已選定此地為家族在波蘭的住所），令其更顯雄偉氣勢。[6]

史蒂芬的建築工人為城堡蓋起了全新翼樓，每個孩子都有自己的套房。史蒂芬還託人繪製家人的肖像，並將其掛在他遊歐期間收集的波蘭國王肖像旁。城堡牆壁上精心擺飾著哈布斯堡皇室、波蘭皇室及史蒂芬一家人的肖像。莊園裡的建築讓人聯想起附近山區的小屋。史蒂芬還比照波蘭文藝復興風格為妻子造了一間小教堂。瑪麗亞・特蕾西亞則用自己的義大利母語致信教宗，請他允許自己每天在私人禮拜堂裡舉行三次彌撒。教宗准許了她的請求，儘管兩人都知道城堡不遠處便有一座令人欽

波蘭國家檔案館，日維茨

日維茨的新城堡

波蘭國家檔案館，日維茨

日維茨的舊城堡

佩的天主教堂，可那裡卻不屬於哈布斯堡家族購入、建造和掌控的財產範圍。[7]

史蒂芬的胃口仍是變化無常，這點波蘭的藝術家和建築師都心知肚明。他有次便臨時發電報要求調整窗戶的位置，此舉不僅關乎美感，更涉及改造結構，在使用石材造屋時尤其如此。他經常贊助現代設計師，但也對他們頤指氣使。他與加利西亞頂尖的波蘭現代主義畫家常有往來，城堡的客廳就如他們的沙龍。比起畫家們的現代主義，史蒂芬似乎更偏好他們的波蘭特質。可就連在出資支持最新潮的款式時，他還是忍不住挑剔。史蒂芬曾說，女兒伊蓮諾拉房間裡的新藝術風格（Art Nouveau）家具看起來就像是「用緊張兮兮的死人骨頭製成」。[8]

雖然史蒂芬老是因為一些瑕疵而惱火，但他也時時想找些荒謬的樂子。他將城堡的一間房用於一款名為「鐵路」的遊戲，動用真以蒸汽為動力的小型引擎，裡頭還不乏一些必定會碰撞的場景。至於在戶外，史蒂芬則把他曾經給遊艇的專屬熱情轉移到了汽車身上。他到歐洲各地試駕汽車、參觀英國和法國的工廠，還命人依自己的心意設計過幾部車子。一九一〇年夏天，他辦了一場「汽車之友聚會」（Congress of the Automobiles of Our Friends），於是哈布斯堡、德國和俄羅斯擁有汽車的貴族都齊聚在日維茨，慶祝大夥兒走在時代前端。汽車也是史蒂芬彰顯波蘭雄厚民族實力的工具——他能於某天在克拉科夫觀賞某位浪漫詩人的悲劇表演，次日又趕回日維茨參加愛國雕像的揭幕儀式。[9]

小威廉坐在父親汽車後座，望見一片綠意盎然的景色。城堡坐落於山谷中，喀爾巴阡山群馬鞍山脈（Beskidy Mountains）的緩坡就環繞在城鎮四周。從山腳到山峰都滿覆著雲杉林。高地雖然每逢冬季都會下雪，但一年裡有大半時間均可通

波蘭國家檔案館，日維茨

全家福，一九一一年，威廉坐於第一排。

行。天公作美的話，一家人也會到附近爬山。山頂上總會有野餐在等著他們，家僕會先行用營火餘燼把湯、香腸及馬鈴薯加熱好。冬季期間，全家人也會在小河上溜冰，或是在城堡的大院裡玩雪橇。

就這樣年復一年，一家人每天辦著例行公事，能享受的樂趣都是意料中事。女孩們若想要小馬當作聖誕禮物，必定心想事成。在拆除巨大的聖誕樹時，史蒂芬通常都會特地把樹給燒了。一家子甚至擁有一棵紅豆杉。他們從未將這棵樹砍來作為聖誕樹。紅豆杉在南方的洛希尼島靜靜生長，現在仍豎立於史蒂芬建造的花園裡，豎立於另一邊更溫暖的松林世界裡。[10]

在史蒂芬的想像王國裡，童年沒有盡頭，但童年現在卻漸漸走到了盡頭。六個孩子走出父親一手打造的家，踏入父親一直在栽培他們、讓他們準備好迎接的更廣闊的世界。在加利西亞，小威廉眼睜睜看著三個姊姊會見從波蘭貴族中挑選出的追求者。這事很棘手。在維也納宮廷的眼中，前來拜訪的波蘭王公與小威廉的姊姊們——哈布斯堡女大公——並非門當戶對。史蒂芬知道自己有失也有得。要是女兒們嫁給波蘭貴族，她們誕下的兒子便沒有資格統治哈布斯堡君主國。可另一方面，此種婚姻也能讓一家人增添波蘭血統，有機會為未來的波蘭王位創造幾個候選人：他自己、他的女婿兒孫都是。

哈布斯堡家族為統治而結婚，婚姻也來得很快。一九〇八年九月，史蒂芬和妻子瑪麗亞·特蕾西亞宣布兩人的女兒雷娜塔與波蘭王子希羅尼穆斯·拉齊維爾（Hieronymus Radziwiłł）訂婚。拉齊維爾家族在舊波蘭地位顯赫，王公、主教及戰士都是從此家族出身。他們也很懂得談情說愛。十九世紀初，德國皇帝就對一位拉齊維爾家的人傾心不已。二十世紀後期，另一位出身拉齊維爾的人也將與甘迺迪夫人賈桂琳・鮑維爾（Jacqueline Bouvier）的妹妹結婚。希羅尼穆斯和雷娜塔還得辦理連串尷尬的法庭程序才能結婚。他的各項頭銜並未得到維也納認可。雷娜塔也只能放棄自己的所有頭銜，放棄被稱為「帝國－王國公主殿下」的權利。這對夫婦還必須接受一份婚前協議和財產分割。[11]

史蒂芬讓波蘭社會瞭解到接下來會發生什麼事。一九〇九年一月十五日，雷娜塔婚禮的前一天，哈布斯堡、俄羅斯及德意志帝國境內的波蘭報紙均稱，這段婚姻讓「哈布斯堡皇室與一個優秀的波蘭家族」締結連理。當雷娜塔和拉齊維爾在日維茨城堡的小教堂成婚時，他們也正在開創新局：開創哈布斯堡家族的波蘭分支。男方的賓客身穿毛皮，頭戴以羽毛裝飾的高聳冬帽，用熱烈的呼聲表達他們的喜悅。哈布斯堡家族也認可拉齊維爾是顯赫的家族。希羅尼穆斯送給新婚妻子一件毛皮大衣，另一位拉齊維爾家的人則贈予史蒂芬一台內襯熊皮的雪橇。

對史蒂芬和哈布斯堡家族來說，這是個需要謹慎外交的時刻。宮廷雖阻止新家族繼承王位，卻想要與新的波蘭分支保持往來。法蘭茲・約瑟夫皇帝知道波蘭統一問題也會是三個帝國的問題，而家族的波蘭支系將讓他比俄皇和德皇多出一定優勢。他自己的民族讓步政策也讓他多少得審慎支持波蘭的民族事業。皇帝的代表巧妙地使用法語而非德語敬酒。日維茨緊鄰德國，所以德境內的波蘭人平常也被迫在學校、教堂裡聽德語。史蒂芬則是用波蘭語和法語上臺致詞。[12]

很快，美荻黛就與歷史上的波蘭統治階級為家族進行第二次聯姻。一九一一年，她和未婚夫奧吉爾德・恰托雷斯基（Olgierd Czartoryski）經歷了相同程序。美荻黛和雷娜塔一樣失去了頭銜，失去由子嗣繼承哈布斯堡王位的權利。她必須宣告放棄所有，這是她這輩子最後一次使用皇室的正式稱謂：「我，美荻黛蒙上帝恩典，奧地利帝國公主暨女大公、匈牙利和波希米亞王室公主……。」新郎則出身另一東方波蘭王族，在波蘭滅亡後，其家族的財富與聲望仍巨。奧吉爾德·恰托雷斯基也得走上與希羅尼穆斯·拉齊維爾一樣的麻煩道路。波蘭不存在，所以也沒有波蘭宮廷可以確立他的王公地位。*[13]

波蘭國家檔案館，日維茨

奧吉爾德·恰托雷斯基與美荻黛·恰托雷斯基（原姓哈布斯堡）

第二位哈布斯堡公主與第二位波蘭王子的婚事壯大了波蘭的王室規模。史蒂芬的計策更獲共鳴與認可。一九一三年一月十一日，夫婦新婚當日，主持婚禮的波蘭主教身穿克拉科夫王室城堡的歷史祭衣。

* 編按：本書二〇一〇年的平裝版在此處補充說明道，即使舊波蘭依然存在，也無法承認他的頭銜，因為其政治體系是建立在所有貴族平等的基礎上，不承認貴族之間的地位差異。

法蘭茲．約瑟夫皇帝送來一位代表和一條鑽石項鍊。史蒂芬的姊姊，也就是新娘的姑姑西班牙女王瑪麗亞．克里斯提娜，則送來一枚鑲有鑽石和藍寶石的胸針。在刻有哈布斯堡紋章和恰托雷斯基格言「無論發生何事」的羊皮紙上，教宗親手寫下了對兩個顯赫天主教家族結合的祝福。[14]

小威廉旁觀著王室的婚配過程。他或許很孤獨吧，但他不是唯一的局外人。他最愛的大姊伊蓮諾拉似乎對一眾來訪的紳士無動於衷。一九一二年秋天，在二妹準備登上婚禮祭壇時，人們也開始閒言閒語——二十四歲的伊蓮諾拉大概要變成老處女了。可人的伊蓮諾拉有個秘密。九年前，她年方十五便將自己許給了一位水手。她在兒時與家人出遊期間愛上了父親遊艇的船長：海軍軍官阿方斯．克勞斯（Alfons Kloss）。正當美荻黛準備婚禮時，伊蓮諾拉於一封信中透漏自己和克勞斯訂婚了。也許正合她意，消息傳回了父親耳裡。史蒂芬這樣積極的波蘭王朝建立者當然會因此失望，畢竟家族丟了第三度與波蘭貴族聯姻的機會。但他終究是哈布斯堡家族裡的叛逆人士，史蒂芬大概也很欽佩伊蓮諾拉的大膽妄為。伊蓮諾拉想成為史上第一個獲皇帝許可與平民結婚的哈布斯堡女大公。[15]

史蒂芬上書宮廷，盼能獲准舉行婚禮。法蘭茲．約瑟夫皇帝無疑覺得很有趣——史蒂芬這個麻煩精總算遇上了相同的問題，皇帝准了這樁婚事，但不是沒有條件。哈布斯堡宮廷認為伊蓮諾拉的婚姻是不平等的，但也沒有比雷娜塔和美荻黛與波蘭王子的婚禮更不平等多少。至於拉齊維爾和恰托雷斯基王子作何感想？史上則未有記載。兩人好不容易才與哈布斯堡平起平坐，現在卻每年都得在家族聚會上見到區區一名海軍軍官。然而伊蓮諾拉是岳父的掌上明珠，岳父也是夫婦倆未來幸福與否的關鍵；克勞斯還是個直率又有魅力的傢伙，很難不討人喜歡。也許他們和這群哈布斯堡人一樣學會了隨遇而安。愛情不亞於民族主義，兩者都是現代價值的魔咒；擁抱了民族主義，並不表示對愛情免疫。[16]

一九一三年一月九日，伊蓮諾拉和克勞斯辦了一場小型家宴，匆匆成婚而省略了禮數。維也納和日維茨之間的協議在倉促間出了不少差池。伊蓮諾拉放棄頭銜和榮譽的聲明要到婚禮結束後才送抵維也納。伊蓮諾拉本以為自己和美荻黛會在同一天結婚，但最後她的婚禮卻是提前了兩天舉行。也許這是為了讓伊蓮諾拉享有某種優先於妹妹的權利，但更有可能是為了不讓她被參加兩對新人婚禮的賓客拿來比較。不過她的命運並不悲慘，她在婚禮當天「愛與幸福之情溢於言表」。伊蓮諾拉和克勞斯搬入亞得里亞海邊的家庭別墅。他們的第一個孩子出生於婚禮後的九個月。[17]

小威廉在婚禮合照裡顯得很不自在，其中原因不難想像。他最喜歡的姊姊伊蓮諾拉就要

波蘭國家檔案館，日維茨

兩對夫婦的婚禮合照，美荻黛與伊蓮諾拉雙雙成婚，右三為威廉。

回到兒時陽光普照的伊斯垂亞了。他大概也對與家族聯姻的兩個驕傲波蘭人心懷不滿。他們不僅把另外兩位姊姊帶回自己的莊園，還取代掉小威廉在父親心中波蘭大業的地位。他原本生來就是波蘭問題的答案。他在史蒂芬繼承波蘭土地之際來到世上，這個兒子繼承了理當繼承波蘭王位的哈布斯堡先祖的名字，他也是唯一一個打從出生起就學習波蘭語的孩子。如今隨著姊姊們紛紛成婚，小威廉在波蘭繼承願景中的地位一落千丈。他的順位不僅落後於父親和兩位哥哥，更落後於兩個新姊夫和他們未來的孩子。小威廉在十四歲及十七歲時，於姊姊們的婚禮上看著兒時穩固的秩序就此瓦解。家族的利益與他不同。命運之子已成多餘之物。要找到自己的出路，他便得尋覓自己的民族。

一九〇九至一九一二年，姊姊們紛紛訂婚結婚，這段時間讓小威廉很不好受。幾個女孩留在日維茨的家裡接待追求者、籌備婚禮，小威廉和兄長則離家去軍校寄宿。一九〇九年，小威廉前往摩拉維亞的赫拉尼采鎮（Hranice）上軍校。史蒂芬和心理學家佛洛伊德的雙親一樣都出生自摩拉維亞，地處帝國中部的內陸地區，以捷克語為大宗。除了遊艇和汽車外，讓兒子上軍校是史蒂芬的又一項進步創舉，他也選定了離自己兒時故鄉不遠的學校。雖然指揮陸海軍算是哈布斯堡大公的職責，但他們在傳統上並未受過這類訓練。史蒂芬家族裡的軍事前輩通常都是業餘自學，天賦各有不同。曾於海軍學院旁聽過的史蒂芬希望自家兒子能接受完整的軍事教育。他把小威廉送到了一種自己從未體驗過的學校（至少不是以寄宿生的身分體驗）。[18]

小威廉於十四歲前往赫拉尼采上學，十七歲未通過考試便離校了。任何這年紀的男孩都難以自處：他們從無法控制世界的孩子，漸漸長成了無法控制身體變化的男人。小威廉沒有留下任何有關這幾年的書面紀錄。從反常的沉默和提前離校可知，那段時期他過得並不順遂。

當時最偉大的奧地利小說家羅伯特・穆齊爾（Robert Musil）稱這所學校為「魔鬼的屁眼」，可謂最令人難忘的註解。穆齊爾本人也是校友，他根據自己的在校經歷寫成一九〇六年出版的第一部小說《少年托勒斯的迷茫》（*The Confusions of Young Törless*），筆調優雅，內容卻令人不適。小說中有位青年「H王子」。「他走路時，」穆齊爾寫道，「步態溫柔輕巧，繃緊已習慣挺拔的身姿走過連串空蕩廳堂；若是換作別人，大概會在空蕩的房間中像是撞到隱形牆角般地跌跌撞撞。」故事裡的「H王子」並不快樂，於是離開了學校。主要情節是在講述青少年男孩遏制不了的同性羞辱衝動，以及性探索及心智發展之間必然的關聯。在小說出版三年後入學的小威廉身材高大、金髮碧眼、相貌堂堂。而他是優雅的王子，還是被欺侮的男孩？也許兩者皆然。

就這樣，小威廉在同性情誼、王室與軍隊三者密不可分的中歐長成了男人。一九〇七年，與小威廉同名的德國皇帝威廉二世捲入同性戀醜聞。連串訴訟一直持續到一九〇九年，有消息揭露，皇帝最親密圈子裡的幾個人，連同他最親近的朋友兼主要文人幕僚，都是同性戀。這位密友菲利普・馮・奧伊倫堡（Philipp von

波蘭國家檔案館，日維茨

學生時代的威廉

Eulenberg）在信中總是稱皇帝為「小親親」。當時的報紙持續追蹤奥伊倫堡事件的發展，德國上下和全歐洲都高度關注。而威廉二世這個喜歡為妻子挑選帽子的男人，就此再也擺脫不了與同性戀的聯想。[19]

一九〇七年，維也納也爆發了同性戀醜聞。一家成立於同年四月的熱門報紙開始撰文暗指哈布斯堡君主國的政治和金融菁英都有明顯同性戀傾向。文章頗有敲詐勒索的意味，因為「同性間縱慾」在君主國裡屬於刑事罪。有個自稱為該同志菁英圈內之人做出了回應。他化名「梅爾維奥拉伯爵夫人」（Countess Merviola）告訴報紙讀者，將「溫馨的弟兄們」送進大牢絕對是大錯特錯。他覺得，「這群最受國家認可崇敬的人、留著最古老血脈的貴族、百萬富翁、鉅額公司老闆」若因其同性戀行為而受到起訴，那就太不可思議了。雖然伯爵夫人是使用散發芳香的紙來寫作，文中卻透出恐嚇的氣息。他認可維也納菁英「充滿溫情」，並指出「溫馨的弟兄們」會互相照應。言下之意就是，即便事情愈演愈烈，他們也會關照彼此。[20]

前述緋聞都只是一九一三年雷德爾事件的前奏。此事將同性戀情緊密地與對間諜的憂懼連結起來，直到二十世紀末。艾弗雷德・雷德爾（Alfred Redl）上校是一名鐵路員的第九個兒子，他那時已登上哈布斯堡軍事反間諜部門的負責人大位。他好男色、舉止張揚，還會穿著裙子，包養了幾十個情人。他如許多軍官一樣過著自己負擔不起的生活，甚至比大多數人還要奢侈。他的軍中同袍對債務見怪不怪，男人間的愛情則是成年人的私事。可雷德爾維持這種生活型態的方式，卻是販售機密給俄羅斯帝國。一九一三年五月，他被揭穿後便自殺了。哈布斯堡軍方和宮廷掩去了此事的細節。當時已是海軍上將的史蒂芬大公很可能知曉其來龍去脈。醜聞爆發時，他、瑪麗亞・特蕾西亞及小威廉也正在維也納。他們將小威廉從赫拉尼采帶回，好讓他在私人家教的指導下，在更平靜的環境裡完成學業。小威廉準備考試時，子彈正射中雷德爾的大腦，那也是他的最後一課。[21]

在青春期的迷茫歲月裡，現下教育的折磨，又將小威廉的波蘭王冠籠罩在更遙遠的未來裡，他只能夢想一個屬於自己的王國聊以慰藉。他發現，讓他為波蘭大業做好準備的技能也能用來實現其他目的。以往在洛希尼島，他的波蘭語課——不誇張地說——就像在公園裡散步，教學內容與現實波蘭相距一千公里。語言本身雖相當困難，但肯定顯得純粹又抽象。在加利西亞，小威廉所到之處都會聽到波蘭語：波蘭人統治著該省，學校、法庭及大多數城市街頭裡說的都是波蘭語。

然而加利西亞也是其他民族的家園，小威廉一定也隱約明白。烏克蘭人實際上相距不遠。父親城堡周圍的山區也居住著分屬不同氏族的高地牧羊人與獵人。其中有些人說的是可辨識的波蘭方言；有些人則是使用別種語言，某種較為溫和的語言。小威廉似乎已從當地孩子那兒學到了此種語言的幾個單字，也許起初並不曉得那是什麼。他的母親瑪麗亞·特蕾西亞很喜歡這種語言的柔和聲音，她知道那是烏克蘭語。那讓她想起自己的義大利母語；如今在山裡，她很懷念那個一家子住在亞得里亞海時自己每天都會使用的語言。[22]

小威廉正從波蘭文學中學到，波蘭人和烏克蘭人自古便競相爭奪雙方均稱為家園的土地。在亨利克·顯克微支（Henryk Sienkiewicz）的小說《火與劍》（*With Fire and Sword*）裡，他讀到了烏克蘭哥薩克人（Cossack）於十七世紀在烏克蘭起而反抗波蘭貴族的故事。儘管顯克微支——史上最受歡迎的波蘭小說家——的筆調明顯偏頗波蘭，但他並未否認哥薩克人也有某種野性的尊嚴。小威廉並非第一、也非最後一個對故事裡烏克蘭人心馳神往的讀者。有教養的波蘭貴族與野蠻的烏克蘭哥薩克人，這種在文學中常見的對比，在小威廉和姊夫們的談話中也可見一斑，畢竟這些波蘭貴族的祖先曾擁有數萬名烏克蘭農奴。他們告訴小威廉，烏克蘭人只是強盜蠻族。這類評語讓小威廉「很有興趣」並「勾起我的注意」。如今，小威廉已對波蘭貴族瞭解到足以判斷自己不喜歡他們了，所以不費力就能將哥薩克人當作自己心目中的英雄。

在某個時刻，約莫一九一二年，小威廉十七歲，他決定要尋找烏克蘭強盜民族的大本營。他懷著馳騁的想像力研讀加利西亞的家族地圖，想知道能在哪裡找到那些蠻族。同年夏天，小威廉獨自啟程往東。他同樣「隱姓埋名」——畢竟是他父親的兒子——乘上駛往喀爾巴阡山沃羅赫塔（Vorokhta）的二等車廂。他孤身走過綠色松林，找到了烏克蘭的胡楚爾（Hutsul）族。他們是以狩獵和農耕為生的自由民，卻非小威廉原本預料中披獸皮的野人。他很喜歡這些人的熱情好客和民族歌曲。他用非常近似烏克蘭語的波蘭語與對方交談，也趁機學了更多烏克蘭單字。小威廉很有語言天分，況且像他這樣的波蘭母語人士要不懂大半烏克蘭語也難。小威廉「煥然一新」地回到日維茨。他終於找到了沒有王國的民族。他曾看過《帝王之夢》，那是人民尊崇主權的願景。他也參與過父親的民族夢；父親夢想著讓波蘭在哈布斯堡帝國體制之內，擁有哈布斯堡出身的統治者。那烏克蘭人何不也擁有自己的哈布斯堡統治者呢？[23]

要如小威廉那年夏天所為接納烏克蘭人，就表示得重新審視加利西亞。民族主義的視角總是聚焦於某一群體，卻一邊模糊其他群體。小威廉的父親和姊夫們視加利西亞為波蘭土地。但實際上，這裡也是烏克蘭人和猶太人等許多其他族群的家園。只要微微轉動鏡頭，這些人就能進入對焦範圍了。日維茨本身便是一座波蘭貿易城鎮，鎮上有傲人的巴洛克式天主教堂，猶太人或烏克蘭人極少，但鄰近的幾處村莊也擁有美麗的烏克蘭木製教堂，洋蔥形圓頂上裝飾著華麗的金屬十字架。小威廉背離父親的志業及其所帶來的波蘭姻親，他覓得了自己對加利西亞的烏克蘭願景。他看見父親未見之境，他選擇與波蘭王公不屑為伍的民族同在，因而於家裡、乃至於整個王朝中抬升了自己的地位。他是哈布斯堡王室旁支世系中最小的孩子。然而哈布斯堡並沒有烏克蘭世系。他可以成為第一人。[24]

小威廉潛意識裡想要融入一個群體、想要「更親近人民」，這感覺叛逆。加利西亞由波蘭貴族統治，對於大多是烏克蘭人的農民是不利的。波蘭民族主義者否認獨立烏克蘭民族的存在，認為烏克蘭人只是一種日後可同化為波蘭民族、壯大波蘭民族的原料。然而小威廉的烏克蘭身分認同並未對哈布斯堡王朝不忠。反之，哈布斯堡的烏克蘭世系或許會是君主國裡複雜民族政治中的有用資產。[25]

隨著君主國漸漸變得更加民主，烏克蘭人等人民的聲音和選票也益發重要。一九一〇年的人口普查顯示，說烏克蘭語者約占奧地利人口的十三%；一九〇七年，帝國首次以一人一票的原則舉行選舉後，烏克蘭政界人士贏得議會的六%席次。波蘭人從十九世紀晚期以來，一直是執政聯盟的核心成員，但烏克蘭人的選舉權重正在增加。在未來的自由選舉中，烏克蘭政黨勢必會於議會中獲得更多席次。在此情況下，小威廉可能猜對了，他的王朝絕不會拒烏克蘭於門外。[26]

無論是出於外交或內政之故，哈布斯堡都必得考慮烏克蘭。但就如史蒂芬一直想解決的波蘭和南斯拉夫問題，烏克蘭問題不僅關乎哈布斯堡帝國，更關乎鄰近的帝國。威廉在喀爾巴阡山脈聽見了烏克蘭語，但再往東兩千公里處的帝俄深處，人們說的也是同一種語言，即便當然是不同的方言。這是東歐民族誌（後稱為人類學的一門科學）的偉大時代。民族學家長途跋涉，為證明跨政治邊界的共同語言和文化確實存在。人口統計學家也支持他們的論點，據其統計，哈布斯堡君主國有數百萬名烏克蘭人，但在俄羅斯更有數千萬。[27]

民族主義令帝國無法故步自封。一旦人們看見民族不受帝國邊界限制，帝國就須考慮政策得失。穩定顯然絕無可能。對哈布斯堡君主國而言，烏克蘭民族問題是水能載舟，亦能覆舟，絕無中間答案。烏克蘭政體若成立，便只有可能從哈布斯堡君主國、俄羅斯帝國，或兩者手中取走領土。所以哈布斯堡和帝俄都極力欲讓情勢朝著對己方有利的方向走，只願在自己的統治與支持下，實現某種形式的民族統一。帝俄欲說服哈布斯堡君主國裡的烏克蘭語使用者相信，他們是屬於蒙沙皇恩澤的東正教民族大家庭。哈布斯堡方則支持境內烏克蘭人的「希臘禮天主教會」。該教會的烏克蘭領袖——聰穎的都主教安德里·蕭普提斯基（Andrii Sheptytsky）——盼著能改變帝俄的信仰。俄國和哈布斯堡君主國都沒想過要放棄烏克蘭領土，但雙方都想著能藉吞併對方領土來解決烏克蘭民族問題。[28]

地位遠高於小威廉的哈布斯堡王公們都研究過烏克蘭問題。法蘭茲·斐迪南王儲就有一名烏克蘭政治顧問。法蘭茲·約瑟夫皇帝則恐懼戰爭即將到來，因而開始關注烏克蘭。小威廉於一九一二年夏天啟程時，巴爾幹半島戰事正酣。那時鄂圖曼帝國搖搖欲墜，哈布斯堡也趁此與俄羅斯爭奪巴爾幹之掌控權。儘管可想見巴爾幹半島會是哈布斯堡和帝俄爭權的戰場，但哈布斯堡君主國和俄羅斯帝國在那裡並無共同邊界。兩者的共同邊界位於加利西亞的東部邊境。因此，與俄國的戰爭只會沿烏克蘭戰線開打，烏克蘭領土勢必易手。[29]

哈布斯堡對可能開打的烏克蘭爭奪戰是誠惶誠恐。軍中的民族和語言之多元令人咋舌，但古老的貴族民族占去大多數軍官職位，比例過高。大約每五百名軍官只有一人是以烏克蘭語為母語。考量到烏克蘭可能會是東部戰線，所以帝國理當訓練一名可同時代表哈布斯堡的烏克蘭軍官。於是法蘭茲・約瑟夫皇帝轉向一位看似合理的人選。一九一二年秋，他要小威廉研究烏克蘭問題。次年，小威廉進入維也納新城帝國軍事學院（Wiener-Neustadt）接受軍官訓練。[30]

小威廉的叛逆表現讓他直接扛下了帝國重任。就讀軍校期間，他仍繼續研究烏克蘭的語言和文化。即便有額外功課，但小威廉在各方面都只是個單純的軍校生，正如父親所願。他與學校裡的同學一起按表操課：每天五點晨起，六點至下午一點上課，下午三點至六點繼續上課。小威廉很喜歡地理和法律。他的成績很好，在班上名列前茅，不過我們也很難知道這可不可靠。哈布斯堡大公有時會獲得學位，但他們未必有認真學習。要給大公出題考試可是教師的一大難題，哈布斯堡國境內的居民常拿這來開玩笑。一個在夜總會流傳的笑話是這麼說的：有個可以拿來考大公的好題目就是「七年戰爭持續了多久？」[31]

比起赫拉尼采的預備學校，小威廉似乎更喜歡維也納新城學院。他曾和幾位朋友連續九晚借走了校長的車。他喜歡騎術、練習劍術和游泳。和他以前的學校一樣，維也納新城也有同性求歡的現象，但可能沒有那麼暴力。學長可以挑選自己最喜歡的學弟，舍監則會受賄允許兩個男孩在懲戒牢房裡共處一室。小威廉要是對新學校有什麼怨言，他畢竟已是個十八歲的青年，總會想辦法表達不滿。維也納比赫拉尼采豐富多了，他的哥哥里奧在同一年入學。兄弟倆週日放假，可以趁這段時間去探望父母。現在，史蒂芬和瑪麗亞·特蕾西亞大多時間都住在維也納史蒂芬的宮殿裡（維登大街六十一號）。他們住得離法蘭茲·約瑟夫皇帝的霍夫堡很近，乘馬車一下就到了。小威廉也能再見到最喜歡的姊姊伊蓮諾拉。每次伊蓮諾拉從伊斯垂亞來訪，她和小威廉都會一起漫步維也納。[32]與屈身下嫁的心愛姊姊散步也是小威廉的重要一課。他已經長大，能夠察覺社會地位的不同了。小威廉和伊蓮諾拉走訪的這座城市是個龐大都會，人口多達兩百萬。姊弟倆從父親的宮殿出發，往霍夫堡和環城大道的反方向向南走，很快就會到達馬爾加雷滕（Margareten）和法沃里滕（Favoriten），這兩區的工人階級都正迅速成長。小威廉開始於閒暇時閱讀奧地利馬克思主義者的著作。這是社會主義運動裡的一個特殊群體，他們為民族問題提出的解方讓小威廉很受用。奧地利的馬克思主義者希望能藉由民主議會負責立法，讓帝國成為海納百川的社會福利國家。小威廉將社會主義計畫套用在他自己喜愛的人民——烏克蘭人身上，他們也是帝國裡最貧窮、最倚重農業的民族之一。[33]

在小威廉稍稍逾矩的同時，他也一邊將能量注入了大局。他的小小忤逆正是自己所需能量的泉源，讓他能成為一個身懷利器、有朝一日也許可為帝國效力的青年。帝國正在照看和栽培他。他不再是波蘭大公的潛在人選，而是哈布斯堡貴族裡唯一有望的烏克蘭親王。他不再是波蘭大業的最後順位，而是烏克蘭大業的第一順位。大公與市井小民同在、舊王朝與新民族同在。待時機來臨，威廉和他選定的民族便或可為這個古老帝國注入青春活水。

羅伯特・穆齊爾在小說《沒有個性的人》（*The Man without Qualities*）裡，描寫一個獲派為法蘭茲・約瑟夫在位七十週年籌備慶典的委員會。家族血親間的複雜關係、對父權勢力的慎重考量、對政治哲學的大篇幅離題探究，最後都未能讓他們得出實質結論。但作者確實有力地將此委員會描寫為讓人一窺現實的場域，實屬世界文學的獨特典範。書中有個專業外交官對外交之本質的解析如下：別照自己的心意行事。小說主角對「行動」的定義則是：非你此刻所為，而是你接下來的作為。穆齊爾奮力欲揭示哈布斯堡人的時間感：一種持續不間斷的當下，雖無法掌控每個細節，但只要處事圓滑機敏，且對世界的關注僅限於其作為家族權力的展現，便能主宰大局。

穆齊爾的小說以法蘭茲・約瑟夫在位的時間來傳達此種永恆之感。他的統治時間異常漫長，為王朝壟罩著永恆的光環。至二十世紀，大多數的哈布斯堡臣民都已不記得其他皇帝。然而，這種永恆之感卻是肇因於單一一人的執拗，而非王朝對後代子孫能夠成就功業的信心。法蘭茲・約瑟夫迄今一直不願離世，王儲法蘭茲・斐迪南又性情急躁、不受擁戴。帝國本身也已將原有之全球野心轉向中東歐，各國強權隨著時間的推移而壯大、不見衰亡，哈布斯堡統治者愈來愈感到腹背受敵。

永恆之感伴隨著災難之感，兩者互相角力。二十世紀之初，哈布斯堡帝國被捲入歐洲的聯盟體系，亦即兩大國家集團間為備戰而行的武裝競賽。哈布斯堡雖罕有出色外交手段，卻通常處事圓滑，但此時他們在外交場上已失去所有迴旋餘地。德國統一後，法國便往東尋求盟友，並尋到了俄國。十九世紀末，哈布斯堡和德國結盟與俄法抗衡。一九〇四年，英法簽署協約，以避免為殖民領地問題起爭端，但這也預示著更密切的政治合作。一九〇七年，英俄簽署類似條約。種種協議使英、法、俄間形成了非正式卻顯而易見的聯盟。德國雖屬強國，但還不足以抵抗這樣的聯盟。德國曾與英國展開海軍軍備競賽，但最後落敗，隨後於一九一一年轉向常規軍備競賽，德國的哈布斯堡盟友也被捲入其中。

在五國各自結盟的同時，第六個傳統強權卻正從歐陸退場。鄂圖曼帝國漸漸失去在歐洲的領土。一九〇八年七月，鄂圖曼軍官以改革之名發動政變，哈布斯堡君主國的回應就是於同年十月吞併波士尼亞和赫塞哥維納。三十年前，哈布斯堡曾憑條約獲得了占領這些省分（其於法律上屬鄂圖曼帝國）的權利。如今他們更單方面主張有權吞併它們。鄂圖曼帝國於近兩世紀以來一直在衰落，其他列強更自行說定了要如何重新劃分領土。就這樣，一大強權鄂圖曼漸漸消失，另一強權哈布斯堡則是打破規則，從占領轉向徹底吞併。而俄羅斯本就對鄂圖曼轄下歐洲的東正教居民虎視眈眈，更因此覺得備受羞辱。俄國與塞爾維亞愈走愈近。塞爾維亞又將波士尼亞視為其自身利益範圍，當然，也將其視為未來拓寬的塞爾維亞國土。[34]

後來，巴爾幹政治——乃至於歐洲政治——的主動權溜出了大國手中。一九一二年，塞爾維亞、蒙特內哥羅、希臘及保加利亞四個巴爾幹民族君主國組成的聯盟出兵鄂圖曼帝國，並奪下其剩餘的大半歐洲領土。由此次衝突（第一次巴爾幹戰爭）可見，小國也有能耐重塑歐洲，而民族主義足以摧毀帝國。隨後在一九一三年的第二次巴爾幹戰爭中，巴爾幹國家卻轉而互相爭鬥。塞爾維亞成為塵埃落定之後的最大贏家，領土變成原先的兩倍大，人口也成長了半數之多。哈布斯堡陸軍參謀本部堅持先發制人對塞爾維亞開戰。他們的理由是，君主國若不盡快消滅塞爾維亞等民族害蟲，便會淪落到與鄂圖曼帝國相同的下場。參謀本部已厭倦君主國耐心作為歐洲權力平衡的支點。要平衡權力的話，他們更偏好如走鋼索般較量戰術。走鋼索至少有前進的感覺，還能手持長棍。一九一三至一九一四年，參謀長曾不下二十五次建議對塞爾維亞發動戰爭。[35]

回到較溫和的一八九〇年代，法蘭茲・斐迪南和史蒂芬於亞得里亞海一同出航時聊過巴爾幹政局。在波士尼亞吞併危機期間，兩人因恐怕戰爭會爆發而也曾有魚雁往返。法蘭茲・斐迪南覺得戰爭無法解決巴爾幹問題。他認為，哈布斯堡將塞爾維亞納入版圖只是徒增煩惱。塞爾維亞的貢獻只有「殺人犯、流氓和幾棵李子樹」而已。史蒂芬在亞得里亞海度過了二十年，他比法蘭茲・斐迪南更自覺與巴爾幹人民親近。史蒂芬有個兒子就是以東正教土地上最受崇敬的聖人西里爾和美多德來命名的，可他心中見解略同。一九〇七年，吞併危機的前一年，他離開了巴爾幹半島和想像中的南斯拉夫，轉而支持加利西亞和他想像中的波蘭。[36]

小威廉理解父親心中的盤算，他的想像力和善變也絕不亞於父親。父親那一代或許不當烏克蘭人是一支民族，但民族的定義正在改變。在那個民主的時代，人口規模漸漸變得與財富同等重要；在那個注重族群歸屬的時代，傳統可能會由文化所取代；在那個科學的時代，人口統計學已能貌似精準地計算民族人口。小威廉也能將烏克蘭人視為與波蘭人平起平坐、權利同等的民族。烏克蘭政治的民粹特質恰能吸引這位視己與百姓同在的年輕人。時人說，烏克蘭人是「沒有歷史的民族」，但正是這點吸引了他的青春活力。小威廉心想，烏克蘭人是自然的民族，是春天的民族，是一棵能隨風搖曳的樹苗。波蘭人則屬於腐朽的文明。如同他在幾年後所說：「波蘭！沒錯，波蘭人曾是擁有高貴文化的民族，我倒是得承認這點，但現在他們的秋天已經到來。如今這個文化已成多餘，如今只剩頹廢墮落之物。」[37]

由哈布斯堡的歷史可見，衰敗的過程也可能是很漫長的。約莫於三世紀以前，小威廉的祖先馬克西米利安二世曾資助藝術家阿爾欽博托（Arcimboldo）創作著名的四季畫作：春季是以通紅鮮綠的蔬果組成，秋季則溢滿晚摘的瓢瓜、馬鈴薯和葡萄，兩者都繪成人形。要呈現時間之流逝，再無比這更能盡顯興衰的手法了。而各具特色的幾幅肖像整體仍將時間形塑為四季的無盡循環。但哈布斯堡的確已來到了一處轉折點，來到了圓上的切線，此時此刻，王朝無盡的壽數將不敵交織著災難和救贖的動盪未來。

一九一四年夏天，哈布斯堡展開一場終將了結舊歐洲的戰爭，春與秋、父與子、一個時代與另一個時代就此分道揚鑣。但在一九一三年，史蒂芬和小威廉的抉擇都沒有表現出對彼此的敵意，也沒有對王朝不忠。要是哈布斯堡真如參謀本部所願開戰征服塞爾維亞，那軍方勢必也得對付俄羅斯。若能勝過俄國，王土內的波蘭和烏克蘭人口就可能會從數百萬增至數千萬。若哈布斯堡贏得戰爭，並能往東與北擴張，那大公們確實便有機會以皇帝的忠誠攝政王之姿統治波蘭或烏克蘭的大片王權領地。

史蒂芬和小威廉的作為在兩個時代——他們身處的時代和即將到來的時代——都合情合理。他們在行動的同時，也默認了一種新的時間觀。他們原本生來就被教導，時間代表著永恆王朝的夢想圖景，記載著種種日期與故事；但他們卻自己培養出另一套觀點，認為年歲會推動著民族向前。史蒂芬因期待開創新王室而成為波蘭人，威廉則因期待新民族的崛起而成為烏克蘭人。而使他們能成為君主國助力的技能和聲望，也讓他們準備好迎來沒有帝國的歐洲——波蘭和烏克蘭已成獨立國度的歐洲。儘管小威廉和史蒂芬都未曾談及哈布斯堡君主國的瓦解與獨立波蘭和烏克蘭的崛起，但追隨他們的波蘭或烏克蘭人仍難免有此念想。

一九一三年，小威廉十八歲了。他解不開自身野心與家族輝煌的糾葛。單純又憤世的他卻有幸反抗自己根深柢固的傳統。父親讓他當波蘭人，於是他決定成為烏克蘭人。父親本希望他當軍官，而現在他入學軍校，準備加入一場自取滅亡的戰爭。史蒂芬預見了一個由各民族組成的世界，如今這世界即將來臨。小威廉已選定自己的人民——只能因玩耍、旅行及閱讀書籍才得以瞭解的民族，同他一樣青春慘綠的民族。

父與子已準備好迎向未來，哈布斯堡家族裡的人都是。

# 紅色　戎裝王子

一九一四年六月二十八日，哈布斯堡王儲法蘭茲・斐迪南為慶祝一個重要日子而來到塞拉耶佛。十四年前的今天，皇帝允許他與心愛的蘇菲・赫特克（Sophie Chotek）結婚。蘇菲是法蘭茲・斐迪南王儲原本應娶之女的侍女。夫與妻地位不相稱，所以王儲只能放棄自己後裔的統治權。這門婚事令蘇菲很是尷尬。即便身為堂堂王位繼承人的配偶，她的地位也低於所有男女大公，包括未成年的孩童。她得排在男童女童之後才能進入霍夫堡宮的廳堂。對蘇菲而言，就連在風光明媚時仍冷颼颼的霍夫堡尤其冷冽。維也納在舉行國家儀典期間，她和丈夫還不能乘坐同一台車。但在塞拉耶佛，也就是在哈布斯堡的新省分波士尼亞，他們可以不顧這些規矩。法蘭茲・斐迪南帶著蘇菲去觀看軍事演習。在這片巴爾幹土地上，法蘭茲・斐迪南能夠光明正大地以妻子為榮。那天，他們同乘一輛敞篷車。

在塞拉耶佛，塞爾維亞民族主義者也有自己的週年要紀念。恰恰於五百二十五年之前，鄂圖曼帝國派兵於科索沃戰場擊敗巴爾幹諸侯的聯軍。塞爾維亞民族主義者從此視科索沃一役為英勇民族的殉難日，也是外國暴政當道的開端。六月二十八日亦是被塞爾維亞人視為民族節日的聖維特（St. Vitus）瞻禮日。塞爾維亞人當然還對政治心懷怨懟。距哈布斯堡吞併波士尼亞才稍稍超過五年。王朝不僅偏袒地方篤信天主教的克羅埃西亞人、透過波士尼亞的穆斯林地主統治，更不信任屬於東正教的塞爾維亞人。

對內德利科・查布利諾維奇（Nedeljko Čabrinović）這些塞爾維亞民族主義學生來說，法蘭茲・斐迪南的參訪是大剌剌的挑釁。這一天本應紀念塞爾維亞抵抗外國暴君的鬥爭，今天卻用來迎接暴君到來。

查布利諾維奇等塞爾維亞民族主義者認為，波士尼亞與赫塞哥維納應脫離哈布斯堡，依附塞國。他和幾個有志一同者求助於「黑手」（Black Hand，由塞爾維亞境內民族主義恐怖分子組成的秘密組織）。該團體以塞爾維亞參謀本部的軍情主管「阿皮斯」（Apis）上校為首。因為他力大無窮，眾人才以埃及公牛神之名給他取了此綽號。他先前便參與過弒君行動，將現任反對哈布斯堡的王朝推上了賽爾維亞王座。阿皮斯大體上並不喜歡哈布斯堡，但他對法蘭茲・斐迪南尤其不滿。他覺得這王儲未來會是哈布斯堡軍隊的厲害統帥，也認定法蘭茲・斐迪南有意吞併塞爾維亞，開創奧匈南斯拉夫三元帝國。所以一有民族主義學生向他獻上謀殺法蘭茲・斐迪南一計，他便欣然答應，由黑手供應槍支和炸彈。[1]

一九一四年六月二十八日，查布利諾維奇攜帶一枚炸彈。等法蘭茲・斐迪南和蘇菲乘敞篷車沿著碼頭緩慢行駛，他就把炸彈扔到兩人車上。司機一見有東西飛來便加速前進。炸彈擊中車頂往後彈，引爆後炸傷了後方車裡的軍官和沿街旁觀的民眾。一小塊彈片擦過蘇菲，劃傷了她，流出鮮血。

二十世紀初期是政治恐怖主義盛行的年代，暗殺行動是家常便飯，過去四年就有五次以哈布斯堡家族成員為目標的嘗試。透過母親成為哈布斯堡家族成員的西班牙國王阿方索，是另五次暗殺的目標，其中一次還是在自己的婚禮當天。恐怖主義在西班牙很盛行，結果連國王都把遇襲當消遣。阿方索就曾用馬球動作撞倒一名準備出手的刺客。然而那是個王室逞英雄而非謹慎維安的時代。不出所料，法蘭茲・斐迪南的反應就是命令司機繼續往前，全無應急計畫。他和蘇菲依行程繼續沿碼頭駛往市政廳。他在那裡致詞後便決定接著去探望被炸傷的軍官。他從市政廳出發，車子本應避開碼頭，繞道前往醫院。但他們沒有。一頭霧水的司機一時間還停下來倒車。

這時，另一位塞爾維亞學生加夫里洛・普林西普（Gavrilo Princip）從人群中踏出。他持槍站在汽車正前，近距離射殺了蘇菲和法蘭茲・斐迪南。受了致命傷的兩人都還想著對方。蘇菲問法蘭茲・斐迪南狀況如何，他則懇求蘇菲為了孩子們活下去。一顆子彈穿透她的束腹和腹部，另一顆子彈射穿他的頸靜脈。他慢慢往前傾倒，鮮血直流，帽子也從頭上落下，綠色羽毛染上了汽車地板上的血跡。他只留下「沒什麼」這句遺言。負責檢查屍體的醫生從他脖子上取下七枚由黃金和白金製成的護身符，但護身符未能驅邪。王儲的左臂高處還有條中國龍刺青，七彩斑斕。

那天是星期日，維也納社交季節的最後一日。普拉特公園（Prater Park）裡管弦樂團繼續演奏。馬車來來往往，友人彼此閒聊。王儲的去世未必意味著世界末日。畢竟法蘭茲・斐迪南喜怒無常又不討人喜歡。以往也不是沒有大公慘死，但王朝和王國仍然健在。至少就維也納眾人所知，法蘭茲・約瑟夫皇帝還很健康。現在，他受愛戴的侄孫卡爾大公當上了王儲。卡爾正是聲名狼藉的奧托・法蘭茲之子，奧托已死於梅毒惡化（想當然耳）。可卡爾是個善良的英俊男子，他活力旺盛的美麗妻子齊塔（Zita）也為他生下了一群有資格繼承皇位的孩子。[2]

民心穩定，王朝後繼有人，但普林西普的子彈確實命中靶心。普林西普這夥恐怖分子就是想尋釁滋事，激得對方過度反應。古今中外的恐怖分子皆然，他們皆欲化己弱為強，誘使大國做出違背自身利益的事。他們盼著哈布斯堡能鎮壓波士尼亞，期待此舉能爭取到當地塞爾維亞民眾的支持，以利其民族主義事業。這次挑釁之成功卻是他們做夢也想不到。其實法蘭茲·斐迪南本是反對巴爾幹戰爭，但他已退出舞臺。而數年來總想先發制人攻打塞爾維亞的哈布斯堡參謀本部現在正好有了理由。另一邊，哈布斯堡的盟友德國一直對殖民列強英法兩國心懷不滿，盼著歐洲能全面開戰，讓德國有機會掙得一席之地。危機就是契機。七月二十三日，哈布斯堡君主國向塞爾維亞發出最後通牒。塞爾維亞卻答覆得含糊其辭，維也納於五天後宣戰。次日早晨，哈布斯堡海軍開始炮襲塞爾維亞首都貝爾格勒。

戰爭開打了。俄羅斯在法國慫恿下開始調度軍隊保衛塞爾維亞。德國要求俄國停止備戰。俄國不從，於是德國於八月一日向俄國宣戰。這樣德法便也勢必免不了一戰。俄法結盟等於是包圍德國。德國的作戰計畫是盡快擊敗法國，避免兩面作戰。侵法路線經過中立的比利時。而德國違反比利時的中立立場，導致英國於八月四日參戰。不出幾週，一次暗殺事件引燃了巴爾幹半島的區域戰爭；不出幾天，區域戰爭就成了全歐的大陸爭奪戰。

第一次世界大戰的走向出乎哈布斯堡將帥們的計畫之外。他們自以為能迅速出擊，控制戰爭的政治後果，料想幾天內就能讓塞爾維亞屈服。但哈布斯堡進攻失敗了。塞國部隊經過兩次巴爾幹戰爭的洗禮，在英明將領的指揮下頑強防守，並於八月十九日的策爾戰役（Battle of Cer）擊敗哈布斯堡軍隊。哈布斯堡君主國本只欲襲擊南部小國塞爾維亞，現在卻也要應付東北方的龐大帝國俄羅斯。各奔南北的哈布斯堡軍人在鐵路上相會，有些是從塞國前線前往俄羅斯，有些則要從俄國前往塞爾維亞。此時俄國卻握有哈布斯堡的動員時程與作戰計畫——多虧了為養男寵而出售情報的叛徒雷德爾上校。帝國擊敗塞爾維亞的戰爭目標就此溜出掌心。

對於哈布斯堡君主國裡幾個想像力豐富的靈魂而言，東部與南部戰線都有望解決民族問題。君主國若擊敗塞國便能向南擴張，接納巴爾幹半島的南斯拉夫人，讓眾人能在帝國統治下共同實現自己的民族生活。君主國若戰勝俄國就能往東北擴張，從而解決烏克蘭和波蘭問題。哈布斯堡只要能奪走俄羅斯足夠的領土，便可設立新波蘭與烏克蘭省分來滿足兩者的民族主張。國內波蘭人和烏克蘭人間的衝突也會在哈布斯堡擊敗俄國時迎刃而解——奧地利首相向他們如此保證。[3]

已習慣為區區加利西亞而爭執不休的烏克蘭與波蘭從政人士如今得知他們很快就能分取從俄羅斯奪來的大片土地。這是一幅誘人的前景，背後還有政策撐腰。哈布斯堡君主國本就許可組建和訓練波蘭準軍事部隊，這支部隊現於一九一四年八月更名為波蘭軍團，並有預算資助。另一支烏克蘭軍團也在同月成立的烏克蘭民族委員會（Ukrainian National Council）號召下成軍。烏克蘭軍團和波蘭軍團一樣是為政治服務。招兵買馬的目的，一邊是在於向哈布斯堡子民展現皇帝對各民族的關心，一邊也是在告訴俄羅斯子民，他們可指望哈布斯堡的武裝部隊實現民族解放。

然而打勝仗是落實這項民族政策的條件，戰爭剛開打的前幾週卻無勝算。就在哈布斯堡軍隊在塞國被絆住的同時，俄國卻入侵加利西亞。慌亂的哈布斯堡軍方動用簡易程序審判、處決了被認定不忠的烏克蘭平民。民族問題一時間被拋諸腦後，眼前的要緊之事突然成了阻止俄國進軍。在德軍主力侵法之時，哈布斯堡則於東線上與數量占上風的俄軍作戰。德國顯然未前來支援令哈布斯堡的將領們為之氣結。可取得首場重大勝利的卻是德國，而非哈布斯堡。德國第八軍團於坦能堡（Tannenberg）擊退俄國第二軍團，功勞則由負責帶兵的埃里希・魯登道夫（Erich Ludendorff）及保羅・馮・興登堡（Paul von Hindenburg）將軍拿下。雖然在兩人抵達前就擬好的作戰計畫與他們幾無關連，但魯登道夫和興登堡都成了德國民族英雄，哈布斯堡君主國在戰爭初幾週的浴血防守卻由人們遺忘。[4]

然而德國在西線就無法獲得如此決定性的勝利。哈布斯堡想迅速將塞爾維亞攆出戰爭，德國同理也想擊潰法國。可德軍在一九一四年九月的馬恩河戰役（Battle of the Marne）慘敗。先發制人、速戰速決的策略不成。德國與哈布斯堡帝國不得已只能長期抗戰，四面受敵，還被英國海軍封鎖。哈布斯堡的現代艦隊被困在亞得里亞海。英國皇家海軍優勢難以撼動，倫敦的盟友法國也擁有自己的地中海艦隊。義大利也一樣，他們隔年還放棄與哈布斯堡的聯盟，宣布加入戰爭。同時，帝國和平時期訓練的軍隊在戰爭頭幾月就被俄國和塞國擊潰。至一九一四年聖誕節，哈布斯堡軍隊原本編制的步兵就約有八十二％傷亡。死傷病者約有一百萬人。其餘的戰爭則將由預備役、平民和甫完成訓練的軍官扛下。[5]

其中一位軍官就是年輕的威廉大公。一九一四年秋季，威廉開始了他在軍校的第二年、也是最後一年的學業。他後來回想起同學們都對戰爭爆發充滿熱忱，但他沒有。他在學院裡最好的朋友就戰死沙場。不過在威廉於明年春天完成學業後，估計就輪他上陣了。有份來自威廉最後一學期的機密報告稱他「在任何場合都表現出身為軍人與軍官該有的進取精神」。家人對他的期望絲毫不亞於此。一九一五年二月，威廉一達到哈布斯堡的成年年齡（二十歲）便獲頒金羊毛勳章並進入上議院。他現在是男人了，眾人都期望他在戰時也能表現出男人的樣子。[6]

在戰時服役是哈布斯堡大公的命運。威廉的父親史蒂芬雖已不再是現役軍人，但仍於一九一一年晉升海軍上將，現在被賦予照顧全君主國傷兵的責任（瑪麗亞・特蕾西亞也在醫院「隱去身分」擔任護士來協助丈夫）。威廉的伯伯腓特烈大公擔任哈布斯堡武裝部隊的總司令。叔叔歐根大公則在巴爾幹和義大利帶兵打仗。威廉的哥哥艾伯赫特於炮兵部隊服役，先是待在俄羅斯前線，然後又來到義大利前線，逐步晉升為上校。另一個哥哥里奧此時也將完成其軍校學業。威廉和里奧都於一九一五年三月十五日畢業。[7]

現在已是少尉的威廉請求在以烏克蘭人占多數的團內指揮一個排，並得償所願。一九一五年六月十二日，威廉加入自己的單位後便開始採取政治動作。他要弟兄們使用烏克蘭文名字「瓦西里」（Vasyl）來稱呼自己。他對手下士兵說烏克蘭語，在軍官制服下穿著烏克蘭刺繡襯衫，漂亮的領口服貼地圍在脖子上。所有烏克蘭人都能解讀其中傳達的訊息——儘管其餘的人都不明就裡。他給弟兄們戴上代表烏克蘭民族顏色的天藍色及黃色臂章。不意外，加利西亞掌權的波蘭軍官與官員們都想阻撓。而首先稱威廉為「紅王子」的正是這些人。威廉不介意與社會主義有瓜葛；烏克蘭人畢竟屬於帝國裡最貧苦的民族，支持他們肯定會多少牽涉到對社會正義的關注。威廉曾回憶到，他對農民士兵的尊重態度便足以讓波蘭對手認定自己是個危險激進分子。[8]

威廉錯過了前個冬天恐怖的喀爾巴阡戰役。那時俄軍已深入加利西亞，甚至在普薛米斯瓦（Przemysl）攻下伯伯腓特烈指揮的要塞。一九一五年五月，哈布斯堡奪回要塞後，腓特烈便領軍大舉反攻。在威廉下部隊之時，哈布斯堡的軍隊正往東推進，逼俄軍退出加利西亞。一九一五年六月十六

Jonathan Wyss, Topaz Maps

東部戰線，
一九一四至一九一八年
波羅的海
立陶宛
《布列斯特—立陶夫斯克條約》劃定疆界
一九一八年三月
摩棱斯克
柯尼斯堡
但澤
維爾納
明斯克
德
國
坦能堡
比亞里斯托
波森
維斯瓦河
華沙
布格河
俄羅斯帝國
第聶伯羅河
羅茲
波蘭
布雷斯勞
一九一四年九月
一九一六年夏季
基輔
克拉科夫
利維夫
烏克蘭
奧地利
加利西亞
布察奇
哈布斯堡君主國
聶斯特河
維也納
布拉提斯拉瓦
比薩拉比亞
多瑙河
布達佩斯
敖德薩
匈牙利
羅馬尼亞
波士尼亞與
赫塞哥維納
貝爾格勒
布加勒斯特
多瑙河
黑海
塞爾維亞
保加利亞
蒙特內哥羅
索菲亞

日，威廉正式服役四天後，哈布斯堡成功奪回省府利維夫。

加利西亞剩餘地區的爭奪戰持續著，威廉很以自己的手下為榮，他覺得烏克蘭人是最優秀的軍人。他會保護他們免受地方官（通常是波蘭人）的欺侮。但當然，他並無法保護他們不受俄羅斯子彈的傷害。威廉不喜歡戰爭。「我對打仗的印象是這樣的：首先，說人會習慣戰爭是絕無可能。我打的第一場仗才是最不擾人的。」五年後他也於回憶錄寫下：「我的戰役本應帶來滿足之感，但我失去了心裡牽掛的弟兄。」[9]

一九一五年夏天，俄軍撤回東方，烏克蘭問題再次顯現。威廉率領一支烏克蘭部隊穿越加利西亞，協助從俄羅斯手中解放這個屬於哈布斯堡的省分。戰爭開始前，加利西亞本是由波蘭菁英統治，接著則是俄國來的占領者。如今哈布斯堡權力回歸，該省又該由誰掌控？和以前一樣交給波蘭人？還是讓烏克蘭人來？

波蘭和烏克蘭問題的關係密不可分，哈布斯堡的政策必須考慮到德意志人和他們的態度。俄羅斯人於哈布斯堡軍隊面前撤離加利西亞之時，也等同是在德意志人眼前撤出歷史上波蘭的其他土地。至一九一五年八月，德意志人已占領歷史悠久的波蘭首都華沙，一世紀以來，這裡本一直屬於俄羅斯帝國的重要城市。隨著戰爭優勢轉向維也納和柏林，各盟國也得決定如何處置波蘭和烏克蘭。這兩個國家當然不存在，但各帝國必須善加利用民族感情。可惜的是，他們難以兼顧雙方的民族主義，因為烏克蘭與波蘭的愛國者往往主張擁有相同的領土。

維也納自有盤算：從俄羅斯奪來的波蘭土地，將組成波蘭王國，並成為哈布斯堡君主國的組成單位之一。柏林一開始本來願意接受這個「奧地利—波蘭」解方。然而波蘭若要成為王國，就需要有國王統治。史蒂芬大公明顯正是人選，他畢竟創建了一個在波蘭的王室家族，也是哈布斯堡家族成員、德國皇帝的朋友。波蘭貴族的地方集會比照古老的波蘭傳統開會推選了他。謠言傳遍波蘭占領區，稱他已獲加冕為王。不過奧地利—波蘭方案的本意是要讓法蘭茲·約瑟夫皇帝成為波蘭國王，而非由他的親屬上位。這個看來與德國人走得太近的哈布斯堡攝政王似乎不夠可靠。史蒂芬準備充足，但他的皇帝也許還沒。現年八十四歲的法蘭茲·約瑟夫猶豫了。於是哈布斯堡錯過了拿下波蘭王位的最好時機。[10]

至一九一六年，德國對波蘭的立場改變，這令哈布斯堡灰心不已。德國已證明自己是戰場上的主角，德國軍方同時間也漸漸把持德國外交政策。德國人開始認為，德國應納入附庸波蘭，擴大其在歐洲的勢力範圍。有些人還覺得這範圍也應包括哈布斯堡君主國。德國漸漸認為，此君主國不再只是個軍事盟友，也是該透過戰爭而重塑的歐洲地區。

德國希望哈布斯堡君主國能成為一個由德意志少數民族主宰的國家。這種態度並不利於奧地利—波蘭方案。若哈布斯堡君主國繼續擴大，納入波蘭王國，那麼斯拉夫人在帝國中的勢力便會愈來愈大，德意志人則會遭到削弱。哈布斯堡為解決民族問題而須擴大領土，這正是為了滿足斯拉夫人的民族需求，而德國對哈布斯堡事務的干涉則傾向於維持領土現狀，以保住德意志人的地位。這種差異自然而然產生了衝突。[11]

哈布斯堡與德國的分歧讓史蒂芬陷入兩難。雙方無法就未來波蘭應有的樣貌達成共識，史蒂芬就夾在中間。雖然他是哈布斯堡的一員，但德國人相信他會效力於德國的波蘭願景。一九一六年六月，柏林提名史蒂芬擔任未來波蘭王國的攝政王。這讓法蘭茲．約瑟夫對史蒂芬更加起了疑心，於是皇帝拒絕了提議。哈布斯堡想說服德國改採中間方案，也許能讓波蘭採取君主立憲制。

一九一六年十一月，德國和哈布斯堡君主國宣布成立波蘭王國，但局勢仍然未定。哈布斯堡這方提議讓一位由柏林及維也納共同管轄的攝政王來治理。更添混亂的是，維也納的人選為史蒂芬的女婿恰托雷斯基。史蒂芬有兩個波蘭出身的女婿，其中恰托雷斯基似乎更親近哈布斯堡。另一位是拉齊維爾，他在德國擁有財產，其父也活躍於德國政壇。若說這提議是為了挑撥新興的波蘭王室，那麼此計並未奏效。史蒂芬善於處世，絕不會表露出重自身利益多過於女婿的樣子。波蘭的媒體同時間則為史蒂芬爭取支持。華沙人民掛起標語，宣稱他們想讓史蒂芬當王。可史蒂芬目前似乎不願接下波蘭王位，除非他的權力獲得明確界定。他大概是不想予人自己是區區德國傀儡的印象。威廉在一九一六年十二月的一封信中也點出：「他們說他也許可以登基聽政，但爸爸斷然拒絕了。」[12]

一九一六年十一月，波蘭王國的誕生開啟了威廉政治教育的新階段。他已經把自己多少變成了烏克蘭人，也和身邊的烏克蘭士兵交上朋友。威廉曾試圖影響烏克蘭政策，但對象只限於有私交者。他曾致信擔任哈布斯堡武裝部隊司令的伯伯腓特烈請教烏克蘭問題，顯然還曾晉見法蘭茲．約瑟夫皇帝，以討論為一位烏克蘭軍人授勳事宜。然而在前線，他幾乎沒有機會從政治角度設想烏克蘭的未來。誠如一位烏克蘭政界人士所言，威廉對烏克蘭人的觀點僅限於「民族誌式」（或可說是「人類學式」）的紙上談兵。他就好比喜歡可愛小玩意的孩童，醉心於烏克蘭的歌曲和故事、服飾和旅行。不過，從人類學式的理解到實際的政治作為卻是一大躍進，而他正準備縱身躍出。[13]

一九一六年，俄軍在加利西亞展開反攻，威廉被帶離前線，晉升中尉，並獲派比較安全的職務。他開始接觸比自己還要飽學的烏克蘭人、接觸值得自己學習的烏克蘭政治活動家。其中一人就是在哈布斯堡軍中擔任少校的卡齊米爾．胡日科夫斯基（Kazimir Huzhkovsky）男爵。威廉告訴胡日科夫斯基，他的單純歡愉來自於與弟兄們共度時光，唱他們的歌曲，說他們的語言。他曾寫道，自己在夜晚會懷抱著有一天「夢想成真」的心情入眠，烏克蘭也將獲得自由。而至一九一六年底，他才開始認真思考該如何付諸實行。隨後波蘭王國宣布成立，彷彿「晴空霹靂」，這證實了政治謀略之必要。威廉就如身邊作為自己軍師的烏克蘭人，也擔心新生的波蘭王國之後或許會吞併整個加利西亞，這樣一來，加利西亞東部的烏克蘭人就只能任由波蘭國王擺布。[14]

這對威廉來說倒是方便，因為他的父親——他能在維也納拜會的父親——看來有很大機率會當上國王。一九一六年十二月，威廉因患肺結核而請病假。為了養病，他在維也納維登大街六十一號的父親宮殿裡及附近的巴登（Baden）*待了四個月。這是威廉成年後第一次居住在維也納，他應得的禮數都沒有少。他以上議院議員的身分會見大公、大主教，以及地主家庭的主事長輩。他每拜訪一戶人家，門衛都會按三下門鈴，這是只有大公和紅衣主教才有的待遇。在首都這段時日，威廉開始認為烏克蘭的解放不應只靠打仗得勝和善意，更需主動出擊與謀略。

按威廉的判斷，適宜之舉就是在哈布斯堡體系內耕耘。要保護烏克蘭不受波蘭王國壓迫，最佳解方就是新立烏克蘭省，納入加利西亞東半部與整個布科維納省。若成立這樣一個省，西方的加利西亞就能併入波蘭王國，而不會傷及烏克蘭人。一九一六年十二月下旬，威廉此計顯然得到了父親同意。接下來若哈布斯堡戰勝俄羅斯帝國，那他就能開始設想該如何在東歐布局了。他提議建立一個涵蓋奧地利、波希米亞、匈牙利及波蘭各王國，以及「烏克蘭公國」的哈布斯堡君主國。哈布斯堡大公們會擔任各國攝政王。而想必波蘭王室的攝政王和烏克蘭親王便是由史蒂芬和威廉擔當。威廉大概感覺很自豪。自一九一七年伊始，威廉就預見了歐洲的輪廓，屆時他將能與父親平起平坐，而不必與之相抗。[15]

一九一六年十一月二十一日，法蘭茲・約瑟夫皇帝去世，卡爾繼位。在烏克蘭同志相助下，威廉也準備好向新皇帝呈上自己的計策。法蘭茲・約瑟夫曾鼓勵威廉學習烏克蘭語，並成為烏克蘭軍官，但皇帝的整體態度始終過於傾向波蘭，不符合威廉的口味。威廉於戰爭期間拜會法蘭茲・約瑟夫那回，便自覺無法提出有關高階政治的問題。現在烏克蘭政界人士則視威廉為與卡爾皇帝的溝通橋樑。卡爾只比威廉年長八歲，兩人自小相識。胡日科夫斯基男爵將威廉介紹給出身烏克蘭貴族的政治人物，像是米科拉・瓦西爾科（Mykola Vasylko，他是重要的議員，也是外交部長求學時認識的朋友），以及曾任先王儲法蘭茲・斐迪南顧問的葉夫亨・奧列斯尼茨基（Ievhen Olesnytsky）。威廉應他們的要求，向卡爾皇帝訴請於哈布斯堡的王土內創立烏克蘭王室。

一九一七年二月二日，威廉會見卡爾，對方請他坐在桌旁，威廉知道這是特別的禮遇。法蘭茲・約瑟夫在與朝臣會面時都保持站立，所以與他說話的人也必須起立（皆大歡喜的是可以縮短會議時間）。

---

* 譯註：巴登是維也納南郊傳統的度假小鎮。

兩人長談之後，威廉認定卡爾能夠理解烏克蘭民族問題，加利西亞東部不可能併入波蘭，烏克蘭領地未來也肯定會成立。從卡爾的角度來看，這次會面也很有趣。他大概知曉威廉曾為領導烏克蘭人而受過專門教育，但實驗的進展可能也讓他很驚訝。此時哈布斯堡軍隊正在俄羅斯帝國境內推進，直入烏克蘭人民居住的地帶，在這當下，威廉以哈布斯堡大公兼烏克蘭軍官的雙重身分出現在新皇身邊。會面幾天後，卡爾親自成為哈布斯堡武裝力量總司令。威廉這位充滿明確政治潛能的舊識也將成為皇帝在軍中的聯繫窗口。[16]

就這樣，本應臥病在床的威廉卻活躍於各高層政治圈中。威廉在醫院裡接受過一名猶太醫生的治療，他很喜歡那位醫生，也記得他是個「非常聰明的人」。大約在同一時間，他決定認識另一位猶太醫生佛洛伊德。佛洛伊德從一九一六年冬季學期起至一九一七年三月曾開授一門講座。威廉在巴登宣告康復後至一九一七年四月重回崗位之前很可能上過最後幾堂課。佛洛伊德認為，性慾與性慾壓抑間有著無可避免的張力，正是這種張力造就了文明。而這些課程是否曾給威廉留下任何印象？我們難以得知。他是個青年軍官，他疼愛弟兄；他是哈布斯堡家族的一員，在家族史上的婚姻帝國中瞧見自己的一席之地。至於威廉與弟兄間的情誼以及他延續哈布斯堡血脈的使命之間有何矛盾？答案也許尚不明朗。總言之，征服烏克蘭關乎軍力，而非婚姻。孕育烏克蘭的不是婚床，而是戰爭勝利後簽下的和平條約。[17]

然而哈布斯堡王朝若想在烏克蘭茁壯，俄國的羅曼諾夫（Romanov）王朝就必須垮臺。而俄國王朝也確實垮了。一九一七年三月初，俄國軍方發起的叛亂從前線延燒到首都彼得格勒（Petrograd）的部隊。士兵本被派去鎮壓因糧食危機而暴動的平民，卻加入了示威行列。沙皇尼古拉二世（Nicholas II）下臺，他的兄弟卻拒絕繼位，羅曼諾夫王朝宣告結束。俄羅斯改由臨時政府統治。俄國的盟友英法兩國無所不用其極施壓，欲讓俄軍繼續駐守戰場。三月十四日成立的俄羅斯新政府則將所有希望寄託於最後一次攻勢。

同時間，這個龐大大陸帝國的遺產卻讓新的俄羅斯焦頭爛額，俄羅斯人畢竟只占帝國人口的一半。舊帝國西部和南部各地的政黨都試水溫似地自稱有權決定非俄民族的未來。三月二十日，烏克蘭中央委員會（Ukrainian Central Council）於基輔成立。這正是哈布斯堡君主國裡許多烏克蘭政界人物企盼已久的時刻。烏克蘭土地的民族獨立似乎觸手可及。就差臨門一腳，而他們都可能會是促成此事的功臣。若哈布斯堡能夠進軍烏克蘭，那他們大可擺脫加利西亞的桎梏，直接建立一個雄偉的烏克蘭國度。

在充滿期望的此刻——在法蘭茲．約瑟夫死後，在羅曼諾夫王朝垮臺後，威廉重返戰場。他於一九一七年四月三日從維也納動身前往利維夫，並於兩天後與弟兄重聚，還從首都給他們帶來了啤酒和烈酒。威廉深諳取悅士兵之道，現在還懂了一些政治手段。他逐漸明白烏克蘭的政治困境，也曾與父親和皇帝卡爾商量過。他又一次身處局勢萬變的東部前線，但已能更加沉著地對待政治。當波蘭捎來重要消息，威廉也不再手足無措。一九一七年四月，柏林和維也納兩方原則上同意由史蒂芬擔任國王。一九一七年五月一日，占領國為任命君王而成立的波蘭攝政委員會做出適當決議。同月稍晚，皇帝威廉二世授予威廉鐵十字勳章。儘管父子倆獲得榮譽，但史蒂芬和威廉兩人都明白，波蘭與烏克蘭兩地的政治意向仍遠遠稱不上塵埃落定。[18]

在維也納這頭，威廉的烏克蘭朋友想出了施加影響力的新方法。卡爾皇帝決定重啟議會。幾乎打從戰爭之初，他的奧地利領地就一直處於帝國的軍事獨裁統治之下，並未召開立法會議。一九一七年五月三十日，下議院自一九一四年以來首次開會。烏克蘭各政黨呼籲於君主國之下建立烏克蘭省，並對俄羅斯境內的烏克蘭民族自決表示支持。然而在新的聯合政府中，通過立法的所需選票卻是來自波蘭政黨，烏克蘭政黨仍屬弱勢。在此情況下，在烏克蘭與波蘭雙方的壓力下，哈布斯堡勢必得贏得對外戰爭才能保住國內和平。若要讓雙方都滿意，唯一的可靠解方就是吞併俄國領土，好由新的波蘭和烏克蘭領地分取。[19]

於是，在維也納激辯的烏克蘭與波蘭議會代表都往東方尋求唯一的真正解答。而一路穿越加利西亞、打進俄羅斯舊領土的威廉也為自己贏得了烏克蘭愛國人士的名聲。他的話語仍洋溢著理想主義。在一封致烏克蘭友人的信中，他寫下，「他一生所願是讓人民幸福。」但他也很有意識地自我推銷，請他認識的烏克蘭人奔相走告他的功績。威廉現在暫且認為，解決哈布斯堡內民族問題的最佳方案，就是在哈布斯堡的土地上建立奧、匈、波三王國，而東加利西亞會隸屬於奧地利而非波蘭。他畢竟同屬哈布斯堡家族和烏克蘭，理當會認定烏克蘭問題的解答須有利於家人與自己的民族。[20]

他的皇帝知道事情可沒那麼簡單。卡爾得做點什麼才能號召烏克蘭人支持哈布斯堡大業。威廉明顯是一大利器。卡爾致電威廉（先帝永遠不會這麼做，因為法蘭茲．約瑟夫從沒有用過電話），並邀他和自己一起搭乘火車，進行沿途停靠短暫拜訪的加利西亞巡迴之旅。兩人相約於維也納火車站碰面，卡爾皇帝極盡親切地問候堂弟：「親愛的威廉，你也明白，我帶上你，好讓烏克蘭人能真切感受到我對這片土地和人民的關心。」一九一七年七至八月，兩個哈布斯堡青年一起穿越加利西亞東部，卡爾承諾，哈布斯堡軍隊和重建的哈布斯堡政府將公平對待烏克蘭人。[21]

幾週後，卡爾召來威廉執行另一項烏克蘭政治任務。他要威廉會見希臘禮天主教會（加利西亞的烏克蘭民族教派）的都主教安德里・蕭普提斯基。蕭普提斯基的大教堂位於教會的主要據點利維夫，他曾於戰爭初期俄國占領加利西亞時被捕。這點不足為奇，畢竟俄國人知道蕭普提斯基盼著哈布斯堡戰勝，好讓希臘天主教信仰從加利西亞傳遍俄羅斯帝國。如今在二月革命後，蕭普提斯基獲釋出獄。他正在返回加利西亞、返回利維夫、返回自己的大教堂。而因哈布斯堡需要烏克蘭的支持，卡爾想表現出歡迎之意，於是他派遣威廉前往利維夫迎接這位傑出的烏克蘭教士。

一九一七年九月十日，中午過後不久，威廉便乘著一輛覆滿鮮花的汽車抵達利維夫火車站，身後跟著一眾迎賓人員和樂隊。他用烏克蘭語和德語招呼蕭普提斯基，這讓旁觀的烏克蘭人和都主教本人都很高興。蕭普提斯基先前從未見過威廉，現在眼前卻突然站著一位年輕俊俏的大公，還說著一口流利烏克蘭語，代表皇帝在聚集的人潮前向自己致意。都主教和人群都見到了，威廉的制服下還穿著一件烏克蘭繡花襯衫。圍觀者喊道：「是維希萬尼！」（Vyshyvanyi），也就是此種刺繡的烏克蘭語稱呼，於是這個詞便成了威廉的烏克蘭姓氏。突然之間，他有了完整的烏克蘭身分——瓦西里・維希萬尼。

蕭普提斯基成為了威廉的新導師，他開始視威廉為自己的代理人，以實現解放全烏克蘭的計畫。戰爭剛開始時，蕭普提斯基原本就希望能找位哈布斯堡軍官來為君主國統治烏克蘭。現在他正好認識了這樣一個人——這位哈布斯堡軍官不僅自己選定要當烏克蘭人，也有著大公的出身。很難想像還有比他更

哈佛大學烏克蘭研究所

利維夫的聖喬治大教堂

威廉的導師，都主教安德里·蕭普提斯基

哈佛大學烏克蘭研究所

好的國王人選了。[22]

在卡爾皇帝派遣威廉處理烏克蘭事務的同時，他也仍在思考另一道關乎歐洲和平的更大問題。戰爭已擊垮俄國的羅曼諾夫王朝。雖然這在短期內對哈布斯堡來說是個好消息，但考量到接下來幾年可能有的戰爭和饑荒，歐洲各王朝卻是岌岌可危。卡爾擔心，戰爭再繼續下去會造成更多革命、讓更多君王退位。一九一七年四月，卡爾的外交部長在一份皇帝致德皇威廉二世的照會中寫道，若「同盟國君王無法在接下來幾個月內談成和平，人民便會越權行之，於是革命浪潮將席捲一切，讓我們父子弟兄今天仍為之奮鬥和犧牲的一切付諸流水」。[23]

然而德國是盟國之首，威廉二世也不想停戰。更何況德國的政策大權現在都掌握在魯登道夫和興登堡兩位將軍手中。他們用自己的一套戰爭邏輯綁住了德國及各盟國：求和毫無道理，因為接下來隨時都可能會是戰勝的時刻，屆時就能談成更好的條件。卡爾未能說服德國與眾國言歸於好，至少只求能找出波蘭問題的政治解答。一九一七年十月，兩國政府同意由卡爾統治波蘭，以換取維也納和柏林之間更緊密的經濟和政治往來。魯登道夫和興登堡卻駁回此安排。他們想讓波蘭作為衛星國，好拿當地人民來當炮灰。德國為這種衛星國選定的國王為史蒂芬。支持他的德國人似乎等同是接受了奧地利—波蘭方案。但兩位將軍的真正意圖卻是要讓哈布斯堡皇帝遠離波蘭王位，並按自己的心意剝削波蘭。

德國不願向盟友妥協，並期待戰爭能出現可取勝的重大突破，這樣的態度從一九一七年十一月看來似乎是正確決定。那年春天，德國外交部靈機一動，用密封列車將俄羅斯流亡人士列寧（Vladimir

Lenin）送回祖國。他一抵達便以《四月提綱》（April Theses）宣布俄羅斯應立即退出戰爭。列寧帶領他的布爾什維克分子於十一月八日推翻俄國臨時政府，以新的共產秩序取代。俄軍突襲自家軍官，哈布斯堡和德國軍隊輕鬆推進。

布爾什維克革命正稱了德國心意，但哈布斯堡在俄羅斯還有一張可以出手的牌：烏克蘭民族運動。對同年十一月晉升上尉的威廉來說，大捷就近在眼前。一九一八年一月，基輔的烏克蘭委員會宣布烏克蘭為獨立國家。可是布爾什維克紅軍即將襲來，威廉在蕭普提斯基的提點下，察覺新生的烏克蘭需要協助才能度過此關。同盟國的承認將是新國家存亡的關鍵。若威廉能從戰場指揮官改為扮演秘密外交官的角色，他就能贏下烏克蘭。一月七日，威廉與部下一起慶祝了東方禮聖誕節，並於一月十二日離開軍隊，從此全心全意在外交場上爭取烏克蘭獨立。[24]

一九一八年初，德國、哈布斯堡君主國及兩個東方夥伴於布列斯特－立陶夫斯克開始談判。其中一名東方夥伴為布爾什維克，他們讓俄國退出戰爭，正符合德國和哈布斯堡的利益。另一個夥伴則是新立的烏克蘭民族共和國，該國欲尋求庇護，不願落入布爾什維克之手。威廉和他的盟友，也就是加利西亞的烏克蘭政界人士米科拉·瓦西爾科告訴來自基輔的烏克蘭外交官，他們國家是強大的農業經濟體，這樣響亮的名聲讓烏克蘭在談判桌上顯得更有分量。哈布斯堡因英國的海上封鎖正鬧糧荒，因此急需糧食，君主國在戰爭期間的小麥產量還少了幾乎一半。一九一八年一月二十日，維也納有十一萬三千名工人在談判期間發起罷工，要求糧食。次日，哈布斯堡參謀本部寫道，軍隊「僅能勉強度日」。[25]

這樣的認知讓烏克蘭外交官更有底氣提出兩項訴求。一，獨立的烏克蘭國家應納入波蘭人認為屬於波蘭的特定西部地區；二，哈布斯堡須承認獨立的烏克蘭省。一月二十二日，哈布斯堡外交部長在維也納提出這兩點。別無選擇的政府只好接受。一九一八年二月九日，德國、哈布斯堡及烏克蘭外交官共同簽下一份人稱「麵包和平」(Bread Peace）的協議。德國和哈布斯堡同意承認烏克蘭民族共和國，而哈布斯堡另在一份秘密協議中，承諾會從東加利西亞和布科維納開創烏克蘭領地。

同時間，布爾什維克和烏軍仍在激戰。就在條約簽署當天，紅軍便攻下基輔這座本應成為獨立烏克蘭首都的城市。烏克蘭代表已為這個無力抵禦布爾什維克的國家（其疆界還必定會冒犯波蘭人）爭取到國際認可，該國更有權利介入哈布斯堡的內務。種種一切都是為了換取烏克蘭供糧的承諾（雖然其政府缺乏必要的基礎設施）。這似乎是一道外交妙計，威廉很滿意。烏克蘭的每個重大政治訴求都得到滿足。他幫著為兩個烏克蘭政治實體紮下基礎：東部的獨立烏克蘭民族共和國，以及哈布斯堡君主國內的烏克蘭領地。不消說，他盼著這兩個單位有一天能合而為一，或許能併入他的「烏克蘭公國」。公國畢竟需要大公，而有鑑於東方的革命情緒，這位大公理當以紅色作為代表。

對威廉來說，麵包和平的簽署「是身為烏克蘭人的我——我確實自覺是烏克蘭人——人生中最美好的時刻之一」。[26]威廉曾為戰爭作詩，他浪漫地說，人們能從「一滴紅色鮮血」、從弟兄們的艱辛來透見烏克蘭的未來。他的士兵無疑助他成為一位烏克蘭軍官、教他歌曲和故事、給他能夠給予忠誠與愛的對象。然而，他在布列斯特—立陶夫斯克的勝利卻更關乎他從烏克蘭政界人士、哈布斯堡皇帝，以及父親那裡獲得的政治教育。一九一八年二月獲承認的烏克蘭民族共和國是威廉身為年輕外交官的勝利。其國土比一九一六年十一月宣布成立的波蘭王國還要遼闊、在法律上為獨立國家，背後看似還有維也納和柏林更可靠的支持。

威廉從來不必違抗父親，就已經超越了他。

# 灰色　影子國王

烏克蘭民族共和國從一開始就是保護國。一九一八年二月九日，德國與哈布斯堡君主國以「麵包和平」條約承認該國政府，故應將布爾什維克分子逐出烏克蘭國土。德軍應烏克蘭政府之邀於二月十八日越過烏國邊境。十天後，哈布斯堡軍隊也進入烏克蘭。隨著兩支盟軍向東橫越烏國往俄羅斯進軍，布爾什維克只能求和。他們據一九一八年三月與德國和哈布斯堡簽署之條約不情願地交出烏克蘭領土。東線戰事結束，柏林和維也納獲勝。

然而獲勝的盟國卻意見不合。德國沒等哈布斯堡就先行進入烏克蘭；哈布斯堡只能趕緊跟上，不讓德國將一切據為己有。兩軍衝突，生出了誤解與摩擦。一個多月過去，雙方的參謀本部才劃定占領區。由德國占領基輔及北方，南方交予哈布斯堡君主國，敖德薩（Odessa）等黑海港口則由兩方共同控制。德國和哈布斯堡君主國皆於基輔設立外交機構。[1]

柏林和維也納應對烏克蘭政策的作風截然不同。哈布斯堡希望烏國能在政治上維持自主，如此烏克蘭就能成為己方盟友——現在先對抗革命的俄羅斯，之後也可對抗德國。所以說，哈布斯堡對南烏克蘭的占領是很具開創性的。即便人民正在挨餓，但購糧卻非士兵在烏克蘭的當務之急。陸軍參謀長表示，他們的主要目標在於「強化烏克蘭的民族分離主義思想」。要與俄國抗衡，「烏克蘭民族傾向在戰爭期間的覺醒，」哈布斯堡的駐基輔特使寫道，「確實是正確成功的一步。」而現在他們將延續同一套政策來削弱德國。烏克蘭民族主義應獲支持，烏克蘭應樹立機構與制度，作為對抗哈布斯堡當前盟友的堡壘。負責烏克蘭事務的哈布斯堡軍事情報官便說過：「我們建立了首支烏克蘭軍事單位，理當身先士卒進入烏克蘭——與德國相抗！」[2]

德國則自有一套簡單得多的政策。對柏林而言，烏克蘭就是糧倉，烏克蘭人則是為德國人種糧的農民。德國的烏克蘭政策大致如此。哈布斯堡視新生的烏克蘭國為戰略利益，德國則視其為收集糧食的工具。在德國看來，獲指派的烏克蘭政府若未能成事，那就大可由另一個政府取代。哈布斯堡認為推廣烏克蘭民族主義符合自身利益，德國也同樣樂於在烏克蘭的俄羅斯人、波蘭人或猶太人之中找到盟友和代理人。哈布斯堡還害怕德國盟友在東方取勝後會不顧和平，反欲利用烏克蘭取得高加索和伊拉克的油田，這樣一來，他們就能繼續戰爭，追逐世界霸權的地位。[3]

整體而言是德國人占了上風。哈布斯堡武裝部隊得接受德國的全面指揮。一九一八年四月二十九日，德國解散了雙方甫談成的烏克蘭政府。烏克蘭民族共和國的當局確實不適任：總統是位歷史學家，他習慣把電話擱在聽筒架旁，讓自己不受干擾校訂書稿。但這個政府至少是正當的，是由數個立志代表烏克蘭人民的政黨組成。政變後，烏克蘭形式上仍是獨立國家，但政府卻是由外國勢力選出。德國人組成以佩德羅．斯科羅帕茨基（Petro Skoropadsky）為首的傀儡軍事獨裁政權。他採用傳統的烏克蘭語稱謂「酋長」（hetman），其政權則被稱為「酋長國」（Hetmanate）。[4]

Jonathan Wyss, Topaz Maps

酋長國之創立是德國人的政策，哈布斯堡完全沒插手。然而哈布斯堡君主國卻沒有表面上這麼羸弱。卡爾皇帝還留有一手。

一九一八年二月十八日，德軍進入烏克蘭那日，卡爾以電報將威廉召來維也納。卡爾告訴威廉，他已成立「威廉大公戰鬥群」，由大約四千名烏克蘭士兵軍官組成，裡面也包含烏克蘭軍團，亦即戰爭初期專為情蒐和宣傳而成立的特殊部隊。戰鬥群立即被派往烏東，由威廉前往與之會合並帶領他們。而威廉將作為卡爾的耳目，以哈布斯堡人對哈布斯堡人之姿向皇帝報告烏克蘭事務。

威廉也應依自己的判斷，以自己的存在和行動來支持烏克蘭民族事業。他曾寫道，「國王陛下隆恩，指派我來到烏克蘭，不僅耕耘軍隊，也耕耘政治。在這方面他還給予我無限的行動自由，以表他的信任。」[5]

威廉後來表示，兩人從未談及加冕任何哈布斯堡人為烏克蘭國王，這可能是真的。對於這兩個哈布斯堡家族的人來說，討論此事只是多餘。兩人肯定都明白有必要審慎考慮任何能擴張王朝的機會。

一九一八年三月下旬，威廉啟程穿越黑海的灰色海水到達敖德薩，準備與部隊會合。他從港口趕往腹地、趕往烏克蘭草原、往東北趕往他的烏克蘭軍團。一九一八年四月一日，他在赫松（Kherson）古城郊尋得了自己的部下。雖然烏克蘭軍團招來的人不是太年輕，就是太老，無法加入正規軍，裡頭還有大量配戴眼鏡的低階軍官，但威廉還是決定將這些屬下視為「俊美、健康、年輕的男孩，展現出良好紀律，比哈布斯堡士兵更優秀」。他和大家都很高興來到烏克蘭。現在有了威廉作主，軍團也併入他規模更大的戰鬥群，於是整支部隊從赫松動身往烏克蘭最具民族象徵意義之地，也就是人稱「西奇」（Sich）的古老哥薩克堡壘所在地。[6]

哥薩克人是靠戰爭、漁獵及農耕維生的自由人，是烏克蘭歷史上的驕傲。對於在烏克蘭人口中占大宗的東正教烏克蘭老百姓來說，西奇曾經意味著自由。幾世紀以來，平民的生活基本上有兩種可能：不是在波蘭地主及地主委託的猶太人手中淪為農奴，就是在試圖逃跑時淪為穆斯林韃靼人的奴隸。而唯一的避難所就是西奇，平民在那裡才有機會成為哥薩克。十七世紀中葉，哥薩克人起而反抗波蘭統治。那次起義讓烏克蘭大半人口慘遭血洗，也使俄羅斯征服了哥薩克。然而哥薩克人英勇抵抗墮落波蘭貴族的神話，不僅深深吸引著威廉，更是令烏克蘭的愛國人士無法抗拒。烏克蘭軍團甚至自稱為「烏克蘭西奇射手」，只為致敬這則烏克蘭獨立傳奇。

這段哥薩克歷史不僅年代久遠，在空間上也相隔遙遙。軍團士兵都是加利西亞人，而哥薩克人從不存在於加利西亞。在此之前，他們對哥薩克歷史的崇敬原本全都僅止於假想。回到哈布斯堡君主國，回到那個充斥著咖啡廳、大學和政府機構的世界，全為知識分子的烏克蘭軍團創始人也特意利用哥薩克英雄主義來營造他們欲創造的烏克蘭民族自豪感。如今，軍團士兵也在烏克蘭的西奇與過往英魂一起駐紮。威廉寫道：「大夥兒有幸能占下這片著名土地，大家都很高興。」他和軍團會於日落時分一同走訪這座古老堡壘的遺址，並於山丘上立起十字架。弟兄們很容易就陷入浪漫情懷，難以自拔，認為他們可以復甦過去，可以帶回迷失在歷史中的民族。[7]

指揮官威廉明白，光仰賴歷史還不夠。哈布斯堡的政策是要打造一個烏克蘭國度，這表示他必須於此時此地採取行動。威廉來到西奇，是為了將講烏克蘭語的平民轉變為烏克蘭平民，他稱此為「烏克蘭化」政策。正如他所說：「可能的結果只有兩個——不是對手把我趕走然後開始俄羅斯化，就是我留下

哈佛大學烏克蘭研究所

身穿軍裝的威廉，一九一八年

來推動烏克蘭化。」他心中的烏克蘭民族絕非現下存在的烏克蘭國度，絕不是這種繼續透過俄羅斯裔官員統治的德國傀儡。反之，他期許未來的整片廣闊國度都將與自己和手下軍隊占領的小片地區有著相同的面貌。在西奇周圍的這一小片區域裡，威廉必須打造出烏克蘭，必須加緊腳步。

威廉的政策一如古往今來的民族國度建設者：平權措施、媒體宣傳，還得善用歷史傳奇。他按族裔背景篩選官員，任用烏克蘭人擔任村裡的行政人員。他利用媒體傳播民族解放的理念，並創辦一份帶有烏克蘭民族基調的報紙。他覺得下一代應以不同於父母輩的方式看待世界，因此也派他的軍官到學校任教。威廉的軍團與當地民眾相處融洽，藉此營造他們對烏克蘭的政治認同感。拉攏軍民關係有多種方法，其中又有幾種是按著「劇本」走。威廉的手下會花大半時間創作戲劇，並於可用的場地表演給當地民眾看。他們每隔週都會在當地的馬廄裡表演。正如威廉所回憶道，「我們的弟兄會與當地的女孩子一起嬉戲到清晨。」[8]

所以說，烏克蘭就和基督教一樣是誕生於馬廄之中。即便威廉傳播的是涵蓋哈布斯堡與俄國舊邊境兩側人民的烏克蘭民族理念，但他也協助推動旨在終結古代基督教分裂的政策。烏克蘭長久以來本是東方與西方、天主教和東正教之間的邊界，是教會聯盟的傳統試驗場。可十六世紀的一次嘗試非但沒有促成聯合，反倒催生了第三個「聯合東方天主教」（Uniate）教會。該教會雖隸屬梵蒂岡，卻是採用類似於東正教的禮拜儀式。十九世紀，哈布斯堡將此聯合東方天主教教會納為己有，為之栽培神父，還將它命名為希臘禮天主教會。至二十世紀，希臘禮天主教已成為哈布斯堡君主國內烏克蘭人的民族宗教。

而將希臘禮天主教會變成烏克蘭民族機構的，正是威廉數月前在利維夫迎接過的都主教蕭普提斯基。來到現在的一九一八年，蕭普提斯基已有大計。他打算將前俄羅斯帝國的東正教轉變為希臘禮天主教，從而令其歸於天主教會之下，結束分裂。若俄羅斯帝國的烏克蘭人從東正教改信希臘禮天主教，這也會有助哈布斯堡統治烏克蘭，因為希臘禮天主教的大本營利維夫就位於王土之內。

蕭普提斯基給威廉介紹了個同伴：比利時救贖主會神父法蘭索瓦－薩維爾．伯納（François-Xavier Bonne）。伯納與另外幾位救贖主教徒都已接受希臘禮天主教儀式，也認同烏克蘭民族身分。他是威廉在烏克蘭的忠實夥伴。兩人很快就發現，倉促行動傳播希臘禮天主教並無意義。在烏東地區，東正教是烏克蘭人的信仰，引入天主教或希臘禮天主教的概念只會添亂。威廉和伯納發現，當地烏克蘭人對西方宗教看來興趣缺缺，卻反倒想讓威廉皈依東正教！[9]

兩人還發現，烏克蘭人並不介意威廉的天主教信仰，仍然樂意追隨他，因為他正代表著人民心目中的那種革命領袖。烏克蘭老百姓重財產更甚於宗教或民族身分，威廉似乎也明白這點。在威廉的個人占領區，農民得以保住他們在一九一七年革命期間從地主手中奪來的土地。他不讓烏國境內的舊地主收回土地，必要的話也不惜得罪當地貴族。他甚至還阻止哈布斯堡武裝部隊徵用糧食，引得鄰近地區抵制徵糧的平民都開始前來投靠威廉。就連為了保護平民而抵制哈布斯堡武裝部隊的遊擊隊領袖也能受到威廉的庇護。[10]

威廉對平民財產的態度使他成為全烏克蘭的傳奇人物，有如皇室版的俠盜羅賓漢。這也驚動了基輔的哈布斯堡當局，他們指出，威廉轄下的西奇讓「所有烏克蘭怨民趨之若鶩」。他們還點出，凡是對占領心懷不滿者都受到威廉「吸引」。軍方則擔心烏克蘭的「重要」政界人士會視威廉為烏克蘭國王的人選。而「人稱瓦西里王子的威廉大公愈來愈受歡迎」也令德國深感不安。[11]

德國還無意中助了威廉一臂之力，讓他在西奇集結到更多烏克蘭士兵。一九一八年三至四月，德軍（其占領南部具戰略之利的克里米亞半島）要求人稱「札波羅熱兵團」（Zaporizhian Corpus）的烏克蘭部隊遷往別處。四月二十九日的斯科羅帕茨基政變之後，兵團指揮官唯恐部隊會遭德國解散，於是前往西奇。札波羅熱兵團的軍官同烏克蘭軍團的加利西亞人一樣熱衷於哥薩克傳統。「札波羅熱」意指「急流之外」，指的也是西奇。比起手持教科書、戴眼鏡的加利西亞人，剃頭又手持彎刀的札波羅熱人更是令人生畏。札波羅熱人會配刀上教堂，甚至帶它懺悔。他們解釋說自己的刀下有很多應懺悔之事，此言大概不假。[12]

一九一八年五月伊始，來自東西方的烏克蘭士兵首次會面，在西奇這處神話之地的映襯下尤顯不凡。月初，札波羅熱人邀請威廉偕他的軍團參加宴會。弗謝沃洛德・佩特里夫（Vsevolod Petriv）上校回憶起手下烏東士兵初見這位俊俏大公的情景：「那次聚會很盛大。現場滿是我們弟兄典型的烏克蘭臉孔，而大公的面容突然從中出現。這年輕人身形苗條、紅頭髮、沒有蓄鬍。他身穿奧地利軍服，底下則套著烏克蘭襯衫。」威廉給人留下極好的第一印象。弟兄們告訴佩特里夫，威廉會主動與他們交談，也與他們對政治有同樣的關心，他瞭解他們的國家，他會說他們的語言。最了不起的是，大家都覺得他很融入這個民族。「他是個單純的人，就和我們一樣！」他們驚呼道，訝異卻心悅誠服。大家也不算說錯。威廉迷人慧黠，但一點都不狡詐或表裡不一。[13]

第二場宴會隨之而來，烏克蘭騎兵的精湛騎術驚艷了威廉。札波羅熱人自視為哥薩克人，也保留著哥薩克的騎術傳統。經典的把戲就是在全速策馬時傾身從地上拾起帽子。哥薩克人可以騎於馬側假死、躲避箭矢或炮火，有些人甚至能攀於馬腹。他們能在馬匹全速奔馳的同時於鞍上轉身，從面朝前轉身為朝後。在父親城堡的封閉大院裡，教會威廉騎馬的老師是個肥胖波蘭人，他從未在開闊草原上見過這種騎馬特技。威廉再一次輕鬆與士兵們打成一片，並與當地農民暢飲啤酒。

威廉向烏克蘭人證明自己是他們的一員，證明他能統治他們。這是烏克蘭士兵自己得出的結論。在一次聚會上，一群人把威廉擁上在從克里米亞帶回的王座上，抬著他高呼「萬歲！」還有一次，威廉獲贈一頂哥薩克皮帽和一件哥薩克人稱之為「布卡」(burka）的長毛氈斗篷。「布卡」一詞就如許多烏克蘭文化元素，也是起源於穆斯林，不過阿拉伯人的布卡是指女性的全身罩袍，烏克蘭人的布卡則是戰士和領袖穿的民族外衣。身穿長袍、頭戴毛帽的威廉如自己長久所願成為了歐洲東方的王子。他似乎即將實現兒時對東方的夢想，以及對烏克蘭王位的少年野心。弟兄們見威廉如此著裝，也笑稱這是他的「加冕禮」。[14]

而一場正式的加冕典禮也正是佩特里夫上校的同事佩德羅·博爾博坎（Petro Bolbochan）上校心中所想。博爾博坎在見過威廉後，向佩特里夫提議利用威廉來推翻德國操縱的酋長國。「我們何不發動一場小政變，宣布瓦西里·維希萬尼為全烏克蘭的首長？」他提議採取民主君主立憲制，由威廉簽署君主制憲法，這套憲法將於可舉行民主選舉時失效。

兩名烏東校官向威廉獻上此計。威廉先是敷衍著回答，並於五月九日及十一日發電報徵詢卡爾皇帝的意見。卡爾回覆說，他希望威廉繼續執行親烏政策，但不要採取任何會損及對德聯盟或有害糧食供應的行動。威廉不宜躁進。若有哈布斯堡人繼承王位而後又失去王位，這樣全王朝都會名譽掃地。關鍵在於伺機而動。威廉不得「果斷行事」——至少「暫時」不行。[15]

在威廉的小小舞臺之外，哈布斯堡對南烏克蘭的占領卻是一場災難。威廉有辦法將自己塑造成烏克蘭人，也有保護平民的能耐。其他軍官就沒有這樣的幸運。軍方基本上無法讓民眾看見其善意，還急需糧食。起初被當作解放者的哈布斯堡士兵很快就被視為強盜。農民不願為了哈布斯堡貨幣而交出糧食和牲畜，俄羅斯盧布則一文不值。農民把糧食藏在地洞。鐵路工人發起罷工。哈布斯堡軍方下令烏克蘭警察燒毀抵制徵糧的村莊。挨餓的士兵自己就吃掉收集來的大半食物。根據麵包和平條款，烏克蘭本承諾在夏季之前向同盟國提供一百萬噸糧食，卻只有不到十分之一兌現。既然烏國政府無法踐諾，哈布斯堡也不願履約。德國外交部燒毀了麵包和平的秘密協議——其中原本承諾讓哈布斯堡擁有烏克蘭王權，以換取糧食。[16]

燒毀村莊和文件並未穩定烏克蘭局勢。叛亂的農民找到領袖，其中有些還是教他們游擊戰術的布爾什維克分子。一九一八年六月，有份相當典型的哈布斯堡報告便講述兩名憲兵是如何在一處村落遇害，十三名村民隨後也遭到報復性絞刑。七月，一名鐵路官員遭搶劫後被五花大綁留在鐵軌上。哈布斯堡和德國軍方都找不到罪魁禍首。同月，哈布斯堡士兵動用大炮平定一處村莊。他們已分不清誰是游擊隊，誰是一般民眾，而他們對平民的報復只會讓更多年輕人進入森林與占領者抗戰。至八月，哈布斯堡軍情處有紀錄稱，「謀殺地主、警察、官員，以及針對同盟國軍隊的其他恐怖主義行為已是家常便飯」。[17]與遊擊隊相抗的情形有時著實慘絕人寰，五月最後一天在胡來波爾村（Hulai Pole）引爆的衝突就是一例。遭圍攻又火力不如人的哈布斯堡軍隊找了幾棟房子作掩護。一名士兵被派去投降，結果卻被砍頭，屍體在眾人面前被大卸八塊。其餘士兵則被槍口抵著送出房屋接受處決。隨後哈布斯堡為討回公道而殺害四十九人，這些人卻未必涉及此事。哈布斯堡軍官對地方政治瞭解甚少，也很少能確定對手是誰。在此案中，他們認定這些遊擊隊是布爾什維克分子，但胡來波爾村實際上是一群無政府主義者的據點。[18]

哈布斯堡官員將烏克蘭視為噴發前的火山。留在烏克蘭會繼續引起民怨，離開則會引發大規模暴亂。如果同盟國撤走，地主和猶太人恐怕都會慘遭屠殺。威廉的政策似乎只會加劇這種令人憂心的窘境。他保護農民免受徵糧、幫助遊擊隊抵抗自家軍隊，甚至還同情胡來波爾的兇殘無政府主義者，想著他的祖先魯道夫皇帝就是用類似手段打造出哈布斯堡王朝。哈布斯堡占領當局當然好奇這位年輕的大公究竟意圖為何。六月中，哈布斯堡部隊指揮官最後直接向他提問，但威廉拒絕回答。哈布斯堡幾名外交官也致信皇帝，懇求他將威廉從烏克蘭召回。[19]

盟友德國苦惱萬分。他們進入烏克蘭那天，就收到了第一份稱有人密謀將威廉推上烏克蘭王位的情報。他們起初不相信有這種可能，但也很難不注意到愈來愈多證據。三月，在威廉抵達之前，德國外交官便斷定哈布斯堡「對南烏克蘭的政治有大圖謀」，他們也猜得不錯。五月十三日，德國軍方指出，「多名奧地利領袖都心懷與烏克蘭結成共主聯盟的念頭」——也就是由出身哈布斯堡的人以國王身分統治烏克蘭王國。同一天，德國外交官回報道，威廉會很樂意繼任他們只掌權了兩週的酋長。[20]

德國人很訝異威廉竟能構成此種威脅。他是紅色王子，他出身統治階級，並抓住了革命時機推動激進的社會及民族政策。他們明白，被他們逐出烏克蘭的布爾什維克分子，想當然耳會受到抵制德國剝削政策者的支持。德國能隨意收聽布爾什維克的廣播政宣，也能閱讀布爾什維克的電報，因為包含約瑟夫・史達林（Joseph Stalin）在內等政治委員都沒有費心加密通訊。布爾什維克主義嚇不倒人，可德國還沒準備好接受左翼君主制，也沒料到一位出身哈布斯堡者竟能為一個已厭倦戰爭和占領的國家實現（至少是稍稍實現）布爾什維克給予的承諾：土地、和平，還有民族自由。[21]

氣極的德國人告訴彼此，威廉「和他父親一樣」只是個「幻想家」。此話不錯，但只是在稍稍自我安慰。他們無法說服卡爾將威廉逐出烏克蘭，於是只能派遣特務至西奇監視他的舉動。然而傳來的消息不妙，據間諜回報，威廉「在他的烏克蘭領地深受愛戴」、「所有認識他的人都視他為未來的酋長或國王」。另一名線人則回報說：「大公的個性親民又慧黠，對烏克蘭人富含同情心，私生活極其簡樸，因此深得民心，不僅周圍的人喜愛他，廣大的烏克蘭民眾也擁戴他。」特務繼續補充道：「烏克蘭全境上下都流傳著有關這位王子的種種傳說，說他熱愛冒險、說他是烏克蘭的朋友、說他如何於古老的西奇打下名聲。」以下結論也是必然：「威廉大公之受歡迎程度，對我們國家（指的是斯科羅帕茨基的酋長國傀儡政權）的未來大為有害。」[22]

德國不願向盟國哈布斯堡承認自身之焦慮，倒是更願意談論傀儡首長斯科羅帕茨基的恐懼。他們解釋說，「生性緊張」的斯科羅帕茨基視威廉為「眼中釘」。這確是事實。斯科羅帕茨基自大多疑，他認為威廉覬覦王位，也認定（他猜得不錯）威廉背後有哈布斯堡宮廷和希臘禮天主教會的支持。而德國為安撫斯科羅帕茨基，也步步拔除威廉權力的軍事基礎。至六月，他們已解散西奇周圍的烏克蘭軍隊，並命令札波羅熱兵團轉移至北部。此時威廉手下僅餘自己四千餘人的戰鬥群。但巨大傷害——無論是政治上或心理上——已然造成。七月，有人布下媒體騙局，於歐洲報上登文謊稱斯科羅帕茨基為支持威廉而辭去了首長職務。大約同一時間，一名布爾什維克分子暗殺了駐烏克蘭的德軍司令。斯科羅帕茨基大怒，他的德國靠山也開始憂心。[23]

然而，卡爾皇帝卻不願拔除威廉。他八成也想讓德國人忌憚，還有惹怒斯科羅帕茨基。德國人若在占領過程中出了大差錯——就像他們現在的樣子，終究便可能需要哈布斯堡烏克蘭王室相助。另一方面，威廉在烏克蘭的存在也是卡爾引起主要盟友德國注意的少數方法之一。一九一八年七月，卡爾假意屈服於所有壓力。他致信德皇威廉二世，表示威廉將前往西線親自解釋他的行為。

實際上，卡爾決心延續他個人的東方政策，同時趁此機會推行其整體和平政策。在他看來，德國人是在為糧食而剝削烏克蘭、為招募新兵而剝削波蘭，卻未能給予兩國必要的政治自治權。誠然，卡爾認為哈布斯堡能夠採比德國更溫和的方式來統治波蘭與烏克蘭，其扶植哈布斯堡人登上波蘭（也許還有烏克蘭）王位的念頭也很堅定。而卡爾更迫切希望的是，德國能趁著維也納和柏林還有領土爭端時結束戰爭。在他眼中，每拖一個月的風險都多於機會，停戰的時機到了。

卡爾正是懷著此種心情將威廉召回維也納。他將從烏克蘭寄來的成堆譴責信函交給威廉、給他投了一張個人的信心票，並派他至比利時的德國總部與德皇威廉二世會談。威廉可以在那裡解釋卡爾的立場，而若他願意的話，也能解釋自己的立場。威廉接下皇帝的使命，燒毀譴責信函後便啟程西行。[24]

從烏克蘭往比利時、從東線至西線的路上，威廉追尋著數十萬德國士兵踏過的足跡。一九一八年二至三月，與烏克蘭和布爾什維克俄羅斯簽署的和平條約讓德國將四十四個師西移，並於一九一八年春夏在法境發動五次大規模攻擊。至六月，德軍已推進至距巴黎四十英里以內處並炮擊該市。然而英法兩國繼續戰鬥，美國增援陸續抵達。德國在這次攻勢中有一百萬人傷亡，全是他們無可替補的兵力。同時間又有一百萬美軍抵達法國。

一九一八年八月八日，威廉抵達斯巴（Spa）與德皇協商。那是整場戰爭中最慘痛的一天——從德國的角度而言。那天早上，英、法及美軍大舉進攻巴黎以北約一百二十公里的法國城市亞眠（Amiens）。這是一戰中規模最大的坦克戰——而擁有坦克的全是德國的敵手。至下午，當德皇在營帳裡迎接威廉時，德國已經傷亡數萬，後撤了八英里。當日之慘烈讓德國總部充滿了怒氣，因為哈布斯堡君主國幾乎沒有在西線幫上忙。[25]

在德國急於將自身問題怪罪於哈布斯堡家族的這天，威廉身負須得小心處理的使命來到斯巴。從亞眠的戰況看來，卡爾尋求和平是正確的——但德國不能承認這點，至少此刻不行。德國軍官也勸威廉不要提及卡爾對全面和平的渴望。威廉確實向皇帝講述了自己在烏克蘭帶兵的情況，並在皇帝的祝福下返回。皇帝的幕僚都認可威廉比其餘的哈布斯堡人更加優秀。德皇本人也寫道，這樣一位有魅力、「初出茅廬的青年」軍官應帶著他的部下回到前線。他似乎很高興找到了一個渴望戰鬥又迷人的哈布斯堡人。[26]

五天後，卡爾皇帝抵達斯巴，懇求立即停戰。亞眠戰役前一天才結束，德軍遭到重挫。幾乎沒有哪個德國高級軍官相信他們有勝算。皇帝威廉二世被蒙在鼓裡，對實際戰況一無所知，他試圖在波蘭問題上打壓卡爾。卡爾沒有退讓。然而此問題並無討論之必要，東方事務現在根本無關緊要了。戰爭已在西線決勝負。德國節節敗退。開戰四年以來，德國士兵首次大舉投降。縱有烏克蘭的糧食或波蘭來的援軍都無濟於事。德國盼著哈布斯堡能在西線幫上忙，但君主國自己也需要軍隊在國內鎮壓飢餓老百姓的暴動。最後兩位皇帝只能商定，待我軍於西線再次打勝仗後再做出進一步決定。但他們再也不會在西線打勝仗了。[27]

在兩位皇帝商議的同時，威廉則正在返回烏克蘭的路上，步步面臨官僚的阻礙。斯巴、柏林、維也納，每道關口的德國和哈布斯堡外交官與軍官都想拖住威廉。德國人說威廉覬覦烏克蘭王位是眾所周知。哈布斯堡的官員也懇請皇帝阻止威廉返回烏克蘭，卡爾卻答道威廉二世的支持已解決此事。可官員告訴他，德皇的說詞並無意義。德國或哈布斯堡的官員都無法挑戰君主統治的正當性，不過隨著戰事持續，人們已未必認真將他們的君主當一回事。四年毫無意義的血戰已然掏空帝國的權威。[28]

德國和哈布斯堡官員唯恐威廉在烏克蘭的勢力會推翻酋長國，導致舉國大亂。哈布斯堡外交官解釋說，「烏克蘭的每個人都認定大公是我們的王位人選」，而威廉的回歸對酋長將是「致命一擊」。威廉終究是回來了，並於九月初與部隊重新會合。他在得知酋長的焦慮後，便自願前去基輔自我解釋一番。哈布斯堡和德國外交官以為這次訪問只是政變的藉口，一致認定「這念頭糟糕至極」。德國宣布，威廉來到基輔只會受到與他軍銜（上尉）同等的待遇，哈布斯堡王室的大公身分可不管用。各級政府不會慎重款待王室中人。[29]

然而，在德國人設法讓威廉遠離基輔的同時，他們卻想誘使他的父親史蒂芬前來華沙。八月二十八日，一名德國外交官抗議威廉造訪烏克蘭首都的計畫，另一名外交官則向史蒂芬提出換取波蘭王位的條件。

這是道棘手難題。德國和哈布斯堡本就因支持烏克蘭民族共和國而疏遠了波蘭政界。哈布斯堡軍中的波蘭部隊譁變，波蘭士兵拒絕加入德國欲扶植的軍隊。而哈布斯堡創立的波蘭軍團領袖約瑟夫·畢蘇斯基（Józef Piłsudski）也因不願宣誓效忠德國而鋃鐺入獄。史蒂芬認為，戰爭至此境地，這等波蘭王國也只會淪為德國的殖民地。戰爭期間他都在籌措、分派資金來照顧波蘭傷者，他不願看到再有波蘭弟兄為了德國大業而死傷。德國將官圖謀波蘭西部領土，欲奪走當地波蘭居民的地產，將他們驅離家園。任何自重的波蘭君王都絕不可能有這種打算。史蒂芬與卡爾皇帝商議此事，皇帝指示他不要接下波蘭王位。[30]

波蘭國家檔案館，日維茨

史蒂芬的肖像，一九一八年

一九一八年九月，酋長斯科羅帕茨基親臨德國總部，德國軍事領袖向他保證威廉一定會離開烏克蘭。但即便如此，卡爾也沒有屈服於德國的壓力。德國指揮官魯登道夫和興登堡曾阻撓卡爾當上波蘭國王，但他們也無法逼他放棄在烏克蘭開創王朝的希望。然而奧地利駐烏克蘭的軍隊指揮官終究找到了說服聖上將威廉派往他處的理由。一九一八年九月二十三日，他告訴卡爾，現在革命勢頭正盛，他再無法保證威廉的人身安全。十月九日，威廉攜手下從敖德薩啟航，離開了他們費盡心血建立的烏克蘭。[31]

威廉被派到切爾諾夫策（奧地利布科維納省的首府）之後便臥病在床。烏克蘭民族共和國的未來讓他憂心不已。威廉怕他的離開會是亡國的開端，怕布爾什維克會征服烏克蘭。不得不離開的紅王子預見烏克蘭將受布爾什維克主宰，而全歐洲都會受共產主義威脅。他也同樣操心著哈布斯堡的前景。威廉晚上會與當地省長談論君主國的未來，兩人一起讀的報紙提供了很多話題。缺現金的威廉還向當地省長借了點錢，更不知怎地設法為自己買到一台汽車。[32]

德國現在正援引伍德羅．威爾遜（Woodrow Wilson）總統人稱「十四點」的和平條款直接與美國談判。威爾遜提出民族自決原則，表示人民應能選擇要成為哪個國家的公民。德國人大抵覺得這想法能為他們帶來體面又可接受的和平。威爾遜的第十點，就是哈布斯堡領地的民族自治。哈布斯堡家族本就認為有必要的話他們可以滿足這條要求。美國的自治標準肯定不會太高。畢竟當威爾遜在美國國會聯席會議上首次宣布「十四點」時，在場可沒有一位眾、參議員是非裔美國人。另一方面，卡爾的國會則對他在少數族裔政策上施壓，使得民族解放勢必成為哈布斯堡在戰爭期間的目標。

現在卡爾滿足了威爾遜的一項訴求。一九一八年十月十六日，他頒布法令，將奧地利領地重組為由民族省分構成的聯邦。在切爾諾夫策，仍臥病在床的威廉也支持這項倡議。他相信，無論革命勢頭正旺的東部情形如何，哈布斯堡君主國聯邦內的烏克蘭王國都能免受布爾什維克的威脅。威廉在聽聞利維夫有計劃宣布建立獨立的西烏克蘭國後，便寫信給烏克蘭各領袖，勸他們不要脫離哈布斯堡君主國。他認為君主國的解體是「不可想像的」，於是在十月十八日提議，任何新建的烏克蘭國度都得自請加入君主國，成為王土的一部分。然而他已與時勢脫節。哈布斯堡版本的自決——效忠哈布斯堡皇帝的民族省分——再無可能實現。威廉將自己塑造成永恆王朝和年輕民族之間的調和人，現在卻沒了用武之地。[33]

同日，十月十八日，威爾遜回應卡爾的聯邦令，鼓勵哈布斯堡君主國各民族宣布完全獨立。威爾遜現在急於摧毀君主制，那是威廉絕無可能同意之事。此前於利維夫密謀烏克蘭獨立者一直認定威廉為他們的軍隊領袖，可是見他仍支持大勢已去的君主制，他們改變了心意。一名被派往切爾諾夫策拉攏威廉的軍官最後帶回了別人。但威廉仍義無反顧協助調度哈布斯堡資源投注於烏克蘭獨立事業。在十月末幾天，可能是在威廉的默許下，兩個哈布斯堡陸軍中主要由烏克蘭士兵組成的團奉命前往利維夫。他們加入大批烏克蘭軍團老兵的行列。十一月一日，烏軍掌控利維夫，宣布成立獨立的西烏克蘭民族共和國。[34]

威廉最後踏出了重大一步。他令自己在切爾諾夫策的部隊前往利維夫為烏克蘭事業而戰，並從病榻上起身去火車站送行。這是他自己的決定，弟兄們不曉得烏克蘭建國問題將於利維夫定生死，因此想留在布科維納。這是威廉最後一次見到自己的部下，他知道弟兄們將為一項似乎不再需要自己的事業而奮鬥。士兵們幾天後抵達利維夫，不再是威廉大公戰鬥群的人，而是屬於西烏克蘭民族共和國。他們應該早點來的。大夥所受訓練全是為了烏克蘭化的政治使命，他們忍不住在各火車站停下，將波蘭語標誌換成烏克蘭語，一如威廉先前的指示。[35]

威廉協助塑造出一支民族，但這支民族的領袖不再需要他了。他們向他學習，最後反抗他。威廉的歐洲不復存在，王朝也處於險境。對威廉、卡爾、對全哈布斯堡而言，戰爭已經持續太久了。

遲至一九一八年八月，當威廉和卡爾在斯巴拜訪德皇時，哈布斯堡看似還有些贏面，或至少說已對結果滿意。王土之上沒有外國士兵，君主國也占領了大半烏克蘭、塞爾維亞及義大利北部。若德國人聽取威廉和卡爾在八月提出的停戰呼籲，哈布斯堡君主國就還有機會存活。而後秋天只帶來重重浩劫。九月，塞爾維亞人重振旗鼓，解放了首都貝爾格勒。十月，義大利反攻，於阿爾卑斯山擊潰哈布斯堡軍隊。十一月，羅馬尼亞重新參戰，入侵哈布斯堡的布科維納省，占領了首府切爾諾夫策。[36]

威廉逃過了羅馬尼亞的進攻。就在羅馬尼亞人於十一月九日抵達之前，威廉的秘書愛德華・拉里申科（Eduard Larischenko）便驅車送他離開切爾諾夫策，此時哈布斯堡君主國仍然存在。但幾天後待他們抵達利維夫，帝國已滅。同時間德國上下爆發罷工潮，德皇決定不從比利時回國。他的帝國改採共和制、簽下停戰協定，也開始準備和平談判。哈布斯堡君主國境內的地方行政機構則由各民族領袖接管。戰敗加上饑荒、索然無味、痛苦的生活，民族反叛終究瓦解了這個多民族帝國。全境都有新的民族國家宣布成立。哈布斯堡八百年來的權力就此被打破。十一月十一日，卡爾不再插手國家事務，移至狩獵小屋隱居。至退場之時，卡爾已經毫無軍隊，就連儀仗隊也沒有，唯有軍校學生作為護衛。37

王室血脈瞬間變得一無是處，甚至稱不上一文不值。利維夫的烏克蘭人成立共和國，總統告知威廉烏國已不再需他效力。來到華沙，本為擁立史蒂芬為王而設的波蘭王國攝政委員會改將大權交給畢蘇斯基。他創建共和國，就此斷絕史蒂芬的波蘭大業，連同他波蘭兒子和女婿的大業一起斷絕。波蘭民族問題終於有了答案——抵抗哈布斯堡家族。波蘭主張擁有整個加利西亞。烏克蘭的斯科羅帕茨基政權遭軍官推翻，其中一些人過去曾訴請威廉發動「小政變」自立為王。可威廉從未行動。威廉遵守卡爾的指示，「暫時」推遲了自己在烏克蘭掌權的夢想。

自一九一八年十一月十一日停戰日起，就再也沒有「暫時」了。帝國時代已經終結。幾世紀以來，基督徒本將哈布斯堡家族轄下的神聖羅馬帝國視為永恆的象徵：只要帝國存在，世界就絕無末日。十九世紀初，神聖羅馬帝國解體，但哈布斯堡家族在法蘭茲·約瑟夫的領導下重振精神，堅持了下來，並為這塊內部變動不斷的戰慄大陸披上一件代表永恆的灰色斗篷。如今，伴隨帝國毀滅、王室遭到拔除，進步的時代來臨了。這是社會主義的時代，是封建時代結束後受壓迫者迎來嶄新開始的承諾；這是民族的時代，各民族堅信能從過去被帝國壓迫的黑暗時代走向國家獨立的光明未來；這或者也可說是自由的時代，人們懷抱信心，認為新興共和國能夠創造讓歐洲與世界永保和平的條件。

在中歐與東歐，國王統治的只餘影子，覬覦者王位者則盡全力尋找庇護。史蒂芬撤退到他位於日維茨的城堡，但城堡隨即被波蘭共和國沒收。斯科羅帕茨基躲在戰爭傷兵裡偽裝成醫生，搭乘德國的運兵列車從烏克蘭逃往德國。而當波蘭軍隊進入利維夫時，威廉也逃離該市，前往東加利西亞城鎮裡的一處修道院避難，以一眾僧人為掩護。[38]

永恆已然終結，當時威廉二十三歲。

# 白色 帝國掮客

突然之間，全世界似乎都在密謀欺侮威廉深愛的烏克蘭，他卻無能為力。一九一九年一月，當一戰的勝利國在巴黎召開會議決定歐洲的未來時，威廉正躲在加利西亞東部小鎮布哈赫（Buchach）的修道院裡。英、法、美與他們的盟國設計出一套戰後秩序，被排除於和會之外的戰敗國只能以書面抗議。

歷史悠久的哈布斯堡君主國在戰場上吞敗，將被分割。美國總統威爾遜提出自決原則，呼籲各民族應能擁有自己的國家。諸國紛紛於哈布斯堡君主國的領土上成立或擴張，威爾遜的標準雖派上用場，卻執行得非常不公平。大量的少數民族被託付給了由戰勝國視為盟友的捷克人、波蘭人、塞爾維亞人和羅馬尼亞人，被當作敵國的匈牙利卻失去了原來三分之二的領土。奧地利成為一個講德語的小共和國，其中大多數人大概都盼望能加入德國。儘管這也是民族自決的條件，但戰勝國絕不允許此事。[1]

誰算是民族？誰又不算？這由戰勝國說了算。所以烏克蘭不是民族，也沒有自決權。要論美國人、英國人和法國人對烏克蘭的存在有何觀點，他們只當它是柏林和維也納的人為產物。曾經指望德國和哈布斯堡君主國的烏克蘭政界人士在倫敦、巴黎或華盛頓幾乎沒有盟友。如今戰事終了，威廉的朋友們趕緊設法挽救這種不平衡的局面。蕭普提斯基和伯納最近還是他在哈布斯堡轄下烏克蘭的靠山，現在卻急著想說服戰勝國讓烏克蘭享有民族自決。眼前是一項艱鉅的任務。[2]

一九一九年伊始，威廉就躲在加利西亞的一座修道院裡，遠離巴黎和會。烏克蘭政界人士認為如此最好。他的性格及成就在幾週前還如此令人神往，現在卻只會危及搖搖欲墜的烏克蘭大業。紅王子一稱在戰時是誘人的強效麻醉劑，現在則成了致命毒藥。戰勝國想阻止哈布斯堡復辟和布爾什維克革命，可威廉在東歐恰好象徵著哈布斯堡王權和社會解放。一九一九年春，匈牙利的布爾什維克分子為奪回匈牙利國王的舊有王土而挑起戰爭，這種結合了現代與傳統的意識形態實為一大威脅。

威廉的敵手波蘭深知該如何利用烏克蘭這張牌來為己謀利。一九一八年二月，波蘭政界在麵包和平談判期間不敵威廉手段，現在輪到他們雪恥了。正當波蘭與烏軍在爭搶哈布斯堡省分加利西亞之時，他們也形容這場鬥爭為一戰的延續。躋身戰勝國之列的波蘭認為烏克蘭是敵人的產物，唯有擊敗敵人才能真正止戰。波蘭外交官稱烏克蘭民族為哈布斯堡的陰謀，是威廉「捏造」而成。迷人的波蘭鋼琴家伊格納奇・帕德雷夫斯基（Ignacy Paderewski）告訴美國，威廉在利維夫城門駐有八萬人大軍。威廉則親自寫信給威爾遜總統，設法解釋烏克蘭是值得享有自決的民族，但只是白費唇舌。[3]

威廉輸掉戰爭，輸掉了爭執，現在還得照顧自己的病體。一九一九年五月六日，威廉離開修道院，驅車前往山區。他患有肺結核，所以想待在不那麼擁擠的環境，也許僧侶們也是同樣的心思。待過學校、軍校，也從軍過的威廉很習慣身側有男性陪同。他和秘書拉里申科也許可說是太喜歡院內迴廊了。縱然如此，兩人仍前往山區，尋覓威廉少年時深愛的、住在山裡的烏克蘭人。但他卻沒能在那裡稍作喘息。六月六日，威廉被羅馬尼亞軍隊逮捕，帶到布加勒斯特（Bucharest）受審。他被監禁在首都郊外的修道院裡，羅馬尼亞當局根本是想要奧地利付錢贖回他。羅馬尼亞人大概也拿走了他的車。[4]

威廉在羅馬尼亞似乎確實漸漸康復。三個月後，他被烏克蘭民族共和國的代表救出。威廉正重現生機，他協助開創的國度也是。曾是德國和哈布斯堡保護國的烏克蘭民族共和國現在已找到真正的獨立之路。隨著兩國軍隊撤出，一個被稱為「督政府」（Directory）的烏克蘭政界小集團也取代了德國傀儡政府。新政權將威廉從羅馬尼亞帶到烏克蘭，並命他掌管軍方的外交關係。[5]

烏克蘭國再也沒有強大的宗主國了，威廉也是。一九一九年九月十日，威廉回到烏克蘭位於卡緬涅茨波迪爾斯基（Kamianets Podils'kyi）的陸軍野戰總部。他受到新同事的質疑，被逼著解釋自己成為烏克蘭人的緣由。威廉向他們保證，只要自己四肢還有力氣，他就會為烏克蘭而戰。一旦得到烏克蘭民族共和國軍方的接納，他便能評估新靠山的處境。

前線捎來的消息並不樂觀。卡緬涅茨波迪爾斯基位於烏克蘭西南部，這裡有座古老堡壘，曾經保衛舊波蘭免受鄂圖曼帝國的侵擾。一九一八至一九一九年，在首都基輔由其他勢力掌控時，走投無路的烏克蘭政府及軍隊便曾至此尋求庇護。這種情況相當頻繁。一戰後的烏克蘭爭奪戰期間，基輔曾多次被占。烏克蘭民族共和國須應付三個強大敵手：布爾什維克紅軍、俄國反革命分子的白軍，還有畢蘇斯基的波蘭軍隊。

烏克蘭經歷五年戰爭，疆域飽受燒殺擄掠。烏克蘭民族共和國的軍隊就和其戰場上的對手一樣，有些地方指揮官更有興致劫掠和殺害猶太人，對解放國家倒不關心。威廉幫不上忙。一年前，同樣一支軍隊裡還有些軍官認為他有做君王的潛力。但威廉已錯失良機，戰事終了時還落得孤立無援的境地，斷絕了所有權力來源。儘管他仍是烏克蘭鄉野的傳奇人物，但督政府不願輕看這麼一位潛在對手，任他在國土上逍遙。威廉只能在營帳裡發揮自己的語言才能，然而他在自己相對低階的新崗位上幾乎無用武之地。通曉英法語的威廉仍無法說服英、美及法國支持烏克蘭。戰勝國忌憚布爾什維克，卻只將阻擋共產主義進入歐洲的希望寄託在波蘭身上，而非烏克蘭。

威廉和軍中同僚只能眼睜睜看著波蘭妙用局勢。整個一九一九年，波蘭元首兼統帥畢蘇斯基耐心地旁觀各路爭搶烏克蘭的勢力鷸蚌相爭。白軍領袖想重建一個納入烏克蘭的俄羅斯帝國，並於一九一九年夏天將烏克蘭民族共和國軍隊趕出基輔。後來白軍卻遭列寧及托洛斯基（Trotsky）的紅軍輾壓，兩人首先欲將國際共產革命傳播到烏克蘭，後再觸及波蘭與歐洲。一九一九年秋，烏克蘭民族共和國軍隊重振旗鼓與紅軍作戰，但勝利的希望渺茫，無奈只能向波蘭求援。紅白軍都想摧毀烏克蘭國，只有波蘭至少還表示想納其為盟友。[6]

據威廉所知，烏克蘭雖然別無選擇，只能與波蘭結盟，但此舉也是個道德陷阱。烏克蘭人必須以顧及國家存亡為由背叛同族。一九一九年七月，波蘭才打敗西烏克蘭民族共和國（由哈布斯堡轄下東加利西亞組成的烏克蘭國度）。現在這片前哈布斯堡領土掌握在波蘭手中，他們勢必會要求烏克蘭民族共和國正式放棄土地，作為結盟的交換條件。烏克蘭國只能背叛另一個烏克蘭國。加利西亞土地是威廉找到自己的烏克蘭身分認同之處，卻將被波蘭吞併。心生厭惡的威廉在僅僅兩個月後，也就是一九一九年十一月，便離開了烏克蘭民族共和國。[7]

有些烏克蘭人願意冒險與波蘭結盟，但威廉不願與之為伍。他認為代價太高了。威廉並非不願自我妥協來成就烏克蘭大業，但無法委身聽令於華沙。這有違他從政生涯的邏輯——也就是擁抱烏克蘭，拒絕父親的波蘭。威廉打算另闢途徑為烏克蘭獨立爭取支持。他在離開烏克蘭偕拉里申科西行時就是如此打算。威廉染上了斑疹傷寒，偏偏不得已只能停留在羅馬尼亞。

威廉在布加勒斯特的病床上思索新的一年該如何行事，他的絕望與希望有著相同的原因。歐洲正慘遭戰勝國恣意宰割，而烏克蘭就是典範。同盟國想打造一個由民族共和國組成的歐洲。烏克蘭民族共和國正是其一，它卻注定血流不止。烏克蘭民族共和國與波蘭結盟，並將任波蘭強取豪奪。然而還有一眾國家都面臨此種困境。德國、奧地利及匈牙利也都被剝奪了民族自決權。各領袖還自以為能以威爾遜的十四點原則為基礎落實和平，但這只是一場殘酷騙局。

就這樣，一九二〇年的歐洲成了孕育修正主義的溫床。德、奧、匈都想改寫（或者說「修正」）戰後的安排。有人支持君主制，有人支持威權制，有人則沒有明確的政治承諾。各國之所以團結一處，便是因為堅信自己受到大為不公的待遇，且敵視戰勝國扶植的新生國度或擴張領土的國家。波蘭、捷克斯洛伐克及羅馬尼亞等從德意志帝國和哈布斯堡君主國奪取領土的國家似乎很招人厭。修正主義者雖忌憚想將革命帶到歐洲其餘地區的布爾什維克，但他們同時也明白，紅軍若是西進，便有機會為他們帶來重定邊界的良機。

修正主義者一邊想要擴張部分國家，另一邊也想要削弱、甚至消滅另一些國家。他們盼著左派革命能引發右派革命。這種從共產到威權主義的轉變，若非已有德國巴伐利亞邦及匈牙利的兩次先例，看來大概只是一種窮途末路的幻想。

據德國的聯邦制，巴伐利亞設有其自治政府。但在議會廳發生報復性槍擊案後，議會便被解散。一九一九年四月，年輕劇作家恩斯特・托勒（Ernst Toller）宣告巴伐利亞蘇維埃共和國建國。托勒也宣布，慕尼黑大學開放所有人申請，唯不歡迎想要研讀歷史者，因為歷史學是文明的威脅，應當廢除。他的外交部長發電報給莫斯科的布爾什維克，抱怨沒有外交部廁所的鑰匙。布爾什維克對瑣碎的問題倒是嚴陣以待。他們的自己人開始主導巴伐利亞革命，同時劫持人質。德國政府本身雖是社會民主黨，這時卻慌張起來。他們派出右派民兵（其中大多是退伍軍人）來鎮壓革命。布爾什維克殺害人質，民兵也對布爾什維克等許多人大開殺戒。一九一九年五月一日，共產黨被擊敗，反革命開始。

匈牙利和巴伐利亞一樣，同於一九一九年經歷了共產革命。戰勝國派出羅馬尼亞部隊重整秩序。羅馬尼亞人前腳剛踏出，前哈布斯堡海軍上將米克洛什・霍爾蒂（Miklós Horthy）後腳便登臺掌權。他身騎白馬前進首都，嚴斥布達佩斯自己披上革命的紅衫。局勢如此，英、法及美國只能勉強接受霍爾蒂的保守派反革命，放棄建立共和國的希望。戰勝國不顧匈牙利全政界反對，逼他們接受邊界安排。於是匈牙利成了全歐最公然提倡修正主義的國家，他們喊著「不要、不要、絕不要」的政治口號，表示對戰後秩序的堅定拒絕。也許，匈牙利人若能與德國和奧地利結盟，就能依自己心意重塑歐洲。

威廉現在有了時間思考，他領悟到，德奧兩國空有抱負卻軟弱的修正主義者正在攪亂局勢，這可能會給烏克蘭一個機會。確實，修正主義者若想於歐陸尋求新的權力平衡，烏克蘭也許就會是他們正需要的盟友。碰巧，就連威廉於羅馬尼亞臥病在床時，他們家族的一位匈牙利舊識也正在謀劃新的歐洲秩序，而這幅藍圖可能正需要一個像威廉這樣的能人。在眾多人物之中，或許就屬特雷比奇・林肯（Trebitsch Lincoln）最能體現一九二〇年歐洲混亂不定的前景了。

威廉的三重身分——哈布斯堡出身，也是波蘭人與烏克蘭人——比起林肯的多重人生簡直是小巫見大巫。他在布達佩斯原本是個小賊，為了躲避匈牙利警察而離家遠渡英國。身為猶太人的他在倫敦與基督教傳教士多有往來，並受雇於貴格會（Quaker）倡導禁酒的工業大亨西博・朗特里（B. Seebohm Rowntree）。一九一〇年，他贏得英國下議院席次。憑藉此資格，林肯似乎也成了加利西亞油田投資計畫的可靠資助人。一九一一年，林肯招徠威廉的姊夫拉齊維爾加入一家名為加利西亞石油管道公司（Oil Pipe Lines of Galicia）的董事會，但公司後來倒閉了。

林肯就如一條九命怪貓，他在一戰找到新出頭的機會，決定成為間諜。他為德國效力，遭到英國追捕，還為了賺錢而將自己間諜人生的誇張故事賣給美國小報。不意外，英國於一九一八年十二月撤銷了他的英國國籍。林肯前往德國，於次年夏天以反英右翼記者之姿聲名大噪。在他抵達德國時，民眾正因一九一九年六月十九日簽署的《凡爾賽條約》條款大感震驚，德國似乎注定了永遠只能是無法自主的弱小國家。德國喪失了領土、人口，喪失了組織大型軍隊的權利。而林肯也利用自己的才能煽動德國民眾的憤怒。[8]

至秋天，他與德國上校麥克斯・鮑爾（Max Bauer）成為朋友。鮑爾是專制民族主義者，他認定唯有獨裁才能解救德國於無政府主義及布爾什維主義的水火之中。戰爭期間，他一直是德國統帥魯登道夫

（鮑爾心目中的獨裁領袖人選）的貼身助手。一九一八年十月，魯登道夫於停戰前夕辭去職務。縱使應對德國戰爭行為負責的人是他，魯登道夫仍任意將戰敗歸咎於其他人。他於止戰後用芬蘭護照，戴著假鬍鬚逃往瑞典，於該地發想出「背後捅刀」的理論，稱德國並非敗於戰場上的敵人，而是國內的反民族陰謀家。*在他看來，這些叛徒勾結了英、法、美等滿心想復仇的戰勝國。而德國的新共和制度及其社會主義政府就是這場陰謀造成的不公結果，應該加以摧毀。[9]

魯登道夫返回德國後，便於柏林召集鮑爾上校等老盟友。鮑爾將魯登道夫介紹給林肯，林肯也滿心熱情加入他們的陰謀。一九二〇年三月十三日，這群人推翻年輕的德意志共和國政府。在從東線返回的德國士兵支持下，魯登道夫偕同夥伴迅速發起政變奪權。他們自稱為德國擺脫共產革命的唯一希望，只有他們才能擺脫這種剝奪了德國強權地位、勉強加諸的和平。林肯當上新政府的新聞秘書。就這樣，這個來自匈牙利的猶太人、曾經的英國臣民得到了德國民族主義政府最醒目的職位。有個名叫阿道夫・希特勒（Adolf Hitler）的年輕奧地利退伍軍人正是早期崇拜這場政變的人之一，他斷言：這「絕對不是民族革命」，因為「新聞首長是猶太人」。[10]

政變贏得軍方的支持，但民眾並不買單。正當的政權命令軍隊鎮壓叛亂，卻遭軍方斷然拒絕。於是他們號召全體工人階級發起罷工，這麼做效果更好。密謀者在掌權四天後，於一九二〇年三月十七日離開柏林。德意志共和國重新上臺，林肯、鮑爾等密謀者則奔往巴伐利亞。

巴伐利亞是德國境內民族主義者和反革命分子的避風港。該邦位於南部，遠離偏北方、社會主義濃厚的柏林。國內大部分地區都信奉新教，唯有巴伐利亞以天主教徒占大宗。至此時，巴伐利亞已經歷共產主義革命和反革命的完整循環，最後由右翼民兵和威權主義者勝出。而首府慕尼黑日後為希特勒所讚賞的保守建築也是右派的一枚定心丸。巴伐利亞王朝的繼承人魯普雷希特（Rupprecht）王儲便親自表示支持。德國既然已成共和國，不再是帝國，王儲也幾乎無望登基為王。他同樣需要一場反革命，所以殷切歡迎叛變分子。

柏林生變後，陰謀者於慕尼黑轉而投向更明目張膽的計畫，欲改變整個戰後秩序。巴黎和會至一九二〇年夏季本已談成條約，明定如何處置德國、奧地利與匈牙利，但許多有關人士都對條約深感不滿。德國失去部分領土及大部分主權；奧地利誕生，可當地民眾卻更偏好併入德國。匈牙利失去大半領土與人口。愈來愈多政界人士與老兵都轉向修正主義。

同時間在東歐，在戰勝國與和平條約無法觸及之處，波蘭擔下了擊敗布爾什維克的任務。聯手烏克蘭民族共和國的波蘭軍隊於一九二〇年五月抵達基輔，卻在六月被布爾什維克擊退。紅軍現在開始西進歐洲。波蘭的進犯似乎為布爾什維克敞開了大門，讓他們全面入侵。紅軍如今將持續往西推進，唯有更強大的部隊才能阻止他們。慕尼黑的德國密謀者也明白，歐洲局勢之所以動盪，原因不僅在於戰敗國心懷不滿，更在於東歐仍是戰場。此種思維也讓他們將目光轉向烏克蘭。

林肯想要連同德國、奧地利、匈牙利及白方（反布爾什維克者）俄羅斯建立名為「白色國際」（White

* 譯註：猶太人、社會主義者、自由派等，在右翼民族主義者眼中是外於德意志民族的異類，不是真正的德國人，右翼民族主義者認為他們是在德意志民族背後捅刀的反民族兇手。

International）的聯盟，以與協約國、波蘭及布爾什維克俄羅斯抗衡。地處波俄之間的烏克蘭自然是兩國的敵人，所以當然也是修正主義者的盟友。雖然烏克蘭民族共和國現在與波蘭聯盟對抗布爾什維克，但戰爭不太可能隨著烏克蘭永久建國而結束。最圓滿的結果，就是戰勝的波蘭吞併由烏克蘭人視為西烏克蘭的土地。一九二〇年七月，紅軍往西猛攻，波蘭看來勝算不大。勝券在握的布爾什維克俄羅斯將以革命之名占領烏克蘭。無論哪種結局都不可能讓大多數烏克蘭人滿意。他們必定會支持修正主義，所以有結盟的價值。

那年夏天，林肯和他的反叛同夥眼見戰略局勢可能很快就會轉往對他們有利的方向。兩個敵人似乎正在彼此廝殺。交戰雙方分別為波蘭——由惹人厭的巴黎和會製造出的最大國，以及布爾什維克俄羅斯——共產主義惡夢的化身。白色國際一旦清楚哪方會勝出便能出手。同時間，他們也在思索烏克蘭問題。[11]

他們最熟知的烏克蘭人就屬威廉了。一九一八年，紅王子之所以為德國人的眼中釘，正是因為他在烏克蘭廣受愛戴。威廉被德國選定的元首斯科羅帕茨基視作敵手，亦是烏克蘭主宰大權的威脅。魯登道夫將軍當時滿心投入德國在烏克蘭的擴張計畫，他也很清楚威廉的登基大業。若烏克蘭要與支持修正主義的林肯及白色國際為伍，那這個修正主義聯盟就勢必得拉攏一個留名烏克蘭、且在那裡仍受歡迎的人。於是白色國際前往維也納尋找威廉。

一九二〇那年夏季，威廉和林肯一樣抱著靜觀其變的心態。他先前已離開布加列斯特，並於三月抵達維也納。那時的威廉不僅疲憊窮困，也許還有點迷惘。他再也不能像以前一樣居住在父親的維登大街皇宮。他並未聯繫史蒂芬，況且那棟建築早被奧地利共和政府收歸國有了。威廉在新建的奧地利不具公民身分，實際上也沒有成為公民的權利。共和國最早的作為之一就是禁止前皇室成員待在奧地利，除非他們放棄繼承王位的權利。威廉從未放棄——但他還是到維也納定居。維也納及奧地利當時都是由社會民主黨統治，當局對他沒有興趣。或許仍有人認為他具有紅色的革命情懷，或許另一些人仍視他為王子。

威廉花了點時間才找到出路。已經退場的他仍靠著烏克蘭民族共和國的微薄退休金過活。似乎無人知曉他在哪裡過夜，但他幾乎每天都會到帝國議會咖啡館（Café Reichsrat）吃午餐——距離通過法律禁止他入境的議會只有幾英尺。他安靜度日，在角落裡等待有人上前獻計。他並未被世人遺忘。威廉周身都是流言蜚語，說他既是哈布斯堡王子又覬覦烏克蘭大位，他支持兩邊事業，但看來已風光不再。儘管威廉甚少談論自己有何打算，但他有不少維也納同胞都很樂意向記者報告威廉最近的事蹟。三月底，有位外國記者寫到威廉的烏克蘭之夢時，回憶道：「這人很有想法！」[12]

那年夏天，身處維也納的威廉得到了與林肯和慕尼黑密謀者相同的結論。他們都在等待波蘭與布爾什維克戰爭的結果，心想紅軍若是傷了元氣，右派就有望趁機挑起反革命。有了匈牙利和巴伐利亞的先例，此計也不是沒有道理。災難勢必得發生，但在一戰屠戮了兩千萬人之後，再來一次也沒什麼大不了的。一九二〇年八月，紅軍逼近波蘭首都華沙城下。這對白色國際與威廉來說都是迫切的希望時刻。鮑爾校官推論，紅軍一擊垮波蘭，白色國際就應從德國、奧國、匈牙利及烏克蘭出動反擊俄羅斯。他無所不用其極地想拉攏威廉加入密謀。[13]

威廉的處境比這些德國人更矛盾。白色國際成事的前提，就是波軍落敗、波蘭滅國，而威廉的家人也有被處死的可能。若布爾什維克攻下波蘭，哈布斯堡家族就會被視為階級敵人處死。他的哥哥艾伯赫特和里奧都是哈布斯堡的退役軍人，現為波軍效力。這樣下去他們也可能會被布爾什維克非正規軍殺掉。威廉似乎是這麼想的，如果波蘭無論如何注定要毀滅，那歐洲至少還有機會出現獨立的烏克蘭。他願意把握機會。八月，在兄長保衛華沙時，他的秘書拉里中科告訴德國人威廉願意效力。結果，波軍竟出乎威廉意料之外創造了奇蹟。華沙的大膽反擊將布爾什維克軍隊趕出了波蘭。自一戰開打以來，波蘭的勝利可謂歐洲史上最重大的轉捩點。從某種意義上說，一戰要等到一九二〇年八月的華沙城門口才算是落幕。戰爭帶來了革命，革命又帶來更多戰爭。直到波蘭打贏華沙一役，布爾什維克的革命戰爭才失去動力，以波蘭等新共和國為代表的歐洲新秩序也才能成功守住自己。[14]

紅軍無法如列寧和布爾什維克所願將革命傳遍全歐洲了。而沒有革命，就沒有反革命。白色國際瓦解。林肯於一九二〇年九月背棄盟友、竊走組織檔案，還將精選文件出售給媒體。

波蘭會活下來，威廉的家人也會活下來。他的兄長能歡慶和平與勝利了。經歷五年戰事，先為哈布斯堡家族一員、後成了波蘭軍官的里奧和艾伯赫特，終於得以回到父親的大院。他們在戰場上賭上性命，再清楚不過地證明了自己是波蘭人。威廉的大哥艾伯赫特現在也能實現迎娶波蘭妻子的計畫了。

艾伯赫特的未婚妻是愛麗絲・安卡克羅納（Alice Ancarkrona），瑞典王國的虞人*之女。她同艾伯赫特一樣也是自己選擇成為了波蘭人。

十年前，愛麗絲經由首任丈夫獲得了波蘭身分。她於斯德哥爾摩的一場舞會上認識了波蘭人路德維克・巴德尼（Ludwik Badeni），一位富有俊朗的哈布斯堡外交官。巴德尼知道她馬術精湛，便問她如何駕馬疾馳越過冰面。這問題問得恰如其分，因為她畢生都在追求優雅與膽識的結合。兩人於一九一一年結為連理，還乘坐著裝飾鮮花的小船穿越峽灣度蜜月。她為他生了一個兒子。但巴德尼隨後病倒、失去了理智，最後被送進瘋人院。

一九一五年，愛麗絲身著非正式的服裝，並為兒子帶上玩具至維也納參加茶會。會上有人將艾伯赫特介紹給她。兩人一見鍾情。這對選擇了波蘭的男女也選定了彼此，卻無法發展戀情。艾伯赫特必須返回前線，而愛麗絲的丈夫還活著。一九一六年巴德尼去世之後，愛麗絲決定搬到已故丈夫位於東加利西亞的莊園。

一九一八年秋，戰情逆轉，艾伯赫特堅持說服她返回維也納。他知道威廉的同志打算將東加利西亞併入獨立的烏克蘭國家。她最遠只走到利維夫，因十一月一日的烏克蘭起義而受困。愛麗絲設法溜回自己的加利西亞莊園，但很快就被烏克蘭遊擊隊包圍。愛麗絲懂得與烏克蘭人談判之道，也確實非常喜歡他們。她身邊除了一位英國女家庭教師之外並無幫手，只能自行與出現在家門口、打算帶走至少她的財產的男人們談判。她失去了一些財物，但和年幼的兒子活了下來。一九一九年，艾伯赫特找到愛麗絲與她的兒子，並將兩人帶到安全的克拉科夫。[15]

至那時，艾伯赫特已非哈布斯堡王族，而是參與波布戰爭的波蘭軍官。愛麗絲就是他的獎勵；戰爭

* 譯註：組織、管理遊獵的官職。

結束之時，兩人便能成婚。愛麗絲絕非王室出身，所以這樁婚事也不符哈布斯堡注重門當戶對的婚姻標準。但君主國已滅。而雖然她是已成為波蘭人的貴族女性，卻非真正波蘭貴胄出身，所以此婚姻也違反史蒂芬的政治原則。不過至一九二〇年，史蒂芬已無望拿下波蘭王位。新媳婦能說一口流利的波蘭語就讓他很高興了。身分已經超越野心。這個男人只想要抱波蘭孫子。愛麗絲和艾伯赫特於一九二〇年十一月十八日在日維茨城堡完婚，他穿著波蘭軍官制服，她則身穿帶有灰白兩色的洋裝。[16]

波蘭國家檔案館，日維茨

愛麗絲．安卡克羅納

艾伯赫特現在無疑是個乖兒子，是眾孩子中最波蘭的一個。他是唯一娶到波蘭新娘（多少算是）的兒子，因此也是唯一能延續哈布斯堡波蘭世系血脈的人。在波軍中表現極佳的里奧也想成家了。但他的未婚妻是奧地利出身貴族的瑪麗亞．蒙喬耶（Maria Montjoye），人稱瑪亞。兩年後的一九二二年十月，他於維也納的聖史蒂芬大教堂與她結婚。這樁婚事尚可接受，但沒什麼好慶祝的。威廉是烏克蘭人，也有人曾目擊他和烏克蘭女性在一起。在維也納，人們則認為有個名叫瑪麗亞的年輕音樂家是他的女朋友。但威廉似乎不是想結婚的類型。

父與子即將分道揚鑣。波蘭父親史蒂芬與烏克蘭兒子威廉可以在多民族君主制的歐洲和平相處，但在充滿民族共和國的新歐洲卻誓不兩立。倘若哈布斯堡仍在統治，且皇帝也夢想得到波蘭與烏克蘭王權，威廉的野心便不會衝撞父親的抱負。待君主國分崩離析，威廉和父親才赫然發現，在這場領土爭奪戰中，兩人各自代表著不同民族水火不容的利益。一九一八年底，威廉選擇站在烏克蘭這邊，與波蘭搶奪加利西亞東部。一九一九年底，他因烏克蘭民族共和國打算與波蘭結盟而離去，後於一九二〇年夏天又將自己的政治前途交到布爾什維克手上，欲靠著波蘭滅國、賭上家人的性命來達成目標。威廉自一九一八年起就再也沒有返家，也沒有和父親說過話。

威廉並未出席艾伯赫特的婚禮。他肯定覺得自己很沒用又丟臉。他的烏克蘭自甘墮落與波蘭聯盟。哥哥艾伯赫特的波蘭勝出，且就如威廉所料，過河便背棄了盟友。波蘭在擊敗布爾什維克之後並未打造獨立的烏克蘭，反倒接受停戰協議，隨即將保衛華沙的烏克蘭士兵關入拘留營。威廉與戰敗方結盟，失去了繼承家業的資格。他肯定也料想到了，父親的繼承人會是波蘭兄長與那位貌美女子成婚生下的波蘭孩子。他拒絕父親的政治遺產，如今流落家族的邊疆，在家人齊聚日維茨的同時，自己則孤身一人留在維也納。他將矛頭指向了波蘭與自己的父親。

一九二一年一月九日，威廉接受維也納一家報紙的訪談，說波蘭和波蘭人的行為不端。「妄自尊大，」他說，「似乎已成為那個國家的通病。」他談及利維夫在波蘭占領下發生的猶太人屠殺，並問道「哪個文明國家會做出這種事？」他也說東加利西亞是「純粹的烏克蘭土地」，但協約國卻任由波蘭占領該地。[17]

史蒂芬迅即報以輕蔑的回應。一九二一年一月三十一日，他撰文欲發表於幾家歐洲報紙，稱威廉「已與家族斷絕關係」。威廉於二月十八日回信，說自己的父親竟會如此袒護波蘭，著實令他驚訝，畢竟這個國家背叛了自己原本宣誓效忠的王朝（指的是哈布斯堡），也背叛了另一個將命運託付在自己手上的國家（指的是烏克蘭）。[18]

威廉的爸爸真的被惹惱了。戰前，史蒂芬和威廉一直以效忠哈布斯堡王朝為榮，即便他們都想盡辦法提高自己在王朝中的地位。戰爭期間，他們曾以優秀的哈布斯堡人、以父子的身分討論過波烏邊界。如今在這個由多民族組成的歐洲，波烏兩國的利益確實截然不同，父子倆的許諾也是。民族赫然取代王朝成為了攸關榮譽的大事。而威廉選擇質疑父親的榮譽，只要爸爸還活著，他就不能指望日維茨城堡的大門重新為他敞開。

可除了愛情和榮譽之外，一家人還有更多事情要煩惱。家產的去向也懸而未決。一九一八年十一月，在艾伯赫特與愛麗絲結婚時，城堡和整個家族莊園在法律上都已由波蘭收歸國有。史蒂芬和艾伯赫特拼命想拿回財產，但威廉在烏克蘭的紀錄一直是個絆腳石。史蒂芬要想保住財產，就得切割自己叛逆的小兒子。他向波蘭政府請願，寫道：「無論是在思想上還是實質上，沒有人可說他參與過么子威廉的犯行。」艾伯赫特也在一些自行出版的家族政宣中聲稱，「兩個兒子」都是波蘭軍官（順勢否定掉威廉的存在），而「兩個女兒」都嫁給了波蘭人（順勢否定掉嫁予奧地利人克勞斯的伊蓮諾拉）。[19]

波蘭的哈布斯堡家族與新任波蘭當局最終談妥協議。一九二一年八月，史蒂芬與瑪麗亞・特蕾西亞，連同居住在波蘭的四位孩子都獲得了波蘭公民身分。史蒂芬於一九二三年將一萬公頃土地上繳波蘭國庫，並在一九二四年據總統令拿回剩餘的四萬公頃。艾伯赫特和里奧兩個兒子可以與家人在獨立的波蘭過得衣食無憂了。嫁給波蘭貴族的女兒雷娜塔和美荻黛也享有羨煞旁人的地位。就連與平民結婚的伊蓮諾拉也沒有失去家產繼承權，至少父親沒有排除她。義大利拿走史蒂芬的遊艇作為戰利品，也將他的伊斯垂亞別墅視為前朝財產扣押起來。史蒂芬想保住義大利的家產，於是試圖將其轉讓給伊蓮諾拉和她的丈夫克勞斯。曾為史蒂芬掌管遊艇的克勞斯現在得頻頻寫信給岳父了。他的信一律是以「親愛的爸爸」為開頭。[20]

威廉沒有寫信給爸爸。他在二十五歲那年斷絕了所有來自父輩的權威。在戰爭期間，多位烏克蘭長輩的權威原本就已掩去了父親的光芒。現在，就在他與父親決裂的同時，他也失去了所有人。一九一八年，他的第一位烏克蘭導師胡日科夫斯基男爵去世。一九一九年，他在烏克蘭的天主教夥伴伯納神父移居羅馬，擔任烏克蘭民族共和國駐梵蒂岡特使。一九二〇年初，與他合作無間的蕭普提斯基都主教則西行為烏克蘭事業籌款。

引起家庭爭端的同一篇新聞也讓威廉疏離了誕生於基輔的烏克蘭民族共和國，他曾於一九一九年秋季短暫為之效力，之後便放棄了。在他公開批評波蘭與烏克蘭聯盟、稱其「沒有道理」時，他於法理上仍然是軍隊裡的軍官。與威廉在麵包和平談判中站在同一陣線的瓦西爾科要求威廉放棄立場。威廉拒絕後，便與瓦西爾科失去了聯繫、失去了他在烏克蘭民族共和國的地位。他現在失去了所有重要的烏克蘭友人，還有他唯一的烏克蘭官職。自一九二一年三月起，他再也沒有退休金可領，沒有了收入來源。[21]

最後一個能認作長輩的人選只剩一位老競爭對手了——也就是斯科羅帕茨基，於一九二〇年發起烏克蘭君主制運動的前任「酋長」。威廉發現事有轉機。眾人皆知，威廉在一九一八年比斯科羅帕茨基更受烏克蘭人歡迎。斯科羅帕茨基若想以自己在一九一八年的事蹟來與德國協商，爭取其進一步支持，他就得想辦法應對威廉留下的影響力。而對威廉而言，他也理當與斯科羅帕茨基和解，因為這位前酋長與威廉欲結盟的德國要人有所往來。一九二〇年五月，兩人開始討論未來烏克蘭的權力劃分。[22]

一九二一年一月，想拿下烏克蘭的兩人談成協議。在未來的烏克蘭，斯科羅帕茨基將擔任烏克蘭中與東部的酋長，東加利西亞會成為自治區，威廉則會是全國的國王。這幾個頭銜也許並不如表面上那麼奇怪。一九一九年，烏克蘭因國家分裂為兩個實體——烏克蘭民族共和國（由前帝俄領土組成）和西烏克蘭民族共和國（由前哈布斯堡領土組成）——而無法成就大業。若能在威廉領導下建立烏克蘭君主制，也不失為一種（至少在理論上是）團結國家的辦法，還能克服哈布斯堡和帝俄的舊邊界、將烏克蘭設想為一個統一的廣大國度。

此計背後確實有些德國的支持。幾位特定的德國政客和軍官認為，烏克蘭有望重回戰爭期間的狀態，成為布爾什維克主義的阻礙，讓波蘭繼續做個仰人鼻息的弱小國家。一九二一年三月，威廉在維也納會見斯科羅帕茨基的代表和德國參謀本部軍官。德國軍官提議，可讓威廉在維也納成立的烏克蘭總委員會（Ukrainian General Council）轉型為預備政府。他們很明確暗示德國會支持烏克蘭獨立建國運動。[23]

威廉重回舞臺中心，但他似乎無法分享聚光燈。他需要前輩的引導，需要能效法和崇拜的人，更得當個風度翩翩的年輕領袖。自大又善妒的斯科羅帕茨基根本不知該如何取悅這位小盟友。一九二一年四月，兩人決裂。威廉漸漸相信（但他錯了）斯科羅帕茨基的追隨者背後有波蘭的秘密支持。而他也——或許是發自內心地——堅稱自己認為斯科羅帕茨基的君主制不夠民主。威廉設想，國家會需要一位國王，直到能確定人民的意願為止。當然，威廉認為烏克蘭人民只要一有機會就會擁立他為王。於是這兩人再次成了敵手。

一九二一年春夏，烏克蘭的愛國人士幾乎失去希望，只能抓住每一根救命稻草。威廉和斯科羅帕茨基代表兩種烏克蘭君主制：最近短暫存在的破敗酋長國，以及哈布斯堡的王國幻夢。曾參戰吞敗的烏克蘭退伍軍人將謠言傳遍維也納，稱這兩個覬覦王位的人已經和解，而威廉將迎娶斯科羅帕茨基的女兒並開創烏克蘭王朝。認識威廉的人都知道這樁婚事絕無可能。威廉雖然勉強算是交了個烏克蘭女友，但他最親密的伴侶還是秘書拉里申科。據奧地利警方所述，力挺由威廉擔任烏克蘭國王的拉里申科才是「主導」君主制政宣的推手。

現在威廉似乎對下一步躊躇不定。他成立烏克蘭總委員會，還成立了退伍軍人組織。但此舉是在放眼未來，還是在執著過去？他曾寫信給朋友討論移民的可能，還提到也許能移居美國。與先前的所有前輩分離之後，他已不確定自己未來的動向。[24]

對威廉來說萬幸的是，在烏克蘭政治中，沒有什麼舉動比造反更能見效了；威廉在一九二一年更因拒絕與波蘭合作又贏回了烏克蘭民心。正如他所料，波蘭辜負了當初與其結盟的烏克蘭民族共和國軍隊。一九二一年三月，波蘭與蘇聯於波布戰爭後在里加簽下最終版和平條約，雙方瓜分烏克蘭領土，將曾經保衛華沙的烏克蘭士兵關入拘留營。其中有許多士兵在深感痛苦時想起了威廉，如今看來，他似乎是個有遠見又踏實的政治思想家。或許威廉真能夠為他們洗刷與波蘭結盟的污點，並與布爾什維克重新開戰，為他們贏得勝利。

一九二一年四月，烏克蘭知識分子伊夫亨·奇卡連科（Ievhen Chykalenko）發想出一套合理見解，從意識形態角度來解釋為何要擁立威廉為烏克蘭國王。他於烏克蘭流亡報紙《自由意志》（*Volia*）指出，數年來的慘敗證明了烏克蘭人無力培植自己的領袖。奇卡連科表示，烏克蘭首都基輔及周邊有關的中世紀文明都是由來自斯堪地那維亞半島、傳統上被稱作「瓦蘭吉人」（Varangian）的維京人建立。他寫道，烏克蘭現在需要的是另一位外來統治者，需要一位新的「瓦蘭吉人」來開創新的統治王朝。每個讀者都知道此王朝應是哈布斯堡，而新的瓦蘭吉人就是威廉。

關於哈布斯堡烏克蘭世系的謠言紛傳。新王朝有望誕生，烏克蘭將成為孤兒的祖國，而威廉也能透過建立烏克蘭血統來彌補他與波蘭家族的決裂。威廉有希望、有後援、有目標——打造獨立的烏克蘭君主國。以往所有的烏克蘭領袖都未能成事。也許在經歷種種挫折之後，他的成功才是命中注定。[25]

威廉現在只需要一個強大的靠山。有一瞬間，人們似乎認為那人會是卡爾皇帝，若他能重回哈布斯堡王座的話。

哈布斯堡之名就像尚待傳回的回音，不全是出自過去，也不盡然是傳自未來；無論是作為承諾或威脅，這個名姓仍讓新的共和制歐洲各領袖為之震動。許多料想威廉會於一九二一年春天代表哈布斯堡登基為烏克蘭國王的人，也期望哈布斯堡會於中歐全面復辟，他們將希望寄託在最近被廢黜的卡爾皇帝身上。他還健在安好、活力充沛、雄心不減，也從未正式放棄任何哈布斯堡王位。卡爾在流亡瑞士期間考慮的並非是否要再度稱王，而是要從哪個國家開始。奧地利是顯而易見的選擇，但該國已改採共和制。憲法還禁止君主復辟，甚至不允許未放棄繼承權的哈布斯堡家族成員入境。於是卡爾將念頭轉向仍是王國、似乎正等待國王來臨的匈牙利。

卡爾於一九二一年三月開始動作。他讓家人留在瑞士，自己前往法國史特拉斯堡（Strasbourg）。他在那裡與一名同夥碰面，對方給了他一張火車票和一本西班牙護照。在耶穌受難日那天，卡爾身穿一套樸素西裝，拄著手杖乘上維也納快車。次日，他在維也納西站與另一名同夥碰面。兩人搭乘計程車前往維也納的一處住所。卡爾把他的手杖留在了車上。等到維也納警方確認手杖主人的身分時，卡爾已經越過匈牙利邊境。

霍爾蒂海軍上將在布達佩斯以攝政王的身分掌權，他有的一切都要歸功於哈布斯堡。他曾在哈布斯堡海軍擔任軍官航行至世界各地、*擔任過法蘭茲．約瑟夫皇帝的隨從武官，還曾與史蒂芬大公一起航行至西班牙。一九一八年海軍叛亂期間，史蒂芬建議卡爾將當時還是上校的霍爾蒂晉升為上將，並任命他掌管整個哈布斯堡艦隊。卡爾也照做了。在哈布斯堡君主國因戰敗而滅國之後，霍爾蒂回到自己的故

* 編按：本書二〇一〇年的平裝版於此處有所增補，記述此舉是在馬克西米利安大公命令之下所為。

鄉匈牙利。現在他是匈牙利的攝政王，也很敬重這位曾經的皇帝、這位成就了自己事業的人。霍爾蒂曾保證，自己會不眠不休地協助卡爾重回匈牙利王位。

一九二一年復活節星期日，卡爾抵達布達佩斯皇宮，由霍爾蒂接見。但他卻沒有得到期待的問候。「真是災難一場，」霍爾蒂宣布，「陛下必須立刻離開。」卡爾別無選擇。霍爾蒂聲稱，匈牙利若是復辟，在巴黎和會中取得匈牙利領土的國家——捷克斯洛伐克和羅馬尼亞——便會入侵。一九二一年十月，卡爾在妻子齊塔和一些匈牙利士兵的支持下再試了一次，但還是失敗。卡爾和齊塔隨後沿著多瑙河航行，橫越地中海，穿越直布羅陀海峽，流亡至大西洋的馬德拉島（Madeira）。[26]

威廉仍在追求權位，他是唯一還有望能統治王國的哈布斯堡成員。威廉在維也納觀察到卡爾的初次失敗後便體悟到，要想嘗試修改戰後秩序，就得仰賴有錢有勢的合作夥伴。一九二一年六月，他覺得自己已經在巴伐利亞找到了一些盟友——可謂德國修正主義鐵三角。首先是仍身穿制服、頭戴釘盔的鮑爾上校（專制軍官）和魯登道夫將軍（鮑爾在戰時的上司）。這兩人是白色國際的殘餘勢力，在林肯離去後繼續於慕尼黑密謀。一九二一年夏天，他們認為烏克蘭是歐洲秩序裡的最大弱點，適時出手打擊便有機會引發全面反革命。

鐵三角的第二邊為德國民兵，戰後和平條約的棄子與孤兒。《凡爾賽條約》對於德國可合法保留的軍人人數有所限制，所以政府不得已只能試圖解散各種由怨懟老兵組成的準軍事組織。民兵被禁，於是巴伐利亞民兵轉為地下活動，加入低調的皮廷格組織（Pitinger Organization）。而第三邊就是奧托．皮廷格（Otto Pittinger）和他的支持者。皮廷格是巴伐利亞政壇的重要人物，他因承諾要修改戰後協議而得以籌到大量資金。資助皮廷格的一些人認為，修改指的是德奧統一（Anschluss）；有些人則認定那是指消滅布爾什維克俄羅斯，還有打造對德國投資者友善的烏克蘭。[27]

一九二一年七月，威廉開始向皮廷格組織請款。鮑爾於次月移居維也納，負責為烏克蘭大業從巴伐利亞調度資金。他和威廉成了朋友。威廉將利用每月來自巴伐利亞的十三萬馬克補助款提高自己在烏克蘭人間的政治地位。首先，他將資金分發給有需要的烏克蘭老兵，接著在維也納創立名為「自由哥薩克」的烏克蘭準軍事組織，目的在於支持以武力解決烏克蘭問題，不在政治上斤斤計較。奧地利警方估計有四萬名烏克蘭人加入該組織。雖然此數字之後常被提及，但卻很可能是經過誇大。然而，由此能可見威廉作為軍事指揮官的受歡迎程度，以及執政當局多麼忌憚他。

一九二一年十月，威廉創辦了自己的報紙，刊頭是一位手持錘子和鐮刀的烏克蘭農民，宣稱：「所有土地上的烏克蘭人，團結起來！」仍支持社會主義的威廉是在特意呼應馬克思和恩格斯在《共產黨宣言》中的號召：「全世界的無產階級，團結起來！」他以此種姿態明確展現出自己會採取左傾的君主制，也表明他的烏克蘭願景不僅是要拿下蘇聯掌控的土地，還要納入由波蘭占去的東加利西亞。威廉經由報紙宣布其一如既往的政治綱領：烏克蘭獲得解放後，便將召開制憲會議來決定烏克蘭國家的形式。然而，民主可以（也應該）促成君主制。他的報紙指出，由「現代君王」統治的歐洲國家比共和政體更有潛力實踐恆久的民主。[28]

威廉的德國靠山認為他們自有辦法將現代君主制引入烏克蘭。即便威廉此時沉迷於共產主義式的形象塑造，但他們的計畫卻擺明充滿了濃厚的資本帝國主義味。該模型是取經自一個名為「構築」（Aufbau）的德國集團，集團的創辦人為麥克斯・厄文・舒布納－里克特（Max Erwin Scheubner-Richter）。「構築」的商業計畫是向投資者出售只有在未來戰爭終了後才能產出利潤的股票。投資金額將用來資助軍方入侵布爾什維克俄羅斯，而入侵將創造新政權，新政權接著便會為投資者提供貿易特許權。威廉比照「構築」的模式創辦了一個烏克蘭金融集團。他出售股票，承諾提供未來烏克蘭的優惠貿易權。而出售股票籌得的資金將用於資助軍隊以解放國家。[29]

威廉大力推行此計。他沒什麼數字頭腦，但很懂得向眾人許下各種承諾。他奔走西歐尋找投資者。他想宣傳自己的計畫，也不費吹灰之力便辦到了。鼎鼎大名的他深知如何引人注意。媒體報導稱，他告訴美國猶太人，他轄下的未來烏克蘭會是東歐猶太人的「應許之地」。威廉過去可謂友愛猶太人（philosemitic）。他在維也納新城軍校最喜歡的老師就是猶太人，戰爭期間最喜歡的醫生也是。他於烏克蘭發生最慘烈的大屠殺時與烏克蘭民族共和國決裂，並批評波蘭應為利維夫大屠殺負責。縱然如此，人們大概還是會想，怎麼有人膽敢拿巴伐利亞反猶太分子的錢來把猶太復國主義（Zion）帶到烏克蘭。[30]

該烏克蘭集團隸屬於巴伐利亞計畫。威廉盡己之力招募人力與資金，但在德國人眼中，他卻是在為德國領導階層效力，欲助其打造更大型的多民族聯盟。一九二一年秋，德國的密謀者認為，由多個民族組成的民兵入侵部隊將由魯登道夫統率。魯登道夫也自欺欺人地以為，包含德、烏等修正主義盟友的兩百萬人都會加入自己的軍隊。這支大軍一旦組建，便會入侵布爾什維克俄羅斯、消滅歐洲共產主義、重塑戰後秩序、創造一個烏克蘭國家。魯登道夫設想威廉會是烏克蘭未來的領袖。兩人似乎也協力走私武器給東加利西亞的烏克蘭人。

一九二一年的秋冬兩季威廉都在招兵買馬，準備於來年春天入侵烏克蘭。他來到一個又一個拘留營，走訪一座又一座城市，為烏克蘭軍人帶來解放國家的新機會。威廉還用「綠色國際」一詞來指稱由君王統治、屬於農工階層的社會主義烏克蘭。新兵在獲分配到一匹馬、一把步槍和偽裝成林務員所需的服裝之後，就會被送往巴伐利亞受訓。威廉也仍與在烏克蘭的德國殖民者保持聯繫，他們保證會於來年春天幫忙解放「我們親愛的祖國」。[31]

威廉為春季進攻布爾什維克俄羅斯募得數千名士兵，這種陣仗要不引人注目也難。奧媒撰文稱威廉為烏克蘭的未來之人。法國情報單位說他是烏克蘭公認的領袖。布爾什維克特勤局注意到他在捷克斯洛伐克順利招募到退伍烏克蘭士兵。捷克斯洛伐克的間諜則有點誇大其詞，他們回報稱威廉其實涉及更大的王位陰謀，背後還有梵蒂岡撐腰。波蘭情報部門大概是消息最靈通的了，他們認為威廉是烏克蘭王位的可行人選，也知道東加利西亞民眾會支持他。各界的利害相關者及知情人士認為，威廉確實很有可能重返烏克蘭，此事令人忌憚。[32]

烏克蘭民族共和國視威廉為敵手。他們當初與波蘭聯手欲解放烏克蘭，卻以失敗告終，現在不過是流亡於波蘭的政府，還仰賴波蘭的金援。其各領袖為重新掌權，也欲動武干預蘇維埃烏克蘭*。他們立

* 譯註：本書將一九二二年《蘇聯成立條約》前的烏克蘭蘇維埃政權譯為蘇維埃烏克蘭，之後則稱「蘇屬烏克蘭」，因其納入蘇聯成為加盟共和國。

場傾向波蘭，因此要成為威廉的盟友是絕無可能。而威廉顯然也想在烏克蘭稱王，可這與共和制道不同無法相為謀。一九二一年九月，威廉拒絕烏克蘭民族共和國的合作提議。後來共和國的領導層決定在國外抹黑他，下令向西方政府和投資者宣傳威廉是個「無名小卒」，但事實恰恰相反。威廉的烏克蘭對手也知道，任何指揮官都得不到退伍烏克蘭士兵對他的愛戴。[33]

於是，烏克蘭民族共和國的領袖做出一件肯定能讓秘密侵俄計畫喪失信譽的事：他們自己執行了計畫。一九二一年十一月四日，在波蘭和羅馬尼亞政府的幫助下，數千名烏克蘭人越過東部邊境。在蘇維埃烏克蘭，他們發現當地民眾在忍受一年的饑荒後已經相當厭戰，紅軍則是準備充足，早在等待他們到來。布爾什維克特務早已知悉他們的計畫。烏軍在一連串短暫的戰鬥中被徹底擊潰。布爾什維克處決戰俘、燒毀幾座村莊，最後輕鬆取勝。

烏克蘭民族共和國無意削弱威廉，只是為了制約他的下一步。然而在一九二一年十一月的慘敗之後，巴伐利亞的投資者便不再相信他們的軍力能贏過布爾什維克。當時仍在慕尼黑的皮廷格於一九二二年二月停止資助威廉。五月，威廉的報紙倒閉，自由哥薩克隨後分裂為多個派系。威廉與德國人的聯盟就此破局。[34]

沒了烏克蘭盟友，德國人內鬨不斷。鮑爾認為烏克蘭計畫有前途，他很生皮廷格的氣。威廉確實有烏克蘭遊擊隊的支持，他們也還會繼續支持下去。鮑爾寫信給魯登道夫，說巴伐利亞對威廉結束金援的後果是「悽慘無比，因為整個烏克蘭事業，連同其表現愈來愈好的報刊、新聞服務以及與烏克蘭的連繫，都是在巴伐利亞的幫助下打造而成，也完全依賴巴伐利亞的援手」。他向魯登道夫抱怨道，烏克蘭人一定會記住「德國人的背信棄義」。35

德國民族主義者隨後各行其是，皮廷格專心經營巴伐利亞，鮑爾支持奧地利君主制運動，魯登道夫則漸漸靠向德國的國家社會主義運動——也就是納粹。一九二三年四月，德國與布爾什維克俄羅斯簽訂條約。烏克蘭的民族解放從希望轉向絕望，現在已被徹底澆熄。一九一八年，德國人與哈布斯堡人棄烏克蘭民族共和國而去。一九一九年，波蘭與烏克蘭民族共和國結盟，但並未讓烏克蘭任何地區成功獨立。後來是威廉的最後一擲——與德國人聯手抵抗布俄。而到現在，修正主義者已放棄入侵計畫，德國政府也接受了蘇聯掌權的現實。

威廉該怎麼做？他反抗權威，為打造屬於自己的王國與父親決裂，而後則極力欲恢復哈布斯堡王權，與前君主卡爾的競爭不言自明。威廉獨自出擊，也有所妥協。付出過後，卻已無人能批判他，無人能與他鬥爭了。他硬闖進一扇未上鎖的門，只發現門的另一頭空空如也。一九二二年四月，曾讓威廉有機會經營烏克蘭的前君王卡爾在流亡馬德拉期間患病去世。一九二三年，原本一心想將威廉栽培成波蘭領袖的史蒂芬重度中風。他先是無法使用雙腿，後來也失去讀寫能力。即便威廉願意，也已再無法與父親和解。他們的野心隨著哈布斯堡的消亡而破滅。烏克蘭屬於蘇聯，波蘭為共和國，奧地利被剝奪了帝國地位，匈牙利也將哈布斯堡國王拒之門外。

威廉會成為何種人物？此刻，背負著哈布斯堡姓氏的年輕人難以自處。威廉在一個已消亡的時代長大成人。來路赫然變得難以辨認，前方也充滿未知。時間原本代表皇家藍的永恆——或至少代表步步邁向權力的綠，或代表通往勝利的血腥紅，但威廉已不再輕鬆地勝券在握。他學會權衡策略，自己也成為了工具。他唯一的成就是助長了當時的白色政治，一場走向法西斯極端的歐洲反革命。在歐洲，共和國無法仰賴西方支持，布爾什維克也已征服東方，解放烏克蘭的想法讓威廉投向德國的極右派修正主義者。威廉的其中兩位德國夥伴便將陪同希特勒首次嘗試奪權，發起一九二三年的慕尼黑啤酒館政變。[36]

納粹運動是民族自決走向瘋狂的結果，因人們對戰敗的誤解而扭曲，再受到種族迷思的毒害。希特勒雖未能上臺，但貝尼托·墨索里尼（Benito Mussolini）已於一年前在羅馬將法西斯運動推上權位。義大利實際上是一戰的贏家，但墨索里尼的法西斯分子卻主張國家還需要更多領土。民族自決不再是戰後由戰勝國立刻落實的原則，而是納粹和法西斯分子持續的鬥爭，他們意圖藉著鼓動群眾、發起暴力的新戰爭來重塑民族。儘管戰勝國絕不會承認這點，但自決權確實打自一開始就被種種權力考量給腐蝕了。現在，喊著民族正義和民族權利的法西斯或納粹分子準備奪權，欲以他們認為合適的方式重塑歐洲。

「自決」在實踐和原則上都模糊不清。它假定民族就如個人，擁有能以某種方式實踐的權利。可實際上的個人及個人權利又如何呢？威廉是個尤其多彩的人物，但他也是所屬民族難以定義的數百萬名東歐人之一。他的哈布斯堡出身還代表著被「自決」否定掉的複雜社會現實。由多民族帝國所組成的舊歐洲為民族認同留下極大模糊空間，讓人享有某種自由。若民族認同是由血緣或國家定義，那麼民族認同並未為個人帶來解放。但民族身分若被視為關乎進化或信念，個人就有成長和改變的機會。民族身分古往今來始終是混亂的麻煩事，也往往同時是個人與政治的選擇，時而如充滿活力的年輕身軀般濕潤，時而又如條約上簽名的墨水般乾燥。

一九二二年夏天，所有盟友都已棄威廉而去，他再也無法坐在帝國議會咖啡館裡乾等他人獻計了。他已經接受過太多提議。在巴伐利亞冒險告終時，鮑爾曾給他一些錢。威廉沒有職業，也與有錢的父親斷了關係，他大概覺得最明智的做法就是趁著口袋裡還有點現金的時候離開奧地利。[37]他不具公民身分，不具合法身分，也沒有護照。他弄來一本空白的奧地利護照，並做出了一個決定。一九二二年十一月，他以自己的烏克蘭名字瓦西里．維希萬尼離開了奧地利。

# 丁香紫　歡場巴黎

一九二二年十一月，沒有金援、沒有軍隊能對抗布爾什維克的威廉來到馬德里，他在這裡可以期待受到遠方大家庭的誠摯歡迎。西班牙國王阿方索十三世的母親出身哈布斯堡家族，國王也是威廉的表哥。阿方索的母親（威廉的姑姑瑪麗亞．克里斯提娜）於阿方索年幼時曾任攝政王。威廉在西班牙可以放心下來，因為他能在一個仍在位統治的家族中找到歸屬感。他想賺點錢，可行的話也想策劃讓哈布斯堡復辟，同時想辦法保住自己的烏克蘭夢想。

在威廉抵達前不久，齊塔皇后也才剛到馬德里。卡爾皇帝之死讓她失去了丈夫，沒有帝國，也沒有了家。她帶著七個孩子流亡到馬德拉，肚子裡還懷著第八胎。西班牙國王阿方索為齊塔提供庇護，他派出一艘西班牙軍艦接載齊塔和幾個孩子，並親自來到馬德里火車站與他們會合。齊塔這時三十歲，威廉則年僅二十七；儘管近期種種變故令人悲傷不已，但這兩個哈布斯堡家族成員仍能設想自己的未來。

阿方索和母親克里斯提娜都是溫柔的主人，能在客人心碎時給予慰藉。齊塔失去了丈夫與帝國。而閒暇時最愛採集百合花和紫羅蘭的克里斯提娜，則很佩服齊塔養育了一眾小大公兒女。威廉失去了自己的烏克蘭夢想，還與父親斷絕了父子情。阿方索曾試圖調解哈布斯堡威廉一系的糾紛。他知道威廉的烏克蘭事業曾危及史蒂芬在波蘭的財產，於是便代表史蒂芬與波蘭政府交涉。阿方索保證，若對方允許史蒂芬保有財產，西班牙就會採取友善波蘭的政策。[1]

流亡在外的哈布斯堡人在馬德里這裡也許能一邊稍稍喘息，一邊謀劃如何復甦他們的君主國。然而威廉和齊塔也目睹到，君主制就算是在保守的天主教西班牙也岌岌可危。一九二三年，米蓋爾．普里莫．德．里維拉（Miguel Primo de Rivera）將軍推翻西班牙議會制。阿方索支持政變並繼續統治，但實權卻是掌握在普里莫．德．里維拉和他的黨羽手中。

普里莫．德．里維拉和前一年的墨索里尼一樣，他同樣保留了君主制，但又建立獨裁政權來治理國家。在義大利，君主制的轉變之所以能夠正當化，都要歸因於法西斯思想、民眾對墨索里尼的領袖崇拜，還有對民族的信仰；在西班牙則是因為集體的軍事獨裁政權承諾改革並保證未來會回歸常態。而西班牙和義大利的共同點，在於右派以軍力和個人魅力取代王室權威，但沒有廢除君主制。君主們仍在幕後徘徊，以虛張聲勢或種種禮數藏住他們對未來的徬徨。[2]

威廉迷人機智，但缺乏戰略意識，他看不出獨裁與君主制之間的矛盾。威廉以為自己在登基為王後，這些相助的專制派恩人就會臣服於他。他在烏克蘭組織及巴伐利亞入侵計畫中的盟友卻不是這樣想的。他在維也納合作無間的夥伴鮑爾上校便認為，君王的工作就是為獨裁者鋪路。

威廉和鮑爾仍維持著好交情。一九二四年，阿方索國王在威廉的建議下邀請鮑爾前往馬德里改良西班牙軍隊。與鮑爾同行的還有擁護君主制的奧地利工程師約瑟夫．皮格爾（Josef Piegl），他過去曾幫助威廉在維也納籌款。組織裡的另一名成員腓特烈．馮．威斯納（Friedrich von Wiesner）仍留在維也納。身兼律師與外交官的威斯納也曾是法蘭茲．約瑟夫及卡爾兩位皇帝的親信。他在維也納成立組織，準備以君主制取代奧地利共和國。在阿方索的照顧下，敢冒險的親戚都到了馬德里與威廉會合。其中也有斐南多王子（Infante Fernando），他是阿方索和威廉的表哥，威廉總暱稱他為「南多」。[3]

在某個時刻，皇室的無憂無慮敗給了人性的輕率。威廉喜歡與南多和阿方索一起痛飲狂歡，卻沒發現一片陰影已籠罩他的計謀。一九二〇年，林肯帶著白色國際的檔案銷聲匿跡，他對威廉還留有一手。

林肯在當完德國民族主義者之後來到中國，出售武器和計策給當地軍閥。林肯不知如何說服了鮑爾，讓他相信中國會是槍支和反動政治未來的市場。鮑爾於一九二七年前往中國，皮格爾也於一九二九年跟上。就這樣，這幾個先是效力於德國獨裁政權、後又致力推動哈布斯堡復辟的人來到北京，充當中國民族主義領袖蔣介石的軍師。一九二九年鮑爾去世，皮格爾人間蒸發。林肯本人則還有一條命可活。一九三一年，他出家成為佛教僧侶，餘生都在號召歐洲和北美的追隨者——還有收集他們在塵世中的財產。一九四三年，他在滿洲自然死亡。[4]

威廉需要現金，於是他設法利用一九二〇年代末西班牙的經濟成長。威廉是西班牙國王的親戚，阿方索本人更是鉅額國家投資背後的贊助人。威廉和表哥南多似乎曾促成幾筆軍火交易——也許是出售威廉侵俄計畫失敗後多餘的武器。威廉也試過為奧地利的水壩工程取得貸款，但沒有成功。他和南多對航空業有興趣，也居中安排讓德國工程師在西班牙將德國民航機改裝為軍用機。此計讓德國能夠規避《凡爾賽條約》對重新武裝的限制。威廉也為西班牙的道路、礦場及房地產開發尋找外國投資。[5]

幾乎每筆交易都因某種原因而泡湯。問題通常是出在威廉本人。他僅有的商業優勢就是俊美的外表、講究的穿著品味及王室姓氏。他唯一的商業技巧就是為投資客與投資案牽線。他在後續的交易中通常辦不成什麼事。威廉的信裡也看不出計算或考慮風險的態度；他認為人不是有錢就是非常有錢，提案不是有前途就是非常有前途，諸如此類。以往根本不必為金錢煩惱的他缺乏財務洞察力，甚至不明白做生意的法則並不僅是關乎交情。

威廉的生意手段也大概展現出他對事情輕重緩急的認識。比方說，他有次帶著一群美國的有錢投機客來馬德里投資房地產。他對住宿安排的確非常講究（他選了豪華的麗茲〔Ritz〕和薩沃伊〔Savoy〕飯店），但辦起其他事來一點也不可靠。他帶著一群人抵達之後，第一件事就是去找姑姑克里斯提娜和南多，接著又突然和一些朋友前去巴塞隆納。威廉還給錯可以聯絡到他的地址，將殘局留給同事和美國人收拾。[6]

至一九二〇年代末，威廉一直在距巴黎不遠的度假小鎮安亙湖（Enghien-les-Bains）與馬德里之間往返。一九二六年，他買了一棟位於佩利戈街（Péligot）5b號的小別墅，這筆錢顯然是向有錢的匈牙利貴族湯瑪斯（Thomas）和莫里奇·艾斯特哈齊（Moric Esterhazy）兄弟借來。曾擔任卡爾皇帝首相的莫里奇支持君主制。兄弟倆大概自覺是在支持未來王位的人選。他們至少暫時願意讓流亡在外的哈布斯堡王公舒服過日子。[7]

威廉如父親當初那般在安亙湖「隱姓埋名」地生活，並使用他的烏克蘭名與法國當局交涉。但他還是會用自己的真名傳電報到馬德里，因為他必須給人留下深刻印象；所以郵政工作人員都知道他是誰，也就是說警察也知道。雖然他的官方證件（奧地利護照和法國簽證）都使用烏克蘭名，但法國當局還是知道威廉就是哈布斯堡大公。擁有一輛小汽車是他的一大樂趣。雖然威廉再沒與父親說過話，但這輛車肯定也曾讓他想起史蒂芬的熱忱和自己的童年。威廉開車兜風到巴黎時，當地警察也會不時跟蹤他。[8]

威廉確實與巴黎的烏克蘭人仍有往來，他相當受他們歡迎。威廉與自一九一八年起便擔任自己私人秘書的拉里申科關係特別緊密。拉里申科曾於維也納參與威廉的烏克蘭金融集團，後又陪同威廉在馬德里做生意。他是威廉生命裡最重要的兩個男人之一。另一位是威廉的貼身男僕，名叫康斯坦特・克羅爾（Constant Kroll）的拉脫維亞人，他於一九二六至一九二八年間協助打理威廉在安亙湖的家。據法國警方多少委婉的敘述，威廉對克羅爾表現出「一種無疑能展現出兩人真實關係的憐愛」。威廉到西班牙旅行時最先擔心的就是飯店房間是否能直接連通隔壁房，兩個房間也都要有浴缸。這是為了方便接觸他的男秘書。他出行時總會帶上拉里申科或克羅爾其中一人，又或許兩個都帶。[9]

後來威廉與兩人分道揚鑣。他自有理由：克羅爾犯下贓物罪，拉里申科則承認自己對蘇聯愈發欽佩。威廉賣掉安亙湖的房子（卻沒有還清他欠匈牙利艾斯特哈齊兄弟的債務），並於一九三一年十月在巴黎第十七區的相思樹街（Acacias）四十五號租下一間公寓。他的男人離開後，威廉便與愛貓在那裡生活。

那是個舒適的街坊。威廉從家門口向右走幾步便會到達卡諾（Carnot）街，左轉走上這條綠樹成蔭的大道後便能抵達凱旋門和香榭麗舍大道。威廉距離巴黎右岸最高級的街區很近，那是個很難引人注意之處。那時巴黎到處都是王子和覬覦權位者，多一個也沒什麼大不了。比方說，威廉的姊夫拉齊維爾就在這裡住得很愉快。拉齊維爾的存在對威廉來說算是一件幸事。父親病倒之後，威廉的兄長們便接管家族啤酒廠，他們每個月一定都會給威廉補貼兩次約兩千五百法郎的金額。也許是因為他們知道父親不會同意，也許是因為威廉以化名住在巴黎，所以他們都將錢匯給拉齊維爾代為轉交。[10]

許多皇室成員（如威廉）都流亡在外。隨著時間過去，也有愈來愈多君王加入他們的行列。住在法國的拉齊維爾便會與阿方索國王一起打馬球，阿方索在一九三一年四月西班牙宣布轉型共和國後便離開了。阿方索與表弟威廉幾乎同時抵達巴黎，在一眾外國王族之中脫穎而出。有個俄國大公稱他為「有男子氣概的歐洲君王」，英國政要溫斯頓．邱吉爾（Winston Churchill）也算是贊同這點。阿方索確實是個厲害運動員（不僅擅長馬球，還很會打高爾夫和網球），他也贊助足球俱樂部（其中包括皇家馬德里）；生下十個孩子（有七個是婚生）；並贊助過三部電影（全是色情片）。阿方索就和堂弟威廉一樣喜歡開車，時人也是這麼說的。[11]

西班牙王室的傳統異性戀情與巴黎高調的同性之愛也擦出了一些「溫暖火花」。有一次，阿方索與妻子及俄羅斯芭蕾舞團長謝爾蓋．達基列夫（Serge Diaghilev，他也是同性戀人士的邪典教主）一起坐在劇院包廂裡。阿方索給了達基列夫一支雪茄，但這位芭蕾舞大師竟然不會抽煙。他放火燒著了王后的衣服。[12]

而講述此次雪茄事件的人，則是多產的法國記者米榭．喬治—米榭（Michel Georges-Michel）。喬治—米榭愛旅行，懂得享樂，他從小就認識威廉，也視威廉為自己的數十位名人朋友之一。他與巴黎形形色色的名人都很要好，無論是貴族或剛出頭的新貴、無論是男是女、無論同性或異性戀，全都是他的結交對象。喬治—米榭寫過無數八卦報紙文章，常是為了幫自己喜愛的人拓展政治或藝術生涯。他

Jonathan Wyss, Topaz Maps

戰間期的歐洲，
一九二三至一九三八年

還出版了數十本書，小說的書名像是《波斯玫瑰》（*The Rose of Persia*）、《維納斯的派對》（*At Venus's Party*）、《午夜波希米亞》（*Bohemia at Midnight*）以及《索妮亞公主的第五段婚姻》（*The Fifth Marriage of Princess Sonia*）。此外他也是名流八卦專欄作家和旅遊作家，作品中貫徹著同樣重感官情趣的基調。

在巴黎有威廉作伴，讓喬治—米榭很是開心。他力捧這位「哈布斯堡—洛林大公紀堯姆」（Archiduc Guillaume de Habsbourg-Lorraine，威廉在法國使用的稱呼）。*威廉允許此類文章使用他的哈布斯堡名，也許是因為喬治－米榭的影響，或至少是因為他也想要媒體可能帶來的名氣。在安亙湖，他至少還以烏克蘭名字瓦西里．維希萬尼在表面上「隱姓埋名」地生活。可到了巴黎，他卻願意再次當個哈布斯堡人，也讓喬治－米榭等人以真名將自己帶入新興的新聞名人世界。一九三四年，喬治－米榭為這位朋友身上的刺青寫了一篇迷人的文章。[13]

藍色船錨與貴族血統的交會，低俗品味和高貴出身教養的密不可分，都是威廉和他所在巴黎的特質。他在放棄於政壇上匿名的同時，也是在允許自己以一種新的方式（或至少更為大膽地）縱情縱欲。威廉向來都好男色，或許在學校是，在戰壕裡很可能也一樣，當然對象還有他的秘書和貼身男僕。他在巴黎冒著讓眾人知曉自我本色的風險。

威廉的性愛之旅偶爾也會有別的貴族參與，有人曾目睹他於晚間身穿女裝與他們一起走出相思樹街（至少媒體是如此報導）。警方指出，威廉夜間風流的常伴是個自稱斐南多公爵的西班牙王公——此人幾乎肯定就是名為唐．斐南多．德．波旁暨馬丹（Don Fernando de Borbón y de Madan）的杜爾卡（Durcal）公爵。雖然同性交往在法國是合法的，但唐．斐南多竟還是能惹得法國將自己驅逐出境。不過威廉大多時候還是喜歡與下級階層廝混。他似乎不常光顧巴黎較知名的同志夜店，好比說蒙馬特的旋轉木馬（Carrousel）或亞瑟夫人（Madame Arthur）。據巴黎警方所述，他是「特別之家」（maisons spéciales，法文對同志妓院的禮貌稱謂）的「常客」。[14]

威廉喜歡平民的體驗，也喜歡東方的氣氛。警方指出，他「小心」出入的場所常常都有阿拉伯名。「哈里發」（Khalif）即為一例。哈里發的位置很好，就坐落於左岸福吉拉爾街（Vaugirard）繞過盧森堡公園之處，大約位在參議院和王子先生街（Monsieur le Prince）交叉口的中間。在當時的法國，像哈里發這樣的名字不僅讓人聯想到冒險與帝國，也帶有跨越階級和種族界限的涵義。威廉似乎喜歡跨越這些界限，似乎也確實將他在下層階級中的性探索視為人性慷慨的表現。他在這些場所都自稱「勞勃」。威廉在哈里發結識了一名工人的兒子，並與對方持續約會。威廉還新聘一位阿爾及利亞人當他的貼身男僕。在警方眼中，這個莫里斯．內查迪（Maurice Néchadi）是個「很能左右主人的雞姦者」。[15]

這大概是事實。威廉總是渴望男人，對方若非如父親般的長輩，便是臣服於他的僕從或士兵。他想要反抗父權，想要屈服於奴僕，這讓他的人生經歷更為複雜。然而他確實也懂得如何擺布女人。有一次，威廉請人為自己畫肖像，一名隨行的女記者覺得有必要寫下這段經歷。她的〈觀威廉．馮．哈布斯堡皇子殿下擺姿〉道出了一種對性魅力緩慢而持久的臣服。作者記下自己對他的提問，而在她望向他時，眼前的大公只得靜靜坐著。其中一問是：「大人，您是否連一句話都不必說，一個眼神便能下達命令？您的雙眼是如此有力量。」這就是威廉對女性的影響。他很少刻意為之，也從來不予置評，但必須說他確實偶爾也會利用這股魅力。[16]

這位肖像畫家因曾為寶蕾特．葵巴（Paulette Couyba）的眾多情人作畫而小有名氣，威廉正是其一。一九三〇年代初，寶蕾特和威廉在巴黎某處相遇，也許是在蒙馬特的放蕩區域，威廉於此沉淪，寶蕾特

＊ 譯註：Guillaume 為 Willhelm 對應的法文變體。

則從此出頭。她是個騙徒、狂人、戀人，也可說是某種天才。有個觀察家曾記下人們對她的兩種主流觀點，而兩邊都說得不錯：「有人認為她很神經質，或至少是過度狂妄；但也有人也覺得她生來冰雪聰明。」這兩面威廉都喜歡，他不介意讓別人看到自己與她同遊，甚至會當眾親吻她。她則自稱為他的未婚妻。

威廉極度不諳人性，只有備受呵護的貴族子弟才會這樣。寶蕾特則具有非凡的創造力，所以才能認識威廉這樣的人。他的出身眾所周知，她的背景則相當有趣。寶蕾特自稱是法國政界人物查理・葵巴（Charles Couyba）的姪女，他曾任參議員、勞工部長及商業部長。但在他數十年的從政生涯中，葵巴卻曾以第二個名字——左派情歌手莫里斯・布凱（Maurice Boukay）——過著雙重人生。他於年少時寫下的〈愛之歌〉（Songs of Love）是由象徵主義詩人魏爾倫（Verlaine）為之作序。〈紅歌〉（Red Songs）、〈阿拉伯交響曲〉（Arabian Symphony）、〈最後的處子〉（Last Virgins）也都是葵巴的成名作，而最後，最不知名的大概就屬〈卡薩諾瓦最美麗的愛情〉（Most Beautiful Love Affairs of Casanova）了。

查理・葵巴迷人的一生結合了高雅與通俗、結合了盧森堡公園裡法國參議院的政治與蒙馬特酒吧的墮落。這對姪女寶蕾特來說大概會是一種有趣的傳承——若寶蕾特真是他姪女的話，但她並不是。她之所以能在巴黎闖出名堂，是因為她縱橫情場，懂得擺弄國家權力，兩者結合更容易激盪出火花。寶蕾特是來自外省的工人階級之女，並於一九二〇年找了一份郵政差事，而後又於政府各部會辦公室擔任秘書。約從一九二七年起，她就先後被多名富人聘為私人秘書——至少在有人問起時，她都是這樣定義自己的職位。她憑藉打字、魅力和誘惑步步走向權力和財富。[17]

寶蕾特第一個征服的是法國政客約瑟夫・卡約（Joseph Caillaux），他涉及的醜聞就連在巴黎都能引人注目。這個浮誇的花花公子在有關絲綢關稅的辯論中雄辯滔滔，因為他對女性內衣非常瞭解。他炫耀自己有很多情婦，甚至還娶了其中幾個。在他於一九二〇年代末認識寶蕾特的大約十五年前，卡約的前兩任妻子就曾引發大眾媒體最早期的重大醜聞之一。有報紙刊登了卡約寫給情婦（這人是他的首任妻子）的情書後，成為他第二任妻子的另一位情婦便出手報復——不是針對他，卻是針對報紙。卡約的第二任妻子安麗葉特（Henriette）用白朗寧自動手槍朝著《費加洛報》（*Le Figaro*）的編輯開六槍殺了他。

於一九一四年七月開始的安麗葉特・卡約審判在當時被稱為世紀審判。法國民眾因而沒有太關注使法國陷入戰爭的巴爾幹危機。卡約夫人從未否認是自己殺死了編輯，但她以激情無法自控為由自辯無罪。她主張沒有人能在這種情況下還指望自我控制。而法官同意了。一九一四年七月二十八日，就在哈布斯堡君主國向塞爾維亞宣戰那天，安麗葉特也被無罪釋放。約瑟夫・卡約在一戰開打時就已風評不佳，但他竟還能讓自己的聲譽繼續敗壞下去。他因向德國傳遞情報危害法國安全而被判有罪。但他很快就被特赦，接著獲任為財政部長。[18]

這就是戰間期巴黎的上流社會，而正是卡約將寶蕾特引入這裡。他教會她很多必要瞭解的人情世故、雙面把戲，以及強人的弱點。對他來說，她只是他長串情人清單上的其中一個。對她來說，他卻是給了她之後可以比照辦理的第一次經驗。根據法國警方的紀錄，寶蕾特在向卡約學成後，便繼續與另外兩名法國政客交往。據說她是左翼政客阿納托・德・蒙齊（Anatole de Monzie）的秘書兼情人，他親近蘇聯，也於一九三〇年代初擔任過教育部長。據信她也是莫里斯・德・羅斯柴爾德（Maurice de

Rothschild）的助理兼情人，他出身於一個鉅富家族的法國世系，身分顯赫。[19]

寶蕾特的人脈多少也成了威廉的人脈。她能用他想像不到的手段為他達成願望。威廉想要取得法國的永久居留權，並曾三次申請法國公民身分。而每一次承辦單位都接到過似乎是德．蒙齊或卡約表示支持的信件或電話。這大概沒什麼加分作用，畢竟前者曾公開支持蘇聯，後者則據信為親德派。所以說，戰間期法國的政府部長就是這副樣子。無論如何，自稱是兩位政治人物的秘書、還負責送信和打電話的女人幾乎一定是寶蕾特。警方似乎是因為背負著政治壓力而必須調查威廉的過去。一名警察局長就決心要查出「這位大公真正的圖謀和想法」——這可絕非易事！還好外交部出手，建議不要授予威廉公民身分。警方的檔案記錄著對威廉的長期調查，包括有關他過去的線人報告（無論資訊是否屬實）。威廉曾於一戰加入哈布斯堡軍隊作戰，這可不利於他的申請。法國外交部本就清楚定有反對哈布斯堡復辟的政策，所以他們極可能不願讓人有任何理由，錯認法國官方會支持一位可能有政治前途的哈布斯堡家族成員。[20]

就這樣，威廉在愛國沙文主義抬頭之時仍只能當個外國人。然而他的背景和名字的確給了他一點名氣，至少在巴黎上流社會中是如此，因為儘管他們名利雙收，卻沒有他的皇室出身。而其中一個崇拜威廉的人，就是歌手兼舞者蜜絲婷瑰（Mistinguett），那時她還是法國最熱門的藝人，也是全世界價碼最高的女藝人。她吸引人之處全在於當時她幾乎難以言說的體態與聲調，而在她退出舞臺後，那魅力也幾乎成了絕響。在那個僅憑現場表演就能成名的時代，她是末代的巨星。一八九五年，來自安亙的女孩尚娜．布爾喬亞（Jeanne Bourgeois）首次以蜜絲婷瑰的身分登臺演出，威廉於同一年出生。一九一九年，在威廉謀劃烏克蘭大業時，她為自己的雙腿投保了五十萬法郎。如今來到一九三〇年代初，他們則遊走在相似的圈子裡。[21]

威廉和蜜絲婷瑰與安亙鎮都有點淵源，她在此出生，他則選擇暫且落腳該處。兩人周圍都不乏皇親國戚，威廉本就是出生於此種環境，蜜絲婷瑰則是用其他手段打入這個圈子。威廉從小就認識英王愛德華七世。蜜絲婷瑰則自稱是國王的情婦之一。她與西班牙和瑞典國王的交情都很好，兩人曾代表威廉的父親出手干涉，助他保住波蘭的家產。

威廉和蜜絲婷瑰與普魯士的腓特烈・利奧波德・馮・霍亨索倫（Friedrich Leopold von Hohenzollern）也都有交情。威廉出身奧地利王室，父親與他斷絕了關係；來自德國統治家族的腓特烈・利奧波德則是親眼見證爸爸是如何揮霍家產。他父親是出了名地會餵寵物獵犬吃小牛胸腺佐奶油，卻讓僕人們在地上爬行吠叫。妻子若對他的女演員後宮有所微詞，就會吃一頓鞭子。威廉和腓特烈・利奧波德算是同病相憐：有名望卻貧窮（儘管原因不盡相同）。在一次晚宴上，他們一人一邊簇擁著蜜絲婷瑰，想要博得佳人芳心，但她似乎更中意威廉，還想著也許能嫁個哈布斯堡大公。[22]

一九三二年夏天，兩個王子和這位歌手同遊海灘，當時有傳言稱腓特烈・利奧波德即將迎娶一位有錢的美國寡婦。在敗家的父親離世後，腓特烈・利奧波德一無所有，只剩瑞士的一座小城堡。而美國寡婦盧西安・溫伯恩（Lucienne Winburn）的已故丈夫是個心善的肥皂大亨，身家數百萬美元。法國媒體披露她丈夫亡故的同一天，也報導說他捐出了一座城堡作為貧困兒童的診所。兩人看來也許會是一對佳偶（至少散布謠言的喬治—米榭這麼覺得）。畢竟她身家雄厚，多年來都是個善良好人；而他急需用錢，行為不端是家族傳統。[23]

不料，當這位寡婦於某個晴朗日子現身時，身邊人卻是威廉，而非腓特烈．利奧波德。她向記者介紹他的完整頭銜，他則趁此機會請大家直呼自己的名字。「只有言情小說裡的角色，」他說，「才會為自己冠頭銜。」年紀長他二十歲的蜜絲婷瑰再次開始大聲道出自己想嫁給哈布斯堡大公的心聲，對方還要是個「好人」。她喜歡自己在威廉身上看到的特質。然而蜜絲婷瑰對威廉美麗雙眼的態度，或許比敘寫這些事件的喬治—米榭更加保留。他曾頓筆強調威廉的「眼睛是一如既往地藍」。她則是篤信人為打造出的現實，蜜絲婷瑰的回憶錄是這麼開頭的：「大海的藍，絕比不上布幕上大海的藍。」威廉對寶蕾特和蜜絲婷瑰這等白手起家的女性是魅力無窮，卻對她們沒有招架之力。[24]

雖然威廉的哈布斯堡名姓在蔚藍海岸（Riviera）明顯不過是茶餘飯後的話題，但在一九三〇年代仍然蘊含更多意義，至少威廉自己這麼覺得。他與仍活躍於政壇的哈布斯堡重要人物齊塔皇后保持往來，曾有人在馬德里看過她和威廉在一起。威廉選擇永遠流亡法國，她則帶著自己的大家庭搬到比利時。威廉甚少謹慎行事，但前去拜訪她時還算得上小心。現在到了一九三〇年代初，她正在密謀復辟哈布斯堡。威廉在她的計畫中似乎也占有一席之地。但威廉還是想當烏克蘭國王，並視哈布斯堡復辟為實現夢想的第一步。[25]

當時哈布斯堡捲土重來的謠言傳遍全歐洲。為哀悼卡爾與帝國而只穿黑衣的齊塔撐起一家人，嚴格養育八個孩子。齊塔的長子奧托王儲在君主國瓦解時年僅六歲，並於一九三二年十一月二十日正式成年

（依哈布斯堡的標準為二十歲）。威廉對這一天滿懷企盼，所有懷抱野心的哈布斯堡人都是。一九三二年底，奧托為撰寫博士論文而到柏林做研究，更重要的是為了結識德國政界人士。在德國首都，奧托引來即將崛起的右翼人物——希特勒的注意。希特勒認為奧托也許能當個傀儡君王，有望幫助自己將奧地利併入德國。

然而奧托卻另有念想：讓奧地利保持獨立並恢復君主制，從而於中東歐全面復興哈布斯堡君主國。奧托剛滿二十歲便開始頻繁出入巴黎，並在出身波旁－帕爾馬家族的舅舅西斯圖斯（Sixtus of Bourbon-Parma）介紹下結識各界名流。這時距離卡爾兩次試圖恢復匈牙利王位還過不到十年，有些匈牙利人也對他的兒子懷抱希望。匈牙利媒體還曾多次提出復辟的可能性。[26]

義大利法西斯領袖墨索里尼設法讓齊塔和奧托相信，復辟哈布斯堡可以是他們共同努力的方向。一九三二年，義大利媒體開始間接宣傳哈布斯堡復辟，社論稱哈布斯堡家族比希特勒更適合統治中歐。墨索里尼邀請齊塔來到羅馬，並告訴她他希望能讓義大利女王儲嫁給奧托。一九三〇年代初，歐洲媒體甚至不時就會宣布兩者聯姻，儘管這是不實消息。墨索里尼也告訴齊塔他希望能讓哈布斯堡復辟。他大概盼著哈布斯堡能與義大利王室合併，這樣一來義大利也就有君主的正當依據能統治整個中南歐，真正的實權便能到手。[27]

齊塔和奧托認為復辟行動應始於奧地利本土，也就是舊哈布斯堡君主國的心臟地帶。這裡在一九三〇年代初是一片充滿政治矛盾的土地，現代政治似乎已走進死胡同。極右派政客（奧地利納粹）覺得他們不必獨立建國，應與納粹德國聯合才是。左派的社會民主黨人也對奧地利的存在懷有疑竇，他們更願意與未來採社會主義的德國統一。唯一支持奧地利獨立的大黨是中間偏右派的基督教社會黨。然而這是一個以基督教、說德語工人階級為大宗的政黨，傳統上忠於哈布斯堡王室。截至一九三三年，奧地利雖是一獨立共和國，內部卻沒有主要的政治派系同時擁護獨立與共和制。奧國在一九三〇年代初陷入經濟蕭條，這讓社會民主黨有了贏得選舉的希望。一九三三年春，希特勒完全掌控德國，也讓納粹更有理由指望德國接管奧地利。局勢必將改變。

奧托、齊塔和威廉認為，突破僵局的出路就是復辟哈布斯堡。奧托想採取某種社會主義君主制，用福利國家、營造對帝國輝煌歷史的懷想來作為工人階級的誘因。一九三三年三月，奧地利總理恩格爾伯特·陶爾斐斯（Engelbert Dollfuss）轉換路線，結果直接引起了內戰。他解散議會，並召集自己的基督教社會黨、其他幾個右翼組織及主要右翼民兵「保安團」（Heimwehr）組成所謂的「祖國陣線」（Fatherland Front）。祖國陣線算是傳統與現代的結合，它信奉天主教，但也承認國家之於社會的重要作用。雖然未必支持帝國復辟的想法，但它至少對哈布斯堡的歷史抱持友善態度。

從西方旁觀的哈布斯堡家族認為祖國陣線永遠無法如君主制那樣團結人民，也許他們想對了。新政權立即引發了兩大社會和政治衝突。準軍事組織保安團一上臺就打算解除社會民主黨的左翼民兵組織「保護聯盟」（Schutzbund）的武裝。保護聯盟不從，社會主義者也於一九三四年二月十二日在維也納號召總罷工。首都旋即成為社會主義人士的抗爭據點，政府則站在保安團這邊抵抗左派。維也納本是社會主義者的票倉，社會主義市政府先前在這裡推行公共住宅、公共工程及公園有成，人稱「紅色維也納」。現在社會主義者在卡爾馬克思大院（Karl-Marx Hof）等公宅社區最後一搏，政府軍則從周圍的山上炮擊他們。在這場城鄉衝突中，鄉村勝出。紅色維也納的民眾屈服，紀念碑被毀，社會民主黨遭禁。

總理陶爾斐斯鎮壓左派的威脅後不久，右派便出手攻其不備。一九三四年七月二十五日，一群納粹分子潛入他的辦公室企圖發動政變。他們開槍射殺陶爾斐斯，拒絕讓他接受醫治和臨終聖禮，任他失血過多而亡。但他們很快就不敵忠誠的政府軍。

祖國陣線雖掌權一年，但在經歷內戰和致命政變之後，卻難稱之為大成功。回顧種種暴行，繼任總理庫爾特・馮・舒士尼格（Kurt von Schuschnigg）必須自問該如何治理奧地利。祖國陣線主張奧地利獨立，但它要守護的是何種奧地利？舒士尼格與一眾部長給出的答案是天主教、人民與領袖團結、精神上的整頓，也提及歷史。對許多奧地利人來說，這種政宣令人遙想起哈布斯堡的過往，有些人也開始展望由哈布斯堡統治的未來。奧地利城鎮開始授予奧托榮譽公民身分。總理舒士尼格甚至開始與奧托洽商。讓他歸國的條件還有待協商，但至少對奧托和齊塔來說，歸國似乎不過是遲早的事。[28]

紫丁香綻放於老木，而王朝懂得靜待時機。齊塔和奧托在計劃盛大回歸維也納時，肯定也認定威廉是哈布斯堡事業的寶貴盟友。他似乎能為齊塔將奧托扶上王位的計策帶來家族上、金融上和政治上的資產。威廉是少數沒有不對等親事的哈布斯堡大公之一。比如說，家裡的兩位兄長都娶了非王室出身的女性，因此他們的子嗣絕無可能成為哈布斯堡王位的繼承人。他們確實已與王朝的未來分道揚鑣，所以就算齊塔懇切請他們相助，兩人也幾乎沒有一起為王朝奮鬥的動力。而威廉則是個雙性戀紈褲子弟，這種生活型態保證永遠不會讓他陷入為愛而結婚的資產階級陷阱。畢竟人不結婚的話，就沒有是否門當戶對的問題。[29]

威廉也沒有罪大惡極至家族須將其逐出金羊毛騎士團的地步。罪大惡極的標準相當高，但還是有些哈布斯堡人成功越界。就拿利奧波德大公來說，他在美國靠著替人鑑定他從未見過且不屬於他的家族珠寶來賺錢。光是這樣可能還不夠。後來，他把在維也納賺來的不義之財用來炫富享樂。這大概還是不夠荒唐。到了一九三二年一月，他有次在舞會結束後去了布里斯托酒吧（Bristol Bar）繼續喝酒跳舞，身上還掛著金羊毛勳章的領飾，確切的配戴方式不明，我們只知道那副德性太不像話。奧托成年後便將利奧波德逐出了騎士團。[30]

威廉似乎也過得很殷實，尤其是在父親於一九三三年四月七日去世之後。家族啤酒廠在獨立的波蘭國度經營有成，一家人仍持有數萬公頃可圖利的林地。威廉回到日維茨的家參加葬禮及討論遺產問題。儘管他與哥哥艾伯赫特和里奧有點嫌隙，但似乎還是與兩人相處融洽——或者說，至少能激起他們保護么弟的本能。

他的大哥艾伯赫特成了徹頭徹尾的波蘭人，甚至連父親都未能辦到，而那也是威廉絕不希望成為的樣子。艾伯赫特在波蘭從軍、操波蘭口音、娶了波蘭妻子、生下波蘭孩子。當然，他的妻子愛麗絲是出身瑞典，但她已因第一任丈夫成為了波蘭人，嫁給艾伯赫特後仍維持相同身分。然而她對烏克蘭有種秘密的渴望。她的第一座莊園就位在烏克蘭百姓居住的土地上，她很想念他們。家族城堡裡有個廚師就來自基輔，這也許並非偶然。她的烏克蘭小叔、家族裡的搗蛋鬼威廉是不是也很討她歡心？她是否曾向掌握家產的丈夫為他說上幾句好話？[31]

艾伯赫特確實對威廉很慷慨。雖然威廉已與父親斷絕關係，但艾伯赫特仍讓威廉獲得他應分得的家產，定期給他金援。家產大概是於一九二〇年代末期開始分配，那時他們病重的父親並不知曉。史蒂芬去世後，艾伯赫特也開始補足威廉的財務。艾伯赫特的律師仔細結算了威廉的債務，並於一九三四年四月替他還清。他共欠下九萬四千美元及兩千一百英鎊，這在當時是一筆大數目（約等同於二〇〇八年的一百五十萬美元和十萬英鎊）。* 艾伯赫特也主動同意一如既往金援威廉，威廉每年還是會收到約六萬法郎。[32]

威廉突然清償債務，這肯定讓齊塔和奧托以為威廉發了財。突然收回欠款的艾斯特哈齊兄弟或許也會將此事告知其他擁護君主制者。一九三四年五月，威廉的家人給了他一筆旅費，讓他去摩洛哥和突尼西亞開心玩了一回，這讓他看上去又更有錢了。威廉表面上很富有，但他其實只能剛好還債而已。[33]

齊塔和奧托也知道威廉在烏克蘭已經營造出一定的政治形象，讓這個歐洲大國更有可能願意支持哈布斯堡復辟。雖然威廉持有奧地利護照，還想拿到法國護照，雖然他都對法國人自稱出身哈布斯堡，但他仍以自己的烏克蘭名生活，並與一樣流亡法國的同胞說烏克蘭語。在流亡期間，他的烏克蘭文書寫能力其實還進步了。一九一八年，他在電報中能給導師蕭普提斯基寫上幾句話就夠他得意了；可到了一九三〇年代，威廉已經寫得出長信，雖然內容不乏錯誤和波蘭文的影響，但已相當能表達自己的想法和感受。

* 譯註：約等於二〇二四年的兩百二十萬美金和十六萬英鎊。

這些長信大多是寫給烏克蘭貴族揚．托卡熱夫斯基—卡拉謝維奇（Jan Tokarzewski-Karaszewicz）的，烏克蘭圈子裡的人都稱他為「托卡里」（Tokary），他在圈內也自稱為王子。兩人在特定問題上想法不同（例如與波蘭結盟與否），但還是成了密友。畢竟他們都盼著烏克蘭能夠獨立，能夠尊他們為王。兩人都很開心能有個在通信和對話時知道何時及如何使用貴族和皇室頭銜的朋友。他們一同承受著來自蘇聯烏克蘭的可怕消息，像是一九三三年害死了至少三百萬烏克蘭農民的饑荒。這似乎讓威廉和托卡里的友誼更加堅實了。

烏克蘭人整體上仍願意相信威廉的烏克蘭身分認同，而不是只有心懷抱負的貴族買單。他還是很懂得如何融入大家。他會與烏克蘭流亡人士會面、捐款給烏克蘭事業，也讓大家用自己的名號來為饑荒受害者募款。他與烏克蘭民族主義組織（Organization of Ukrainian Nationalists）關係密切，這個旨在推動烏克蘭獨立的密謀恐怖組織是由哈布斯堡軍方的其他前軍官領導，裡頭有些人也曾與威廉共事或在他手下服役過。其中兩名領袖伊夫亨．科諾瓦萊茨（Ievhen Konovalets）和安德里．梅爾尼克（Andrii Melnyk）便曾於一九一八年與威廉一起在烏克蘭服役，那時他們還討論過要發動一場支持威廉的政變。現在他們則利用威廉的人脈為烏克蘭爭取外交支持。威廉也會為了組織事業前往倫敦，有時會在那裡會見托卡里的嬌妻奧克薩娜（Oksana）。一九三四年六月，希特勒告訴墨索里尼，威廉是烏克蘭民族主義者和奧地利民兵之間的聯絡橋樑。[34]

就在那年夏天，距上次烏克蘭密謀告吹的十二年後，威廉決定重返烏克蘭政壇。他開始向老同謀瓦西里．帕內科（Vasyl Paneyko）請教他對復辟的想法。帕內科出生於舊哈布斯堡君主國的加利西亞省，現任法國記者，也曾任烏克蘭外交官。威廉是在一九一八年十月君主國正搖搖欲墜之時，於布科維納結識了帕內科。即便眾所皆知帕內科是個異常喜愛俄羅斯的烏克蘭人，但他還是成了威廉的知己。來到現在的一九三四年夏天，威廉告訴帕內科他們正嘗試要復辟哈布斯堡。

威廉告知帕內科自己曾多次至比利時探望齊塔。掌握多個情報來源的波蘭情報局處認為他們倆是在討論威廉於哈布斯堡復辟中的作用，討論由他統治從屬於復辟君主國的獨立烏克蘭。這看來並非遙遠未來才會發生的事。擁護君主制者認為，奧托登上奧地利或匈牙利王位將引發連鎖反應，進而改造整個中東歐。這片土地上所有想採民主制的國家都失敗了（除捷克斯洛伐克外）。哈布斯堡家族輕易便認為由他們統治會比現行的各種軍事政權和準君主制要好。確實，由他們統治肯定好過由希特勒主宰的德國或史達林的蘇聯。在這個變革的時刻，對於那些在波蘭轄下，還有尤其在蘇聯統治下水深火熱的烏克蘭人而言，由哈布斯堡統治的烏克蘭會是一條出路。[35]

一九三二年末或一九三三年初，奧托至柏林求學時，威廉曾多次造訪該地。也許就像威廉後來所說，他真是為了乘坐齊柏林飛船從德國飛往美國。但他在柏林時確實有機會談論奧托，而且他確實有可能親自與奧托交談過。兩人當然有共同的政治觀點。這兩位貴族都相信，由哈布斯堡掌管歐洲是唯一能抵禦眼前極權浪潮的解方。他們都對一九三四年七月的維也納納粹政變震驚不已，判定該是時候開始行動了。那次政變失敗後，威廉寫信給一位友人說，「我這邊對最近發生的事有些非常有趣的消息，希特勒那狗娘養的真是丟臉。」而兩人密切來往的另一個跡象，就是奧托選定的奧地利復辟運動領袖。他將這項使命託付給與威廉共事十多年、且剛好還有猶太血統（君主主義者反納粹的另一個跡象）的威斯納。威斯納很快便號召數萬人加入他的組織。[36]

一九三四年夏天，威廉似乎也打算去羅馬拜訪墨索里尼。他帶著寶蕾特到高檔商店購買會見元首的衣服。他讓她住進自己相思樹大街公寓的隔壁棟。有人正是在那裡目擊他在大廳裡吻她。寶蕾特肯定認為自己多少能在政壇上助他一臂之力。若她真如她所說（或許她真的這麼認為）是威廉的未婚妻，那她有一天必然會當上他的王后。當然了，想在家族支持下登上王位的哈布斯堡貴族絕不可能與區區前郵政工人結婚。威廉若要參與復辟，就必須效忠齊塔，而且也只能效忠齊塔。

也許威廉覺得寶蕾特對齊塔一無所知。他也許是對的，但也可能不對。這兩個女人縱然在各方面幾乎是天差地別，卻握有非常相似的人脈。寶蕾特的情人之一德．蒙齊是奧托在法國的政治聯絡窗口之一。而寶蕾特在相思樹街上的其中一位鄰居科洛雷多伯爵（Count Colloredo，他也是威廉夜間出遊的常伴）則是齊塔派往會見墨索里尼的特使。[37]

儘管威廉肯定希望能切分自己生活的各個面向，但一切卻慢慢聚攏。

一九三四年十一月十日晚間，威廉穿越巴黎市中心的文當廣場（Place de Vendôme）至麗茲飯店用餐。廣場設計雄渾，一根柱子豎立於中心，將拿破崙描繪成凱撒的樣貌。圓柱外部的青銅材料是以拿破崙從敵軍（包括哈布斯堡）奪來的大炮熔製而成。威廉經過時肯定連看都不看。波拿巴王朝的輝煌已成往事，但哈布斯堡或有機會東山再起。威廉一心想要復辟。他只需要弄點現金就好，自己現在要見面的對象肯定很有閒錢。

威廉共進晚餐的對象，正是荷蘭皇家殼牌公司（Royal Dutch Shell）的創始人——當時人稱「石油界拿破崙」的昂希・德特丁（Henri Deterding）。許多批評者都認為是他帶頭與英美的同業成立了世界石油獨占聯盟。威廉現在志得意滿，或者說他肯定感覺志得意滿。儘管威廉對資本的運作一竅不通，但他成年後便一直在與工業家們打交道。汽車大亨亨利・福特（Henry Ford）和金融家摩根（J. P. Morgan）都是他先前見過的對象。此外這回還是德特丁邀請他的，或者更確切地說，邀請他的是自稱為德特丁私人秘書的「帕克」（Parker）。德特丁顯然很欣賞威廉，想要見見他。[38]

另一位巨富——莫里斯・德・羅斯柴爾德（Maurice de Rothschild）——也會出席晚餐。他出身歐洲最富有的家族，是家裡最特立獨行的人。他曾競選法國國會議員，並主張讓羅斯柴爾德家的人來制定法律，畢竟政府這麼依賴他的家產。他很早就開始收藏畢卡索的創作。然而據威廉所知，畢卡索只是個為八卦書刊畫插圖的矮小西班牙人，威廉還是書中主角之一。畢卡索也會為喬治—米榭繪製漫畫，威廉應該不太可能看過他其他類型的作品。據威廉家的經驗，羅斯柴爾德家族就是一群不懂航海的人。有一回，幾個羅斯柴爾德家的人弄壞了自家遊艇「愛神號」（*Eros*），還是史蒂芬替他們解了圍。[39]

威廉走進麗茲飯店的指定飯廳，卻見到一個意想不到的人。安德烈・艾馬爾（André Hémard）是保樂公司（Établissements Pernod）的老闆。這間烈酒廠主要是生產苦艾酒及各種苦艾酒替代品。名為「愛人」（L'Amourette）的苦艾酒替代品還是艾馬爾本人發明的。他的公司經營有成，那時已連續三年向股東支付一〇〇%的股利了。不過艾馬爾和威廉一樣有理由感到焦慮。威廉以為會見到德特丁，以為是他邀請了自己。艾馬爾則想著自己是應羅斯柴爾德之邀前來。

兩個懂禮數的男人在麗茲飯店碰面，各自是前來會見不同的對象。大公和酒業大亨才開始尷尬起來，寶蕾特便趕進來緩解氣氛解釋了原因。威廉似乎是應某個自稱帕克的人邀請來會見德特丁，但寶蕾特看來就是為艾馬爾和羅斯柴爾德牽線的人。她告訴艾馬爾，羅斯柴爾德與法國政府有要事得處理，他正在同間飯店的另一間飯廳會見各部會首長。隨後一名男僕帶來了羅斯柴爾德的名片。沒人解釋德特丁為何缺席。威廉肯定是一頭霧水，雖然這大概不是第一次了。他很懂得怎麼吸引眾人，無論貧富都能讓對方對自己言聽計從，然而他不諳世事，對這頓飯局背後的算計不明就裡。他很可能看出寶蕾特有所盤算，於是自覺最好安靜坐著，表現得體面一點。

寶蕾特向艾馬爾獻上一計。她表示自己在羅斯柴爾德銀行有個被凍結的帳戶，來年春天就能解凍。若艾馬爾現在給她四十萬法郎，她保證不出數月就能賺得可觀利潤。她還願意給他開張遠期支票以示保證，同時也暗示自己將靠著哈布斯堡復辟大撈一筆。艾馬爾若支持她便也能獲得「巨富」。這時候，又一個男僕出現了，彷彿接獲指示似地捎來一封似乎是銀行寄來的信，上頭還有羅斯柴爾德的簽名。艾馬爾看起來深信不疑。他答應提供寶蕾特四十萬法郎，只要她當天稍晚去他的辦公室見他就好。她對這種提議見怪不怪，於是便同意了。[40]

艾馬爾自己也在設下陷阱。他離開麗茲酒店後聯繫銀行，一確定寶蕾特的提議是假的就報了警。當天稍晚，她一到保樂公司便被抓進了大牢。

威廉人就在詐欺未遂的現場，他這輩子從未感到如此脆弱。有那麼一刻，他的情人原本還忠於自己。寶蕾特一開始告訴警方她是獨自行動，後來卻改口自稱是在與威廉合謀為哈布斯堡復辟籌錢。[41]

而寶蕾特之所以會改變說詞，很可能是在應她真正的同謀帕內科之要求。署名「帕克」寫下德特丁邀請函的，正是威廉假惺惺的朋友帕內科。我們目前尚不清楚寶蕾特和帕內科是在飯局前就背叛了威廉，打算出其不意拖他下水；或者是在晚飯後才背叛他，意圖讓他扛罪。但總之他們就是背叛了他。

威廉突然間捲入了一場撼動國際的醜聞。法國媒體可沒放過機會，搶先宣稱此事為「重建哈布斯堡的騙局」。威廉有些膽怯地來到巴黎的奧地利公使館求助。一九三四年十二月，有名外交官在報導中巧妙闡述此事：「威廉大公太過大意，竟結交這樣一位來歷可疑的女子。」此話不錯。大使館擠滿了多少與此事有關的訪客。與威廉廝混的奧地利貴族意圖用錢來平息眾怒。代表寶蕾特詐騙受害者的律師則要求哈布斯堡家族支付賠償金。而背後的威脅，當然還是受審和定罪會毀了威廉，進而牽連整個家族。公使館把這些請願者全都遣走了。[42]

這起醜聞還觸及法國和奧地利之間的意識形態問題。奧國政權非常保守，保守到幾乎能接受威廉的君主制。但法國是共和國，其政治態度也正往左傾。一九三四年夏，在威廉和齊塔策劃復辟之時，法國的左派政黨也決定組建新聯盟。各社會主義大黨和法國共產黨同意組成人民陣線（Popular Front），並於下次選舉共同提出一份候選人名單。共產黨參與的意義重大，因其反映出史達林在蘇聯採取的政黨路線有變。此前，上頭一直教導黨員應視社會主義者為只想維護剝削式資本主義秩序的階級敵人。但希特勒上臺後，史達林便改變了路線。現在共產黨應要接納社會主義者為同志，與其聯手阻止法西斯主義崛起。法國共產黨開始高唱《馬賽曲》，還自我標榜為代表法國國家利益的政黨。[43]

此刻令眾人熱血沸騰。人民陣線裡的各黨派自認為是代表多數，事實也是如此。但在一九三四年底至一九三五年初，法國仍是由一個中間偏右的聯盟和活躍已久的老政客治理。人們開玩笑說統治法國的都是七十好幾的男人，因為八十多歲的全死光了。總之人民陣線在這幾個月對未來滿懷信心，但完全不必對當下負責。共產黨的加入自然深化了意識形態分歧，令政治論述變得更加尖銳。人民陣線的使命是要阻止法西斯，但法西斯這類別對共產黨及許多社會主義者來說卻太過廣泛。要抵禦的對象當然有希特勒的民族社會主義及墨索里尼的義大利法西斯，但奧地利的天主教威權主義（或甚至是哈布斯堡）也算。從此角度而言，儘管奧國領袖反對希特勒，更有一位執政者是死於納粹槍下，但奧地利也只不過是個法西斯國家。人民陣線不可能視奧地利為盟友。

先不論威廉還有哪些立場，他一貫都是反對共產及蘇聯。他人不在妓院或海灘的時候，畢生使命就是要從布爾什維克統治下拯救受苦的烏克蘭人民。在威廉的哈布斯堡復辟願景中，烏克蘭人必定會選擇君主制，因為他們在蘇聯統治下吃了太多苦頭。他雖然輕浮又心性不定，但還是道破了烏克蘭共產主義的本質。一九一八年，威廉被迫離開烏克蘭，那時他便預言布爾什維克終將取勝，而蘇維埃烏克蘭會凶險無比。他的預言成真了；而在十五年後，威廉還是有勇氣公開談論共產主義的不人道，即便是在共產主義於公共生活中極其活躍的法國。

所以說，威廉這樁醜聞正稱了這些理想無法實現又自信的意識形態左派的心意。左派黨報都在趁機大作文章。看看一九三四年十二月十五日的《人民報》（*Le Populaire*）：「在社交場上長袖善舞的高大金髮美男，他懂得打高爾夫、能夠對各國王直呼其名、心血來潮便可威脅要毆打僕從，還懂得與女人交談之道。此種魅力要區區加和爾（Cahors）郵局的前員工如何招架？」[44]

媒體訕笑著含沙射影。在法庭審查證據之前，甚至在威廉遭控任何罪名以前，媒體就開始認真給他冠罪名。有人說女人是被男人的「魅力」迷倒，所以責任終究應由男人承擔。笑話也隨後出現：「國王都不娶牧羊女為妻了，但大公還讓郵局的年輕小姐包養。這就是進步，我們理當效法！」這一樣是在暗示其法律觀點：若寶蕾特是威廉的經濟支柱，那她就是在代表他詐欺別人。寶蕾特的五名律師便是奉行這條路線，他們全都與組成人民陣線的政黨有關係。走漏給記者的消息讓他們至少能給特定讀者一種罪證確鑿的大概印象，認定哈布斯堡是幕後主使，而最終應負責的人是威廉。[45]

威廉的叔叔歐根提請奧地利外交部長正式干涉，但遭到拒絕。威廉的朋友科洛雷多伯爵（他也是齊塔的盟友）自願幫助大使館賄賂任何必要有關人士來掩蓋醜聞，但他也被拒絕了。巴黎的烏克蘭退伍軍人簽署請願書擔保威廉的品格，但無人搭理。威廉的朋友們試圖想查出帕內科的過去，但他們已經沒有時間。[46]

一九三五年春天，威廉愈來愈篤定預審法官會相信對他最不利的故事版本。他也認為預審法官不喜歡他的外國人、奧地利人及哈布斯堡身分。威廉的朋友警告說他可能會被判入獄，於是威廉聽從他們的建議逃離了法國。他穿過瑞士前往奧地利，並於六月中旬抵達維也納。[47]

一九三五年七月二十七日，威廉・馮・哈布斯堡（又名瓦西里・維希萬尼）和寶蕾特（又名寶蕾〔Paule〕，又名奧林匹亞〔Olympia〕）・葵巴的案件於司法宮（Palais de Justice）的巴黎第十六刑事法庭開審。[48]

審判開始時，主審法官首先犀利地指出威廉缺席。他聲稱威廉在法官庭裡留下一張名片，上面寫著「pour prendre congé」的縮寫「p.p.c」，意指「請假」，這是一種禮貌的告別方式。這讓大家認定了威廉是因害怕判決才逃離現場。威廉的公設辯護人則否認此事，稱這張名片是某職員開的玩笑。[49]

大勢已定。威廉和寶蕾特現在被控犯有詐欺、詐欺未遂、共謀詐欺及開空頭支票等罪名。不只法國政府，指控方還包含一些自稱為詐騙受害者的人。帕內科就是其一，他藉此巧妙介入訴訟程序，抓住機會稱自己曾借給寶蕾特兩萬法郎，卻在威廉的公事包裡看到同一批鈔票，這故事大概是捏造的。帕內科還趁機辱罵威廉，拉低法庭上的整體言論水準。他說威廉是個皮條客（souteneur），不過他實際上想說的，是威廉不只是皮條客，更是男妓和嫖客：威廉派寶蕾特為自己做事，和她做愛賺錢，接著再把錢拿來與水手上床。帕內科耍弄種種手段，將自己的角色從密謀者轉變為受害者。

正因如此，法官才將其他指控納入考量。威廉確實曾在英國籌錢，打算將坎城的高爾夫球場從九洞擴增到十八洞。他將那筆錢交給寶蕾特，但錢卻消失得無影無蹤。寶蕾特曾說服一位木材商給她十四萬法郎，保證會還給他十八萬四千法郎（苦艾酒商人艾馬爾則拒絕了類似提議）。於是她被指控詐欺未遂。寶蕾特大樓的門房也曾將自己的積蓄托付給她，卻再也拿不回自己的錢。還有，寶蕾特為義大利之行訂購衣服，但服飾店從未收到款項。店主也作證，威廉確實曾品評過這些衣服，但帳單是由寶蕾特簽署。看來，每一回的主動權都握於寶蕾特手上。[50]

寶蕾特自有一套故事版本，以她自己的獨特風格講述。她墜入愛河。她只是個可憐天真的法國女人，哪敵得過英俊哈布斯堡王子的種種花招。她不知道自己在做什麼，但她所作所為都是為了她的男人。她交給他所有的錢，只留下照顧年邁母親所需的一小部分。她還得準備好面額一百法郎的鈔票，方便讓他向水手買春。這當然令她心碎。[51]

帕內科的律師做出結論：若寶蕾特無犯罪意圖，那有罪的就是威廉。「幸好，」他總結道，「我們能趕在奧地利復辟之前將這位王子定罪。」奧地利外交官從他們總是不滿意的觀點出發，認為這是舊戲重演：律師們的結案陳詞根本是「取自輕歌劇和低俗小說裡的故事」。[52]

主審法官接受了寶蕾特的受害者說詞。「最大的責任，」他總結道，「應落在威廉身上。」寶蕾特是「身不由己」，似乎「值得從寬處理」。威廉被判處五年徒刑。寶蕾特則獲判緩刑，她重獲自由。[53]

無論寶蕾特在這場陰謀裡扮演什麼角色，她都絕非威廉詭計的無辜受害者。她是個非常聰明的女人，她的辯護策略效果卓絕。審判長（甚至是全法庭的男性）也該算是她的受害者。她借用安麗葉特・卡約（寶蕾特也曾借用過她的丈夫）的辯護策略。安麗葉特殺死了刊出丈夫情書的記者，稱其激情無法自控，所以對自己的行為無負責能力。這種女性「激情犯罪」的概念曾於一九一四年救了安麗葉特，於一九三五年又再度讓寶蕾特逃過一劫。[54]

那寶蕾特究竟在做些什麼？她真的是在為威廉籌款，即便早知他會拿錢去向男人買春，卻愛他愛得願意做出此種犧牲？帕內科和他的律師特別喜歡強調威廉與男性發生性關係這點。他曾寫信向某個熟人說道，威廉「總是需要一堆錢，不是為了生活，卻是為了包養或送禮給各種男人——阿拉伯人、黑人、水手——全是社會底層的敗類」。據帕內科所說，威廉過著「雙重生活：一是白天的王室政治，二則是於夜晚在都市及港埠與下流渣滓廝混」。此話有其道理，儘管帕內科為達目的而有所誇大，將有關威廉私生活無可辯駁的面向塑造為刻板印象。奧地利外交官埋怨道，法國媒體之所以在性事上大作文章，就是為了讓哈布斯堡家族顯得墮落不堪。威廉確實在性方面花了很多錢——但絕對不會超過他手頭上、或可以借到的金額。[55]

在一個所有報紙皆為不同黨派喉舌的國家，哈布斯堡復辟成為了醜聞的焦點。在性事和財務方面多著墨也許能增加銷量，但記者更在乎此事的政治意涵。他們強調哈布斯堡王室的腐敗，首先說他們犯下詐欺的真正原因是為了復辟，接著再說詐欺一事令復辟更顯可笑。最後他們以威廉「紙糊的假王冠」對比他「真正的奇恥大辱」。這種轉變都是記者自己的傑作。他們道出自己想加諸於威廉的形象，而《人民報》大概是其中最直言不諱者：「哈布斯堡！卑鄙小人、聲名赫赫的繼承人，生來就坐擁財富、榮譽、軍隊與威望，最終卻淪為蒙馬特皮條客裡最下賤的人。他靠窮苦女孩的金援為生，令她替自己作倀！」可《人民報》的文筆也許還不如《成果報》（*L'Oeuvre*）：「哈布斯堡血脈，這致命家族內發瘋的成員不可勝數，殺人者眾，頻繁程度與自然死亡相當，家族裡的不幸女子多年夜不能寐。一九一四年，鮮血灑落世界，直至昨日才滲透司法宮第十六刑事法庭。」[56]

由於寶蕾特在法庭上只是個「可憐的女孩」、是「經歷坎坷的女人」，而非嫻熟的騙徒，所以待審判結束後，記者就能用她來證明復辟的想法有多麼荒誕了。她曾作證說：「大公已做足準備要復辟哈布斯堡」，此話在當時的情況下看來很愚蠢。寶蕾特成為人們的笑柄，尤其是在她說起自己如何照顧或餵養他時。一名記者有禮地總結寶蕾特的手段：「她聰明慧黠、有想像力。她靠著吹噓自己未來會晉升為大公夫人，從輕易被貴族頭銜和皇室地位打動的人身上騙來大把鈔票。」但就算是他也忍不住在結論嘲弄一番，說寶蕾特「比較像是個生活放蕩的廚師，沒有大公夫人的樣子」。[57]

媒體絕對有能耐讓保皇派顏面盡失，大大損及威廉的名譽。對威廉認識的名人來說——像是蜜絲婷瑰，只要是能曝光的機會就是良機。她要求喬治—米榭公布她要嫁給威廉的謠言，不願放過登上第二天頭版的任何機會。但威廉可不這麼覺得。對那時代的王室成員來說，在媒體上曝光（還）未必是好事。雖然威廉與媒體新寵兒、新興的名人階級都有往來，但他畢竟不是同類人。他報上自己的名號便能進入俱樂部和度假村，但也可能因此被排擠。名字不再是成功的保障，卻如同一種可能會貶值的貨幣。不似一九一八年以前的哈布斯堡家族，威廉很容易便會受到媒體及輿論的影響；不似自己有錢的朋友，一九三五年的巴黎令他弱點盡顯。這樁醜聞就是慘痛無比的證明。

幾乎能肯定的是，威廉確實想為齊塔皇后的哈布斯堡復興大業籌錢。此目的（以及欺詐案的本質）其實與他一九二一年（他上一回積極投身政治時）的活動相符。他從未受過法律或金融方面的教育，也對這類細節不感興趣，所以大概看不出自己的行為有何不妥。寶蕾特的受害者就如十三年前烏克蘭集團的投資者，威廉保證他們的投資會有助於促成政治變革，成事後便能獲利。一九三四年與一九二一年的相同之處，在於威廉很可能不曉得其中細節。他只知道自己的存在讓人們更願意打開錢包掏錢，威廉或許根本沒興趣深究。

威廉若不想讓齊塔失望，手邊就要有錢。她需要錢，可能也以為威廉有錢。為了讓此種印象成真，他便得趁齊塔察覺真相前、在復辟之前，快速籌到鉅額資金。要把一個女人籌到的錢花在另一個女人身上，這種事總是棘手。威廉肯定明白這點，即便他大概不曉得寶蕾特的計策。威廉從巴黎起飛後首先想到的就是齊塔。他還託友人安慰她，說道：「她只是個什麼都不知情的可憐人，現在一定很痛苦。」[58]

這樁醜聞在政治上的深層真相，就如兩人戀情的內幕，只能永遠讓人霧裡看花。寶蕾特背叛威廉，使得威廉只能背叛齊塔。帕內科和寶蕾特都知道威廉與齊塔正共同努力復辟哈布斯堡，但他們卻毀掉他的政治生涯和爭光的機會。這是為什麼？

他們當然也有可能是效力於波蘭、捷克斯洛伐克或蘇聯這些外國勢力。而華沙對威廉最是瞭解。波蘭情報部門知道威廉與帕內科的談話內容，這表明帕內科本人就是情報來源，他為波蘭效力，也可能是在波蘭的慫恿下背叛威廉。威廉本人則認定是捷克斯洛伐克人陷害了自己。據他瞭解，哈布斯堡若復辟，布拉格就會是最大輸家。捷克斯洛伐克是從舊時哈布斯堡王土中心分裂出來的土地，該國領袖一直對復辟的想法懷有敵意。但蘇聯當然也不容小覷。威廉的叔叔歐根便覺得他們是幕後兇手。史達林很懂得如何處置烏克蘭流亡政客，不過他通常是直接殺掉他們。三年後，史達林便將下令用一盒巧克力偽裝成的炸彈謀殺威廉的同夥，也就是烏克蘭民族主義領袖科諾瓦萊茨。[59]

法國政府裡是否有人在與這些勢力裡應外合？這也完全是有可能的。法國與波蘭和捷克斯洛伐克站在同一陣線，還於一九三五年五月與蘇聯簽署了互助條約。法國領袖大多反對哈布斯堡復辟。一九三五年七月，奧地利廢除反哈布斯堡法律，復辟似乎已不無可能。法國報紙問道：「哈布斯堡家族是否會重返奧地利？」可這樁醜聞讓他們不太有機會成行。[60]

沒有愛的陰謀就不算完整，沒有耍點陰謀的愛也無法茁壯。寶蕾特背叛了威廉，但這不代表她不愛他。也許她有她的理由。也許她明白，若哈布斯堡真的復辟，威廉生命中最重要的女人就會是齊塔。也許她心知肚明，儘管她自稱是他的未婚妻，但他不可能在娶前郵政工人為妻的同時打造出輝煌的王朝。此種認知正能解釋淪為媒體笑柄的、並存的情愛與背叛。也許，在法庭上或八卦專欄裡看來如此可笑的一段高雅繾綣，在相思樹街上其實曾顯得真摯而溫柔。[61]

至審判時，三十七歲的寶蕾特已經在監獄裡待上了幾個月。她絕不可能將氣色維持在最佳狀態。法國記者還故意嘲笑她的外表——和服裝。有名女記者寫道，「那張臉有點厚重，但可謂大世紀審美觀的最佳代表。」法國的大世紀是指十七世紀，時人對理想女性之美的定義比二十世紀還包容「環肥燕瘦」。另一名男記者則假意彰顯風度，稱她的臉「充滿活力，卻帶有一絲工人階級的氣質」。他還指出她選帽子的品味不對。[62]

她當然不懂得選帽子。在那個不可能擺脫社會階級（對女性來說尤其如此）的時代與國家，寶蕾特只能努力攀附權貴。要有誰真能像寶蕾特一樣脫貧致富，也常會因為缺乏涵養而暴露出身。靠著製作帽子起家的可可．香奈兒（Coco Chanel）是極少數的例外之一。蜜絲婷瑰也是一朵稀有的天堂鳥。她在一次表演中便曾回憶起自己當初只是個賣花女。也許寶蕾特（還有蜜絲婷瑰）從貧苦境地中脫身的能耐，正是兩人在威廉眼中的魅力所在。而就連齊塔的名字也是取自於家僕的守護聖人，已背棄天主教的威廉應該也知道這點。[63]

威廉確實曾當眾親吻寶蕾特，他對其他人從未表現出此種恩寵。

威廉的公設辯護人堅稱「他是葵巴小姐手中的傀儡」。寶蕾特的律師則反駁說，就算她「真的犯了罪，那也是因為她盲目愛上了一位視她為玩物的男人」。兩位律師說的都是實話。充當彼此手中提線木偶、互相操縱的人，才算是墜入愛河的人。[64]

寶蕾特在審判的後半段一直哭泣。就算是最高招的心機女郎也不容易假意流出一下午的眼淚。

待到一切都結束，判決已定，她又找上威廉的門來。

# 棕色　貴族法西斯

一九三六年四月一日，奧地利駐巴黎公使館的新聞專員滿心期待地接起波旁—帕爾馬公主的來電。威廉事件發生後，人民陣線於法國掌權，奧地利右派政權的外交官罕能收到好消息。這通電話帶來了一絲希望。波旁—帕爾馬家族是法國王室的分支，曾與哈布斯堡聯姻。卡爾皇帝的遺孀齊塔皇后就是出身波旁—帕爾馬。新聞專員瓦瑟貝克博士（Dr. Wasserbäck）盼著對方能提出一些方法來改善奧法危殆的關係。電話那頭的女子聲音確實吐出了誘人的提議，而那提議也直接反映出，在一九三六年度日大不易的歐洲，奧地利面臨何種難題。

奧地利受到經濟大蕭條的重擊，工廠倒閉、農田休耕，只能靠著觀光業苦撐。阿爾卑斯山吸引登山客和滑雪者前來，鄉村保留著美麗的原始風貌，國際大都會首都維也納則供給超乎國內需求的藝術、戲劇及音樂體驗。然而希特勒毀掉了奧地利的旅遊業。這位元首（Führer）為表達他對奧地利禁止納粹之不悅，規定所有欲前往奧地利的德國人繳納一千馬克的費用。德國遊客不再至奧地利觀光，而是改由阿爾卑斯山的布里納山口（Brenner Pass）前往義大利。為補足丟失的德國遊客，奧地利外交官只好加倍努力吸引其他歐洲國家的旅人。所以，瓦瑟貝克一聽說波旁—帕爾馬公主有位朋友——里瓦伯爵夫人（Countess de Rivat）——想「大肆宣傳」奧地利，便感到欣喜萬分。公使館的新聞專員是否會接待伯爵夫人？那是當然。[1]

里瓦伯爵夫人予人鮮明的第一印象。她頭戴帽子、濃妝豔抹，快速地說起自己是如何渴望改善法國對奧地利的形象。她解釋說，她有很多奧地利貴族朋友，也祝福他們的國家繁榮昌盛。比方說，不幸的威廉大公就是她的舊識，里瓦夫人對於奧地利外交官於調查和審判期間未出手相助表示很失望。她繼續說道，由於這種無所作為，可憐的葵巴小姐不得已只能為心愛的威廉犧牲自己，她的人生已經毀了。

伯爵夫人也許是意識到瓦瑟貝克不太可能贊同這套說法，於是趕忙說出了提議。她表示自己和法國記者喬治—米榭很熟稔，而若有奧地利官方外交的支持，兩人便願意至奧地利旅遊。之後喬治—米榭會為媒體撰寫推薦文章和一兩本宣傳書籍，鼓勵法國人跟隨他們的腳步。她提議將喬治—米榭帶到公使館，新聞專員同意了。瓦瑟貝克將她送到了門口。

伯爵夫人在場時，瓦瑟貝克難以保持思路清晰。現在他可以好好回想了。自去年威廉的醜聞（瓦瑟貝克在職時見識到的奧地利公關災難）爆發以來，他就認定寶蕾特・葵巴是個惡名遠播的騙子。他很驚訝里瓦伯爵夫人這種上流仕女竟然會認識她，更詭異的是還出言為她開脫。

他的疑慮在下次會面便被證實了。喬治—米榭稱自己寫過八、九十本書，還說起墨索里尼因他幫忙吸引法國遊客至義大利而給他嘉獎。喬治—米榭聲稱，他與國際臥鋪車公司（Wagons-Lits）有私交，所以他永遠不必付火車票錢。而伯爵夫人補充道，喬治—米榭家財萬貫，所以他為奧地利宣傳的報酬就不用談了。瓦瑟貝克覺得，這種先提起錢、再說錢不重要的方式可真奇怪。

威廉的話題再度被提起，彷彿無法抗拒似地。記者和伯爵夫人說他們希望能在奧地利推動哈布斯堡復辟。威廉事件毀了珍貴的君主國事業，這讓他們很感惋惜。對這名奧地利外交官來說，此話題關乎敏感的政策領域。一九三五年，奧地利確實曾更加歡迎哈布斯堡家族，其中有些人也已回歸（原由通常並不如威廉那樣精彩）。那年九月，奧地利總理也曾秘會覬覦大位的奧托·馮·哈布斯堡。然而，瓦瑟貝克現在解釋道，官方並無正式的復辟政策。

伯爵夫人故作不經意地放軟了態度。她說，他們倆只希望能獲得大使館的邀請前往奧地利。瓦瑟貝克則回答道，奧地利歡迎他們，但邀請並非標準流程。有個令他不快的細節讓他起了疑心：她提起奧地利時總不離哈布斯堡復辟的話題，進而又提起威廉。這讓他再度想起了威廉事件，那時威廉的敵手曾試著證明奧地利政府支持他的事業。伯爵夫人三句不離威廉，也不斷重複說自己想陪同喬治—米榭前往維也納，他直覺認為她真正的目的是去會見大公。這又是為何？

接著瓦瑟貝克豁然開朗。他眼前的這個女人，這位他見過兩次的里瓦伯爵夫人不是別人，實際上正是喬裝打扮過的寶蕾特本人。不消說，當初先來電自稱為波本—帕爾馬公主的也是她。他向兩位訪客告別後便靜觀其變。

幾天之後，氣急敗壞的喬治—米榭出現在奧地利公使館想見瓦瑟貝克。他狀況看起來很糟。一定是出了什麼事。他在詭異的時間接到自稱代表奧地利公使館的人來電。有好幾種不同的聲音，但聽起來不像外交官。喬治—米榭問瓦瑟貝克是否知道里瓦伯爵夫人的真實身分。瓦瑟貝克的回答是肯定的——伯爵夫人就是喬裝打扮的寶蕾特，喬治—米榭問瓦瑟貝克為何沒有警告他，瓦瑟貝克回答說他真以為兩人是共謀。喬治—米榭為自己辯白，說自己是最近才知曉真相。他說，有家偵探社給了他證據，證明葵巴已偽裝成里瓦伯爵夫人好一段時間了。葵巴答應給他十萬法郎，作為向公使館陳情及前往奧地利的旅費。他再補充道，葵巴堅持也要帶個叫作瓦西里．帕內科的人一起去，她堅稱此人在奧地利的人脈必定會幫上他們。

這麼一來就拼出了真相。當然，帕內科就是威廉先前的政治軍師，很可能還是一九三四至一九三五年整件醜聞的始作俑者。帕內科大肆宣傳有關威廉同志傾向的八卦。威廉後來還不顧自己的家教，只蔑稱帕內科為「娘炮」。到了一九三六年的春天，看來帕內科和葵巴現在還想跟隨威廉前往維也納，最好也能帶著奧地利給的錢和邀請函，這樣才能繼續傷害他、毀掉他整個君主國事業。奧媒對威廉在巴黎的遭遇隻字未提。帕內科和寶蕾特若成行的話就會讓醜聞跟著他，無疑也會引起奧地利人的注意。[2]

寶蕾特還巧妙地自我（在電話中）偽裝成齊塔的波旁—帕爾馬親戚，更以法國貴族之姿親自現身。她的計策要是成功，在象徵意義上也算是報復了皇后（她無疑視皇后為威廉的另一個女人）以及嘲笑她階級出身的法國記者。要是她不懂時尚、只配當工人階級又臃腫，那又怎能扮演美艷誘人的伯爵夫人？但她的計策沒有成功，還不到家。

寶蕾特的第二次欺詐讓她的第一次騙局更是罪證確鑿，這也表示她仍持續與帕內科狼狽為奸。那曾經也是威廉朋友的喬治—米榭扮演的又是何種角色？他真這麼輕易就被偽裝的寶蕾特給騙倒嗎？這位記者與威廉很熟，所以他也一定認識寶蕾特。他這輩子也花了大把時間待在知名女性的更衣室內、巴黎的沙龍和蔚藍海岸的海灘上。他喜歡強勢的女性，且以評判她們為業。他確實曾以瘋狂法國女人對財富、陰謀和王位之熱愛為主題寫過一本書。[3]

可寶蕾特確實很有一套。瓦瑟貝克曉得威廉事件的來龍去脈，並曾親自出席審判。多疑又聰明的他知道寶蕾特這號人物。他在法庭上見過她，在報紙上看過她的照片。然而他卻還是被偽裝成伯爵夫人的她擺了一道，至少沒有立刻認出她來。所以喬治—米榭也許就如他所稱是真的無辜上當了。但他也許不是，他只是已經不想再和這個頗難纏的女人合作了。無論喬治—米榭扮演何種角色，他都沒有前往奧地利。無論故事的開頭如何，寶蕾特和帕內科最終都沒有離開法國。

瓦瑟貝克警告了上司，奧地利邊防部隊接到命令，禁止任何名字裡有里瓦、葵巴或帕內科的旅客入境。眾人都在努力保護威廉，不讓他受到當初自己選擇的同夥騷擾。

人在維也納的威廉聽到消息，對於寶蕾特仍在法國逍遙一事感到憤懣不平，他也很感謝奧地利當局的果決。在奧地利無人知曉威廉在法國的行為，所以要再與帕內科和寶蕾特交手的話，他在這裡的地位可能就不保了。他也會因此崩潰。巴黎曾經是他的家，無論離別時的狀況有多令人難堪，他仍懷念自己失去且無法挽回的一切。威廉逃跑時不僅留下了寶蕾特，也留下了他身兼情人的阿拉伯貼身男僕內查迪。不過，他似乎想念他的貓咪更勝於他的男人女人。「那隻貓，」他寫道，「對我來說比人類更珍貴。」他已經徹底失去對人的信任。他的意志「已經全毀」。[4]

身處維也納的威廉也試著捍衛自己在巴黎的名聲。保守派報紙《費加洛報》確曾刊出他對此事的說詞，也為了在威廉不理智的時候保護他而改動他的文章。威廉寫道，帕內科不值得信任，因為他曾改變自己的國籍——此話出自於一個出身哈布斯堡、曾被栽培成波蘭人、覬覦烏克蘭王位、申請法國公民身分、現在又想拿到奧地利居住權的人之口，畢竟難以服眾。威廉平常就未必腦袋清醒了，此時更是無法自控。《費加洛報》的編輯敏銳地刪除了這段話。他們願意刊登威廉的信件也算是仁至義盡。畢竟威廉的女友寶蕾特還有另一名情人，而正是他的太太謀殺了報紙的主編。然而這就是一九二〇至三〇年代的法國，也許無人能記住種種細節。但或許《費加洛報》的職責就是壓制這些故事，像是在威廉的醜聞爆發時壓下內情，還有壓下威廉自辯時的輕率發言。[5]

威廉從此再也不會回到巴黎。他只要踏進法國，就會立刻被捕，吃滿五年牢飯。所以他準備再次當個奧地利人，他在這方面也有人幫忙。威廉的叔叔歐根（父親的弟弟）大約於一年前回到奧地利。歐根多才多藝，大力支持音樂和藝術，也曾於巴爾幹半島和義大利指揮哈布斯堡軍隊。這位條頓騎士團的大團長還建設醫院，協助將這支曾令人畏懼的十字軍轉型成不具軍事任務的純信仰團體。條頓騎士團的一項誓言是「盡力保持貞潔」，當然，男人對這點可以有多種表述，但歐根非常重視這一點，至少在接觸女性時非常自持。歐根在長期流亡瑞士後於一九三四年九月返回奧地利，因為貞潔的好名聲而能居住在女修道院裡。[6]

儘管歐根在奧地利人心目中代表舊王朝的輝煌，但他協助威廉，引導他度過奧地利新政權的嚴酷考驗。歐根是個深謀遠慮的人，也是已回歸的哈布斯堡流亡人士，他很懂得相關法律。威廉感謝歐根「與所有必要的人談過」，並讓姪子獲准於奧地利居住。威廉的時運很好。他返回奧地利幾週後，政府便頒布新憲法，這次裡頭並未規定要哈布斯堡家族放棄王位繼承權。類似性質的法律仍存在於書面上，但憲法的變化是個清楚的訊號。威廉不必放棄哈布斯堡繼承權就收到了奧地利身分文件。他現在正式成為了威廉．哈布斯堡，而非瓦西里．維希萬尼。[7]

為換取正式身分及不受醜聞波及，威廉向奧地利政權表示忠誠加入了祖國陣線。一九三六年奧地利恢復義務役後，威廉便再次至奧地利軍中接受軍官訓練。[8]

雖然哈布斯堡再次成為威廉的法定名姓，但帝國已與他無緣。以齊塔和奧托為首的哈布斯堡王室自有辦法讓他覺得被排擠。比方說，威廉在離開巴黎時仍屬於哈布斯堡家族的金羊毛騎士團。但現在騎士團由奧托領導，他們利用奧地利的外交信函（騎士團員有非官方管道可取得這些信函）調查了葵巴一事。一九三六年三月，騎士團秘密通知團內成員，說威廉「已自願放棄金羊毛騎士團的頭銜」。[9]

他更有可能是在壓力之下退出的。奧託說的話大概就等同於騎士團的法律，我們不難想像他為何要教訓威廉。畢竟這傢伙讓奧托和他的母親齊塔難堪，還在關鍵時刻毀了復辟大業。然而其處罰之嚴厲仍稍嫌虛偽。就拿奧托同名的祖父奧托．法蘭茲來說，他以前的行為更不檢點，卻不必退團。也許這多少關乎政治考量。現在人們常將哈布斯堡與荒淫、同性戀及戰爭聯想在一塊，而奧托想為家族重新營造更清白的名聲。奧托漸漸扳回了顏面，因為他始終都表現出受人尊敬的紳士形象。齊塔教養有方。除去丟人現眼的威廉，王朝中唯一具有優良政治形象的人就剩奧托了。

奧托對王位還有期盼，而威廉只能歸還他的金領飾、歸還象徵著他騎士團身分的標誌。當時全世界大約存在一百個領飾，威廉的排名為第八十八。他已從哈布斯堡家族的傳說中、從希臘神話延綿至現代君主國的文明脈絡中除名。他不會再受邀參加大公間的秘密會議。騎士團那幾年很可能還是允許威廉與哥哥艾伯赫特和里奧保持聯絡。現在他必須接受事實：他的兄長們還都是騎士，唯他不是。被哈布斯堡家族拒於門外的威廉只能向別的貴族尋求安慰。[10]

威廉與一位巴黎友人——烏克蘭貴族托卡里——仍往來甚密。在威廉離法前的幾年間，托卡里本就是權威和安慰的來源。像是在一九三三年春天，托卡里就曾在威廉的父親史蒂芬去世後安慰他。此後，只年長威廉十歲的托卡里便開始扮演理想中的一家之主。威廉現在永遠無法與史蒂芬和解了，但他還能將自己的忠誠與奉獻寄予朋友。威廉想要與托卡里建立那種他與父親從一戰起便從未有過的關係，同時也收起了一點年少輕狂。最值得注意的是，威廉已不再反射性地厭惡波蘭及有關波蘭的事物。這讓他與主張波蘭與烏克蘭應合作抗蘇的托卡里走得更近，也消除了他與父親間爭執的政治根源，即便為時已晚。一九三五至一九三六年，威廉在寫給友人的信中表現出對父親權威的渴望。他從維也納寫信到巴黎，請求托卡里不要忘記他的「孩子」，並央求他允許自己「視你為父親般，向你吐露心聲」。[11]

孤獨又迷惘的威廉需要可以依靠的人。巴黎醜聞是一次震撼教育，讓威廉不再信任他人。他這輩子一直極其容易上當，老是用常見於哈布斯堡家族（當然還有許多生來就坐享權力和財富者）的那套循環邏輯思考。在威廉眼中，所有與自己親近者都是特別小圈圈裡的一員，全是不必懷疑的好人。他從未想過這些人是耍了哪些手段才爭到自己身邊的位置。他的夥伴都是良伴、他的顧問肯定充滿智慧、他的朋友必然忠於自己，因為他們畢竟都屬於他。這種觀念給威廉惹出了許多麻煩——貼身男僕克羅爾、秘書拉里申科、顧問帕內科及情人寶蕾特都是。一九三五年的教訓又把威廉教得太好了。世界赫然成了一張陰謀網，他認識的所有人都變得可疑起來。在這樣的世界裡，任何政治活動都必須保密。

威廉和托卡里也有個算是屬於他們自己的秘密社團：烏克蘭聖喬治勳章（Ukrainian Order of St. George）。這組織讓威廉打起了精神，他後來也自認為是其正式成員。威廉在離開金羊毛勳章之前，原本只把自己當作聖喬治勳章的盟友。他大概自覺受制於金羊毛的會規，不能加入其他騎士團。所以說，哈布斯堡的密謀對他關閉了大門，另一條道路卻就此打開，讓他有機會能親近另一個團體，與烏克蘭當局重修舊好。不只托卡里，都主教蕭普提斯基可能也參與其中。威廉常會在給托卡里的信中提到一位不知名的「神職人員」。蕭普提斯基在一戰期間曾是威廉的烏克蘭導師。他雖非威廉的第一位烏克蘭軍師，卻可能是第一個對威廉影響之深遠超越親生父親的人。威廉失去了一個家庭，但換得了另一個家庭。他被年紀較小的堂親逐出金羊毛騎士團，這道創傷確實讓威廉很珍惜回到如父親般懷抱的感覺。也許他也很享受當圈子裡年紀最輕的一個。他這時才四十歲，比托卡里小十歲，比蕭普提斯基小三十歲——但比年輕能幹卻令人討厭的奧托年長十七歲。[12]

威廉還需要一個理由來相信自己這輩子並非全無掌權的可能。他不必將騎士團的默默無聞視為對政治的逃避，反能將之當作一群菁英密謀者必備的隱密空間。畢竟聖喬治勳章確實是少數自視為烏克蘭貴族者之間的秘密。它為威廉提供一種不讓自己曝光的烏克蘭活動形式，讓他在這樣極為脆弱的時刻不必承受其他烏克蘭人的尖刻評判，也讓他得以幻想一種充滿希望（儘管可能已山窮水盡）的政治前景。威廉會稱自己和托卡里為「騎士」。兩人混雜著烏克蘭語、德語及法語彼此通信，而法語的「騎士」（chevalier）一詞也帶有此時威廉非常珍惜的「騎士精神」（chivalry）概念。感覺自己周身環繞著陰謀的他在信中告訴托卡里敵人絕無勝算，因他們無法「如騎士般掀起面甲」戰鬥。[13]

威廉所受的教育，就如他本身的存在，於各方面都很陳舊。然而就算對他來說，騎士身穿盔甲比武、掀起面甲令敵人看清自己雙眼的形象，根本就遠超出他的理解範圍，況且這說法還頗無根據。威廉耽溺於兩種浪漫主義的想法，認為中世紀是個和諧的時代，而內在的精神勝利贏過物質上的戰敗。一九一八年的他看得還比較通透，他那時將中世紀開創哈布斯堡家族的先人比作暴力的無政府主義者。但現在已非一九一八年。烏克蘭誕生於無止盡的痛苦——世界大戰、內戰、革命及反猶暴動排山倒海的暴力，還有蘇屬烏克蘭的饑荒與恐怖統治。威廉不只一次、而是兩次目睹自己命運的起落：一九一八年時是身為烏克蘭系的哈布斯堡人，一九三五年又作為姓哈布斯堡的烏克蘭人再次吞敗。如今，在背叛與慘敗之後，家庭、階級制度及神秘觀便成了慰藉。於是威廉重拾了自己曾視為理所當然、甚至偶爾嘲弄過，卻大概一直都需要的價值觀。

威廉曾經脫離哈布斯堡的神話，但現在他已找到回歸帝國之夢的途徑。他年輕時也許曾嘲笑過《帝王之夢》所描繪的中世紀歷史風貌，在烏克蘭追尋自己的王國時也曾嘲笑過哈布斯堡祖先的理想；但劇中呈現的永恆輝煌仍是他與生俱來的權利，他也認定自己有潛力成為未來的國王。烏克蘭騎士團擁有自身的騎士觀，對古代貴族也自有一套見解，這讓威廉重拾了些許威嚴。儘管團內不過是由幾個烏克蘭人負責書寫幾乎無法閱讀的信件，由威廉於維也納設計及訂購騎士徽章，但此騎士團仍讓他再次相信自己也許還是能登上烏克蘭王位——不必靠其他哈布斯堡家族裡的人或煩人的奧托出手相助。

威廉現在能確立自己的方向了。他已抵達自我塑造的微妙關口，在受辱約莫一年後得以再度反思如何實現自己的權力夢想。威廉失去了當初那帝國少年的輕鬆自信，也不再天真輕信成年世界裡的同夥都是好人，他開始以陰謀思維重新審視歐洲，認定世界非黑即白，只有自己人與非自己人之分。有過法國人民陣線的經歷，他認定歐洲左派都在聯手反對他，所以掌權的關鍵在於團結右派。威廉此時的政治觀重守密，僅限菁英參與，故他所謂的團結就是將各騎士團組成聯盟，雖未有明示，但教皇聖額我略騎士團（Papal Order of St. Gregory）、巴伐利亞聖喬治騎士團（Bavarian Order of St. George），及烏克蘭聖喬治勳章都是他心中所想。這樣的統一從未達成，也無法實現，因為這些組織各自擁有不同的規則與使命。但威廉還是重拾了對政治行動的信念。[14]

威廉退回到緬懷君主制的秘密世界，奧地利的政治體系也在改變他身處的公共空間，似乎亦將民主及個人權利等現代政治理念拒之門外。威廉進入奧地利之時，政府恰好也愈來愈歡迎哈布斯堡家族。他漸漸瞭解到，此種變化是更大變革的一環，奧地利當權的祖國陣線欲創造一種從歷史中找象徵，好為新威權秩序爭取民意的政治模式。祖國陣線與奧托協商、保護威廉，哈布斯堡家族自然也樂見此種態度。然而祖國陣線是在援引過去來證明新政權的正當性。他們與德國納粹一樣，以不同尋常的十字架設計作為國徽，也如納粹採用揚起手臂致意的動作作為官方問候禮。

換句話說，一九三六年的奧地利看上去就像個法西斯政權。至少從遠處來看，奧國似乎加入了這場將民主與理性拒於門外的歐洲運動，轉而支持由一名自詡代表民族意志的領袖來治國。第一個法西斯政權是義大利的墨索里尼，下一個則是德國的希特勒。儘管兩個政權有諸多重大相異處，但左右兩派都有許多人認為兩者均代表一種強大的群眾政治。法國左傾的人民陣線（威廉才剛從他們手中逃離）便認定世界可分為法西斯及反法西斯兩派。情勢所迫而得離法的威廉在確定自己的方向之後，很高興能來到一個截然不同的國度。「這裡一切都好，」他於一九三五年十一月寫信告訴托卡里，「有法西斯的法律和秩序，意識形態也令人愉快。」[15]

不消多時，威廉便開始將周身所見的法西斯主義與自己的烏克蘭私人使命結合。他認為法西斯是歐洲戰後秩序的挑戰，他想得沒錯。義大利、德國等法西斯分子都拒絕接受和平條約，認為這些條約只會阻礙民族意志，既不公義又卑劣。換句話說，他們渴望用武力改變歐洲版圖。法西斯分子為修正主義者，他們認為歐洲國家的邊界必須改變。威廉從自己一九二〇年代初的經驗領悟到，烏克蘭人或可將修正主義者作為盟友。

烏克蘭國度並不存在，所以烏克蘭民族主義者認為歐洲得發生一場災難——也許讓法西斯分子引發戰爭——烏克蘭才能爭取獨立。要讓此想法成真，烏克蘭領袖就得心甘情願準備好與歐洲的法西斯分子合作，也要有辦法將災難轉往對自己有利的方向。威廉和他的貴族弟兄們認為自己能夠勝任這樣的角色。至一九三六年四月，威廉已斷定烏克蘭唯有投向法西斯才能獨立。他在那年十月致信告訴托卡里，他們的烏克蘭騎士團將「栽培必備人才來重建烏克蘭帝國，帝國享有主權和獨立，且是由一人統治」——這人大概就是威廉本人了。[16]

一九三六年，法西斯的領袖觀對威廉來說具有雙重意義。大多時候他都自覺弱小，想要有人能引領自己。他想崇拜墨索里尼，想接受托卡里的指導。可他也幻想自己有一天能當上領袖。不過威廉在有能力獨當一面之前，必須先決定自己隸屬於哪個民族。威廉一生中對這道問題的解答一直非常模糊，而法西斯主義似乎——至少在剛開始的時候——允許這種模稜兩可。

一九二〇至一九三〇年代初期的法西斯主義保留了類似於十九世紀愛國思想的兄弟情誼。若每個國家都自有其法西斯主義，那麼不只忠於單一民族者也許可（勉強）算作世界大同的法西斯分子。威廉和托卡里都符合這個條件。威廉是奧地利及烏克蘭的雙重法西斯分子，他並不覺得兩者有何矛盾。可即使威廉正於自己眼中的法西斯奧地利舒服度日，夢想著有天能打造法西斯烏克蘭，納粹德國同時間卻也在改寫法西斯的含義。希特勒宣稱民族是由血統而定，這表示威廉那種法西斯主義不可能成立。依納粹的種族邏輯來看，威廉只能是德意志人，不然他什麼都不是。

威廉在一九三六年重拾政治思維，而為了與德國強權抗衡，他也得將德國意識形態納入考量。希特勒於上臺統治後的頭幾個月（一九三三年的春夏季）便馴服了德國國家機器。一九三五年三月，德國重啟徵兵制、打造軍備，就此違反和平條約。一年後，德軍進犯原本應無限期去軍事化的法國邊境萊茵蘭（Rhineland）地區。同時間，德國經濟走出大蕭條，其貿易政策也吸引東部鄰國踏上圍繞著德國的公轉軌道。

就這樣，納粹德國也成了堪比墨索里尼義大利的法西斯模範。從巴黎搬至羅馬的托卡里仍視義大利法西斯為烏克蘭法西斯的樣板。身為虔誠天主教徒的他認為納粹德國為異端，並設想義大利應有辦法協助奧地利和烏克蘭成為獨立的法西斯國家。至於居住在奧地利、出身於傳統德意志王公家族的威廉，則得設法因應希特勒看待民族的種族主義觀。不同於托卡里，威廉自己也能算是德意志人，他最近視為故鄉的奧地利則因其人口使用德語，故亦可算作德意志國家。希特勒本人就於奧地利出生，他始終都將故鄉視為未來德國廣大版圖的一部分。

威廉看著歡迎自己歸國、且有著誘人法西斯主義的祖國陣線對抗挑釁的種族主義強權納粹德國，以及其幾乎不掩飾欲併吞奧地利的野心。要在崛起的納粹德國下生存，奧國政權就得向外求援。義大利幾年來一直是個忠誠盟友。一九三四年，納粹曾於維也納發起政變，那時墨索里尼便派遣精銳步兵至布里納山口，以表對奧國獨立的支持。然而至威廉宣告支持法西斯歐洲的一九三六年，權力平衡卻有了變化。德國掃去戰敗陰霾，在希特勒的治理下重整武裝，墨索里尼的義大利卻在疏遠可能的盟國，還入侵阿比西尼亞（Abyssinia）失利，軍事弱點盡現。一九三六年十月，墨索里尼與希特勒簽署聯盟，放棄了他無力再捍衛的奧地利盟友。

威廉明白，奧地利若無義大利援手就根本無法抵抗德國。一九三六年七月，德奧簽署互不干涉協議，但奧地利人卻是吃了大虧。這份協議實際上還讓德國能合法插手奧地利事務。一項秘密條款規定，奧地利政府須任命兩名納粹分子擔任掌權大位，這更是給奧地利納粹分子壯了膽子，儘管納粹黨嚴格來說仍屬非法。祖國陣線手足無措，不懂該怎麼團結奧地利人民支持國家獨立。當局無法號召左派，因為社會民主黨已於一九三四年遭禁。他們也無法號召納粹極右派，因為奧地利的納粹當然樂見與德國統一。部分奧地利愛國人士開始相信，唯有哈布斯堡復辟才能救國。於是各地城鎮和村莊開始授予奧托榮譽公民的身分。[17]

威廉現在不僅面臨明顯得勢的納粹，民意還更往奧托靠攏。由奧托治理的復辟君主國在許多奧地利人眼中看來是抵禦德國入侵最可靠的辦法。德國的兵力給了威廉接納德國法西斯的理由，威廉對奧托的妒意也讓他不再如以往一樣寬宏。隨著局勢升溫，奧地利更加直接面對進逼的納粹政權，威廉已無可能繼續做個世界大同的法西斯分子。他若不保住一點哈布斯堡以往的兼容並蓄（接納民族平等及歐洲的猶太居民），就只能接受由納粹視為未來的種族主義。在威廉看來，納粹種族主義給了他一條宣洩憤怒的管道，讓他能表達奧托將自己逐出哈布斯堡復辟行動的不滿。

一九三七年伊始，威廉做出了決定。他於一月致信托卡里寫道，奧地利復辟運動的領袖為猶太人出身，這表示這場運動就是在敗壞道德，在政治上注定失敗。此話說來奇怪。威廉講的那人竟是他自己超過十五年的舊識威斯納。一九二一年，兩人還曾於維也納合謀哈布斯堡復辟與烏克蘭金融集團（用巴伐利亞資本來資助進攻布爾什維克俄羅斯的計畫）。一九二〇年代威廉待在馬德里那段時間，兩人還保持聯絡。一九三四年，威廉也曾因奧托將復辟運動託付給威斯納而表示開心。他以往從未在意誰有猶太血統，年少就讀軍校時曾景仰他的猶太老師，在軍中也很喜歡裡頭的猶太醫生。一九三五年夏天，他還選定維也納一處多為猶太居民的地區作為落腳處。他很瞭解這座城市，肯定也知道鄰里間都住著哪些人。他甚至能在自己的逍遙人生旅程中看到一些猶太人的影子。威廉回顧一九三五年秋季的漂泊，曾自稱為「永世浪跡天涯的猶太人」。[18]

哈布斯堡家族裡的人，就算是信奉法西斯者，也是可以接納猶太人的；反猶太主義畢竟只是納粹的招牌。一個人畢生的態度怎會突然有此劇變？也許關鍵在於金錢。一九三六年秋季，威廉在經濟上首次受了羞辱。那年秋天，他的每月補貼連續三個月都沒有成功從波蘭匯來。奧地利與波蘭關係不好，要將波蘭貨幣匯到奧地利並非易事。哥哥艾伯赫特匯給威廉的款項被扣留於過渡帳戶。他沒有儲蓄，也無意工作，當然很快就阮囊羞澀。他寫信給哥哥艾伯赫特訴苦：「於是我自問在此種情況下該怎麼做——可我一點辦法也想不出。」他只能寫信請求家族公司的經理，還得典當自己僅有的幾件貴重物品來支付房租和瓦斯。這對一個只管開口要就能拿到金錢、衣食無缺的人來說實在太丟臉了。也許他是把自己的無力感遷怒於猶太人的身上吧。[19]

然而最有可能的是，對權力的衡量，加上對奧托的妒意，就足以讓威廉轉而支持納粹了。納粹似乎是烏克蘭唯一可能的盟友、唯一能夠重新將威廉扶上王座的勢力。他開始再度思考德國能如何催生烏克蘭。雖然他似乎從未加入奧地利的納粹運動，可是後來有份報告說他已開始吹捧希特勒。[20]

一九三七年二月，威廉找到一位所見與出身均略同的同夥——伊凡．波爾塔維茨－奧斯崔安尼茨亞（Ivan Poltavets-Ostrianytsia）。他也是一位景仰民族社會主義的烏克蘭上校，人生經歷更與威廉有著驚人的相似處。一九一八年，威廉於哈布斯堡占領軍中執行烏克蘭特殊任務，波爾塔維茨則人在基輔，輔佐由德國扶植的酋長國領袖斯科羅帕茨基。一九二〇年，威廉找斯科羅帕茨基商議，欲就君主制的安排達成共識，波爾塔維茨便為雙方居中協調。他接著還加入了威廉的烏克蘭金融集團。一九二二年，巴伐利亞斷絕金援、自由哥薩克陷入派系之爭，波爾塔維茨便自行宣布掌權。雖然波爾塔維茨起初被當作斯科羅帕茨基的手下，但他於一九二六年便與長官決裂，宣布自己為烏克蘭酋長。

威廉在西班牙和法國消磨自己的二、三十歲，度過那世紀的二、三〇年代，波爾塔維茨則仍留在巴伐利亞。他與納粹愈發親近，納粹也認他為烏克蘭的第一批法西斯分子之一。納粹在還未掌權的那幾年裡，便常用烏克蘭來辯證歐洲的未來秩序。他們全都視蘇聯為應消滅的敵人，有些人也認為民族主義會是摧毀蘇聯的關鍵。部分納粹分子當然對烏克蘭很感興趣，這個龐大蘇聯共和國的子民在史達林統治下苦不堪言，因此很有機會起身抗俄，而且——在納粹看來——也很有機會反對蘇聯的猶太領導階層。波爾塔維茨的其中一位支持者艾弗雷德·羅森伯格（Alfred Rosenberg）認為德國也應該招募烏克蘭人來對付蘇聯。一九三五年五月，波爾塔維茨致信希特勒，表示願意帶領自己的自由哥薩克為之效力。[21]

綜上所述，波爾塔維茨和威廉一樣都是好反叛的烏克蘭君主主義者，也同樣支持法西斯。他現在正尋覓返回烏克蘭掌權的途徑，也認為納粹運動會是最可靠的盟友。兩人相隔十五年後再次相遇，自烏克蘭募款組織崩潰後，逝去的時間已久得夠讓兩人冰釋前嫌了——更何況此次他們還是在滑雪度假時相見。威廉自豪地向波爾塔維茨講述聖喬治動章以及騎士團打造法西斯烏克蘭的使命。

自一九三七年二月兩人會面之後，威廉對於該如何在由德國主宰的歐洲推動烏克蘭事業，有了更具體的政治理念。威廉上次與德國右派合作已是一九二二年的事了，相比之下，波爾塔維茨近期與納粹交手的經驗就豐富許多。波爾塔維茨也很有可能曾向威廉透漏哪些納粹分子或許會支持烏克蘭事業、哪些人會有興趣接洽烏克蘭的重要人物。威廉寫信告訴托卡里，他們應讓騎士團打入漢斯·法蘭克（Hans Frank）的圈子，此人曾擔任巴伐利亞的司法部長，現也於政府中擔任首長。重點是，威廉盼著法蘭克會有辦法協助德國招募一支「烏克蘭軍團」。[22]

威廉之所以在一九三七年三月時選定此詞，也是在呼應一九一八年三月那年，卡爾皇帝托付他帶領烏克蘭軍團，代表奧地利對付布爾什維克一事。他大概是在想像有一天希特勒也會召喚自己執行同樣的任務，在接下來的戰爭中與蘇聯抗衡。若是如此，他可不是唯一有此念想的烏克蘭人。多個烏克蘭政治組織現在都在指望能與納粹德國進行某種軍事合作。威廉和托卡里認定，除了他們自己的騎士團之外，已再無其他人值得接受德國的支持。托卡里在信中對威廉寫道，烏克蘭政敵都是「白癡」（還使用德文字）。而威廉因過去曾與德國右派合作，便認定自己會受到納粹的特別待遇。[23]

納粹卻未認真將威廉當一回事。一九三七年三月，儘管威廉正夢想著再組一支烏克蘭軍團，納粹媒體仍斥他為墮落的巴黎賤民。威廉沒什麼閱讀習慣，但他要是看到這篇文章，可能也會覺得那只是因為希特勒大體上對奧地利和哈布斯堡家族沒有好感，這麼解讀確實沒錯。威廉大概想著能向希特勒解釋自己已經背棄奧托，現在也反對哈布斯堡於奧地利復辟。威廉如今根本就是在用納粹的角度看待復辟：有猶太人、不正當、注定完蛋。一九三七年十二月，他寫信告訴托卡里，復辟唯有「蒙猶太人和共濟會的恩澤」才能成事。哈布斯堡王朝本身已成為「猶太事業」。威廉說服自己，是他主動與「頑固盲目」的奧托分道揚鑣，而非奧托與他切割。若威廉參與不了復辟，別人也不許參與。這是呈現皇家紫的酸葡萄心態，邊緣還帶有些許納粹的棕。[24]

一九三八年伊始，威廉已認定奧地利的威權主義版本不夠讓人滿意。畢竟奧地利民族又在哪裡？在威廉眼中，猶太人至少還算具備他們獨有的民族性格，儘管其「中間呈現紅色」，為了共產主義而否定掉其餘所有人的民族願望。如今威廉認為，奧地利人根本沒有性格，因為他們沒有民族。威廉漸漸相信奧地利人就是德意志人。他在將自己重塑為奧地利人之後，又將此種奧地利身分重新想像為德意志種族。若政治的重點在於民族主義，而民族主義又關乎種族問題，那奧地利的存在並無意義。這國家應如希特勒所願，併入更大的德意志帝國。[25]

威廉現在相信，他在法國的個人挫敗其實有著重大意義，因為他是在打一場爭取文明的偉大戰役。他是惡勢力的箭靶，卻也因此成為善勢力的大人物。此外，他現在也自認是站在有勝算的一方。威廉認為，由柏林、羅馬、東京組成的三大軸心（這是他的猜想，那時軸心國尚未成形）是「我們這時代最偉大之物」。此軸心將包抄、摧毀蘇聯，隨後迎接偉大的勝利：「清算共產意識形態、治癒全世界！」這種仰賴單次決定性勝利的廣大願景使威廉與托卡里產生了歧見，托卡里仍偏好義大利勝過德國，他更在乎的是「治癒烏克蘭」。威廉則堅持自己的政治潔癖理念。他剛抵達奧地利時原本還曾抱怨過自己已精神崩潰，但如今他的條條神經「就如繩索一樣」堅韌。[26]

民族主義是他的其中一碗藥湯，其餘的療法則是雪與性。威廉只要手上有錢就會去薩爾斯堡滑雪，一九三七、一九三八年的冬季他都沒

哈佛大學烏克蘭研究所

與旅伴在雪坡上，威廉位於左側。

有缺席。照片中的他穿著講究又帥氣，正與俊美的年輕男人同遊。

在威廉冷靜下來之際，奧地利的領袖卻開始緊張起來。他們確實該緊張。一九三八年二月十二日，希特勒給總理舒士尼格下了最後通牒。奧地利有三天時間可以確立其對德政策——合法化納粹黨、讓納粹控制警察。希特勒要脅道，奧國若達不到這些條件，德國就會入侵。舒士尼格只好接受。

他沒有履約。縱使舒士尼格的祖國陣線從未為奧地利民族開創什麼令人信服的願景，但組織領袖仍對奧地利懷抱信念，也嘗試過捍衛國家——至少努力了一陣子。在希特勒宣布德奧即將合併之際，舒士尼格也號召民眾誓死保衛國家。他下令以全民公投來解決獨立議題，打算搬弄問題的措詞（還有作票）來保證產出有利結果。他也向外求援，但沒有任何境外勢力願意協助。前盟友義大利已經放棄奧地利。法國左翼政府至一九三八年初雖已意識到奧地利也許能阻撓希特勒擴張，並試圖拉攏英國，但英國認為奧地利的命運已成定局，所以不願表態。[27]

奧地利公投準備就緒，但從未舉行。希特勒下令入侵，舒士尼格則指示奧軍不要抵抗。一九三八年三月十二日，德軍侵奧；次日，希特勒宣布奧地利不復存在。舒士尼格終究沒有誓死保衛奧地利，但他也被希特勒視為大敵。德國入侵後，他被捕入獄，並於審訊後被送往德國集中營，先是達豪（Dachau），然後是薩克森豪森（Sachsenhausen）。

德奧合併之後，奧地利的大量猶太人面臨種種限制，嚴格程度更甚祖國陣線統治時期。儘管專門職業*和大學多有設定猶太人錄取配額，使得數千名奧地利猶太人於一九三〇年代離國，但舒士尼格畢竟不是希特勒，祖國陣線也並非納粹黨。祖國陣線原本還允許猶太人加入，許多人也確實加入了。德國的統治卻完全不同。猶太人丟了工作和財產。一九三八年稍晚，維也納發生了慘絕人寰的水晶之夜反猶暴動（Kristallnacht pogroms）。許多男女幼兒都在可怕的公開羞辱之後慘遭殺害。

希特勒不僅毀掉奧地利，更澆熄了哈布斯堡近期於歐洲復辟的希望。希特勒對哈布斯堡家族之痛恨甚至讓他將侵奧計畫命名為「奧托行動」。奧托確實嘗試過阻止德奧合併。從一九三七年末至一九三八年初，他便曾對聽得進去的人說道，復辟是抵擋希特勒前進維也納的唯一辦法。一九三七年十一月二十一日，奧托迎來二十五歲生日，維也納處處裝點代表舊帝國顏色的黑與金。十二月十七日，奧地利政府歸還於戰後沒收的哈布斯堡財產，奧托躋身國內首富之列。當月，奧托便鼓勵總理舒士尼格備好軍隊與德國抗爭，並表示唯有一位正統的君主（指他自己）才能帶領人民打勝仗。希特勒一下達最後通牒，奧托便提議由自己擔任政府首長。舒士尼格則禮貌地拒絕讓位予奧托。舒士尼格總是重複（他大概也這麼相信）德國人給他的說詞：復辟只會讓德國立即進攻，無異於自殺。可儘管政府從未邀請奧托回歸，德國終究是入侵了。

威廉的哈布斯堡敵手奧托落敗。確實，納粹看來已實現威廉所有最幽暗的願望。德國吞併奧地利、非猶太裔奧地利人成為德國公民、猶太人也出境逃難。德奧合併之後，德國便開始支解歐洲僅存的少數

* 譯註：指需要完成高等教育取得資格才能從事的職業，例如醫師、律師、會計師和工程師等。

民主國家*——捷克斯洛伐克；威廉認定，這個法國的盟友就是策劃在巴黎陷已於不義的兇手。從表面上看來，他的所有敵人都輸了。威廉的機運來臨。他帶著一種貌似與現實脫節的貴族法西斯主義，滿懷想像重返政壇，而他也準確料到事態的實際走向。他相信，德國接下來便會摧毀布爾什維克，並復甦烏克蘭。

當然，納粹德國與蘇聯之間還存在一個重要的歐洲國家：波蘭。希特勒得先消滅波蘭——威廉的兄長艾伯赫特與里奧選定的家鄉——才能進攻史達林。要實現威廉的烏克蘭大夢，他的波蘭家人就得忍受德國統治的夢魘。

* 編按：本書二〇一〇年的平裝版寫的是「法國以東僅存唯一的民主國家」。

# 黑色　抵抗希特勒與史達林

一九三九年，艾伯赫特仍是個乖兒子。在威廉漂泊於各國之際，他的兄長始終都是個忠誠的波蘭公民，是備受尊重的波蘭商人。波蘭共和國與落腳日維茨的哈布斯堡世系和平相處，艾伯赫特也公開對自己選定的故鄉報以愛國之心。艾伯赫特與妻子愛麗絲希望自己與家人能被視作波蘭人。兩人的兒女學習英語、法語及波蘭語，唯獨不學德語。

長女瑪麗亞．克里斯蒂娜幸福地生活在日維茨的家族城堡中。她穿梭於廳堂之間，從一塊白色大理石磚蹦跳到另一塊，總是避開黑色。她有幾位家庭教師教自己各種語言，告訴她該如何適應可能正於未來等著她的平民生活。她老愛嘲笑她的法語家教，因為老師的波蘭語說得很糟糕。還有個波蘭軍官教她騎馬，她的馬性格非常冷靜，甚至能任由烏鴉啃咬牠的尾巴。

對那年十六歲的瑪麗亞．克里斯蒂娜來說，一九三九年的夏天與以往稍有不同。與德國戰爭在即，但她的父親與其他波蘭人都相信波蘭能打勝仗。艾伯赫特慷慨解囊，支持為波蘭防炮部隊而舉行的募款活動。當波蘭的精銳邊防軍（Border Control Corps）奉命前往鄰近德國邊境的日維茨時，艾伯赫特也讓他們駐紮於自己的城堡內。[1]

一九三九年九月一日，德軍並未宣戰便無故入侵波蘭。不同於奧地利和捷克斯洛伐克的是，波蘭選擇了抵抗，法國和英國承諾支援並向德國宣戰。歐洲戰爭於波德邊境爆發，日維茨的人民也往東逃。艾伯赫特和愛麗絲幾週前就已將兩個女兒送至華沙。兩人的兒子則正在瑞典與愛麗絲的家人一起度假。

艾伯赫特無疑在愛麗絲的鼓勵下，試圖在波蘭需要時為之效力。儘管艾伯赫特多年前便因身體欠佳而退役，但他還是在九月一日披上波蘭軍裝，欲尋找可加入的部隊。此舉象徵著他的忠心，但鬥爭卻毫無希望。儘管波蘭人在日維茨頑強抵抗，德軍也傷亡也慘重，但他加入的其實是撤退行動。這座城市三天之內就被攻下。[2]

於是艾伯赫特前往華沙與女兒們會合，趕在德國閃電戰的前頭。在波蘭首都，瑪麗亞・克里斯蒂娜抬頭看見蔚藍天空中的飛機。「是我們的人。」街上的人們說道，但他們錯了。波蘭空軍還未起飛便被摧毀。這些飛機來自德國，戰爭一開打就轟炸平民。

在德國炸死數萬波蘭人之際，艾伯赫特拯救了女兒。他努力趕在德國前頭，帶著女孩們前往愛麗絲位於西南方的莊園，而沒有返回日維茨。這趟旅程不只是前往波蘭的另一地區，更是翻開了哈布斯堡家族史的另一個篇章。那莊園屬於愛麗絲曾為哈布斯堡外交官的首任丈夫，而他則是從曾任奧地利總理的父親*那邊繼承而來。莊園位於舊哈布斯堡加利西亞省的東部，該地人口以烏克蘭人為大宗，而非波蘭人。

艾伯赫特和女孩們逃離了一個極權國家的軍隊，卻得面對又一個極權國家的軍隊。九月十七日，紅軍從東部入侵波蘭，同樣毫無來由，亦未宣戰。那年八月，納粹德國和蘇聯曾簽署互不侵犯條約和另一項秘密協議，於東歐劃分各自的勢力範圍。波蘭將由兩者瓜分，而史達林正在拿走屬於他的那一半。

艾伯赫特與女兒們面對始料未及的蘇聯襲擊，只能再度向西走往日維茨。身兼波蘭貴族及軍官的他大有理由忌憚蘇聯，因蘇聯當時正慫恿烏克蘭平民起而報復波蘭地主。蘇聯人殺害兩萬多名波蘭軍官，其中也包括教導瑪麗亞．克里斯蒂娜騎馬的騎兵軍官。德國占領區的情形同樣駭人。一家人不在的時候，日維茨早已併入德意志帝國。孩子們的其中一位家教還因絕望自殺了。[3]

一九三九年那個可怕的秋天，波蘭民眾人人自危，東奔西逃為求與家人團聚。波蘭的哈布斯堡家族也不例外。九月二十五日，愛麗絲因為沒有收到艾伯赫特的消息，而勇敢地從日維茨向東出發尋找丈夫和女兒。她知道蘇聯人已入侵自己莊園所在的波蘭地區，但她沒有被嚇倒，當然，她應是認為艾伯赫特和女兒們需要她的援手。

在入侵的蘇聯人慫恿烏克蘭人於鄉村發起階級戰爭之際，愛麗絲也剛好現身東加利西亞：她可是當地地主、瑞典貴族之女、兩個波蘭貴族之妻，還嫁入哈布斯堡家族。然而當地的烏克蘭人仍如二十年前一樣視她為好鄰居，不願傷害她。她在莊園裡沒有找到艾伯赫特和女兒們，於是便啟程返回日維茨。而在愛麗絲先前離開城堡的四天後，她的丈夫和女兒才剛好抵達，但等她十一月中旬回到日維茨的城堡時，他又不見了。她只找到一封用法語寫的告別信，並從僕人口中得知了其餘故事。

＊ 譯註：這位總理即卡西米爾．費利克斯．巴登（Kasimir Felix Badeni），一八九五至一八九七年嘗試進行改革的奧地利帝國內閣總理。（匈牙利半邊是王國，所以哈布斯堡君主國一八六七年之後，同時有兩位內閣總理，因為兩邊各有互不隸屬的獨立政府。）

Jonathan Wyss, Topaz Maps

園丁試圖警告艾伯赫特：「德國人要來了，他們要找軍官下手。」德國國家警察（又稱蓋世太保）知道艾伯赫特曾資助波蘭軍隊並為之效力。十一月九日，他被兩名警察帶出城堡，臉色看上去「和鬼一樣慘白」——瑪麗亞．克里斯蒂娜心想。他理當害怕，畢竟孩子們沒有父母照看，妻子又還在東部某處。他的軍隊已被殲滅，波蘭家園日維茨地區也被納粹的德意志帝國吞併。他肯定清楚自己的財產也有遭沒收之虞。

有些財物更早已消失，被波蘭總督府（Generalgouvernement，德國占領區，由德國占領但未併入帝國的波蘭土地）的最高官員漢斯．法蘭克竊走。法蘭克在就職途中曾停留日維茨，盜走了哈布斯堡一家人的銀器，那本是法蘭茲．約瑟夫皇帝送給史蒂芬和瑪麗亞．特蕾西亞的結婚禮物。法蘭克將把克拉科夫的前波蘭皇家城堡當作自己的總部，並在那裡享用這套銀器。[4]

隨著波蘭瓦解，艾伯赫特也展現出他的勇氣。他大可以為了自保及留住財產而主張自己是德國人。但在一九三九年十一月十六日首次接受蓋世太保審訊之時，他卻選擇稱自己為波蘭人。雖然艾伯赫特無法否認自己「為德意志後裔」，畢竟他的先祖數百年來都是屬於德意志民族的神聖羅馬帝王，可他還是重申自己是波蘭人，只因為他已下定決心。他說自己熱愛波蘭。波蘭一直很善待他。他也將孩子們視作波蘭人撫養。

蓋世太保被惹得很不高興。十二月八日，其警官判定，艾伯赫特的一生「是對德意志性格的長期背叛，他永遠不再屬於德國人社群。他的叛國行徑罪無可赦，因此也失去其財產的擁有權以及在德國生活的權利，亦不得以外國人的身分生活於德國」。他被無限期監禁於切申（Cieszyn）——一座如日維茨一樣被德意志帝國吞併的波蘭城市。[5]

艾伯赫特抵死不從，但這是該地區大多數波蘭人的典型態度。德國當局在這幾週內便宣稱被吞併的日維茨地區本就屬於德國領土，稱其居民也有德國血統。可即使在日維茨及其周邊地區被德國吞併後，當地波蘭人仍裝飾了因抵抗德國進犯而陣亡的波蘭將士墳塚。一九三九年十二月，德國當局於當地進行人口普查。結果只有八百一十八人登記為德國人，十四萬八千四百一十三人登記為波蘭人。

當局鼓勵波蘭人註冊為德國人，但他們不願意；而有些猶太人想註冊為德國人，卻不被允許。波蘭人在特定情況下可獲得德國身分，波蘭的哈布斯堡家族則是受到勸誘、審訊和酷刑皆有之。在日維茨，信仰猶太宗教或具猶太血統的波蘭公民就只能登記為猶太人，他們被驅趕到總督府，並安置於猶太隔離區（ghetto）。[6]

艾伯赫特勇敢的態度讓德國人也注意到他的家庭。他留存於蓋世太保的檔案列出了他的手足，包含住在維也納的威廉。一九三九年下半的某個時間點，蓋世太保曾去那裡拜訪威廉。他們問他，為什麼艾伯赫特是波蘭公民？為什麼他會在波蘭軍隊服役？威廉即便對前述問題心裡有數，卻並未回答。他就算給出解釋，種族帝國的警察也不會明白。在德國警察接受的觀念中，家庭出身注定了民族身分。威廉和他的兄長卻是來自一個幾世紀前便放棄民族認同、同時接納多個民族的家族。他暫且是他們的一員，一個德國人——或者至少他給人的印象是如此。

威廉自己很快就披上了軍官服——德國的軍官服。一九四〇年春季，他受徵召到新城再度受訓。這裡正是二十五年前威廉為了報效哈布斯堡武裝部隊而就學之處。威廉當初於一九一五年畢業之時前途無量，還準備要到烏克蘭執行秘密任務。一九四〇年的景況卻大有不同。雖然他只有四十五歲，以軍官來說正值壯年，但威廉似乎並未闖出名堂。儘管人們知道他支持納粹，但他似乎從未真正入黨。他出身哈布斯堡家族，且患有肺結核及心臟疾患。威廉沒有在德軍中執行常規勤務，而是被派到本土防衛單位，這通常是老人和小男生的任務。威廉當時肯定明白，德國人無意讓他組成烏克蘭軍團來與蘇聯打一場解放之戰。他們看來幾乎不把他當一回事。[7]

威廉知道，自己在一九三〇年代末的政治大計已經泡湯，於是便重新關心起家族事務來。他赴任本土防衛職位，到了維也納南邊的巴登，姊姊伊蓮諾拉就與她的丈夫克勞斯住在那裡。老么威廉與長姊伊蓮諾拉一直都很要好。伊蓮諾拉是第一位跟隨自己心意為愛下嫁平民的哈布斯堡女大公；威廉也是從心而活，卻比姊姊更為離經叛道。兩人都對水手沒有招架之力（伊蓮諾拉的丈夫剛好就是個水手）。原本屬於奧地利的伊蓮諾拉與克勞斯一家人都已入籍德國。他們有六個兒子在德國軍中。對於兒子們都遠在前線的伊蓮諾拉來說，有寶貝弟弟待在身邊或許是種慰藉。而也許在她的兩子戰死之後，弟弟的陪伴就更令人寬慰了。可這對姊弟又是如何談論戰爭的？畢竟她的兒子們隸屬於入侵的德國部隊，才剛剛幫著摧毀了兄弟艾伯赫特摯愛的波蘭。[8]

然而，兩人也許還是有方法保住家產。若艾伯赫特已鐵了心要與波蘭同進退，那威廉與伊蓮諾拉至少能試圖取得他的錢財。儘管兩人都是家裡的叛逆兒女，但艾伯赫特之前仍每月都會給他們補貼。隨著艾伯赫特被捕、他的財產遭到扣押，日維茨啤酒廠和莊園的新到德國接管人匯給兩人的津貼也變少。伊蓮諾拉和威廉都聘請律師提出抗議。他們年少時拒當波蘭人的決定現在成為了優勢。他們是帝國的子民，他們是德國人；而兩人的律師主張，姊弟倆不應因帝國沒收財產而受牽連。威廉還直接寫信給希特勒。

威廉和伊蓮諾拉對艾伯赫特提告，德國法院將此案視為針對日維茨資產的接管人的索賠案審理。姊弟倆應當知道艾伯赫特身陷囹圄。對一個正遭蓋世太保折磨的兄弟提告也許顯得薄情，但他們提告勝利後確實成功將小部分的家產留在了哈布斯堡手中。艾伯赫特畢竟有著特別深謀遠慮又慷慨的性格，他應該也曾鼓勵（或盼著）姊弟倆這麼做吧

德國當局的確支持威廉與伊蓮諾拉的主張。權勢高漲的納粹親衛隊（SS）法務部門認定兩人為「德意志帝國人」（Reichsdeutsch）——在種族和文化上都是應享有完整權利的德國人。親衛隊的律師正確記下了伊蓮諾拉有八個德國孩子，但卻錯以為威廉從一九二〇至一九三〇年代都待在至此時已成德國領土的奧地利。納粹報章雜誌之前關於威廉巴黎醜聞的齷齪文章不是無人閱讀，就是早已被人遺忘。威廉很僥倖，他生命中的烏克蘭及法國階段完全沒有引起他們的注意。確實，當初被迫離開法國是他的好運。若威廉還待在那裡，並如他所願成為法國公民，那要這段擺脫不光彩的過去就會難上許多，更不可能以德國人的身分在德國法庭主張自己的權利。

一九四一年春，伊蓮諾拉和威廉看來都收到了德國政府的款項。他們不再如以往按月收款，而是得到了一筆單次款項：伊蓮諾拉收到八十七萬五千馬克，威廉則拿到三十萬馬克——按今天的美元價值計算，分別為略低於兩千七百萬美元，以及略高於九百萬美元。*他們倆一輩子都不必再為金錢發愁了。[9]

當然，這兩筆鉅款都是來自於兄弟艾伯赫特遭德國沒收的日維茨莊園。雖然威廉和伊蓮諾拉在維也納都是自由的德國公民，但他們的兄弟卻被視作德國民族之敵關在切申的大牢裡。在兩人取得家族財富之際，艾伯赫特和他的妻小卻只能靠著微薄的津貼過活。

愛麗絲仍是個無怨無悔的波蘭人。她當著負責審訊自己的蓋世太保之面，稱納粹政權為「強盜國度」，罵他是「勒索者、罪犯」。她也向德國人保證，在「她的朋友」獲勝之後，「波蘭便會復活」。在她吐出這句話時，一九四〇年五月，波蘭就被占領了，德軍則正在猛攻法國。那時德國通往稱霸歐洲之路上的唯一阻礙只有英國。所以她的預測相當大膽。

愛麗絲的王朝思維足以讓她著眼大局，跳脫當下情勢。她只當德國是個由哈布斯堡統治了五百年的國家。她感覺希特勒所謂的「千年帝國」政權不會持續太久。蓋世太保震懾於她的勇氣與美貌，沒有膽子逮捕愛麗絲。裡頭的警官反倒試圖說服她放棄波蘭民族，改加入勝券在握的德國人，畢竟她是這樣一個北歐種族的完美女子典範。[10]

波蘭國家檔案館，日維茨

愛麗絲·哈布斯堡

＊　譯註：此為二〇〇八年的美金數字，前者約等同於二〇二四年的三千九百萬美元，後者則約為一千三百萬美元。

各地信件開始從柏林轉寄而來，要求當地蓋世太保局處善待愛麗絲和艾伯赫特。其中有些是從瑞典和西班牙等夫婦倆不乏皇親國戚的中立國寄來；也有些是來自艾伯赫特在一戰期間的前戰友，現在於帝國中掌握權位的德國人。蓋世太保對各方的施壓早就備好應對之道，他們表示：艾伯赫特背叛種族罪無可赦，要釋放他是絕無可能，而儘管愛麗絲在審訊中氣焰囂張，但她受到的待遇還是非常好。

一九四〇年夏天，愛麗絲與女兒們流亡至日維茨以西約三十五公里處的小鎮維斯瓦（Wisła）。一家人不在的時候，家族城堡被掛上了納粹旗幟，並讓帝國要人使用。當時日維茨大概有四萬人被迫遷離——愛麗絲就是其一，只為讓出空間給搬進來的約莫兩萬五千名德國人。德國人於此地就業，有些人便受僱來經營日維茨啤酒廠，取代被解僱的波蘭員工。啤酒產量翻了三倍，但品質堪慮，原本驕傲的歐洲品牌如今只產出劣等啤酒以供德軍豪飲。[11]

蓋世太保一九四〇整年都在監看這對夫婦，他們發現「在這個哈布斯堡家庭裡，太太才是作主的人」。他們合理認為是愛麗絲在背後支持丈夫頑強抵抗。蓋世太保曾攔截一封愛麗絲寫給艾伯赫特的信，上頭寫道：「別以為我會失去勇氣，恰恰相反，我絕不退卻。寧可被打倒在地，也永不放棄，永不低頭。」[12]

愛麗絲從未低頭，也沒有被打倒在地。她從一九三九年末便開始與波蘭地下組織合作抵抗德國占領勢力。她被一位孩子的家教招募，宣誓加入當地的秘密獨立組織（Secret Independence Organization）。當時的波蘭出現了數百個地下團體，該組織就是其一，後來大部分團體也併入歐陸最主要的反納粹抵抗組織「家鄉軍」（Home Army）。愛麗絲會收聽英國廣播公司及其他非法電臺，並協助戰友傳訊息給波蘭流亡政府。[13]

愛麗絲在國外有人脈，她也奔走各地。一九四一年十一月，她人在德國城市科隆，從被轟炸者的角度歡喜地看著城市遭遇空襲。「那景色壯觀又美麗，」她寫道，「好似煙火一般。」她抬頭望去，全心全意支持英國的皇家空軍，不顧危險的炸彈很可能輕易就能要了她的命。她大概知道逃離德國掌控的波蘭飛行員現在正與英國人一同作戰。她似乎覺得，駕駛艙裡的男人也只是簡單的生物（她就是這麼看待一般男人的），需要一點女性的鼓勵。她看著德國的高射炮火尋找目標，心則與飛行員同在：「我見到空中出現爆炸，被夾在天地之間的飛行員肯定最不好過。可憐的弟兄。」[14]

在一九三九年原本對民族社會主義滿懷希望的威廉，看著一九四〇至一九四一年的戰況，也漸漸有了與嫂子愛麗絲一樣的想法。德國占領對艾伯赫特和愛麗絲來說都是折磨，威廉在蓋世太保來訪之後肯定也猜著了。也許他還曾直接收到兩人的消息。他在一九三七至一九三八年都與兄長有聯絡，那時艾伯赫特曾帶著里奧到維也納接受肺結核治療。里奧和艾伯赫特一樣，住在繼承自父親的日維茨家傳莊園。雖然兩兄弟並不特別親近（部分是因為艾伯赫特是波蘭人，里奧則將孩子們當作德國人撫養），但有需要時還是能依賴彼此。若威廉曾於一九三九及一九四〇年收到家裡的消息，那他應該也知道家傳銀器已被他最喜歡的納粹分子漢斯・法蘭克盜走了。[15]

現在，威廉這輩子頭一遭比哥哥艾伯赫特還富有。他想要的話，可以做點投資、縱情享樂，買回他當初在巴黎所重視的一切。他大概真這麼做了。據德國警方的紀錄，威廉交了個女友，還抱怨對方把錢都花光了。不過在財務獨立之後，他也選擇批判希特勒及其政策，選擇靠向艾伯赫特的立場。他看著德國是如何處置自己的家人、看著他們後來是如何對待烏克蘭，威廉漸漸相信哥哥當初抵抗希特勒的決定是正確的。自從哈布斯堡君主國瓦解之後，艾伯赫特和威廉第一次站在同一陣線。第一次世界大戰為波蘭和烏克蘭的獨立帶來契機，卻讓兄弟倆分道揚鑣。二戰期間的波蘭與烏克蘭受到德國的打壓，結果兩人再度團結。[16]

戰爭本是烏克蘭脫離蘇聯恐怖統治的唯一希望，但希特勒似乎想粉碎這份希望。德國錯過了向烏克蘭招手的每一次機會。一九三八年，德國把從捷克斯洛伐克東部奪來的土地*送給匈牙利，而非交由烏克蘭管轄。次年，德國入侵波蘭後，希特勒便將波蘭土地上的五百萬名烏克蘭人全數交給蘇聯。一九四一年六月二十二日，希特勒進攻蘇聯，但他沒有比照先前於斯洛伐克及克羅埃西亞（另兩個有著哈布斯堡歷史的民族）的做法成立烏克蘭傀儡國。烏克蘭民族主義人士於該年夏天其實曾想組成名義上的獨立國，成事的話或可與德國聯手抗蘇，但希特勒只把他們送進了集中營。德國於原本的蘇屬烏克蘭建立名為「烏克蘭專員轄區」（Reichskommissariat Ukraine）的殘忍占領區，將烏克蘭人當作次等人類對待，將區內的糧食當作帝國的資源。[17]

希特勒並未聯手任何烏克蘭實體與蘇聯作戰，反而僅允許特定烏克蘭人士與他的政權勾結作惡。有些烏克蘭部隊加入了希特勒侵蘇的行列，這次入侵打從一開始就是場種族戰爭，其中猶太人在死亡坑裡慘遭殺害，蘇聯戰俘則挨餓至死。他的親衛隊招募了數千名烏克蘭人從事警察工作，也包含將猶太女性及幼兒圍堵槍殺。猶太大屠殺——殺死歐洲每一位猶太男女幼兒的德國政策——便是始於入侵蘇聯。威廉肯定也知曉德國人在空曠處將猶太人殺害後推入死亡坑的行徑。八月底，德國於卡緬涅茨波迪爾斯基殺死了兩萬三千名猶太人，那正是威廉於一九一九年至烏克蘭民族共和國報到從軍之處。九月底，德國人於娘子谷（Babyi Iar）槍殺三萬多名基輔的猶太人。也許種種暴行亦讓曾於上次世界大戰抗議反猶暴動的威廉開始反思剛於自己心中萌芽的反猶太主義。[18]

威廉似乎明白，與德國合作打這種戰爭絕不划算。烏克蘭人正幫著德國人犯下最駭人聽聞的戰爭罪，卻未必能得到任何政治上的報酬。回顧一九一八年，威廉曾於一戰結束時拜訪德皇，那時他便警告對方，只重剝削的占領政策會讓德國輸掉戰爭。如今見德國更是妄為，威廉的結論似乎也與當初相同。烏克蘭身為蘇聯的第二大共和國、身為蘇聯的歐洲之窗，對莫斯科政權而言有著不可或缺的地位。若德國懂得比照威廉於一九一八年的做法，利用烏克蘭民族主義來抵抗蘇聯，那他們早就贏得戰爭了——威廉是這麼認為的。在威廉看來，錯失良機的德國早已輸掉了烏克蘭，也因此輸掉了整場戰爭。[19]

至一九四二年，威廉對戰爭的結果有了與嫂子愛麗絲相同的看法。當然，愛麗絲始終都堅定相信波蘭會是最終的贏家。不過對威廉來說，是德國對他以及對烏克蘭的漠視澆熄了他先前對法西斯的熱忱。愛麗絲是個意志堅定、氣質非凡的女子，她對波蘭的忠心耿耿與威廉對納粹一時的興趣顯然有著鮮明對比。但兩人態度之所以有此差異，也是因為他倆各自選定的民族所重利益不同。波蘭在一戰後得利於和平協定，因此保持現狀理當對其有好處。相較之下，烏克蘭愛國人士則明白他們需要另一場戰爭才有建

＊ 譯註：指斯洛伐克以東的喀爾巴阡魯塞尼亞（Carpathian Ruthenia）。

國的契機。他們現在的處境與一九一八年以前的波蘭愛國人士相同：所有占領國必須因某種災難而毀滅，烏克蘭才有宣布自己獨立的機會。對愛麗絲，乃至於對波蘭人普遍而言，德國強權肯定是一種威脅。可對威廉及其他眾多烏克蘭人來說，德國入侵卻是明顯的良機。既然德國不支持烏克蘭，威廉便加入了愛麗絲這方激昂又危險的抗爭。

Collection of Irene Palamarchuk-Pyziur

羅曼・諾沃薩德（右二），一九四一年六月

雖然兩人早早就選定了不同的民族，但威廉和愛麗絲對自家人民的依戀都蘊含著豐沛的個人情感。愛麗絲對波蘭的愛就等同於她對兩位波蘭丈夫及波蘭孩子的愛。對威廉來說，友誼則是讓他站在烏克蘭這邊、轉而抵抗納粹的動力。他找到喜愛的夥伴時，便開始從事比愛麗絲更重大、更艱險的工作。而在這些夥伴當中，就屬一位俊俏非凡的烏克蘭音樂學生最為重要。

羅曼・諾沃薩德（Roman Novosad）出生於哈布斯堡的舊加利西亞省分，是個具有波蘭公民身分的上進烏克蘭青年。他和數百萬波蘭公民一樣被德意志帝國徵召強迫勞動，但成功說服了德國官員改讓自已至維也納就讀音樂學院。一九四一年，他於維也納一邊學習指揮和作曲，一邊準備出版烏克蘭民歌集。在帝國名聲蒸蒸日上的奧地利指揮名家漢斯・施瓦洛夫斯基（Hans Swarowsky）也注意到了他。

一九四二年二月晚間，羅曼及一位烏克蘭友人決定去聆聽演奏會，並於路上找地方吃點東西。兩人選定位在市政廳（Rathaus）地下室的OK餐廳，市政廳是一棟位於環城大道上的宏偉建築，也是維也納市長辦公室的所在地。餐廳的環境舒適，還有捷克來的服務生為顧客端上體面菜餚，維也納人在穿過環城大道前往歌劇院之前都會先到這裡用餐。

兩名友人正想找位置入座，卻見大半桌位都已經給德國軍官包下。幸好他們還能找到一張靠窗的桌子，有個穿便服的男士獨自坐在那裡。他露出微笑，好心邀他們與自己共桌。朋友倆用烏克蘭語交談著，不一會卻發現桌旁的人一直在聽自己對話。男子發現自己露了餡，便面露迷人笑容向他們說道：「我是奧地利人，但我是烏克蘭人的忠實盟友！」

然後他神秘兮兮地揚起眉毛：「我是瓦西里．維希萬尼。」

羅曼這是遇見了一位手頭上剛好有點時間的傳奇人物。威廉恰好也要去聆聽同一場烏克蘭大提琴家的演奏會。表演廳裡幾乎空無一人，於是威廉提議大家一起坐在靠前排的位置。音樂會結束後，威廉帶著羅曼到後臺去見表演者。那對羅曼來說肯定是個美好時刻。

威廉和羅曼一起去了酒吧，兩人以烏克蘭語輕聲交談。威廉向羅曼說著自己初戀的故事，對象也是一位音樂學生。這故事也算是真的，二十年前，威廉與女友瑪麗亞便曾和今天的威廉與羅曼一樣，同坐在維也納的酒吧裡。然而，那時的威廉看上去總是孤苦伶仃。今夜，和羅曼在一起的他顯得很開心。

Jonathan Wyss, Topaz Maps

兩人初次見面，威廉便吐出驚人之語。在他們走出酒吧透透氣之際，威廉重重嘆了口氣，說道：「東部的戰爭真是慘烈，好幾千名健康男子一波波送命。可德國人早就輸掉戰爭了！」他會這樣想也是在情理之中。德軍原本在東部勢如破竹，卻還沒能拿下莫斯科；媒體及政宣承諾的對蘇決定性勝利也尚未成真。回顧一九四一年十二月，日本轟炸珍珠港，讓美國也加入戰局。一年前，德國只要對付英國即可，如今卻多了蘇聯及美國兩大對手。儘管如此，在一九四二年的維也納，告訴一個陌生人自己預測德國會落敗仍是膽大之舉。若對方一狀告到警方那裡去，威廉就有面臨審訊之虞，或是落得更可怕的下場。威廉是在做什麼？他無疑是在吐露心聲，但很有可能也是在測試羅曼。[20]

威廉此時大概正在為西方情報機構招募特務。他有頗大機率是效力於英國特別行動執行處（British Special Operations Executive），該局處在受德國控制的歐洲地區組成多股抵抗勢力。威廉畢生都是親英分子。他可能知道英國政府也支持恢復奧地利，甚至有望支持組成廣大的多民族國家。英國首相邱吉爾是個崇尚十九世紀的人，他相當懷念哈布斯堡。[21]

羅曼被威廉的表態嚇了一跳，但同時也感到開心。他認為威廉信任自己，所以他也報以信任。兩個男人開始每週碰面，整個一九四三年似乎都會固定相會。他們到不起眼的便宜餐廳（看來是威廉的喜好）吃晚飯，還一起去聽音樂會。兩人成為了朋友。

一九四四年二月八日，威廉在維也納換了間公寓，從市裡的第二區搬到第三區。他位於法桑街四十九號的新住所是承租於一位退休教師。這裡離自己幼時熟悉的維也納城區近得多了。雖然那條街本身並不起眼，但威廉的公寓距父親的舊居所步行只需不到半小時。那裡地處有趣的街區，不僅比鄰美景宮（Belvedere Palaces）——彷彿籠罩在富麗皇宮的陰影之下，還靠近喧囂的火車南站。對於有可能得匆忙離城的朋友來說，這裡是很好的庇護所。

威廉的新公寓很快就成為反納粹間諜活動的中心。他正是在法桑街的廳堂裡認識了自己的聯絡人——一位自稱保羅．馬士（Paul Maas）的紳士。他說自己是法國公民，在德國工廠工作並效力於英國情報局處。威廉認為「保羅．馬士」只是化名，確實如此。「馬士」是一條流經比利時通往法國北邊的河流，所以看來是個隱去真名的合理選擇。至於馬士其餘的故事有多少真實性？這就不得而知了。

馬士希望威廉能回報德軍的動態，他也希望威廉替同盟國將在一九四四年三月開始的空襲確認適合的目標。威廉欣然答應。他巴不得能協助皇家空軍瞄準德國的軍事據點。威廉與認識的德國軍官交談，並將對話內容回報給馬士。他們有興趣的目標之一是位於維也納新城的梅塞施密特（Messerschmitt）飛機製造廠，該處便受到同盟軍的猛烈轟炸。即便威廉本人曾於新城就學，但他的心思就如愛麗絲，一樣是與負責投擲炸彈的飛行員同在。即便同盟國軍隊後來摧毀了法桑街上威廉的隔壁棟建築，他的心意仍然不變。[22]

威廉在一九四二年二月的預測是正確的，德國確實開始在東部戰線失勢。一年後，德軍於史達林格勒投降，此事也是戰爭的轉捩點。戰爭開打時，威廉曾盼著德國戰勝後能帶動烏克蘭建國。隨著一九四三年德軍在紅軍面前節節敗退，他則希望可以避免德國戰敗後害慘了烏克蘭民族。一九四四年，曾與德國人合作的烏克蘭人現身維也納，帶來德國戰敗的消息並想要求助。威廉和常與自己在法桑街公寓大樓碰面的羅曼一起幫助烏克蘭難民聯絡地方當局，兩人也充當翻譯。

羅曼很懂得把握機會，他知道從東部來到維也納的無助烏克蘭女子現在可任由自己挑選了。一九四四年九月，羅曼選了個自己喜歡的年輕女子來家裡打掃煮飯，也許還負責其他工作。她自稱莉妲．圖爾琴（Lida Tulchyn）。但羅曼找到的人可不簡單。莉妲的經歷其實比他起初想的還要複雜。她本名為安娜・普羅科波維奇（Anna Prokopovych），不僅是一名重要的烏克蘭民族主義人士，還是烏克蘭民族主義組織某派系領袖的信使。羅曼一確定她的民族主義背景後，便向興奮的威廉講述自己的發現。[23]

至現在的一九四四年秋季，在烏克蘭民族主義者需要援助之時，威廉得到了重回烏克蘭政壇的大好機會。一九三五年的醜聞令他與烏克蘭民族運動斷了聯繫，主要的烏克蘭民族主義聯絡人又於一九三八年遭蘇聯暗殺。而他現在能實踐自己的遠大抱負了：將曾與德國合作的烏克蘭人變作西方的情報資產，藉此扭轉烏克蘭的形象、擴大其政治潛能。威廉知道，若烏克蘭民族主義者想於德國戰敗後得到任何外國支援，他們唯一的希望就是盡快轉換陣營。他們得找美國、英國及法國做靠山；至於想據烏克蘭為己有的蘇聯則是一逮到烏克蘭民族主義者就會折磨及殺掉他們。威廉在西方情報機構有人脈，而莉妲正是他實踐計畫所需的人。

威廉在戰時協助背棄德國的人聯絡德國的敵軍，這麼做是置自己於更大的險境。然而在一九四四年他似乎重拾了少年時的冷靜與進退之道。他請羅曼將這位烏克蘭女子介紹給那名法國人。「拜託你，」他向這位朋友說道，「把莉妲引見給馬士。但我們得好好思考怎麼進行。也許可以邀請他們倆和你的女友碧盧塔（Biruta）一起去聽音樂會？這麼做再自然不過了，絕不會引人懷疑。」這安排非常巧妙。碧盧塔是羅曼的眾多女友之一，她是個會說法語的芭蕾舞者，所以有需要的話也能幫忙口譯。來得稍遲的馬士於莉妲旁邊的空位坐下。兩人成功結識。威廉就此以高雅姿態重返烏克蘭政壇。[24]

馬士將一份艱鉅的任務托付給莉妲。他說自己和手下正藏匿一位飛機被擊落的英國空軍，並問莉妲能否為這位飛行員弄來德國身分文件。而她也成功向一位已退出德國武裝部隊的烏克蘭人取得身分證件，並交給馬士。[25]這份任務很可能是個考驗，莉妲也通過了。被擊落的飛行員未必真有其人，但重點在於莉妲已證明自己與武裝烏克蘭人確實有接觸。

莉妲無疑明白威廉的算計，她和數千名曾為德國共犯的烏克蘭人一樣，現在唯一的希望就是靠攏西方。她讓威廉與馬士搭上了烏克蘭民族主義者組織裡其中一個派系的領袖：麥羅斯拉夫．普羅科普（Myroslav Prokop）。威廉深入烏克蘭政局的險峻之處，協助民族主義者與西方列強進行首次尷尬的對話。儘管雙方會面肯定窘迫，但彼此既能接觸就代表希望隱約存在。威廉記得，當初於一九一八年，烏克蘭人根本沒有管道能接觸打贏戰爭的西方列強。那時烏克蘭只被當作德國帝國主義的殘餘，在巴黎、倫敦或華盛頓都罕有人支持。威廉希望，這一次烏克蘭不必再為德國陪葬。[26]

在維也納，威廉為了實現讓烏克蘭聯手西方列強的願景而賭上自己的性命，他再次成為了烏克蘭人。他揮別曾讓自己站在德國那方的種族主義，回歸自己選定的民族，也再次相信民族身分關乎自己的選擇。

在日維茨的艾伯赫特和艾莉絲則始終都拒絕種族的觀念。艾伯赫特堅持自己是波蘭人，因此鋃鐺入獄。一九四二年一月，受蓋世太保審訊的愛麗絲也曾稱自己的波蘭民族身分認同是關乎個人的政治道德。「我視自己始終如一，」她說道，「我認為自己屬於波蘭人群體，我只能表達我對波蘭人無畏態度的景仰。」她對納粹深惡痛絕。「每當有人問我對國家社會主義的看法，我只能回答我拒絕它，因為它剝奪了個體的自由。」[27]

德國政策依循的原則恰恰相反：民族便是種族，種族由生物因素決定，故是由科學決定，而事實上就是國家決定。一九四〇年，德國人制定了一套「人民種族名錄」（Volksliste）。第一類是「帝國德國人」，包含經認定在種族、文化及政治上屬於德國人者。艾伯赫特和愛麗絲拒絕進入種族名錄。波蘭人沒有財產權，所以他們拒絕德國身分，就是給了德國將其財產收歸國有的理由。身兼親衛隊領袖與強化德意志民族專員（Reich Commissioner for the Consolidation of German Nationhood）的海因里希・希姆萊（Heinrich Himmler）抓住這個機會，要送他們全家去德國新教區域深處的強制勞動營，遠離維斯瓦的天主教波蘭人（據警方報告，這些波蘭人很喜歡愛麗絲和女孩們）。[28]

並非所有納粹高層都與希姆萊意見一致。希姆萊的得力副手萊茵哈德・海德里希（Reinhard Heydrich）就並不想眼睜睜看著哈布斯堡家族被送進勞動營。可是他於一九四二年五月卻被捷克斯洛伐克的反抗運動暗殺，不能再出主意了。並非希姆萊的所有下屬都同他一樣對波蘭的哈布斯堡家族懷有特殊敵意。當地的親衛隊便拒絕進一步審問艾伯赫特，並於內部信件中尊稱他為「大公」。親衛隊似乎覺得蓋世太保處理此事的方式太過野蠻。[29]

但他們的老大希姆萊卻自有堅持，至少表面上看來是如此。一九四二年十月，愛麗絲、艾伯赫特及他們的兩位女兒被送到德國斯特勞斯堡（Straussberg）的勞動營。就算到了那裡，納粹的掌控仍不算是天衣無縫。外國勢力抗議艾伯赫特因受到審訊摧殘，太過病弱而無法工作。他出獄時不僅瞎去一眼，還四肢半殘。德國人允許他的兩個女兒到維也納求學，無疑是為了向哈布斯堡的境外支持者示好。獲准就醫的艾伯赫特也於一九四三年初與她們一同在維也納待了段時間。他於那年夏天回到勞動營，愛麗絲認為他仍然「精神很好」，但健康狀況似乎沒有好轉。只有愛麗絲一人整年都待在勞動營，並且拒絕挖馬鈴薯。她解釋說，這並非因為挖馬鈴薯有損尊嚴——恰恰相反，那是因為她絕不願意為希特勒的帝國效力。兩個女兒也因表現出差不多的態度而遭退學，最後改在維也納從事強迫勞動。一九四四年三月，美國開始空襲維也納，那時瑪麗亞．克里斯蒂娜正擔任護士助理。[30]

就算剷除了波蘭的哈布斯堡家族，德國人還是無法確立日維茨莊園的法律地位。那裡的莊園不只是單一地產。德國人想要透過法律手段收歸國有的，是分別由艾伯赫特和里奧擁有的兩組不同地產，兩者在一九三〇年代由同一組經理人統一管理。德國人也統一經營啤酒廠和木材企業，但若要將兩者都收歸國有，他們就不僅得收歸從艾伯赫特手中奪來的財產，也得收歸里奧的財產。可里奧卻讓這筆交易更加複雜，因為他可能是德國人，還確定已經死亡。他已經在一九三九年四月死於肺結核。

里奧沒有留下遺囑，所以他的財產全數由妻子瑪亞繼承。她自然不願讓當局把自己的土地連同艾伯赫特的財產一同沒收。瑪亞的理由充分，她的德國人身分無庸置疑，而且還有人脈撐腰。她有個姊夫會與德國空軍司令兼帝國高官赫爾曼．戈林（Hermann Göring）一起打獵。瑪亞寫信給希特勒本人，說自己只是個帶著五個德國孩子的德國寡婦，且「深陷苦難和無法言喻的絕望之中」。[31]

希特勒和希姆萊對這個複雜的情況惱怒不已，他們一心只想沒收財產並羞辱哈布斯堡家族。一九四一年，希姆萊宣稱，縱使有種種證據，瑪亞仍不應被視為德國人，因為希特勒想要讓德國政府沒收這份財產。但該指令並未執行。[32]

親衛隊反而在一九四二年彙整了一份有關瑪亞國籍／民族身分的詳細報告。裡面引用了五位德國官員對此事的說詞，每個人的答案都不一樣，但又完全合理。第一人說她生來是德國人，而她也選擇要當德國人；第二人說她是德國人，但他對於哈布斯堡家族是否應持有財產不予置評；第三人說她是德國人，但未信仰納粹；第四人說她是貴族，所以不屬於任何民族；最後一人則說這個問題在檔案裡找不到解答。瑪亞缺乏親衛隊眼中的正常政治承諾，這讓他們很困擾：瑪亞對種族和反猶太主義沒有興趣，也承認她絕不會將自己的孩子培養成納粹分子。然而親衛隊最後還是斷定了她屬於第二類德國人，即德裔外籍人士。這表示她能享有財產權。[33]

一九四三年五月，希特勒自行接手此事。他下令將瑪亞的財產連同艾伯赫特的一起充公，不予補償。希姆萊給出的解釋如下：她與「叛徒」艾伯赫特太過親近了。先不論他的消息有誤，這種連坐說詞究竟不符合種族意識形態與德國法律（就應用在德國人身上而言）。地方官員又一次拒絕遵從元首的命令。瑪亞畢竟可能是德國人，他們不願沒收她的財產。希特勒建立了一套自己都未必能逾越的種族制度。[34]

到了此時，德國人也因自家的政策而意識到，定義種族的不是生物學，而是由官僚說了算。一九四二年，當局開始於日維茨等併入帝國的地區推行一項新的種族政策，由德國官員挑選高大又美貌的波蘭人送去德國進行文化同化。根據這項名為「德意志化」（Eindeutschung）的政策指南，蒐羅來的個人不一定得是經認證的德國人出身。該國家政策的目的在於將其他民族的人轉變為德意志人，但並不適用於當地猶太人。猶太人此時已被遣送至波蘭總督府，並從一九四二至一九四三年又被送往死亡營。在位於華沙東北方的特雷布林卡（Treblinka），大約有八十萬波蘭猶太人慘遭殺害。而在僅位於日維茨北方四十五公里處的奧斯威辛（Auschwitz），更有一百萬歐洲猶太人死於毒氣。[35]

種族既然是由官僚決定，各機構的爭端自然因此而生。至一九四三年，經手哈布斯堡家族問題的各部門還在爭吵不休。可到一九四四年，官僚間甚至沒了爭執的空間。那年五月，帝國安全總局（Reich Security Main Office）*的檔案被空襲燒毀，那幾年受到愛麗絲和威廉默默打氣的飛行員也無意間幫了哈布斯堡一把。官員少了文件檔案，也就無法回顧先前處理各哈布斯堡家族成員的進度及細節了。[36]

德國官員沒有放棄。即便檔案遺失、電話線路中斷，職員仍緊跟著他們手邊現有的線索。一九四四年五月，他們在瓦多維采（Wadowice）小鎮找到某個叫作羅默（Romer）伯爵的人。此人在戰前就認識里奧，他也許能透露一些有關里奧民族身分的消息。他說的話或有機會幫助德國人判定里奧妻小所屬的民族，進而加快決定財產的處置。[37]

戰爭至此地步，官員竟然還糾結於這種事。一九四四年夏天，美軍偕盟國登陸諾曼第，蘇聯也攻入戰前的波蘭領土。然而在當年九月，德國地方官仍堅持認為，將日維茨財產收歸國有一事「不純然是在總體戰期間可推遲的形式問題，而是為了簡化行政而必須處理的緊急事項」。地方當局要求希特勒再次親自做決定，但他已分身乏術。於是上頭命令地方官員「暫且」接受目前的「不確定」狀態。可之後就再無暫且。一九四四年，同盟國軍隊從東、西、南近逼。一九四五年春，希特勒的千年帝國僅十二年便結束了。[38]

事實證明，希特勒的種族王朝比哈布斯堡的家族王朝更加易碎。實力看來懸殊的雙方交手之後，是由哈布斯堡撐到最後。希特勒於一九四五年四月三十日自殺身亡。幾天後美軍便解放了艾伯赫特與愛麗絲所在的斯特勞斯堡勞動營。紅軍同時間也迅速西進。甚至在哈布斯堡招呼美軍之時，蘇聯軍官就已經在一家人的波蘭城堡裡入眠。紅軍解放了日維茨，而蘇聯對於如何處置財產、政治及哈布斯堡家族自有一套想法。

一家人的第二個家維也納也是由紅軍解放。維也納曾是哈布斯堡首都，日維茨曾為哈布斯堡所有，兩者後來分別成了奧地利及波蘭共和國的城市，再來又被希特勒收歸於德意志帝國，現在竟雙雙落入史達林的掌控。

一九四五年五月八日，史達林取代希特勒成為中東歐的霸主。他曾宣告此戰絕不同於以往，贏家將能在其軍隊所及之處施行自己的政治體系。紅軍在德國及奧地利與西方盟國相會，由各自的警察及情報部門劃分出各個占領區。愛麗絲與艾伯赫特匆匆從斯特勞斯堡趕往維也納尋覓女兒，兩人這是從美國區進入了蘇聯區，因此也冒著一定風險。蘇聯警察——尤其是軍方的反情報機構（SMERSH）——只要認定了誰是蘇聯政權的敵人，就絕不會猶豫逮捕對方。

威廉留在威也納。在一九四五年四月紅軍進城之後，他無疑一直低調行事。威廉把自己的性命賭在這處（至少暫且是）聽令於蘇聯的地方。蘇聯的秘密警察與軍事情報組織在背後嫻熟積極地工作。他們以遠超出先前德國人的效率拔除了波蘭及烏克蘭抵抗勢力。愛麗絲在波蘭家鄉軍裡的盟友也不是蘇聯人

---

* 譯註：親衛隊掌控警察與各種黨國安全情治單位的核心機構。

馬的敵手。

在波蘭等全境都由紅軍解放的國家，蘇聯提議由臨時政府統治，而在各臨時政府中勢力龐大的共產黨人後又使出各種手段漸漸徹底掌控國家。奧地利的西部和南部是由英美解放，蘇聯在這裡也想故技重施，先任用一位非共產黨員來作為臨時政府的傀儡首長。但他們的伎倆這時出了差錯。蘇聯將組成政府的責任托付給卡爾·倫納（Karl Renner），但他並未偏袒共產黨，還指派了兩大黨（現在叫作社會民主黨與人民黨）與奧地利共產黨一同組成政府。一九四五年春，蘇聯與英、美兩國先後承認此臨時政府。

奧地利兩大政黨一改先前立場，毫不含糊地支持奧地利共和國的民主制。社會民主黨與人民黨的領袖知道，自家政黨有機會在公平自由的民主選舉中勝出，蘇聯扶植的奧地利共產黨則無。共產主義在奧地利從未受過歡迎，還很快就因蘇聯占領而名譽掃地。蘇聯當局將占領區的所有財產一概視為「前德國財產」，所以理當沒收充公。而蘇聯軍隊最令人銘記的暴行就是強姦數以萬計的婦女，在維也納犯下先前於布達佩斯和柏林做過的骯髒事。蘇聯於施瓦岑貝格廣場（Schwarzenbergplatz）為無名紅軍英雄修建了一座紀念碑，隨後維也納人還發揮這座城市的黑色幽默，說那面碑是為了紀念「無名的父親」。由於民選程序公正、投票率也高，奧地利共產黨在選舉中始終沒有贏面。

現支持奧地利民主制的兩大黨一個立場中間偏左，另一個中間偏右，對他們來說，參與民主選舉的機會是戰爭帶來的意外驚喜。曾於一九三四年遭禁的社會民主黨很樂意回歸政壇，而前身實際上為祖國陣線的人民黨還能參政更已算是走運。在歐洲別處，蘇聯一口咬定所有右派政黨都是德國的共犯，但他們在奧地利不太能這麼做。眾所皆知，祖國陣線曾於一九三八年為捍衛奧地利而設法抵抗納粹。人民黨戰後的領袖利奧波德．費格爾（Leopold Figl）在戰爭期間則有大半時間都待在集中營。此外，美國、英國和法國人明顯都想要推行民主制。因為奧地利也由這幾國占領，所以蘇聯無法輕易決定誰可以參與選舉。[39]

共產主義隨紅軍而來，民主制度隨英美而來，奧地利則處於兩者中間。出生皇室又有復辟抱負的威廉決定支持人民統治。一九四五年五月，德國投降之後，威廉就立即投身奧地利民主政治。威廉當了一輩子的君主主義者，現改為支持奧地利共和國；在畢生都信奉帝國之後，又接納了奧地利民族國家；在多年哀嘆民主只是蘇聯陰謀的幌子之後，甚至還加入了人民黨。他背後有人指點。威廉的聯絡人馬士已前往法國，但在離開前仍不忘為威廉引薦一位自稱為雅克．布里爾（Jacques Brier）的同事。布里爾請威廉為人民黨和法國名為「人民共和運動」（Mouvement Républicaine Populaire）的中間偏右派政黨居中斡旋。而威廉似乎曾將法國情報官員介紹給人民黨的高層。他以自己獨有的手段完成了歐洲大半地區於德國投降後正推行的舉措：將非常不民主的破碎過往，拼湊成一套民主行動的綱領。[40]

奧地利規劃於一九四五年十一月舉行民主選舉，此承諾多少是為了讓眾人的注意力轉離一個更大的問題——舉國的命運未定。只有一件事是肯定的：德奧合併結束了，奧地利會脫離德國成為獨立國家。英國、美國及蘇聯已於一九四三年就此達成共識。一九四五年七月，隨著邱吉爾領導的英國政府垮臺，奧地利重採君主制或成為某種中歐聯邦中心的可能性已趨近於零。奧托．哈布斯堡在戰爭期間大多待在美國，但也未能替自己的多民族聯邦（以哈布斯堡為首）理想爭取到實質支持。就這樣，盟國普遍同意讓奧地利採取共和制，雖然他們對此制度各有表述。蘇聯認為，真正的共和國是由共產黨代表工人階級統治國家。其餘盟國則相信共和國應採自由選舉以實現民主的權力輪替。蘇聯在同意舉行選舉之處，都預期地方盟友能偽造選舉結果。

一九四五年七月，同盟國將奧地利劃分為四個占領區，分別為蘇聯、美國、英國以及阿爾卑斯山遙遠西部的法國占領區。首都同樣也由四國占領。英、法、美當局於八月進入維也納。威廉肯定很開心自己剛好身處維也納的英國區。在他看來，自己的冒險是為了實踐美好的抱負，先是在戰爭期間與西方情報機構合作，接著又為了此後的民主奮鬥，現在終於可以享受好結果了。威廉在五、六月曾為了民主犯險，他現在不僅能以自己為榮，也能不必顧忌蘇聯憲兵，在英國相對安全的庇護下好好放鬆。那年秋天，隨著社會民主黨和人民黨展開競選活動，他也能親眼見證民主水到渠成。威廉心情很好，他寫了幾封溫暖的信給女房東，還帶著同棟住戶的孩子們去游泳。十一月，他告訴女房東，自己在漂泊一生之後，已準備好安定下來。他現在已經五十歲，也許是時候了。[41]

就在威廉似乎於奧地利覓得落腳處之際，他的家人也找到了出路。艾伯赫特與愛麗絲既然已和女兒瑪麗亞及雷娜塔重聚，留下來並無好處。我們尚不清楚艾伯赫特是否曾於維也納聯絡弟弟威廉；多年之後，瑪麗亞．克里斯蒂娜也沒有兩人曾經見面的印象。無論答案為何，兩兄弟各有志向。艾伯赫特一家子是波蘭人而非奧地利人，他們回到波蘭，儘管明知道這個國家已由紅軍占領，並由共產黨掌控。這時他們大可以逃到某個自由的歐洲國度，也許前往還有親友的西班牙或瑞典，但他們卻選擇返回波蘭。一家人看著共產黨鞏固權力，先後操縱一九四六年的公投及一九四七年的普選結果。

回到奧地利，威廉的政黨在一九四五年十一月的選舉中獲勝。人民黨得到近乎一半的選票，險勝緊追在後的社會民主黨。奧地利共產黨得票率則只有五．九％。隨後人民黨在由蘇聯解放的首都組成了政府。蘇聯人無所適從。但在波蘭——共產黨絕無可能贏得自由選舉的國家，蘇聯卻能幫他們恐嚇對手並偽造結果，他們也確實這麼做了。奧地利共產黨沒有控制重要部會，新政府還受到英美的熱烈歡迎。同盟國突然失去了共識，國家前途未卜。一九四六年三月，邱吉爾至美國演講，並以「鐵幕」一詞形容東西歐的分裂。這道鐵幕似乎直接穿過了維也納。[42]

奧地利即便由四個強權占領，處境還是遠遠好過烏克蘭，畢竟烏克蘭已被蘇聯徹底吞併。蘇聯人重新征服了戰前的烏克蘭共和國，再度吞併他們靠著一九三九年德蘇互不侵犯條約取得的領土，其中也包含舊哈布斯堡的加利西亞省東半部。在這片加利西亞（或西烏克蘭）土地上，烏克蘭民族主義者組織的游擊隊仍在頑強抵抗蘇聯統治，盼能擊敗這支才剛剛戰勝德國的軍隊。他們亟需援手。

一九四六年，威廉本可以退休賦閒，好好享受奧地利成功的果實，他卻選擇要出一分力。他又設法搭上了法國情報部門。威廉似乎也告訴聯絡人布里爾，自己還是能幫忙為西方情報機構與烏克蘭民族主義者牽線。一九四六年初，布里爾為威廉引見一為自稱為尚．佩利西艾（Jean Pélissier）、且在法國海軍擔任上校的法國人。佩利西艾說自己前來是為了替法國政府執行特殊任務。法國有意與烏克蘭民族主義者合作，也願意空降人力、協助於蘇聯領土上進行政宣，以換取有關蘇聯的情報。

威廉願意介紹自己的戰時烏克蘭聯絡人給法國差遣。他提議讓莉妲（威廉與羅曼在戰爭期間認識的烏克蘭活動人士）為佩利西艾引見她的烏克蘭民族主義組織同夥。然而維也納再也不見莉妲蹤影，她已因忌憚紅軍而繼續西逃，與其他幾千名烏克蘭民族主義者一樣落腳巴伐利亞——德國的美國占領區。威廉一得知此事，便猜想也許能說服羅曼前去把她找回。[43]

就這樣，威廉讓朋友羅曼・諾沃薩德重拾了情報工作。羅曼和威廉一樣曾於德國占領期間冒過極大風險。現在蘇聯得勢，他的弱點比自己的老友還多。羅曼年紀尚輕，沒有額外的穩定收入，拿的也是波蘭護照——這表示他隨時會被送回那個正在快速共產化的國家。而羅曼出生於已併入蘇聯的加利西亞，所以他也很可能直接被遣送回該處。羅曼仍對自己的前途有計畫和憧憬。他想要完成學業，想成為指揮或作曲家。潛在的代價太高了。

儘管如此，在佩利西艾請羅曼前往巴伐利亞尋回莉妲時，他二話不說就答應了。這是為什麼？只因為他勇敢又愛國。至目前為止，威廉一直是他的良伴，也總為自己帶來好運。或許羅曼也對莉妲（她表面上楚楚可憐，結果竟是個機智過人的民族主義者）有了感情。佩利西艾交給羅曼一張法國占領區（位於奧地利西部，巴伐利亞以南）的特殊通行證。他寫道，波蘭公民羅曼欲過境因斯布魯克（Innsbruck）指揮演奏會。這樣的說詞不僅掩去了他前往法國區的原因，也掩蓋了他的烏克蘭民族身分。[44]

羅曼是個能幹的信使。他順利抵達法國區，接著從因斯布魯克飛往慕尼黑。他在專門收留流離失所人士的營區找到了莉妲，在這樣混亂的時局還能達成任務可是一大成就。羅曼告訴莉妲法國當局想會見烏克蘭民族主義組織的高層。她則告訴他可以去找重要的民族主義人士米科拉・雷貝德（Mykola Lebed）。羅曼回到法國區，按安排在一家旅館的前臺留下字條後回到維也納的家。字條被轉交給法國情報部門，情報人員隨後便準備與雷貝德會面。

一九四六年五月十五日，佩利西艾於因斯布魯克郊外樹林中的一座小鎮會見雷貝德。為了營造可信的印象，布里爾、羅曼及莉妲也全都在場。不過實質討論就只是法國情報人員佩利西艾與雷貝德之間的事了。多虧有威廉、羅曼及莉妲，這樣一位重要的烏克蘭活動人士才能接觸到西方情報機構。一行友人無法料到接下來的局勢走向，但他們知道，自己成功幫烏克蘭民族主義者爭取到他們可能會錯過的一席之地。雷貝德最後效力於美國人。[45]

羅曼絕對料想不到自己的付出會有何成果，但他確實樂在其中。從羅曼負責的任務可見，他很喜歡冒險，尤其是牽涉到女人的時候。他不僅追蹤莉妲到了巴伐利亞，還似乎曾跟蹤過在那次任務中被派來監視他的女官員。羅曼是在因斯布魯克往慕尼黑的航班上第一次注意到了這個迷人的法國女人。在巴伐利亞，她巧妙地插手幫忙羅曼向美國人解釋他要在占領區做些什麼。幾週後，彷彿偶然似地，他又在維也納愛樂的演出中見到了她。接著兩人開始一起去音樂會，她也邀請他到自己的公寓共進晚餐。

威廉建議這位年紀還輕的朋友小心為上。若這女人真是法國情報員，那羅曼就是在暴露自己的私生活，任由情報局處監看。他也有可能是在踏入傳統但魯莽的性愛陷阱，冒著讓自己為法國所用的風險。儘管威廉願意與羅曼共患難，但他還是盡力照看朋友。也或許他只是嫉妒罷了。

威廉對法國的情感並不盲目，也不會意氣用事。他自己在巴黎的歲月是以出盡洋相作結。但在戰爭期間，威廉已清醒和成熟到足以看見法國與烏克蘭結盟的可能性。他認為西方列強（法國是其中之一）與烏克蘭運動之間存在特定的共同利益。他知道德國已經戰敗，而蘇聯除了恢復自身權力及鎮壓民族抵抗勢力之外，在烏克蘭並無任何好處。他認為法國、英國和美國會是戰後烏克蘭最好的靠山。[46]威廉想對了，烏克蘭確實沒有其他可能的靠山，但他也許對巴黎、倫敦和華盛頓的能耐懷抱了太高的期望。後來幾年，雖然有些烏克蘭民族主義者得到西方情報部門的支援，但美國、法國及英國卻不敵蘇聯的反情報能力。蘇聯常能事先掌握烏克蘭人的空降地點。在西方援助下越過蘇聯邊境的烏克蘭人多半都被逮捕、折磨與槍殺了。

烏克蘭的最大希望仍然相當渺茫。威廉於維也納繼續為法國情報局處招募烏克蘭民族主義者，但他卻幾乎不曉得烏克蘭民族抗爭已絕望至何種境地。蘇聯回到了西烏克蘭，打定主意要摧毀抵抗勢力。蘇聯特種部隊聽令於尼基塔·赫魯雪夫（Nikita Khrushchev），並受命要比對手烏克蘭游擊隊更加殘忍，以達更好的嚇阻之效。這標準很高，畢竟烏克蘭抵抗勢力殺害他們認定對民族事業不忠的波蘭人、甚至烏克蘭人都絕不手軟。但最終蘇聯軍仍成功將夠多的屍體大卸八塊、燒毀了夠多村莊、驅逐了足夠的家庭，擊敗了他們的敵人。國家機器是站在他們這邊的。

莫斯科為確保境外勢力無法利用烏克蘭問題來對付他們，也推行無情的人口與土地匹配政策。從一九四四至一九四六年，大約有一百萬波蘭與烏克蘭人口在兩年內分別被強制驅離到西邊的共產波蘭與東邊的蘇屬烏克蘭。此舉是為了削弱烏克蘭民族主義組織的支持。在波蘭的那一邊，執政的共產黨對境內的烏克蘭人大行種族歧視。有位波蘭將軍就曾用彷彿在暗指猶太大屠殺般的語氣提議「一勞永逸解決烏克蘭問題」。此人也是一九四七年最後一次遷移的指揮官之一。該末次行動將波蘭剩餘的烏克蘭人從東部與南部迫遷至西部與北部，其中也包含日維茨周圍馬鞍山脈的居民，那是威廉首次聽聞烏克蘭語之處。[47]

烏克蘭的理想並未消亡，畢竟蘇聯仍統治著這個以此為名的共和國。蘇屬烏克蘭的國土從東部草原綿延至喀爾巴阡山脈，幾乎納盡烏克蘭愛國人士在一、二戰中主張擁有的土地，它也是蘇聯第二重要的共和國，僅次於俄羅斯。然而烏克蘭民族主義者為這片土地爭取真正國家獨立的鬥爭注定失敗。眼前蘇屬烏克蘭境內的蘇聯軍隊勢不可擋，反遊擊戰術也殘酷異常，他們終究於一九五〇年代初期於蘇聯境內落敗。

為擊潰烏克蘭民族起義，蘇聯聯手波蘭共產黨，一起抹去了哈布斯堡舊王土加利西亞的多元民族痕跡，這片土地現在由蘇聯及共產波蘭切分。在波蘭的一側只會有波蘭人，烏克蘭的一側則只有烏克蘭人。猶太人已於大屠殺中魂斷德國人之手，而本地德裔人口如今也被驅趕到德國。哈布斯堡開創的多民族加利西亞熬不過希特勒和史達林的摧殘。

至一九四八年，具多重效忠和模糊民族身分的哈布斯堡歐洲似乎壽數已盡。哈布斯堡的波蘭世系隨著先祖打造的歐洲一同消逝。史蒂芬的兒女不是已經死亡，就是放棄了波蘭——無論是有意或出於無奈。女兒雷娜塔已於一九三五年去世，伊蓮諾拉則與丈夫克勞斯住在奧地利，美荻黛與丈夫恰托雷斯基於戰爭期間便逃至巴西避難。德國人向她道別的方式很奇怪。她在持波蘭護照過境德國時被一名德國警察攔下。「哈布斯堡？」對方注意到她的娘家姓氏，便問道，「聽起來真像猶太人。」在流亡巴西那段時間，美荻黛還得費勁解釋自己不是德國人，而是奧地利血統，且她的身分認同為波蘭人。里奧於一九三九年去世，雖然他與妻小大概是最有資格能稱為奧地利或德國人的了，但多虧早逝，他的身分永遠沒有定義。[48]

一九四〇年代末，愛麗絲與艾伯赫特想留在波蘭繼續當波蘭人。波蘭共產政權拒絕歸還他們先前遭德國沒收的財產——土地與啤酒廠。艾伯赫特和愛麗絲當初正是因為效忠波蘭才失去了家族財產，現在卻再度被一個自稱為波蘭的新政權剝奪了家產。而選定了波蘭、曾為波蘭奮戰、曾為波蘭而受酷刑的艾伯赫特，現在竟被新的波蘭當局稱為德國人，這實為莫大羞辱。傷心病弱的他離開了這個國家前往瑞典，愛麗絲希望那裡的醫生能助他康復。女兒們也一起移民。

愛麗絲往返於瑞典與波蘭之間，仍在想辦法拿回家產，卻仍是徒勞。一九五一年，她人在波蘭時得知了丈夫的死訊。後來就連愛麗絲也放下了執著。她為了愛她的男人而成為波蘭人，嫁入驕傲的王室家族，成為哈布斯堡在波蘭的最後一人，最終回到了自己的出生地瑞典。

至於威廉——烏克蘭的哈布斯堡——在這個種族界定分明、打著階級戰爭的新歐洲，接下來又會有何際遇？一九四七年，他在維也納找到了調節奧地利及烏克蘭兩種身分的方法。他接受奧地利的民主、支持奧地利的政黨，同時間也盼望烏克蘭能度過難關、脫離蘇聯掌控。他以奧地利為家，但仍對烏克蘭懷抱夢想。就算蘇聯人於一九四七年為了獵捕烏克蘭間諜而搜遍維也納的大街小巷，他仍願意與烏克蘭友人同生共死。若奧地利能夠恢復主權、脫離四國占領，那麼他就安全了。若烏克蘭能夠脫離蘇聯強權，他就會成為英雄。

威廉肯定明白，倘若蘇聯在兩個國家久待，自己就得消失於維也納的街頭，也消失於歷史的書頁上。

# 橙色　歐洲革命

維也納是音樂之都——只要音樂不太大聲的話。維也納人對於晚間的寧靜自有執著，這點長久以來一直受慣例與法律約束，他們對於報警檢舉違規絕不遲疑。世代以來，每每外國人正在派對裡渾然忘我時，門外響起的一陣猛烈敲門聲都會嚇他們一跳。維也納警察態度有禮卻強硬，有時還會把人帶走。一九四七年春天的一個夜晚，威廉和羅曼都認識的烏克蘭難民瓦西里・卡喬洛夫斯基（Vasyl Kachorovsky）因擾亂治安而被捕。這位年輕人通夜未眠，歌舞著慶祝生日——但這會是他的最後一次。

卡喬洛夫斯基是間諜，是效力於法國軍情部門的民族主義者。他代表著典型的烏克蘭人故事。一九三九年，他寸步未移便赫然發覺自己已處於蘇聯領土。柏林與莫斯科於一九三九年八月簽訂互不侵犯條約，其中一條密約便允許蘇聯占去一半波蘭，包含舊哈布斯堡的加利西亞東半部、利維夫市，還有五百萬名烏克蘭人。在這片土地併入蘇屬烏克蘭後，烏克蘭民族主義者便往西逃。要是他們繼續待在史達林的掌控之中，就是在冒著長年流亡西伯利亞與哈薩克的風險。

卡喬洛夫斯基在一九四〇年抵達維也納，並於德國軍情部找到一份無線電操作員的差事。至那時，奧地利當然早就被希特勒的德國給併吞。已擊敗波蘭與法國的德國也成了歐洲霸主，於是希特勒開始打東方的主意，計劃要入侵蘇聯。他相信自己勝券在握，此役注定會是德國在歐洲的最終戰。待德國於一九四一年六月大舉侵蘇之時，卡喬洛夫斯基的烏克蘭母語也將能於德國部隊進入蘇聯時派上用場。結果德國既沒有復甦烏克蘭也未能擊敗紅軍，粉碎了卡喬洛夫斯基等烏克蘭民族主義者的希望。一九四三至一九四四年蘇軍推進，讓烏克蘭更是陷入兩難。隨著蘇軍於東線擊敗德國，蘇聯也重新吞併整個蘇屬烏克蘭，包含德國曾以條約授予他們的土地。卡喬洛夫斯基的家鄉東加利西亞再度成為蘇屬烏克蘭的西半部。一九四五年五月八日德國投降之後，卡喬洛夫斯基等烏克蘭人也無法回家了。在蘇聯眼中，這些人的罪孽比以往更加深重——他們不只是民族主義者，更是德國共犯。蘇聯勢必會審訊及處決他們。

威廉在戰爭期間瞭解到，這些男男女女的唯一希望就是換邊站，改為尋求西方盟友的支援。當然，與德國合作的紀錄令他們難以博得美國人、法國人和英國人的同情。但隨著共產主義於一九四六年席捲東歐，西方強權也意識到他們得更加瞭解蘇聯，於是他們開始招攬卡喬洛夫斯基這類烏克蘭人（有時也有威廉相助）。卡喬洛夫斯基就如先前的莉妲，他先是認識羅曼，羅曼將他介紹給威廉，威廉接著再協助他聯絡上法國人。

一九四六年八月，法國人請卡喬洛夫斯基觀察蘇聯軍方在奧地利、匈牙利及羅馬尼亞的舉動。此時共產黨正於後兩個由紅軍占領的國家進行權力鬥爭，且不消多時就占了上風。雖然卡喬洛夫斯基埋怨自己不懂匈牙利語和羅馬尼亞語，但他還是盡全力招募當地線人。一九四六年十二月，法國給了他奧地利證件讓他繼續住在維也納，同時視需要令他前往布達佩斯和布加勒斯特。

至一九四七年初，蘇聯軍方令人聞風喪膽的反情報部門SMERSH緊緊盯上了卡喬洛夫斯基。

蘇聯士兵至少曾有一次想在維也納大街上把卡喬洛夫斯基塞進汽車後座，但壯碩的他成功逃脫了。如今在派對之後，奧地利警方把一頭霧水、困倦、大概還醉醺醺的卡喬洛夫斯基交給了蘇聯人。就這樣，維也納警方在偶然之下拘留了一位蘇聯占領當局正急尋的對象。在市裡握有實權的蘇聯人有時會告知奧地利警方他們的通緝對象，並主張有權逮捕及審問他們要找的任何人。無論是動用何種手段，蘇聯通常都會找到想抓的人，現在竟因一次喧鬧的派對和不耐煩的鄰居逮到了卡喬洛夫斯基。

他開口供出名字。卡喬洛夫斯基於維也納南方巴登的蘇聯總部接受訊問，並供出了驚人消息。他說，讓自己接洽到法國情報部門的人，正是威廉．馮．哈布斯堡與其友人羅曼．諾沃薩德。紅王子曾分別於一九一八年的烏克蘭和一九二一年的奧地利與蘇聯為敵，後於一九三五年醜聞纏身，烏克蘭政治生涯似乎盡毀。但他回來了。威廉已對抗蘇聯一年多，但一直沒有暴露身分。現在蘇聯人抓到了第一個自願的證人。卡喬洛夫斯基大概以為只要交出威廉與羅曼就能保住性命，但他想錯了。蘇聯人殺了他。卡喬洛夫斯基是在四國占領維也納期間於維也納街頭永遠蒸發的數千人之一。人們憑空消失，跌入蘇聯權力的深淵，跌入奧地利警方及國家的有限權威不可及之處。[1]

下一個輪到羅曼了。一九四七年六月十四日，蘇軍於維也納的英國區將他綁走。根據奧地利警方紀錄，羅曼是「被不知名的平民綁入私人汽車載走，車牌為W2038」。當局用該車牌追查到一名蘇聯少校——此後奧地利當然查不下去。奧地利有自由選舉與民主政府，但政府對自家領土卻無主權。那名叫作貢恰魯克（Honcharuk）的蘇聯少校於巴登審問羅曼。不出三天羅曼就承認自己與威廉有往來，說出了他們效力於西方情報局。八月十九日，羅曼如此定義自己與威廉的關係：「我們把彼此當作朋友信任。」[2]

沒有信任，兩人就不可能成功密謀。但如今，被第三人出賣的兩名友人將於蘇聯獄中團聚。次日，即一九四七年八月二十日，蘇聯決定要逮捕威廉。他一定已經開始害怕了。先是卡喬洛夫斯基突然消失，朋友羅曼又接著失蹤。威廉在法桑街的公寓裡肯定很孤獨，他完全有理由做最壞的打算。八月有一天，威廉離開了平常處理他的三個小生意的辦公室，告訴同事自己要出門吃午餐。看來他接著便朝最近的火車南站走去，卻沒搭上火車。奧地利警方的報告同樣寫道：「一九四七年八月二十六日下午兩點鐘，在火車南站閘門處，有名外表符合威廉．哈布斯堡描述的男子遭三名以一位少校為首、且穿戴紅袖章的蘇聯士兵逮捕到蘇聯指揮所。」[3]

接下來四個月，貢恰魯克少校都在巴登訊問威廉。依照蘇聯的標準，威廉受到的待遇已經算好了。別的囚犯得共用碗盤，但威廉有自己的餐具，甚至還有專屬毛毯。但他仍是面容憔悴。患有肺結核及心臟問題的威廉須定期就醫，現在卻被蘇聯剝奪了應有的照料。在威廉被抓獲的四個月後，他與羅曼等囚犯於一九四七年十二月十九日一起搭上飛機，大家都注意到了他稀疏的頭髮、充滿恐懼的眼神，還有顫抖的聲音。飛機於維也納附近的阿斯本（Aspern）小型機場起飛後，威廉曾問一名德國囚犯第三次世界大戰是不是要開打了。

在那樣的時空背景下，這個問題一點也不奇怪。一九四七年，沒有人知道冷戰在未來不會升溫。美國已透過馬歇爾計畫為歐洲國家提供大量援助，但蘇聯也下令其東歐附庸不得接受。美國總統哈利．杜魯門（Harry Truman）曾宣布美國將採一切必要手段阻止共產主義蔓延至希臘。史達林忌憚美國及英國

Jonathan Wyss, Topaz Maps

會設法插手巴爾幹。好幾千名武裝分子仍在波蘭、西烏克蘭及波羅的海抵抗共產主義。許多人知道他們需要外援，因此也夢想著第三次世界大戰爆發，盼望英美侵略蘇聯。數百萬歐洲人好不容易熬過了希特勒帝國，卻又落入史達林之手。他們難以接受英美竟會棄己於極權統治下而不顧。[4]

至飛機降落利維夫前，威廉已不再思考未來，而是開始回顧過往。當晚，在現已屬於蘇屬烏克蘭的城市，威廉夢見第一次世界大戰，在睡夢中說著自己的少年事蹟，讓獄友們無法入眠。這趟蘇聯的囚禁之旅竟讓他重溫了年輕時的冒險。一行人離開維也納時使用的阿斯本機場是以卡爾大公——威廉最勇武的祖先——打過最偉大的勝仗*而命名。至於巴登——威廉從一九四七年八至十二月接受蘇聯審訊處——在一戰時則曾是哈布斯堡軍方的總部。或許，在審訊期間惡化的病況也讓他回憶起自己在三十年前於巴登接受過治療。現在一行人抵達利維夫了，威廉訓練的士兵就是於一九一八年在此帶頭烏克蘭起義。次日他們要繼續飛往基輔，那是威廉在一九一八年協助建國的烏克蘭民族共和國首都，也是他當年夏季在草原冒險時想像中的烏克蘭王座所在處。[5]

一九四七年十二月二十日，威廉與羅曼從利維夫飛往基輔，兩人在機上共用一條毯子，以烏克蘭語低聲交談。這是威廉首次造訪烏克蘭首都，兩人肯定也知道那會是他的最後一次。他們的命運在此時大概便已注定，他倆只能盼著不要再有太多人受到牽連。兩人於國家安全部（Ministry of State Security）總部接受訊問。而總部所在的弗拉多米爾斯卡大街（Volodomyrska）大概是基輔最美麗的街道，橫亙這座城市的高地。這正是最適合造皇宮——或監獄——之處。曾幾何時，大概在三十年前，布爾什維克及哈布斯堡家族都曾夢想要掌控這片高地。一九一八年，威廉在大草原上紮營，靜候時機前進基輔。現在紅王子終來到夢想之城，卻沒有頭戴王冠，而是被蒙住雙眼；沒有被拱上王座，卻是被領進地窖。與烏克蘭弟兄（他們都知曉他在一九一八年的冒險經歷）一起淪為階下囚的他並不隱瞞自己年少時想稱王的夢想。一九四八年一月至四月，第二輪審訊於弗拉多米爾斯卡大街展開，那是他最後一次講述自己的人生故事，而故事似乎也結束於此刻。[6]

一九四八年五月二十九日，蘇聯法庭判定威廉有罪——因他在一九一八年企圖成為烏克蘭國王，因他在一九二一年領導自由哥薩克，因他在戰爭期間和戰後效力於英法情報部門。蘇聯法律可溯及既往且具有治外法權：可溯及幾十年前蘇聯尚未成立之時，亦能向外擴及莫斯科從未行使過主權的領土。除去種種羞辱之外，威廉在二戰期間的對德間諜活動也被視作危害蘇聯的罪行。其他數千名東歐人也有相同遭遇。蘇聯法官將所有非共產抵抗運動一概認定為德國共犯。從意識形態的角度來解讀，這點或可用馬克思主義的概念來合理化。馬克思主義認為納粹只是法西斯的最高形式，而法西斯主義是資本主義的自然產物；因此，任何為非共產體系而戰者在客觀上全都是納粹的盟友。

蘇聯的司法體系有更務實的動機。曾抵抗德國人者——懷有民族榮譽感及甘冒風險的人；對臂章、長統軍靴和傲慢怒容無所畏懼的男男女女；對政宣布條及勝利遊行不為所動的成熟靈魂——這種人也有可能抵抗蘇聯。當然，這些人不可能全如艾伯赫特和愛麗絲一樣高潔，亦不可能全如羅曼一樣迷人或如威廉一樣狂放。但凡是先前沒有乖乖接受德國統治的歐洲人一概都是蘇聯的威脅，所以除之為上策。一九四八年八月十二日，蘇聯官員下令將威廉轉調至西烏克蘭的一處監獄，他將於該處服刑二十五年。[7]

六天之後的一九四八年八月十八日，在淪為蘇聯階下囚的三百五十七天之後，威廉死於肺結核。那天是第一個提拔威廉的人——法蘭茲·約瑟夫皇帝的生日，距法蘭茲·約瑟夫皇帝於一八四八年「民族之春」期間掌權也已過去了一百年。威廉的肺在哈布斯堡亞得里亞的純淨海濱吸入了第一口氣，並於基輔的蘇聯監獄醫院裡嚥下最後一口。曾於一九〇八年宮廷歌劇院裡見證法蘭茲·約瑟夫盛世的那雙藍眼

＊ 譯註：卡爾大公於一八〇九年在阿斯本打敗拿破崙。

睛在閉上之前，所見只餘生鏽床架與開裂的混凝土牆。

我們並不清楚蘇聯是否有意取走威廉的命。畢竟他們大可以直接判他死刑。但另一方面，他們在審訊期間本也能治療他的肺結核和心臟病，而非眼睜睜看他病重。這類死法是蘇聯體系的招牌。史達林手下的警察光是直接受命就殺害了大約一百萬人，還有數不盡的受害者在古拉格（Gulag）勞改營死於過勞，或在監獄中受虐致死。威廉就算撐過審訊，也很快就會喪生獄中。

蘇聯的政策殺人如麻又虛假。威廉過世之後，蘇聯人還否認此事。他們將判決結果通報奧地利當局，暗示威廉還活著被關在營裡。從蘇聯返回奧地利的人也聲稱見過活生生的威廉，這種謊話在類似情況下相當常見。後來也有同樣不實的報告稱他在一九五〇年代死於獄中。奧地利政府也數次去函詢問，但在一九五二年，奧地利當局認定威廉本來就不是奧地利公民。他們推斷，由於他從未放棄繼承哈布斯堡王位的權利，因此他在一九三六年本不該取得公民身分。在威廉死後四年，奧地利與他一刀兩斷。

威廉恆久的無國籍狀態讓他享盡半生自由，現在卻徹底將他抹去。他那躁動的靈魂——那躁動靈魂證明了，追求永垂不朽的野心是我們唯一所知的永垂不朽之物——已安息許久。他那曾於歐洲海灘和滑雪場上受人讚賞的優美身軀也已爛去、無名無姓、為人遺忘。他的軀體與靈魂消逝於君主國與現代之間的某處，威廉過盡了豐富離奇的一生，不必由任何時代來定義。[8]

某種烏克蘭夢想似乎也隨著威廉而消亡。一九四〇年代末，數萬名男女因實際或涉嫌參與烏克蘭獨立運動而遭蘇聯殺害，威廉就是其中之一。其中有許多人來自於曾是哈布斯堡帝國一部分的東加利西亞。威廉或許比任何人都更能體現烏克蘭與哈布斯堡家族，以及與西方的連繫，還有烏克蘭與歐洲文化及傳統獨有的連結，而這正是烏克蘭之所以不同於俄羅斯之處（或者說許多愛國人士是這樣認為的）。

莫斯科在一九四五年吞併這片西方土地之後，便相當刻意地抹去各地的哈布斯堡歷史。種族大屠殺及族群清洗早已改變民族組成，無法逆轉。一九四一至一九四四年間，德國人謀殺大半猶太人，隨後蘇聯又將波蘭人（及剩餘的猶太人）驅逐到波蘭。蘇聯取締希臘禮天主教會，就此廢掉了哈布斯堡早年創立的機構。希臘禮天主教會不僅代表烏克蘭民族，也代表整個政教分離的西方傳統。回到一九一八年，威廉曾稍稍出力協助都主教令俄羅斯東正教徒皈依希臘禮。但徹底服從蘇聯當局的俄羅斯東正教卻反過來吸收了西烏克蘭的希臘禮天主教徒。其神職人員被送進監獄和西伯利亞。有位希臘禮天主教神職人員在監獄裡與羅曼相遇時，曾給過他一顆蘋果。[9]

一九四七年六月，在羅曼被蘇聯逮捕之時，他已經快要完成自己的音樂學業了。羅曼在審訊中非常執著，仍不斷強調這點。就算在當年十二月他與威廉一同被送往蘇屬烏克蘭之後，羅曼還在渴望能回到維也納，完成學業後成為指揮家。但他卻反被送到北極圈嚴酷的諾里爾斯克（Norilsk），在蘇聯勞改營裡服苦役。服役期間，不知疲倦的羅曼在極端惡劣的環境下仍設法組成了一支「相當不錯的合唱團及管弦樂團」——有名獄友如此回憶道。[10]

而羅曼先前的老師，也就是在納粹時期功成名就的施瓦洛夫斯基，則於戰後在維也納、格拉茲及愛丁堡等遠比北極綿延凍土帶更加宜人的地方指揮樂團。在他持久且成功的生涯中，施瓦洛夫斯基也培育出許多新一代指揮家，其中有些更是當今古典樂壇的佼佼者。羅曼就如二十世紀的無數烏克蘭藝術家，沒在藝術界闖出名堂，卻在政壇留下了印記。從他身後的文書紀錄可知，羅曼從未後悔為威廉和烏克蘭犯險。[11]

就在烏克蘭已由蘇聯吸收、民族獨立的鬥士非死即是被送進古拉格勞改之際，奧地利則首次開始展現出自身的民族主義。十九世紀，烏克蘭民族是因哈布斯堡及俄羅斯帝國邊境土地的爭奪戰而崛起，同理，奧地利民族亦是在冷戰初期的超級強權摩擦中確立自身的地位。

蘇聯動輒便讓民眾從維也納消失，但比之其掌控的整片歐洲地區，這只不過是莫斯科政策的一個小小例子。相同的情形也可見於波蘭、匈牙利、羅馬尼亞、保加利亞與捷克斯洛伐克這些分別於一九四六、一九四七及一九四八年採納共產制的國家，但失蹤人口的規模卻大得多。在德奧這兩處蘇聯與西方強權共同占領的國家，戰時盟國無法就撤軍條件達成共識。至一九四〇年代末，莫斯科及華盛頓明顯於全球競逐權力。冷戰正式展開。美蘇全神貫注於德國、朝鮮及核子軍備競賽，幾乎無暇顧及奧地利。而外國部隊至一九五五年（戰爭結束的十年後）才離開奧國。那年各國簽署了國家條約，奧地利恢復主權，同意恪守軍事及政治中立。

奧地利經歷了整整十年被四國占領的屈辱，於是民眾開始寫出自己的民族神話，以強調一九三八至一九四五年受德國統治，以及一九四五至一九五五年由同盟國占領之苦。雖然奧地利在第一段時期屬於德意志帝國，而非為其所害，但他們隱去了這點。二戰期間，同盟國曾同意要恢復奧地利的獨立地位。各國盼著為反德大業博得一些支持，於是將奧地利視為希特勒的「第一個受害者」。戰後的奧地利人也愈發贊同這樣的角色。

他們的歷史將於一九五五年重新展開，前提是奧地利人不能為自己的過去負太多責任。就如曾於十九世紀挑戰過哈布斯堡的所有民族，新的奧地利民族也將自身的歷史敘事分為三部分：久遠朦朧的黃金時代、近期受外國壓迫的中間階段，接著就是現在的民族解放。哈布斯堡時期的大眾歷史被簡化為僅僅幾幅圖像：與一九〇八年法蘭茲．約瑟夫登基週年慶典上呈給皇帝的夢境場景差不多。

奧地利的自我呈現總是盡可能避開政治，強調文化——尤其是音樂。可是維也納的音樂有時太過輕柔了。自一八九七年古斯塔夫．馬勒（Gustav Mahler）接管宮廷歌劇院起，猶太指揮家和作曲家便一直是維也納文化的中心，但在一九三〇年代，他們不是離開了這個國家，便是命喪於大屠殺。為了監看德國人而放下書本和指揮棒的音樂系學生羅曼也是在無奈之下離開。戰後，奧地利遺忘了他、遺忘了讓羅曼失去幸福生活的烏克蘭事業。現在的奧地利不必回憶維也納與烏克蘭曾有的關係。

奧地利離開了烏克蘭，烏克蘭不僅處於維也納以東僅五十英里的鐵幕之後，在知性方面也不屬於奧地利為己所創之新民族身分。哈布斯堡轄下的奧地利從來就不是任何民族：它跳脫民族，是一種對君主及帝國的認同。奧地利要想成為民族，就得放棄高高在上的地位，走入現代歐洲成為眾多民族的一員。中立的奧地利為自保而靠往西方，避免與東方高風險的瓜葛。在這個服務、金融及形象之重要程度更勝以往的世界，奧地利的經濟表現良好。它夾於東西方之間，先是由強權占領，後又亟欲尋求自處之道，這個國家大概是那時代的完美創作。奧地利既富裕、成功又民主，對自身的近代史則有著矛盾分裂的說法。[12]

再度成為共和國的奧地利在定義自我之時，不僅褪去了納粹的過往，也否定掉哈布斯堡的歷史。如威廉這般人物——有著哈布斯堡姓名、烏克蘭身分認同，還曾一時信仰法西斯、反共態度強硬——必得受人遺忘。奧地利和整個西方世界也確實忘了他。威廉於一九四七年八月被捕時，蘇聯衛兵曾從他腕上取下一枚Omega手錶。這也是後來大銀幕上詹姆士龐德所戴的牌子。虛構的龐德系列甚至將哈布斯堡的座右銘「擁有世界仍不足」據為己有。在龐德的作者伊恩．佛萊明（Ian Fleming）於一九六三年透露這點之前，已罕有歐洲人記得其哈布斯堡典故。而至一九九五年電影《黃金眼》（*GoldenEye*）上映之時，我們已能合理猜測，在八千萬名看著龐德佩戴Omega海馬腕錶的觀眾之中，大概更沒有一人會想到威廉了。

然而就在不算久遠之前，有位真實人物佩戴過那枚手錶。他也是一位風流男士，只是風格略有不同；他的家人也使用過這句座右銘；他的一生始於稱霸大海的夢想，止於勇敢抵抗蘇聯的間諜活動。冷戰吸收了先前的形象與思想，形成這段時期自有的文化，向兩代歐洲人講述抹去了哈布斯堡家族的東西方衝突史，但這個家族畢竟曾是以往所有歷史的中心。

冷戰終究結束了，哈布斯堡卻還氣數未盡。威廉生命中兩名最了不起的哈布斯堡女子——嫂子愛麗絲和皇后齊塔——最後活著見證了蘇聯的衰退與新歐洲的崛起。

在愛麗絲於一九八五年以高齡九十六歲去世之時，名為米哈伊．戈巴契夫（Mikhail Gorbachev）的改革人士於蘇聯掌權。一九八八年，戈巴契夫保證蘇聯不會再插手東歐各衛星國的內部事務，就此移開歐洲蘇維埃政權拱門頂端的大石。東歐的共產政權全都以威逼或武力來對付自家民眾。蘇聯在一九五六年摧毀匈牙利革命之後，也於一九六八年介入捷克斯洛伐克。一九八一年，蘇聯逼迫波蘭共產黨的領導層頒布戒嚴令。儘管波蘭的自我入侵摧毀了人稱「團結工聯」(Solidarity）的獨立勞工運動，但這也坐實了共產領導人除了武力以外別無手段。[13]

東歐的共產主義在戈巴契夫意圖改革蘇聯時瓦解。他盼望能藉由鼓勵公開討論政策來復興共產主義，從而爭取到大眾對變革的真心支持，但戈巴契夫的政策卻帶來了與他預期全然不同的結果。曾於一九八一年嘗試過動武的波蘭共產政權是第一個走上戈巴契夫新路線的國家。一九八九年，波蘭共產黨與反對派會面安排選舉，最終敗選。團結工聯的領袖於八月組成政府。共產主義的終結開始倒數，儘管那年十一月柏林圍牆的倒塌才是眾人可見、歷久不衰的影像。一九九一年八月，蘇聯保守派發動政變試圖推翻戈巴契夫，以抗議一項將讓烏克蘭等蘇聯共和國在跟中央打交道時有更多自主權的計畫。不料這場政變卻加速了蘇聯的解體，使其分裂成各個共和國。到了一九九一年底，烏克蘭已成為獨立國家。[14]

二十世紀轉瞬即逝。一場世界大戰終結了傳統帝國，帶來民族自決的實驗；另一場大戰則帶來兩個極權主義國家的衝突，以及新型意識形態帝國蘇聯的勝利。冷戰久得讓人感覺永無止盡，其迅捷的瓦解又讓人們開始自問該如何應對新獲得的自由。莫斯科的東歐衛星國（其自一九八九年起擁有主權）與前蘇聯共和國（一九九一年獨立）必須找到共產主義的替代。於是半個歐陸開始了兩場轉型：在政治上從一黨統治轉為民主制度，在經濟上則從國有計畫轉型為自由市場資本主義的某種變體。共產的終結意味著整個東歐大規模私有化的開始。共產黨在一九四〇年代收歸國有的公司現在重回私有部門，雖然它們通常不會回到原本的主人手中。

隨著波蘭開始將國營企業私有化，日維茨啤酒廠也陷入法律僵局。一九九一年，公司於波蘭股票市場上市。哈布斯堡家族的波蘭世系便是於此時憂心忡忡地登場。荷蘭啤酒巨頭海尼根（Heineken）開始收購股份，這時愛麗絲和艾伯赫特的兩女一子也現身波蘭媒體，提醒波蘭人在納粹和共產之前誰才是日維茨啤酒廠的主人。雖然三兄妹都是出生於戰間期的波蘭，但他們均不具波蘭公民身分。兒子卡爾·史蒂芬為瑞典人；小女兒雷娜塔是西班牙人。住在瑞士的長女瑪麗亞·克里斯蒂娜則是根本沒有公民身分。於是家裡唯一的波蘭公民、能在波蘭法庭上發言的成員，就只剩愛麗絲第一段婚姻所生的兒子了。這位先生是哈布斯堡外交官之子，也是首相之孫。他出生時取名為卡齊米日·巴德尼（Kazimierz Badeni），這時則已經成為了道明會（Dominican）修士，也是個相當有趣的神學家，人稱若亞敬神父（Father Joachim）。

以若亞敬神父為首，愛麗絲現年均已六十多歲的四名子女提起了三件訴訟。第一件主張戰後啤酒廠轉讓予波蘭政府一事無效，理由是此舉違反當時法律。這個論點大概有理，因為當時啤酒廠國有化的依據為農業法。第二件要求鉅額損害賠償，因波蘭政府在將其私有化之前，並未能尊重哈布斯堡對啤酒廠的法律權利。此主張同樣不無道理，但大概難以兌現：波蘭國庫沒有錢可以賠償，而私有化的目的正是籌款。第三件訴訟則要求法院禁止啤酒廠在啤酒瓶和罐上標籤使用哈布斯堡王冠和盾徽。

哈布斯堡首先打輸了有關盾徽的官司。二〇〇三年，波蘭最高法院判定哈布斯堡的智慧遺產為公共財。哈布斯堡的歷史為波蘭歷史，所以也屬於所有人。哈布斯堡波蘭世系——如愛麗絲、史蒂芬、艾伯赫特等人的特定家族傳統則屬於日維茨鎮。波蘭的高等法院裁定，波蘭已在該家族自己未能留在國內的那幾十年內吸收了哈布斯堡傳統。對於這群眼睜睜看著家產被極權政府強奪、成年後又流亡國外的人來說，這判決著實諷刺。愛麗絲的孩子肯定——至少在某種意義上——算是波蘭人，他們的波蘭語說得與自己的辯護律師、與裁定判決的法官一樣流利。他們絕對比酒廠的新主人海尼根更稱得上是波蘭的一分子。[15]

最後只能與海尼根談判了。其子企業至二〇〇五年已擁有日維茨酒廠大約九十八%的股份。哈布斯堡已放棄草率私營化的損害賠償主張，現在只剩一件官司待處理。他們要解決的是啤酒廠當初轉讓給波蘭政府的合法性問題。二〇〇五年十二月，哈布斯堡同意撤銷訴訟以換取金錢補償。日維茨啤酒廠現為海尼根無可爭議的財產，每瓶啤酒上也都印著哈布斯堡王冠。

愛麗絲的後代——哈布斯堡的波蘭世系——就這樣淪為一枚企業標誌，又被奉為國家象徵。而在這些年間，齊塔的繼承人——哈布斯堡王位的人選——也在自由歐洲的新政壇中努力為家族找出空間。

齊塔本人活到了魔幻的一九八九年，那是中東歐人民、哈布斯堡舊王土各民族再度開始主張自身主權之時。首先跟上波蘭腳步的，是匈牙利與捷克斯洛伐克這兩個以往完全屬於哈布斯堡的國家。一九九一年，烏克蘭——涵蓋哈布斯堡舊領地的加利西亞與布科維納部分地區——因蘇聯解體而獲解放。南邊的南斯拉夫則爆發戰爭，戰鬥最激烈處就在前哈布斯堡的波士尼亞省分。而曾為哈布斯堡屬地的克羅埃西亞，也與哈布斯堡永遠的眼中釘塞爾維亞交戰。

齊塔的兒子奧托曾在一九三〇年代為了復辟大業而受栽培，但他於六十年後仍舊活躍於政壇。奧托不僅加入了巴伐利亞的一個保守德國政黨，也是歐洲議會議員。他對新歐洲有許多話要說。隨著南斯拉夫解體，奧托也施壓歐洲各國承認新建的克羅埃西亞獨立。塞爾維亞民兵組織的領袖「老虎阿爾坎」（Arkan the Tiger）則提醒奧托當初法蘭茲・斐迪南大公插手巴爾幹政治後是落得何種下場。面對死亡威脅，奧托親自訪問塞拉耶佛，表示自己是前來「祈求結束這場悲劇循環」。至於其他歷史始於哈布斯堡的民族國家，尤其烏克蘭，奧托也自有一套願景。一九三五年，威廉醜聞纏身，讓奧托丟了一位烏克蘭的哈布斯堡盟友，還令整個家族蒙羞。在被辜負的七十年後，奧托再度出聲談論烏克蘭。他於二〇〇四年底說過，歐洲的前途將在基輔與利維夫決定。[16]

奧托此話有理。烏克蘭是歐洲最大、人口最多的後蘇聯共和國，面積等同於法國的國土上住了五千萬名居民。因此它也是民主能否傳播至後共產歐洲的試驗場。烏克蘭西邊的多數前共產國家都已多少成功轉型為採用市場經濟的選舉民主國家。而無論是市場經濟或是民主選舉，在東方的俄羅斯都還不見蹤影，但它能繼續依靠蘇聯的國家機構與菁英運作。烏克蘭是個幾無獨立歷史的前蘇聯共和國，故得從頭打造獨立國家的機構，還有民主和市場。就如所有從一開始——從蘇聯建立起——便經歷共產的歐洲國家，烏克蘭在這種徹底的轉型上也面臨特定困難。國家跳脫領袖個人掌控、作為一客觀實體的概念是前所未有。特定人士靠著極可疑的私有化過程賺了大錢，人們也漸漸認定烏克蘭只是在保護這些人稱「寡頭」的經濟巨頭。

二十一世紀之初，烏克蘭漸漸往寡頭威權政治靠攏。其總統權力極大，身邊還有一眾掌控了電視媒體等大權的巨富來來去去。在無數醜聞之中，就屬二〇〇〇年末那件最為驚人。有名總統保鑣披露了一張錄音帶，裡頭疑似是總統列昂尼德．庫契馬（Leonid Kuchma）在下令讓一位記者消失。該名記者格奧爾基．貢加澤（Georgii Gongadze）原本是「烏克蘭真相」(Ukrainian Truth）網站的編輯，該網站消息可靠、不與腐敗的電視媒體為伍，也會針砭總統施政。有人於幾個月前發現了他的無頭屍體。而在二〇〇四年總統競選期間，總統欽定接班人的對手維克多．尤申科（Viktor Yushchenko）竟戴奧辛中毒。他原本俊俏的臉龐也因毒素而嚴重毀容。[17]

然而，毀容的尤申科在苦痛中繼續奮戰，並如出口民調的結果贏得選舉。二〇〇四年十二月，庫契馬政府偽造選舉結果，尤申科的支持者來到基輔要求重新計票。數十萬人在基輔獨立廣場附近冰冷的鵝卵石上紮營了好幾週，不畏嚴寒與再真實不過的暴力威脅。然而不同於歷史上烏克蘭愛國先賢的是，這些人如今有強大的西方盟友。在歐美施壓和波蘭斡旋下，抗爭成功了。烏克蘭再次舉行選舉、重新計票，最後尤申科獲勝，重振民主原則。

同時間，在俄羅斯及歐美有許多人都是從族裔角度來理解這場橙色革命。世界各地眾多媒體都稱尤申科的支持者為烏克蘭族裔，這表示他們的行為多少是由家庭出身所決定。反對民主者則被稱為俄羅斯人(但這麼說也同樣難以服人)。雖然這是各大報首次將烏克蘭民族塑造成如此美好形象，但記者並無理由像這樣將族裔與政治連結起來。他們這般不假思索便草草將東歐政治歸結為種族問題，由此可見，希特勒和史達林的民族政策在思想上勝過了哈布斯堡更溫和、更兼容的遺產。[18]

然而橙色革命本身卻是哈布斯堡的政治報復。一九一八年，威廉曾推動過「烏克蘭化」政策，欲讓說烏克蘭語的平民相信自己是屬於一支值得建國的民族。他當時並未成功，其他於革命年代為獨立而戰的烏克蘭人也沒能成事。然而自一九一八年起，就連蘇聯人也再無法無視烏克蘭文化了。儘管蘇屬烏克蘭遭受嚴酷的政治壓迫，但在文化政策方面，蘇聯人大體上仍推行其特有的「烏克蘭化」版本（使用與威廉一樣的詞），盼能培養忠於共產的蘇屬烏克蘭菁英。一九四五年，特定哈布斯堡人在一九一八年的未竟之夢卻由蘇聯人實現了：他們在自己的多民族國度內同化了所有烏克蘭領土，進而主張能解決烏克蘭問題。蘇聯於一九九一年十二月垮臺時，烏克蘭也有了現成的獨立國家形式。赫然間，這個蘇維埃共和國的邊界也能定義一個獨立國家了。[19]

接著烏克蘭政府陷入貪腐，民族概念再度被用作民治（或稱民主）的原則。二〇〇四年的橙色革命期間，烏克蘭愛國人士冒險捍衛一個公民可發聲影響政府的烏克蘭。在一九九一和二〇〇四年的事件中，來自前哈布斯堡加利西亞省的民眾也出了極大力氣。許多愛國的烏克蘭人都是希臘禮天主教徒，信奉這個曾受哈布斯堡庇護、但遭蘇聯取締的教派。然而他們捍衛烏克蘭民族的原因不在族裔，而是一種政治選擇。那位遭斬首的勇敢記者就是出生在烏克蘭遠方的高加索地區。而發生烏克蘭革命的城市基輔更是以講俄語為主。[20]

民族關乎愛，而不關乎語言。威廉少年時曾用當時仍生澀的烏克蘭語作了首詩，他寫道自己與士兵一起於烏克蘭的「冰冷土地」上邁向民族自由。橙色革命也以其更和平的手段選擇了同一片冰冷土地，人們同樣懷抱著某種民族自由的念想搭起營帳。生在這個可不靠暴力追求和平的歐洲是他們的幸運。有人說烏克蘭語，有人說俄語，有人則兩者皆說。眾人在橙色帳篷裡以雙語傳愛，暖和了空氣與鵝卵石，這無疑秉承了威廉的精神。[21]

在橙色營帳裡，這些革命人士有時會擺上兩面旗幟：一面烏克蘭旗與一面歐盟旗。也許奧托在二〇〇四年說歐洲的未來將於烏克蘭注定時是過度誇大了。他後來在二〇〇七年回到基輔，並稍稍修改了說詞：「各位是歐洲人，我們都是歐洲人。」橙色革命是二十一世紀初期歐洲最重要的守護民主運動。[22]

比起二十世紀初，二十一世紀之初的歐洲對烏克蘭而言是全然不同的模板。在一九一〇、一九二〇、一九三〇及一九四〇年代，政治上先有帝國瓦解後有民主崩潰、經濟上先有通貨膨脹後有蕭條、國際上則先有猜疑後有戰爭。法西斯與共產主義是很吸引人的現代歐洲模式，也各有烏克蘭追隨者。在冷戰期間的一九五〇、一九六〇、一九七〇及一九八〇年代，自由的歐洲國家展開了漫長和平的經濟與政治整合過程。至一九九〇年代，歐盟納入自由貿易區、簽訂關稅同盟、劃定內部自由流動區、共同外部邊界及貨幣與法院。種種進展都得益於美軍進駐與戰後的經濟成長，但此外人們也須擁抱民主、接納福利國家制度、認可歐陸的共同利益，尤其是在金融和貿易方面。一種新的歐洲願景應運而生，那是橙色革命人士唯一的展望。[23]

歐洲這段嶄新的團結史，在特定方面也略稱得上是哈布斯堡的歷史。一九四六至一九四七年，威廉曾賭上性命替名為人民共和運動的法國政黨執行任務。後成為歐洲統一之父的羅貝爾・舒曼（Robert Schuman）便是在此展開政治生涯。舒曼設計出歐洲煤鋼共同體（European Coal and Steel Community），其成立於一九五一年，踏出了歐洲經濟及政治整合的第一步。奧托也帶著大勢已去的保守君主派支持歐洲整合計畫。他於一九七九年以六十七歲之齡當選歐洲議會代表。奧托在此岡位上待了二十年，至一九九九年卸任。他於一九八九年東歐劇變後主張歐盟東擴，後於二〇〇四年支持烏克蘭民主。

歐洲不只是值得仿效的模範，更是一套眾國都想加入的制度。二十世紀的末二十年間，歐洲聯盟不斷吸引著邊界外的歐洲國家。一九八一年，希臘在制定民主憲法的幾年後加入歐盟。一九八六年，西班牙從威權轉向民主之後同樣獲得了成員資格。而推動西班牙政治轉型的關鍵要角胡安．卡洛斯（Juan Carlos）國王正是阿方索國王的孫子，也是威廉的表侄孫。一九九五年，奧地利放棄中立加入歐盟，瑞典亦然。二〇〇四年，歐盟又接納了波蘭與另外七個後共產民主國家（包含賽普勒斯與馬爾他）。歐盟於橙色革命期間也插手支持自由選舉，首開歐洲外交政策的重要先例。就如前朝哈布斯堡，歐盟官員也站在烏克蘭民族這邊，小心翼翼地斡旋。[24]

歐洲集體支持民主的行動翻開了歐陸歷史的新篇章。當年的威廉熟知各歐洲社會——德國、法國、英國、西班牙、奧地利、瑞典、波蘭、烏克蘭、希臘、馬爾他——的不同風貌。一九二〇至一九三〇年代，威廉曾以自己獨有的手段參與其中數支民族的政治史。即便過程曲折，儘管那時代茫然頹唐、在政治上投注過多熱情、在熱情中又投注了過多政治，但他在戰間期的歐洲仍然怡然自得。然而在一九四〇年代期間，威廉與其餘數百萬歐洲人一樣搭上了民主思潮。可民主只有在未被蘇聯占領的半邊歐陸才能端上政壇，威廉被蘇聯人綁架、客死蘇聯就證明了這點。

威廉在一九四八年之死恰值東西歐的分裂。他的記憶沉入鐵幕蒙上的陰影，哈布斯堡本身的大半歷史亦然。一九一八年，他們便曾因不符民族自決理念而被逐出歷史。一九四八年，在歐洲那半邊為人遺忘的共產土地上，哈布斯堡的遺產再度受到譴責。唯有少數有心的烏克蘭歷史學家和君主主義者解救威廉於遺忘之中。隨著二十世紀末共產終結、二十一世紀初歐盟擴大，歐洲民族的歷史或能得到更四海一家的嶄新定義，威廉或許也能在各民族中尋得適合自己的定位。他與哈布斯堡家族將會回歸。而隨著烏克蘭崛起，他們確實已經回歸。

威廉的抱負儘管在當時看來怪異，卻在今天結成了果實。他相信烏克蘭值得存在，於是在選定此處後便盡心推動自己稱為「烏克蘭化」的工作。當今烏克蘭的大多數公民都認同烏克蘭的民族身分，也對烏克蘭國家的未來懷有信心，由此看來「烏克蘭化」確實成功了。在威廉開始為自己籌劃烏克蘭大業的近一世紀之後，這個國家已成為東歐重要的民主國度。隨著俄羅斯投向選舉式專制、波蘭穩穩加入歐盟，烏克蘭也成為了歐洲政治的樞紐。

烏克蘭也檢驗著現代歐洲的政治型態——民族國家——是否可行。繼十九世紀下半葉的義大利和德國、二十世紀上半葉的波蘭、捷克斯洛伐克和南斯拉夫之後，烏克蘭是歐洲最新一波民族統一的範例。至於這項創舉——在劃定領土的國家內統一民族——最後將是繁榮或毀滅？此題仍有待觀察。威廉和父親史蒂芬都明白，歷史帶來了民族統一的時代，而這個時代就如所有時代，終將過去。

十九世紀的民族統一是由君王與大臣促成，他們盼望能藉由大眾政治來為王朝統治立起新支柱。雖然民族主義者總稱統一是人民的選擇，但民族問題從來都不是由人民的意志來解答。義大利和德國是靠著國王征戰而建國。即便在歐陸帝國毀於一戰之後，民族統一仍多是外交手段而非民主的結果。捷克斯洛伐克是少數捷克人的發明，是一戰戰勝國的創作。南斯拉夫首次創立時是塞爾維亞的放大版，第二次則是共產黨遊擊隊的戰果。而若無一戰後三個帝國碰巧滅國及強大盟友支持，就連波蘭也不可能誕生。烏克蘭是第三波民族國家統一的例子，其邊界源起於蘇聯政策，並靠著蘇聯瓦解而獨立。儘管烏克蘭愛國人士不甘願承認，但是為烏克蘭統一領土的確實就是蘇聯。從一九二〇至一九五〇年代，蘇聯持續將更多領土併入烏克蘭共和國，而最後只剩最頑固的民族主義者才不願承認民族問題至少在領土層面上算是解決了。所以說，蘇屬烏克蘭的建國與擴張亦為一種自上而下的統一。

今天的烏克蘭究竟能讓我們一窺未來或過去？就如於十九至二十世紀統一的其他民族國家，烏克蘭也是以民族來命名，國內卻有著極其複雜的人口組成。不同於第一、二波民族統一先行者的是，烏克蘭在建國的十三年後，得到了公開確認其民主制度與公民民族的時刻。另一個與其餘多數國家的不同之處，則在於烏克蘭自獨立建國起便一直是個民主國家（儘管非常不穩定）。雖然烏克蘭政治有諸多值得詬病之處，但也許這次統一會比以往更加牢固。烏克蘭存續了將近二十年都沒有改變疆域，光憑這點就已經證明它比大多數先行者更持久了。

其他的民族統一運動確實易碎。曾令哈布斯堡頭痛的民族運動成功摧毀了君主國，卻未能以耐久的民族秩序取代之。雖然義大利（其遊擊隊於一八五九年起而反抗哈布斯堡）在二戰期間曾短暫分裂，此後也失去了一些領土，但該國的民族統一是唯一耐久成功的重大運動。當然，義大利政治很難稱得上是議會制的成功典範。在該世紀上半葉，義大利政治的主導基調為法西斯主義；下半葉則為歐洲整合。

德國於一八六六年與哈布斯堡開戰，其統一大業便是源起於此，但事實證明這次統一非常不穩定。

一八七一年建立的德國在一九一八年戰敗後大大縮水。遼闊一時的希特勒德國也於一九四五年粉碎。戰後的德意志聯邦共和國（又稱西德）面積還不到俾斯麥一八七一年統一德國的一半，也不及希特勒一九三八年末的三分之一。此聯邦共和國由美軍占領，且與法國一樣同為歐洲整合的要角。因此該國不再屬於傳統意義上的主權國家。至一九九〇年東西德統一時，對歐洲的政治承諾已成為此民主聯邦共和國各大黨的共同原則。統一的德國至今仍是歐盟最可靠的擁護者，所以我們不能視之為傳統的民族國家。[25]

繼德義兩國之後，民族統一的故事只顯得愈發不如先前動人。匈牙利於一七一六年在哈布斯堡王土內完成統一，並於一八六七年取得內部主權。一戰後，其領土只餘略顯可悲的殘骸，主要由匈牙利族裔組成，直至今日。一九一八年統一的波蘭則只成功延續到一九三九年。一九三九年，該國遭納粹德國與蘇聯肢解，並於一九四五年復活成蘇聯的一座小衛星國。波蘭在一九八九年重獲主權之後，便採取以加入歐盟為導向的外交政策。捷克斯洛伐克於一九三九年遭德國摧毀，二戰之後復國，卻只享受了不到三年的主權便發生共產政變，在當了四十年的蘇聯衛星國後才於一九八九年重獲主權。自由的捷克斯洛伐克這回——二十世紀的第二回——也只有三年壽命，在一九九三年分裂成捷克與斯洛伐克兩個獨立共和國。兩國與波蘭一樣於二〇〇四年加入歐盟。同於一九一八年統一的南斯拉夫在一九四一年遭德國滅國，並於戰後重建為共產主義聯邦，但聯邦在一九九〇年代因自相殘殺而解體。其共和國成員斯洛維尼亞於二〇〇四年加入歐盟，另一成員克羅埃西亞理當也會於二十一世紀的第二個十年內跟上腳步。

在二十一世紀加入歐盟的各中東歐國家並非誕生於以往深深威脅哈布斯堡君主國的偉大民族統一

Jonathan Wyss, Topaz Maps

譯註：現在的名稱為北馬其頓（North Macedonia）。

運動。因偉大民族統一而生的國家，儘管其名仍在，但本質上已經消亡，它們重演哈布斯堡的多民族歷史，只是速度更快、更殘酷，結局也更血腥。申請加入歐盟的國家都是過往民族統一大業受到打擊、再經歷族群清洗後的殘餘。南斯拉夫、捷克斯洛伐克與波蘭等過去的確讓哈布斯堡忌憚的民族統一運動成果，在加入歐盟前若非解體，就是規模大幅縮水。確實，現今歐洲國家的平均大小約等同於百年前哈布斯堡的一個省分。哈布斯堡加利西亞省的面積，就超過一半的二十一世紀初歐洲主權國家的尺寸。雖然當今的小民族國家很少與哈布斯堡的省分同名，但處境大致相同。它們規模太小，難以真正自立；天然資源和受過教育的菁英也太過貧乏，難以生存於全球化時代，於是這些國家尋求團結統一。

威廉預見的烏克蘭民族統一來得較遲，背後的助力也不同。對烏克蘭人來說（尤其是出身前哈布斯堡加利西亞省的烏克蘭人），未來歐洲統一會採何種形式？這問題仍懸而未決。整體而言遼闊、笨拙又貧困的烏克蘭不太可能在近期內加入歐盟。加利西亞的一些烏克蘭人也考慮脫離他們費盡心血打造的獨立烏克蘭，盼望能加入歐盟。他們若是這麼做了，便是在跟上捷克人與斯洛維尼亞人的腳步，前者與捷克斯洛伐克分別，後者離開了南斯拉夫。這些前哈布斯堡子民放棄了十九世紀的民族大計，轉投向二十一世紀的歐洲理念。

無論走哪條路，這裡所說的統一都非過去的民族或帝國統一，而是指歐洲整合，在某種程度上似乎無人能給出定義。歐洲聯盟不同於哈布斯堡君主國之處，在於其成員都是自願共享主權的主權國家。哈布斯堡君主國是由歷來與王室關係各異的各種實體堆積而成，並無秩序可言，但歐盟的成員都是現代國家，並由歐洲法律及行政程序明確界定彼此的關係。歐洲政策也是由各成員國的政府部會集體制定。所以說，哈布斯堡君主國與歐盟之比較雖有引人深思之效，但也僅只於此。

不過兩者確實有些相似之處。當今的「歐洲」身分認同，就如哈布斯堡晚期的「奧地利」身分，超越了民族感情，但並未排除它。歐洲人會在離開歐洲時找到彼此的共同點，好比流亡的奧地利作家會書寫對哈布斯堡的懷念之情。兩者都是在身處異地時才最能深刻感受及表達無關民族的身分認同。就如在他們之前的哈布斯堡作家，歐洲菁英也能察覺一種無可避免的諷刺感。這種諷刺感要歸結於讓人困惑的疊床架屋機構制度和多語言的混雜局面，更何況整套和平體系本是由戰爭催生——人們也只依稀記得此事。哈布斯堡君主國是因為打不了勝仗才做出民族妥協，歐洲整合也是始於德國戰敗（若戰勝了後果更不堪設想）。歐洲人背負著這樣的諷刺感，因而無法誇耀自己的體制。

二十一世紀初，歐盟可說是與哈布斯堡處境相同：掌控著廣大的自由貿易區、處於經濟全球化的中心、沒有稱霸海洋、無力投射決定性的軍事力量、身處恐怖主義不可預測的時代。二〇〇七年末，奧地利外交部長曾自豪表示奧地利與東部鄰國已取消邊境管制。這項歐盟政策重回了一九一四年的狀態，當時哈布斯堡的臣民不必持證件便能走遍同一個區域。歐盟就如哈布斯堡王朝一樣並無民族身分，但也注定要處理其成員國及邊境的民族問題。機智、經濟壓力及官職承諾是哈布斯堡解決民族問題的最佳手段。軍力非常有限的歐盟除了使用同一套政策之外別無選擇，整體來說成效也相當好。26

哈布斯堡家在兵力微弱時自視為軍事強權，歐洲人就沒有這種幻覺。的確，沒有軍隊的歐盟無力阻止一九九〇年代南斯拉夫的流血事件，也無法就二〇〇三年美軍入侵伊拉克發表意見。那一年，美國學者羅伯特．卡根（Robert Kagan）將自己的國家比作戰神馬爾斯，歐盟則是愛神維納斯。他這也是在呼應五百多年前匈牙利國王給哈布斯堡的建議：「仗就任別人打！爾幸福的奧地利只管結婚，戰神給予他人之物，會由愛神餽贈予汝。」歐盟雖不能像哈布斯堡一樣真靠著聯姻擴張領土，但它確實是個追求者眾的政治機構。次年為支持民主而搭起帳篷的橙色革命人士顯然並不站在戰神那邊，而是屬於愛神陣營。

哈布斯堡自覺有義務將法規和官制擴及東歐，將文明傳遍廣大帝國。歐盟則是將文明使命交派給候選國，要求它們先完善國內法規、開導自家官僚後再申請加入。哈布斯堡周圍的民族一半是由君主國所建，歐盟則是由效法歐盟形象來塑造自我的弱國環繞。

出身哈布斯堡的歐洲人威廉對美國懷有夢想。他來自一座民族共容的國度，他自己就證明了這個國度賦予人改變和同化之可能。正如他的同時代作家胡戈．馮．霍夫曼斯塔爾（Hugo von Hofmannsthal）對一戰期間哈布斯堡君主國的評價：「若說還有哪裡是美國，就是這裡了。」法蘭茲．約瑟夫皇帝的拉丁文座右銘「Viribus unitis」其實與美國國徽「E pluribus unum」具有相同含義：前者的意思是「憑藉團結一致的力量」，後者則為「合眾為一」。威廉自小就被教導要把土地視為個人的機會，自己當然也受那片機會之地所吸引。他告訴蘇聯審訊者自己想乘飛船飛往美國，也告訴過另一位哈布斯堡官員自己想移民到那裡。這看來完全合理。對這個選定自己所屬民族的男人而言，還有哪個國度比這個本身便出自選擇的國家更適合呢？

畢竟，有哪個美國開國元勳生來就是美國人？答案就和本書生而為烏克蘭人的角色數目一樣：一個都沒有。美國開國元勳們生來都是英國臣民，出身各有不同，但他們在開創美國的同時也成為了美國人。早期幾代的烏克蘭政客也是差不多的情形。威廉出生於哈布斯堡家族。而將引他進入政壇的胡日科夫斯基、他最重要的導師蕭普提斯基、他一九三〇年代的好友托卡里，全都是出身於波蘭貴族家庭的烏克蘭人。威廉在烏克蘭大草原上的軍事盟友佩特里夫在當了一輩子俄羅斯人之後加入了烏克蘭事業。

威廉在那裡的忠實夥伴是出生於比利時的伯納。他在布列斯特和談期間的夥伴是羅馬尼亞貴族子弟瓦西爾科。烏克蘭首任總統米哈伊洛·赫魯雪夫斯基（Mykhailo Hrushevsky）的母親為波蘭人。赫魯雪夫斯基也是史上最有影響力的兩位烏克蘭史學家之一。而另一位名史家伊凡·魯德尼茨基（Ivan Rudnytsky）則是猶太宗教法定義上的猶太人。[27]

這些烏克蘭人的做法與美國革命人士一樣，在抵抗帝國的同時稱自己才是帝國最可取內涵的代表，一邊拼命獨立建國，從而為自己創造新的政治認同。兩者的主要差異不在意圖，而在於結果：不像美國，烏克蘭人無法在第一次嘗試就成功建國。威廉參加過的革命戰爭以失敗告終。他們的作戰條件比美國獨立戰爭更差，盟友更弱，敵人更無情。就連支持君主制的威廉都希望烏克蘭的民族理念能夠入憲，但他們未能如願。在一九一八至一九二三年革命未成之後，烏克蘭民族主義的衣缽由激進分子接下，其中有人理想破滅、有人憤世嫉俗，有人則效力於想趁機統治及撈油水的外國勢力。極右與極左派在二十世紀花費了許多時間專注於族群認同上——右派一廂情願認為隱藏的烏克蘭民族意志能解救國家於共產主義之中，左派則一心想將烏克蘭貶為須受蘇聯統治的民間文化。然而烏克蘭的理想與美國一樣都是起源於政治。對威廉和他的友人來說，成為烏克蘭人都是一種選擇。

隨著二十世紀擁有強大警察部隊與龐大官僚機構的國家開始定義和規範民族身分／國籍，這樣的選擇也變得更加困難。威廉的父親想當波蘭人，但必須用土地和財產賄賂波蘭政府才能取得公民身分。威廉的兄長艾伯赫特想當波蘭人，可是德國人因他不願承認自己是德國人而折磨他、奪取他的財產；隨後共產黨又稱他其實就是德國人，奪走他的土地。威廉想當奧地利人與烏克蘭人，但在他死於蘇屬烏克蘭後，奧地利政府卻取消了他的公民身分。威廉死於一九四八年，艾伯赫特死於一九五一年，正值自選國籍已幾乎是不可能的黑暗二十世紀中葉。只要共產黨繼續於波蘭和烏克蘭掌權，時人就難以效法或記錄他們的人生。

當然，人們很容易將這兩人的悲劇視為往事。畢竟波蘭和烏克蘭現在都是自由民主的國度。然而就算是當今最自由的社會也不會允許人們做出哈布斯堡人那樣的選擇。國家就如市場將我們分門別類，其使用之工具與精準程度都是威廉那時代難以想像。無人再能活出像他那樣的人生了。現代人不可能如瑪塔・哈里（Mata Hari）一樣在歐洲假扮成爪哇公主，也不可能如阿內斯・妮恩（Anaïs Nin）在美國的東西岸各有一名配偶。也許這不全然是壞事。然而，創造和重塑身分的能力確實最是接近任何自由概念的核心——無論是免受他人壓迫的自由，還是成為自己的自由。哈布斯堡人在鼎盛時期擁有我們沒有的自由，那種得以傾注想像力與決心創造自我的自由。二十世紀的人經常貶之為頹廢和墮落，但這實為誤解。哈布斯堡家族確實自視為國家而非臣民，並從中得益。可是到頭來，作為政府的一分子，而非政府的工具——不正是自由人的願望嗎？

在我們這時代，即便是被精細控制的公共領域，外人仍有機會加入民族政體、影響民族政治。想想看，法國有流著塞法迪猶太人（Sephardic Jewish）和匈牙利血統的尼古拉・沙柯吉（Nicolas Sarkozy），美國也有曾於夏威夷、印尼度過童年的非裔政客巴拉克・歐巴馬（Barack Obama），兩人分別在世界上兩個民族主義最盛的國家叱吒政壇。至少在票票等值的民主制度下，所有公民多少都能掌控自己的民族歸屬。倘若人們能認知到，每個民族的創始者都是叛逆、變幻莫測又富有想法的有志之士，那麼他們也許就會更敢於做出跳脫傳統的選擇。畢竟每面民族紀念碑都曾是熔鐵。

民族必須面朝未來，人們日日都在創造與重塑民族。若我們真以為民族只存在於掌權者提供的整齊歷史敘事之中，那我們自己的故事便結束了。

# 終章

在日維茨，一如在維也納，吵鬧狂歡有一定風險。重回市中心城堡的瑪麗亞．克里斯蒂娜．哈布斯堡是出了名的愛抱怨。她也是出了名的喜歡「威脅」要邀請年輕人來家裡吃蛋糕。這座城堡不再屬於她的家族，現已成為市政府的美術館。部分收藏還是瑪麗亞．克里斯蒂娜本人的贈禮。

瑪麗亞．克里斯蒂娜現在算是這個城市邀請的客人，獨居於角落的一間小公寓裡。家族啤酒廠現已屬於海尼根啤酒公司。海尼根建起了自己的歷史博物館，佐以古董設備、裝飾藝術（art deco）廣告海報、二戰的剪輯影像，還有頭戴耳機和麥克風的活潑導覽員。城市周圍的高地也有變化。比起瑪麗亞．克里斯蒂娜的孩提時代，山頭雪帽已消融得更快，綠地也更早就爬往山頂，每年翠綠的時間更長。

瑪麗亞．克里斯蒂娜身穿黑衣，湛藍的雙眼不必與你對視便能看穿一切。想與她雙目相交，就好比是在波動的海面找尋可以固定的焦點。她以快得驚人的速度說著戰間期的老式波蘭語，彷彿她講述的故事並不全然是為了讓聽者理解。她不時會拋出一些英、法語句，大概是七十年前某位家教教她的口語表達。在二十一世紀初的自由民主波蘭，她正是活生生的英雄象徵，其所代表的哈布斯堡波蘭世系曾因選定波蘭而歷經劫難。她從未獲得波蘭以外的公民身分，且終身未婚。市長辦公室照料著她並協助安排採訪。

有一年夏天，十幾位選美冠軍曾來到日維茨拜訪瑪麗亞．克里斯蒂娜。就如海尼根那筆交易，這對想要重振聲譽的沒落觀光小鎮來說是很好的宣傳。選美皇后與真正的公主相會，雙方想必是平起平坐。不像她叔叔威廉那時代，人們如今待王室貴冑更為寬厚，部分是因為王族沒有實權，部分也是因為醜聞已不值得大驚小怪。威廉那類型的花花公子確實是在為自己惹禍上身。他年少時通常不在乎他人眼光，性生活亦是放浪形骸。一九三〇年代，試圖在巴黎重啟政治生涯的他被大眾媒體羞辱了一番。現今醜聞已無力馴服皇室，皇室只不過是生來的名人。威廉的侄女瑪麗亞．克里斯蒂娜見見《花花公子》的女郎根本算不上什麼醜聞，充其量只是地方報紙上的小小名人八卦。波蘭竟已變得非常像個普通的歐洲國家，令人不敢置信。

哈布斯堡家族的另一座宮殿位於今天的克羅埃西亞洛希尼島上，那裡就比日維茨更熱鬧了。史蒂芬在威廉出生後不久建成的別墅現為專治過敏的療養中心。每當夏天到來，成群的克羅埃西亞青少年便擠滿了每間房的上下舖，打開窗戶將音樂放得震天價響。這棟建築在各方面都已被收歸國有。它屬於政府，也被當作民族的成就。表面上完全看不出該建築曾經是哈布斯堡的家宅，也看不出它與波蘭和烏克蘭歷史上的人物有何瓜葛。一旁的園子現為國家公園。史蒂芬離開一世紀後，他從國外引進的奇花異草仍在生長，只是功勞現已改歸給一位克羅埃西亞科學家了。

時光流逝，時代變遷。這座島在二十世紀之初本為哈布斯堡所有。那時的君主國一邊奮力欲守住永恆，一邊也向相信民族應持續進步的人民妥協。後來它成了法西斯義大利的領土，那政權同樣執著於帝國輝煌的象徵，但也相信他們的天才領袖很快就能打造專屬於義大利的偉大現代。二戰後，洛希尼島轉歸共產南斯拉夫，而該體制之所以能站得住腳，都是因為人們相信時間會推著所有人朝向社會正義烏托邦的方向前進。現在洛希尼島屬於獨立的克羅埃西亞——一個還在死守二十世紀信念（時間會帶來民族解放）的民族國家。然時至今日，歐洲民族成就的象徵卻已不在於獨立建國，而是加入歐盟。

來自奧地利的投資客急切想買下別墅整頓一番。某間奧地利銀行還贊助園裡的遊樂區，大概是為了營造良好形象。克羅埃西亞當局卻拖拖拉拉。克國一旦應歐盟的法律規範做調整，就大概很難抵制這樣一筆交易。我們不難設想這座別墅將恢復往日風采，裡頭充滿慕哈布斯堡之名而來的奧地利訪客，想一睹這間由大公打造的別墅；也可能會有懷念威廉與艾伯赫特——或用兩人的烏克蘭語及波蘭語名來說：瓦西里．維希萬尼與卡羅爾．奧爾布拉赫特（Karol Olbracht）——的烏克蘭人或波蘭人。在外頭的庭院裡，遊客會行走於史蒂芬鋪設的步道，腳踩掉落松針形成的一片橘橙。他們追求的不過是身體健康，因為強健身軀可謂是歐洲古老民族——或說是歐洲高齡化人口——汲營追尋的金羊毛。

今天的歐洲人民活得比過往更長久、更舒適。歐洲人以更優質的教育、營養及醫療來盡可能延年益壽。一般歐洲人取得以上種種的管道還多過、也好過於一世紀前的哈布斯堡大公。在歐洲大半地區，已不會有人再像威廉一樣死在暴君的牢房裡，也不可能再有人像威廉和兄長里奧一樣死於肺結核。活過八十或甚至九十的歐洲人（好比兩人的嫂子愛麗絲或齊塔皇后）已成常態。奧托．馮．哈布斯堡到了九十五歲仍舊老當益壯，他如此解釋自己的長壽之道：「生命就好比腳踏車。你只要繼續踩踏板，就能繼續前進。」這不僅讓人聯想到現代的健身觀念，更透出哈布斯堡家族的往復循環時間觀。

洛希尼島周圍的亞得里亞水域年年變暖。吹來的風與一世紀前有著相同的名稱：唐蒙單落山風、西洛可暖風，還有讓水手頭痛的東北波拉風。氣溫暖化，風隨之改變，駕船的人也得設法適應。地圖繪製員同樣將忙著調整海岸線。隨著海平面上升，哈布斯堡的古老地圖也會失去參考價值。現代人將在羅文斯卡灣（Rovenska）裡、史蒂芬大公曾停泊船隻的美麗碼頭重測海面。岩石上的橘色地衣每年都會爬得更高一些，氧化鐵的橙色也會一點一點地褪下山丘色澤。

以上便是二十世紀送給二十一世紀的禮物。大海——哈布斯堡追求永恆的最後一片拼圖——已成為衡量時間的尺度。全球暖化是歷史必然興衰之下唯一的殘餘。

烏克蘭的利維夫市沒有哈布斯堡宮殿。威廉當初若壯志得酬，或許便會於利維夫用石頭砌出自己的痕跡，效法在洛希尼島和日維茨打造家宅的父親。可威廉卻只能睜眼看著這座城市先後落入華沙、柏林及莫斯科之手。就如舊哈布斯堡領地彼端的洛希尼島，利維夫也在二十世紀先後經歷過兩極意識形態帝國的統治。然而，納粹和蘇聯帶給此地的創痛，卻遠遠要慘過於義大利法西斯和南斯拉夫共產黨統治下的洛希尼島。

二戰結束後的幾十年間，即便在蘇聯時期，利維夫仍是最驕傲的烏克蘭城市。如今烏克蘭是個貧窮、掙扎求存的獨立民主國家，利維夫也還是最充滿愛國氣氛。市裡的安靜角落現設有一處以威廉（確切來說，是瓦西里．維希萬尼）命名的小廣場。上頭唯有一面黑白路標作為裝飾，廣場中心則有個灰色基座，卻沒有矗立任何紀念碑。不過那裡還是有漆成鮮豔原色的蹺蹺板和鞦韆。瓦西里．維希萬尼廣場是個兒童遊戲區。

夏日午後，老奶奶們坐在長凳上照看兒孫。但一群人誰也說不出這個瓦西里・維希萬尼是何方神聖。我為她們講述了威廉的故事，她們則聽著頻頻點頭，彷彿日日都有個操著外國口音的人前來為國家先賢殿再添上一位哈布斯堡王子。我的思緒飄盪，我的目光受太太們灰紫色頭髮上映射的陽光吸引。她們轉過頭去，而我亦然。兒孫們在空空如也的紀念碑基座上玩耍，那座尚待完成的紀念碑。

本書以一眾祖孫作結，故也是以起始為終章。

# 謝辭

威廉・馮・哈布斯堡離奇的冒險經歷於歐洲二十多處檔案館留下了十幾種語言的文字紀錄。我首先要感謝檔案管理員相助。我理當特別提及日維茨波蘭國家典藏館的Bożna Husar，還有皇室、宮廷暨國家檔案館（Haus-, Hof-, und Staatsarchiv）的Leopold Auer。我也要感謝Iryna Vushko和Ray Brandon兩人為我提供重要的烏克蘭和德國檔案。與兩人個別討論後也啟發了我個人對種種故事的解讀。我還得向Ivan Bazhynov致上深深謝意，感謝他在基輔慷慨投入時間與分享研究成果。他比誰都更能幫助我勾勒出威廉早年生活的輪廓。我待在波蘭的那段時光成果豐碩，這多半是Andrzej Waskiewicz、Katarzyna Jesiev及Andrzej Paczkowski的功勞。

由於其他講述威廉・馮・哈布斯堡生平的研究非常有限，因此我要感謝Wolfdieter Bihl、Iurii Tereshchenko、Tetiana Ostashko及Vasyl Rasevych這幾位早先發表相關主題著作的學者。在耶魯大學斯特林紀念圖書館（Sterling Memorial Library），Tatjana Lorković與Susanne Roberts兩人盡心協助、有求必應，遠遠超出我原本的預期。當我研究臨近尾聲，哈佛大學、康乃爾大學及倫敦英美學會的講座讓我得以闡述論點。於華盛頓特區舉行的「俄羅斯暨東歐史研討會」（Russian and East European History Workshop）、紐約的「雷馬克研究所研討會」（Remarque Institute Seminar），以及耶魯大學的「現代轉型研討會」(Transitions to Modernity Workshop)都為我提供了討論機會，對此我非常感激。雖然我對書中內容負有全部責任，但我很樂意承認它們必定因討論而有所改善。

各章節在經過Karen Alter、Holly Case、István Deák、Timothy Garton Ash、Isabel Hull、Jovana Knežević、Hugo Lane、Andrzej Nowak、Dominique Reill、Stuart Rachels、Mary Lou Roberts、Michael Snyder、Piotr Wandycz及Larry Wolff的指教之後均得以改進。Marci Shore和Nancy Wingfield大方為我通讀草稿並提出意見。Ernst Rutkowski、Scott Spector和Matti Bunzl也好心讓我參考他們未發表的文章。與Paul Laverdure和Tirza Latimer的對話令我留意到重要的史料來源。Elisabeth Grossegger和Daniel Unowsky為我解答有關一九〇八年登基週年慶典的疑問；Marina Cattaruzza、Alison Frank和Marion Wullschleger為我解說伊斯垂亞的情形。E. E. Snyder和Christine Snyder則向我介紹馬爾他。Dan Shore回答我有關歌劇的問題，Sasha Zeyliger為我排解有關俄羅斯的疑難。Eagle Glassheim寄了捷克相關史料給我，Vladyslav Hrynevych查找到當年基輔的審訊程序。Oleh Turii給我關於救贖主教會的相關珍本。Galin Tihanov和Adelina Angusheva-Tihanova協助我釐清時間與東儀基督教的觀念。

我為了回顧哈布斯堡君主國的氛圍而須行走各地、與人討論和反思，過程中有許多人、地點與機構大力協助。Omer Bartov讓我參與他的「邊境」(Borderlands)研究計畫，令我得以隨他親身造訪東加利西亞。Christoph Mick和時代基金會(Zeit-Stiftung)更在完美時機邀請我前往利維夫。Oxana Shevel不僅指點我如何比較利維夫與基輔兩地，更為我詳述烏克蘭的民族政治。我對克羅埃西亞歷史的瞭解都要歸功於Ivo Banac的指導。Leda Siragusa經營的格比查飯店(Grbica Hotel)是展開洛希尼島健行之旅的理想起點，她的丈夫Giovanni還為我造了艘小帆船。在維也納則有Krzysztof Michalski和他創立的人文科學研究所（Institute for Human Sciences）為我提供住處。耶魯大學歷史系及麥克米倫國際暨區域研究中心（Macmillan Center for International and Area Studies）的歐洲研究委員會也盡機構之力，支持我的研究並提供補助金。瑪麗亞・克里斯蒂娜・哈布斯堡和格奧爾格・馮・哈布斯堡（Georg von Habsburg）大方為我解答有關他們家族的一些疑問。Kneerim and Williams作家經紀公司的Steve Wasserman從一開始便看出這則故事的魅力所在。Basic Books出版社的Lara Heimert更是完美的文學合夥人，多虧有她，威廉・馮・哈布斯堡的故事才得以問世。

## 威廉·馮·哈布斯堡的帝國血統

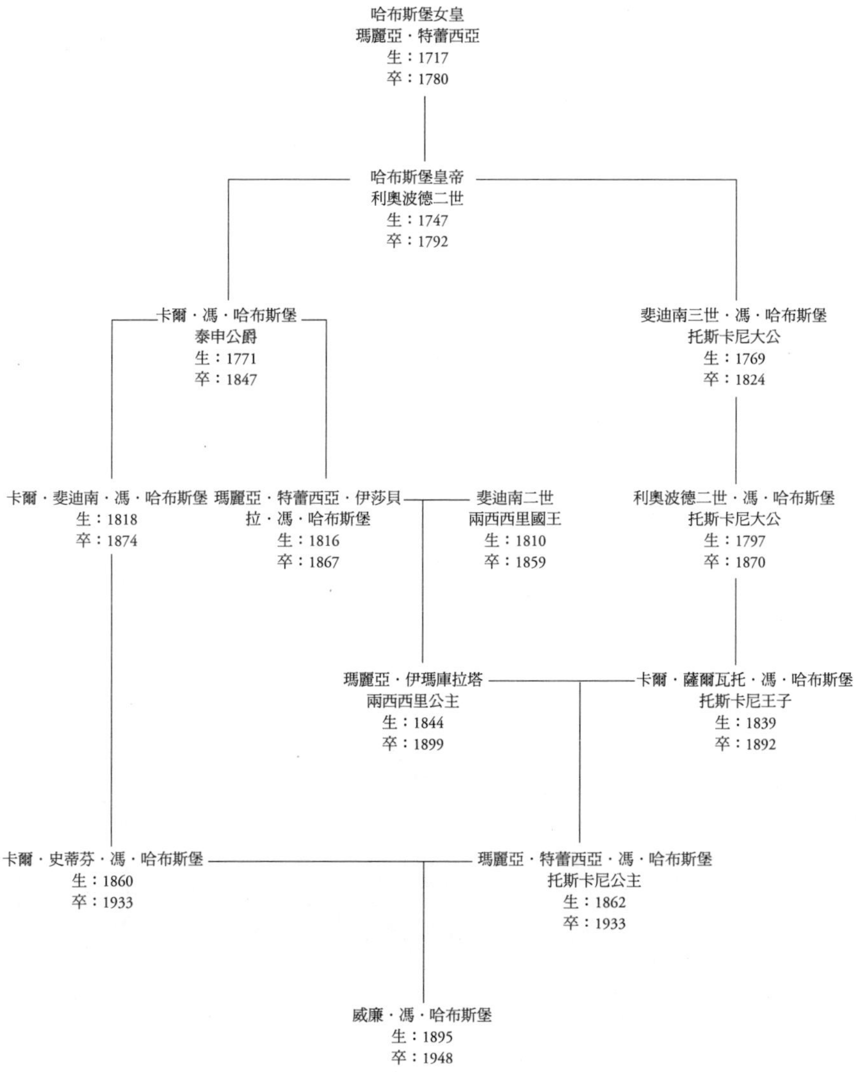
哈布斯堡女皇
瑪麗亞·特蕾西亞
生：1717
卒：1780
哈布斯堡皇帝
利奧波德二世
生：1747
卒：1792
卡爾·馮·哈布斯堡
泰申公爵
生：1771
卒：1847
斐迪南三世·馮·哈布斯堡
托斯卡尼大公
生：1769
卒：1824
卡爾·斐迪南·馮·哈布斯堡
生：1818
卒：1874
瑪麗亞·特蕾西亞·伊莎貝拉·馮·哈布斯堡
生：1816
卒：1867
斐迪南二世
兩西西里國王
生：1810
卒：1859
利奧波德二世·馮·哈布斯堡
托斯卡尼大公
生：1797
卒：1870
瑪麗亞·伊瑪庫拉塔
兩西西里公主
生：1844
卒：1899
卡爾·薩爾瓦托·馮·哈布斯堡
托斯卡尼王子
生：1839
卒：1892
卡爾·史蒂芬·馮·哈布斯堡
生：1860
卒：1933
瑪麗亞·特蕾西亞·馮·哈布斯堡
托斯卡尼公主
生：1862
卒：1933
威廉·馮·哈布斯堡
生：1895
卒：1948

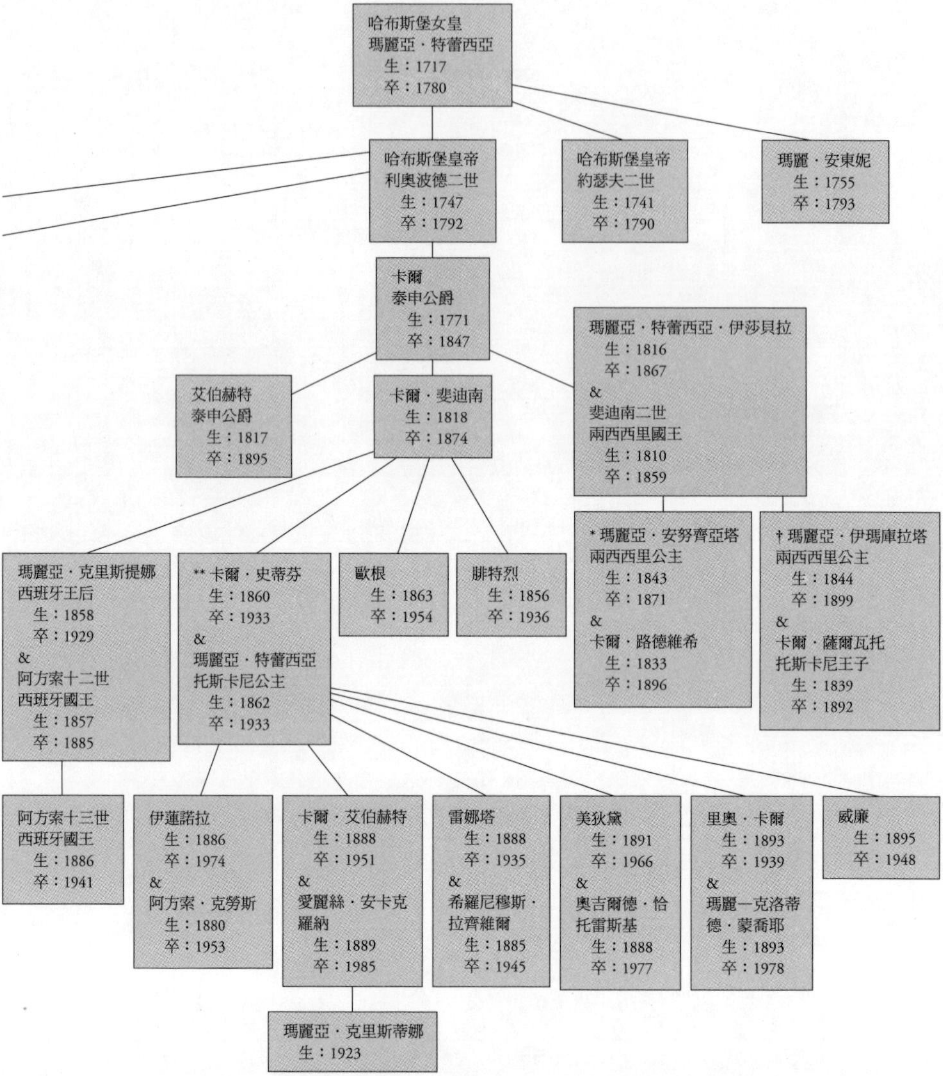
哈布斯堡女皇
瑪麗亞・特蕾西亞
生：1717
卒：1780
哈布斯堡皇帝
利奧波德二世
生：1747
卒：1792
哈布斯堡皇帝
約瑟夫二世
生：1741
卒：1790
瑪麗・安東妮
生：1755
卒：1793
卡爾
泰申公爵
生：1771
卒：1847
瑪麗亞・特蕾西亞・伊莎貝拉
生：1816
卒：1867
&
斐迪南二世
兩西西里國王
生：1810
卒：1859
艾伯赫特
泰申公爵
生：1817
卒：1895
卡爾・斐迪南
生：1818
卒：1874
* 瑪麗亞・安努齊亞塔
兩西西里公主
生：1843
卒：1871
&
卡爾・路德維希
生：1833
卒：1896
† 瑪麗亞・伊瑪庫拉塔
兩西西里公主
生：1844
卒：1899
&
卡爾・薩爾瓦托
托斯卡尼王子
生：1839
卒：1892
瑪麗亞・克里斯提娜
西班牙王后
生：1858
卒：1929
&
阿方索十二世
西班牙國王
生：1857
卒：1885
** 卡爾・史蒂芬
生：1860
卒：1933
&
瑪麗亞・特蕾西亞
托斯卡尼公主
生：1862
卒：1933
歐根
生：1863
卒：1954
腓特烈
生：1856
卒：1936
阿方索十三世
西班牙國王
生：1886
卒：1941
伊蓮諾拉
生：1886
卒：1974
&
阿方索・克勞斯
生：1880
卒：1953
卡爾・艾伯赫特
生：1888
卒：1951
&
愛麗絲・安卡克羅納
生：1889
卒：1985
雷娜塔
生：1888
卒：1935
&
希羅尼穆斯・拉齊維爾
生：1885
卒：1945
美狄黛
生：1891
卒：1966
&
奧吉爾德・恰托雷斯基
生：1888
卒：1977
里奧・卡爾
生：1893
卒：1939
&
瑪麗一克洛蒂德・蒙喬耶
生：1893
卒：1978
威廉
生：1895
卒：1948
瑪麗亞・克里斯蒂娜
生：1923

備註：僅列出本書中出現過的家族成員。

## 哈布斯堡—洛林王室

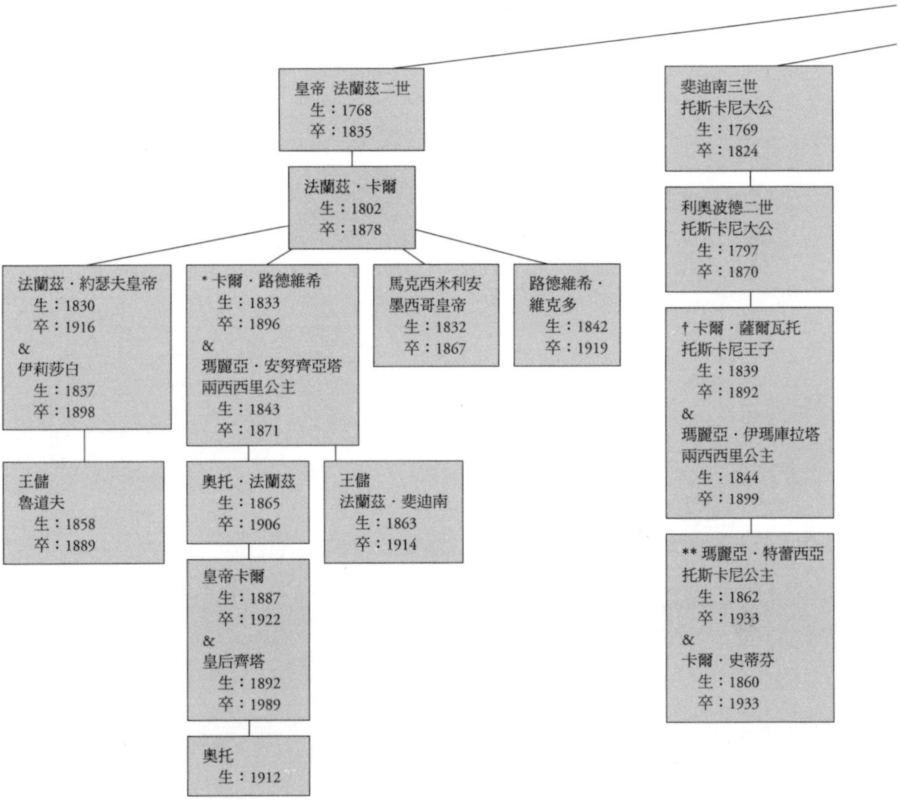
皇帝 法蘭茲二世
生：1768
卒：1835
法蘭茲・卡爾
生：1802
卒：1878
法蘭茲・約瑟夫皇帝
生：1830
卒：1916
&
伊莉莎白
生：1837
卒：1898
王儲
魯道夫
生：1858
卒：1889
* 卡爾・路德維希
生：1833
卒：1896
&
瑪麗亞・安努齊亞塔
兩西西里公主
生：1843
卒：1871
奧托・法蘭茲
生：1865
卒：1906
皇帝卡爾
生：1887
卒：1922
&
皇后齊塔
生：1892
卒：1989
奧托
生：1912
王儲
法蘭茲・斐迪南
生：1863
卒：1914
馬克西米利安
墨西哥皇帝
生：1832
卒：1867
路德維希・
維克多
生：1842
卒：1919
斐迪南三世
托斯卡尼大公
生：1769
卒：1824
利奧波德二世
托斯卡尼大公
生：1797
卒：1870
† 卡爾・薩爾瓦托
托斯卡尼王子
生：1839
卒：1892
&
瑪麗亞・伊瑪庫拉塔
兩西西里公主
生：1844
卒：1899
** 瑪麗亞・特蕾西亞
托斯卡尼公主
生：1862
卒：1933
&
卡爾・史蒂芬
生：1860
卒：1933

# 人物傳略

## 哈布斯堡皇室要角

艾伯赫特（1817–1895）：持有奧地利大公等頭銜。哈布斯堡陸軍元帥，一八六六年於庫斯托扎（Custozza）戰勝義大利人。史蒂芬的養父，其加利西亞財產由史蒂芬繼承。

艾伯赫特（1888–1951）：持有奧地利大公等頭銜。史蒂芬和瑪麗亞・特蕾西亞的長子，愛麗絲・安卡克羅納的丈夫，威廉的哥哥。先後曾於哈布斯堡軍隊及波蘭軍隊擔任炮兵軍官。瑪麗亞・克里斯蒂娜、卡爾・史蒂芬及雷娜塔之父。一九三三年史蒂芬去世後成為一家之主，是日維茨土地的主要所有人。曾為威廉提供金援。其民族身分為波蘭人，曾遭德國人監禁，後又於波蘭共產黨統治下被迫流亡。

阿方索十三世（1886–1941）：西班牙國王。瑪麗亞・克里斯提娜之子，史蒂芬的外甥，威廉的表哥。於一九二二年歡迎威廉和齊塔來到馬德里，也幫忙設法保住史蒂芬的波蘭地產。一九三一年離開西班牙，一九三〇年代於巴黎過著享樂生活。去世前不久退位給兒子。胡安・卡洛斯國王的祖父。

伊蓮諾拉（1886–1974）：奧地利女大公，直到與阿方斯・克勞斯結婚而必須放棄頭銜。史蒂芬和瑪麗亞・特蕾西亞的長女，威廉的姊姊。打破哈布斯堡家族的慣例嫁給了父親遊艇的船長。二戰前後國籍為奧地利人，期間她的兒子曾在德國軍隊服役。

伊莉莎白（1837–1898）：持有奧地利皇后等頭銜，法蘭茲・約瑟夫之妻，魯道夫的母親。與史蒂芬、馬克西米利安、魯道夫等哈布斯堡家族成員一樣都是喜好溫暖水域的浪漫主義者。在科孚島上建造了一座宮殿，史蒂芬曾帶著家人一起參觀過。認同希臘文化。

歐根（1863–1954）：持有奧地利大公等頭銜。一戰期間於巴爾幹半島及義大利指揮奧地利軍隊。在一九三五年威廉返回奧地利後為他打點一切。最後一位領導條頓騎士團的哈布斯堡家族成員。

唐・斐南多（1891–1944）：杜爾卡公爵。威廉在巴黎的玩伴。

斐南多王子（1884–1959）：巴伐利亞王子，後為西班牙王子。阿方索和威廉的表哥，一九二〇年代在馬德里與威廉共謀籌資。

法蘭茲・斐迪南（1863–1914）：持有奧地利大公等頭銜。一八九〇年代曾至亞得里亞海拜訪史蒂芬和表姊瑪麗亞・特蕾西亞。成為王儲後在塞拉耶佛遭塞爾維亞民族主義者暗殺。他生前反對巴爾幹戰爭，其死卻成為第一次世界大戰的根源。

法蘭茲・約瑟夫（1830-1916）：持有奧地利皇帝等頭銜。一八四八年民族革命後登基，失敗的專制主義者，後來成為憲政改革的支持者，在民族問題上採取務實的看法。即便民族統一改變了歐洲的地緣政治，他仍維護著君主國。伊莉莎白的丈夫，魯道夫的父親。據說曾鼓勵威廉的烏克蘭志業。

腓特烈（1856–1936）：持有奧地利大公等頭銜。第一次世界大戰期間擔任奧地利部隊總司令直至一九一六年。

卡爾（1887–1922）：持有奧地利皇帝等頭銜。哈布斯堡末代皇帝。一九一六年法蘭茲・約瑟夫去世後即位。曾嘗試與法國秘密和談未果。一九一八年派威廉至烏克蘭執行特殊任務。在戰爭期間目睹君主國衰落，最後只能屈居德國的衛星國。戰爭結束時辭去國家政務，但未正式退位。兩度於匈牙利嘗試復辟但失敗，之後去世。齊塔之夫，奧托之父。

卡爾・路德維希（1833–1896）：持有奧地利大公等頭銜。法蘭茲・約瑟夫之弟。一八八九年魯道夫去世後曾短暫被當作法蘭茲・約瑟夫的接班人。飲用約旦河水後死亡。法蘭茲・斐迪南和奧托・法蘭茲之父。

卡爾・史蒂芬（1921–）：阿爾騰堡（Altenburg）親王。艾伯赫特與愛麗絲之子。瑞典公民。一九八九年後欲爭取日維茨啤酒廠的所有權。以祖父卡爾・史蒂芬（本書通稱他為史蒂芬）的名字命名。威廉的侄子。

里奧（1893–1939）：持有奧地利大公等頭銜。史蒂芬與瑪麗亞・特蕾西亞的次子，威廉的哥哥。曾任哈布斯堡及波蘭軍隊的軍官。在父親去世後繼承了一小部分的日維茨地產。瑪麗・蒙喬耶（Marie Montjoye）的丈夫

路德維希・維克多（1842–1919）：持有奧地利大公等頭銜。法蘭茲・約瑟夫的弟弟。出了名的喜好收藏藝術品，也是出了名的愛與同性尋歡作樂。被他的皇帝兄長放逐到薩爾斯堡附近的一座城堡。

瑪麗亞・克里斯提娜（1858–1929）：持有奧地利女大公等頭銜，後為西班牙王后及攝政王。史蒂芬的姊姊，阿方索的母親，威廉的姑姑。一九二〇年代初期在西班牙庇護齊塔和威廉。

瑪麗亞・克里斯蒂娜（1923–）：阿爾滕堡公主。艾伯赫特和愛麗絲之女，二戰後流亡在外，現居於

日維茨的新城堡。*威廉的姪女。

瑪麗亞・特蕾西亞（1862–1933）：持有奧地利女大公等頭銜，托斯卡尼公主。與丈夫史蒂芬一同開創波蘭王室。威廉、里奧、艾伯赫特、雷娜塔、伊蓮諾拉及美狄黛的母親。狂熱天主教徒，熱愛藝術。一戰期間曾捐建醫院，並親自擔任護士。

馬克西米利安（1832–1867）：持有奧地利大公等頭銜，後成為墨西哥皇帝。哈布斯堡海軍司令，並協助推動海軍現代化。遭墨西哥共和黨處決。法蘭茲・約瑟夫之弟。

美狄黛（1891–1966）：持有奧地利女大公等頭銜，直至與奧吉爾德・恰托雷斯基結婚後只得放棄頭銜。史蒂芬和瑪麗亞・特蕾西亞的第三個女兒，威廉的姊姊。民族身分為波蘭人。第二次世界大戰期間移居巴西。

奧托（1912–）†：持有奧地利大公等頭銜，皇帝卡爾與皇后齊塔的長子。一九二二年卡爾死後成為哈布斯堡王位繼承人，一九三二年成年後成為哈布斯堡家族族長。政治家兼作家。一九三〇年代帶領奧地利復辟運動，二戰期間倡導組成多瑙河聯邦，此後也主張歐洲整合。巴伐利亞基督教社會聯盟成員、歐洲議會代表。

奧托・法蘭茲（1865–1906）：持有奧地利大公等頭銜。醜聞眾多，最為人熟記的可能就是全裸現身薩赫飯店（Hotel Sacher），身上只配著一把劍與金羊毛勳章領飾。一八九〇年代，法蘭茲・斐迪南患上肺結核後，被當作哈布斯堡王位的可能繼承人選。卡爾皇帝之父和奧托的祖父。

雷娜塔（1888–1935）：持有奧地利女大公等頭銜，直至與希羅尼穆斯・拉齊維爾結婚而必須放棄頭銜。史蒂芬和瑪麗亞·特蕾西亞的第二個女兒，威廉的姊姊。民族身分為波蘭人。

雷娜塔（1931–）[‡]：阿爾騰堡公主。愛麗絲和艾伯赫特的第二個女兒。西班牙公民。一九八九年之後欲爭取日維茨啤酒廠的所有權。

魯道夫（1858–1889）：持有奧地利大公等頭銜。法蘭茲·約瑟夫和伊麗莎白的兒子，哈布斯堡王位繼承人，一八八九年在梅耶林自殺。為作家、自由主義者，好與知識分子結交。

史蒂芬（1860–1933）：持有奧地利大公等頭銜。海軍軍官，熱愛汽車、喜歡畫畫與航海，渴望登上尚不存在的波蘭王位，波蘭王室的創始人。擁有日維茨啤酒廠及相關財產。瑪麗亞·特蕾西亞的丈夫，艾伯赫特、伊蓮諾拉、美狄黛、雷娜塔、里奧和威廉的父親。

瓦西里·維希萬尼：參見下一條「威廉」。

威廉（1895–1948）：持有奧地利大公等頭銜。自小成長於巴爾幹半島，被當作波蘭人養育，選擇成為烏克蘭人。一戰期間擔任哈布斯堡軍官，支持在哈布斯堡的統治下成立烏克蘭政體。一九二〇年代，曾與巴伐利亞帝國主義者合作、與西班牙皇室成員結交，並流連於法國歡場。一九三〇年代，支持哈布斯堡復辟及法西斯主義。一九四〇年代成為間諜抵抗納粹德國和蘇聯，最後支持民主。個性風流、喜好

---

* 譯註：瑪麗亞·克里斯蒂娜已於二〇一二年逝世於日維茨。

† 譯註：奧托已於二〇一一年去世。

‡ 譯註：雷娜塔已於二〇二四年去世。

東方文化、愛運動。史蒂芬和瑪麗亞・特蕾西亞之子。艾伯赫特、里奧、美狄黛、雷娜塔及伊蓮諾拉的弟弟、阿方索的表弟、瑪麗亞・克里斯提娜的外甥、歐根和腓特烈的侄子。

威廉二世（1859–1941）：德國皇帝兼普魯士國王，霍亨索倫家族的首領。一九一八年八月於斯巴的德國總部會見威廉。

齊塔（1892-1989）：波旁—帕爾馬公主，後得到奧地利皇后等頭銜。一九三〇年代復辟政治的核心與靈魂。威廉曾至比利時探訪她。

## 哈布斯堡家族的配偶與親屬

愛麗絲・安卡克羅納（1889–1985）：一九四九年受封為阿爾騰堡公主。艾伯赫特之妻，卡爾・史蒂芬、瑪麗亞・克里斯蒂娜、雷娜塔及若亞敬・巴德尼的母親。哈布斯堡家族的瑞典裔波蘭人、愛國人士、波蘭地下活動家，著有回憶錄《公主與遊擊隊》(*Princess and Partisan*)。

若亞敬・巴德尼（1912–）*：波蘭神學家。出生名為卡齊米日・巴德尼。愛麗絲・安卡克羅納與首任丈夫路德維克・巴德尼伯爵所生的兒子。在東加利西亞長大，在愛麗絲與艾伯赫特婚後搬至日維茨與同父異母的弟妹卡爾・史蒂芬、瑪麗亞・克里斯蒂娜及雷娜塔一起生活。二戰期間曾為波軍士兵，一九四三年成為道明會修士。後返回共產波蘭修讀神學。著有一本關於哈布斯堡波蘭世系的回憶錄。一九八九年之後欲爭取日維茨啤酒廠的所有權。

蘇菲・喬特克（1868–1914）：喬特克瓦及沃格寧（Chotkova and Wognin）女伯爵，後成為霍恩貝格（Hohenberg）公爵夫人。法蘭茲・斐迪南之妻，一九一四年六月二十八日在塞拉耶佛遭塞爾維亞民族主義者殺害。

奧吉爾德・恰托雷斯基（1888–1977）：王子、波蘭貴族、美狄黛的丈夫、威廉的姊夫。二戰期間與妻子一起移民至巴西。

阿方斯・克勞斯（1880–1953）：史蒂芬在亞得里亞海的遊艇船長。一九一三年與伊蓮諾拉結婚。

瑪亞・蒙喬耶（1893–1978）：正式全名為瑪麗—克洛蒂德・馮・圖利耶（Marie-Klotilde von Thuillieres），蒙喬耶和羅希（Montjoye et de la Roche）女伯爵。一九二二年與里奧結婚。

希羅尼穆斯・拉齊維爾（1885–1945）：王子、波蘭貴族、雷娜塔的丈夫、威廉的姊夫。年輕時被視為親德派，並於一九一八年被當作波蘭王位的人選。二戰期間援助波蘭的反德地下活動。波蘭愛國人士，在遭蘇聯囚禁期間去世。

## 其他人物

麥克斯・鮑爾（1875–1929）：德國炮兵軍官、魯登道夫的密友。擁護德國右派獨裁統治、支持奧地

* 譯註：若亞敬神父已於二〇一〇年去世。

利君主制，最後擔任蔣介石的軍事及工業顧問。一九二〇年曾參與柏林政變，政變失敗。一九二一年，與威廉在維也納共謀巴伐利亞入侵布爾什維克俄羅斯的計畫。一九二四年，阿方索在威廉的提議下邀請他訪問西班牙。

法蘭索瓦—薩維爾・伯納（1882–1945）：出身比利時的救贖主會神父。接納了東方（希臘禮天主教）儀式和烏克蘭民族身分。一九一八年威廉在烏克蘭的同伴，一九二〇年成為烏克蘭民族共和國駐梵蒂岡特使。死於美國。

寶蕾特・葵巴：法國心機女郎。威廉在巴黎的情人。

恩格爾伯特・陶爾斐斯（1892–1934）：奧地利政客，一九三二至一九三四年擔任總理。領導基督教社會黨，並於一九三三年以該黨為基礎建立祖國陣線。一九三三年解散議會，此後以政令治國。一九三四年內戰結束後禁止社會民主黨活動。其獨裁政權帶有宗教色彩，在左派與納粹右派的強大壓力之下仍試圖保住奧地利政治的中心地位。一九三四年遭納粹暗殺。

漢斯・法蘭克（1900–1946）：納粹律師。自一九三三年起擔任巴伐利亞司法部長，自一九三九年起擔任總督府（德國占領時期的波蘭）總督。以克拉科夫的前波蘭皇宮作為統治中心，竊走哈布斯堡世系的家族銀器。一九三七年，威廉曾視其為或可共謀烏克蘭事業的納粹合作夥伴。在紐倫堡被判犯有戰爭罪並遭處決。

米榭・喬治—米榭（1883–1985）：產能豐富的法國記者、回憶錄作家兼藝評人。威廉在巴黎的朋友。一九三六年，寶蕾特・葵巴曾邀他一起前往維也納。

海因里希・希姆萊（1900–1945）：納粹領袖。帶領親衛隊並擔任強化德意志民族專員等職。是僅次希特勒對猶太大屠殺負有最大責任者。與哈布斯堡家族為敵，他將艾伯赫特一家人送進勞改營，並多次想將其家產收歸國有。最後自殺身亡。

保羅・馮・興登堡（1847–1934）：德軍司令兼政治家。與參謀長魯登道夫一起被視作一九一四年坦能堡戰役中擊敗俄軍的功臣。一戰期間，兩人登上德意志帝國的主宰大位，地位超越威廉二世本人。一九二五年重返政壇競選總統。一九三二年再度當選，一九三三年任命希特勒為總理。

米克洛什・霍爾蒂（1868–1957）：哈布斯堡海軍軍官，後任匈牙利攝政王。曾環繞地球航行一圈，在史蒂芬的陪伴下行船至西班牙，亦擔任過法蘭茲・約瑟夫的隨從。卡爾皇帝在史蒂芬的推薦下提拔霍爾蒂為海軍上將，命其指揮整支哈布斯堡艦隊。共產革命失敗後在匈牙利掌權。擔任攝政王期間，兩度拒絕他的陛下卡爾奪回匈牙利王位。

卡齊米爾・胡日科夫斯基（?–1918）：波蘭裔烏克蘭貴族，哈布斯堡軍官。一戰期間與威廉共商國是的烏克蘭人之一。

埃里希・魯登道夫（1865–1937）：德軍司令及德國民族主義者。一戰期間擔任興登堡的參謀長，與上司一同被視作一九一四年坦能堡戰役的功臣。一九二〇年於柏林參與右派政變，一九二三年於慕尼黑參與希特勒的啤酒館政變。一九二一年，與威廉共謀調度巴伐利亞的資源以入侵布爾什維克俄羅斯。

羅曼・諾沃薩德（1920?–2004）：先後於華沙和維也納修讀音樂系的烏克蘭學生。威廉的戰時朋友，也與他在戰後合作從事間諜活動。蘇聯政治犯，撰寫過關於威廉的簡短回憶錄。

米哈伊洛．赫魯雪夫斯基（1866–1934）：烏克蘭歷史學家兼政治家。烏克蘭創國歷史的作者。一九一八年曾短暫擔任烏克蘭民族共和國元首。

愛德華．拉里申科：威廉的副官兼秘書。曾陪伴威廉前往烏克蘭和西班牙，兩人後於法國分道揚鑣。

米科拉．雷貝德（1909–1998）：烏克蘭民族主義活動分子，在戰間期的波蘭參與過恐怖主義活動。活躍於烏克蘭民族主義組織的班德拉（Bandera）派系，也是一九四三年組織烏克蘭起義軍的人之一。主張對波蘭人進行族群清洗。經由威廉介紹給法國情報部門。戰後任美國情報局特務。

特雷比奇．林肯（1879–1943）：先後曾為匈牙利竊賊、英國國教傳教士、英國議員、德國民族主義者、佛教宗師。參與一九二〇年代初期的白色國際，號召支持修正主義的民族一同反對戰後和平協議及布爾什維克俄羅斯。

蜜絲婷瑰（1875–1956）：法國歌手兼演員，名曲為〈我的情郎〉（Mon Homme），因蒙馬特的現場表演而聞名。本名尚娜．布爾喬亞，出生於威廉一九二〇年代末的居住地安互湖。那時代最知名的法國女性與收入最高的藝人。威廉一九三〇年代初期的朋友。

瓦西里．帕內科：烏克蘭記者兼政客。西烏克蘭民族共和國外交部部長、烏克蘭民族共和國出席巴黎和會的代表。眾所皆知的親俄派，有烏克蘭政客懷疑其與情報部門合作。歸化為法國人。威廉最遲於一九一八年結識此人，於一九三〇年代成為威廉在巴黎的朋友兼政治軍師。可能曾向波蘭情報部門舉報威廉，也可能策劃了一九三四至一九三五年迫使威廉離開巴黎的醜聞。

約瑟夫．畢蘇斯基（1867–1935）：波蘭革命家兼政治家。社會主義者，認為應靠起義實現政治理念，他利用自己在哈布斯堡波蘭軍團中的角色發起武裝運動以爭取波蘭獨立。自一九一八年起擔任獨立波蘭的國家元首和統帥，是與西烏克蘭民族共和國及布爾什維克俄羅斯抗戰的功臣。一九二六年發起軍事政變，於波蘭第二次掌權。

麥羅斯拉夫・普羅科普（1913–2003）：烏克蘭民族主義者，烏克蘭民族主義者組織班德拉派領袖。二戰期間威廉在維也納接觸到的首位重要民族主義者。

安娜・普羅科波維奇：烏克蘭民族主義者組織班德拉派的信差。一九四四年，她以莉妲・圖爾琴的身分於維也納結識羅曼・諾沃薩德和威廉。

伊凡・波塔維茨—奧斯崔安尼茨亞（1890–1957）：來自俄羅斯帝國的烏克蘭愛國人士。活躍於酋長國政府，是酋長佩德羅・斯科羅帕茨基的緊密夥伴。一九二〇年代初期與威廉合作推廣君主制，一九三七年兩人重逢。主張烏克蘭應與納粹德國結盟。

庫爾特・馮・舒士尼格（1897–1977）：奧地利政客。一九三四至一九三八年任奧地利總理。與奧托・馮・哈布斯堡持續有往來，允許復辟運動享有一定程度的自由。欲為執政的祖國陣線爭取支持來源。曾用激烈的言辭來呼籲民眾抵制希特勒和德奧合併，並打算於一九三八年舉行獨立公投，但下令奧軍不要抵抗。後由德國人關入監獄和集中營。移居美國。

安德里・蕭普提斯基（1865–1944）：波蘭裔烏克蘭牧師、希臘禮天主教哈利奇（Halych）教區的都主教。曾將奧屬加利西亞的希臘禮天主教改造為烏克蘭民族大本營，並盼望能讓東正教徒皈依希臘禮。於一九一七至一九一八年（或許還有一九三〇年代）擔任威廉的導師。

佩德羅・斯科羅帕茨基（1873–1945）：代表保守派和地主利益的烏克蘭政治家。一九一八年四月，在德國支持下針對烏克蘭民族共和國發動政變。同年夏天，忌憚在烏克蘭鄉村廣受歡迎的威廉。一九二〇年代初期，在烏克蘭君主制政治中與威廉為敵，偶爾結盟。移居德國，喪生於同盟國空襲。

托卡里：參見下一條「揚・托卡熱夫斯基—卡拉謝維奇」。

揚・托卡熱夫斯基—卡拉謝維奇（1885–1954）：波蘭裔烏克蘭外交官。烏克蘭民族共和國官員，曾參與波蘭發起的普羅米修斯運動（旨在透過煽動民族主義來削弱蘇聯）。威廉一九三〇年代的朋友，同為支持法西斯的貴族。

莉妲・圖爾琴：參見「安娜・普羅科波維奇」。

米科拉・瓦西爾科（1868–1924）：出身羅馬尼亞貴族的烏克蘭政客。奧地利議會代表，一戰期間支持在哈布斯堡君主國轄下建立烏克蘭王國。一戰期間與威廉共商國是的烏克蘭人之一。一九一八年一月至二月，與威廉合作協助烏克蘭外交官談成麵包和平。西烏克蘭民族共和國及烏克蘭民族共和國的外交官。

腓特烈・馮・威斯納（1871–1951）：親哈布斯堡王室的奧地利律師和外交官。法蘭茲・約瑟夫曾指派他負責就塞拉耶佛暗殺事件撰寫特別報告。一九二〇至一九二一年，在維也納與威廉合作推動君主制和烏克蘭政治。一九三〇年，奧托命其負責推動復辟。他有猶太血統，曾是一九三七至一九三八年威廉反猶太主義主要針對的目標。

伍德羅・威爾遜（1856–1924）：美國政客。擔任美利堅合眾國總統，一戰期間支持民族自決思想。

# 哈布斯堡歷史年表

一二七三年 魯道夫獲選為神聖羅馬皇帝
一四三〇年 金羊毛騎士團成立
一五二二年 哈布斯堡家族的西班牙與奧地利世系分離
一五二六年 摩哈赤戰役，哈布斯堡獲得波希米亞與匈牙利
一六一八—一六四八年 三十年戰爭
一六八三年 鄂圖曼帝國圍攻維也納
一七〇〇年 哈布斯堡的西班牙世系斷絕
一七四〇年 瑪麗亞・特蕾西亞即位
一七四〇—一七六三年 奧普戰爭
一七七二—一七九五年 瓜分波蘭
一七九二—一八一四年 奧法戰爭
一七九三年 瑪麗・安東妮遭處決
一八〇六年 神聖羅馬帝國結束

一八一四—一八一五年　維也納會議
一八二一—一八四八年　梅特涅擔任首相
一八三〇年　法蘭茲．約瑟夫誕生
一八四八年　民族之春，法蘭茲．約瑟夫登基
一八五九年　與法國及皮德蒙開戰
一八六〇年　《十月文告》頒布
　　史蒂芬誕生
一八六六年　與普魯士及義大利開戰
一八六七年　奧匈妥協憲章
　　頒布憲法
　　馬克西米利安在墨西哥遭處決
一八七〇—一八七一年　德國與義大利先後完成統一
一八七八年　柏林會議、占領波士尼亞、塞爾維亞獨立
一八七九年　與德國結盟
　　史蒂芬當上海軍軍官
一八八六年　史蒂芬與瑪麗亞．特蕾西亞完婚
一八八八年　艾伯赫特誕生

一八八九年 王儲魯道夫於梅耶林自殺身亡
一八九五年 威廉誕生
一八九六年 史蒂芬退役
一八九七—一九〇七年 史蒂芬帶著小威廉與一家人住在洛希尼島
一八九八年 皇后伊莉莎白遭暗殺
一九〇三年 塞爾維亞由反哈布斯堡的王朝掌權
一九〇七年 推行男子普選權
一九〇七—一九一四年 史蒂芬帶著小威廉與一家人落腳加利西亞
一九〇八年 吞併波士尼亞與赫塞哥維納
法蘭茲．約瑟夫皇帝登基六十週年
一九〇九—一九一三年 威廉開始上學，姊姊們紛紛嫁人
一九一二年 第一次巴爾幹戰爭
一九一三年 第二次巴爾幹戰爭
一九一三—一九一五年 威廉就讀軍校
一九一四年 法蘭茲．斐迪南於塞拉耶佛遭暗殺
一九一四—一九一八年 第一次世界大戰
一九一五年 威廉指揮烏克蘭部隊

一九一六年　法蘭茲·約瑟夫去世，卡爾繼位
　　　　　　波蘭王國成立
一九一七年　布爾什維克革命，俄羅斯帝國瓦解
一九一八年　烏克蘭民族共和國獲承認
　　　　　　奧德占領烏克蘭
　　　　　　威廉身處烏克蘭
　　　　　　奧地利、波蘭、捷克斯洛伐克、西烏克蘭各共和國成立
　　　　　　哈布斯堡君主國解體
一九一九年　西烏克蘭民族共和國滅國
一九一九—一九二三年　巴黎和會協定
一九二一年　烏克蘭民族共和國滅國
　　　　　　史蒂芬與威廉公開決裂
　　　　　　史蒂芬成為波蘭公民、保住財產
　　　　　　威廉加入白色國際
一九二二年　墨索里尼於義大利掌權
　　　　　　阿方索歡迎哈布斯堡家人遷至西班牙
一九二二—一九二六年　威廉身處西班牙

一九二六—一九三五年 威廉身處巴黎
一九三一年 西班牙成為共和國，阿方索離開
一九三二年 奧托成年，展開復辟政治
一九三二—一九三三年 蘇屬烏克蘭饑荒
一九三三年 希特勒於德國掌權
史蒂芬與瑪麗亞·特蕾西亞去世
奧地利議會解散，祖國陣線成立
一九三四年 奧地利社會民主黨失敗
奧地利納粹政變失敗
巴黎人民陣線創立
一九三五年 威廉與寶蕾特受審
一九三五—一九四七年 威廉身處奧地利
一九三六年 德義結盟，義大利背棄奧地利
一九三六—一九三九年 西班牙內戰
一九三七—一九三八年 蘇聯恐怖大整肅時期
一九三八年 德奧合併，奧地利滅國
水晶之夜反猶暴動

一九三九年　納粹與蘇聯簽訂互不侵犯條約
德國與蘇聯入侵波蘭
德國人逮捕艾伯赫特
一九三九—一九四〇年　德國沒收哈布斯堡家族財產
德國驅逐波蘭人和猶太人
一九三九—一九四五年　第二次世界大戰
一九四一年　德國入侵蘇聯
一九四一—一九四五年　歐洲猶太大屠殺
一九四三—一九四七年　波蘭人與烏克蘭人族群清洗
一九四四—一九四七年　威廉從事間諜活動
一九四五年　波蘭沒收哈布斯堡家族財產
一九四五—一九四八年　共產黨接管東歐
一九四五—一九五五年　四國占領奧地利
一九四七年　威廉遭蘇聯逮捕
一九四八年　威廉死於蘇屬烏克蘭
一九五一年　艾伯赫特死於瑞典
歐洲煤鋼共同體成立

一九五三年　史達林死亡

一九五七年　簽訂《羅馬條約》

一九七九—一九九九年　奧托擔任歐洲議會代表

一九八〇—一九八一年　波蘭團結工聯運動

一九八五—一九九一年　戈巴契夫於蘇聯掌權

一九八六年　西班牙加入歐盟

一九八九年　東歐革命

一九九〇—一九九九年　南斯拉夫內戰

一九九一年　蘇聯解體

一九九一年　烏克蘭獨立

一九九一—二〇〇五年　日維茨啤酒廠法律爭議

一九九五年　奧地利加入歐盟

二〇〇四年　波蘭加入歐盟

烏克蘭橙色革命

# 名稱和語言

本作所探討的帝國並不存在精確的簡稱。哈布斯堡家族的歐洲領地要到一八〇四年才出現統一名稱。一八〇四至一八六七年間，這片土地被稱作「奧地利帝國」。一八六七至一九一八年間，其國號則為「奧匈帝國」。而我稱之為「哈布斯堡君主國」，並僅以「奧地利」來稱呼兩次世界大戰後成立的阿爾卑斯山小共和國，也就是今天的奧地利。

「奧匈帝國」此名的意義比字面上更為複雜。王朝有一半名為匈牙利，但另一半卻不稱為奧地利。非匈牙利土地的正式名稱為「帝國議會統轄之土地與王國」。本書主要探討的是帝國境內非屬匈牙利的領土。而大部分故事的發生地——伊斯垂亞和加利西亞兩省——都屬於「帝國議會統轄之土地與王國」。

研究哈布斯堡君主國的學者都認得一八六七至一九一八年間行政機關為求精確而使用的德語縮寫。與帝國有關的機構是「kaiserlich」，縮寫為「K」。而匈牙利的機構屬於王國，故為「königlich」——也用字母「k」表示。奧匈共同的機構就被稱作「K. und. k.」，意指「帝國與王國」。而小說家羅伯特・穆齊爾之所以將《沒有個性的人》的背景設定在一片名為卡卡尼亞（Kakania）的土地上，原因正在於此。也許字母「k」所代表的氾濫官僚意象亦有助解釋卡夫卡為何如此厭惡自己姓氏的第一個字母。我避免使用這類變體，而是使用形容詞「哈布斯堡」。

本書出現過的帝國和王國共有機構有陸軍、海軍、外交部及波士尼亞占領當局。哈布斯堡軍隊指的是帝國與王國（K. und k）陸軍；我對奧地利與匈牙利的本土衛隊（分別為Landwehr與Honvéd）則未有太多著墨。奧匈的本土衛隊都曾於一九一八年參與占領烏克蘭，我在內文提及慘遭血腥屠殺的人們便是Honvéd；然而若是只為描述占領一事，我幾乎沒必要細分哈布斯堡的各支武裝部隊。本書中負責管轄非匈牙利區域的機構（表示其屬於帝國而非王國）則有政府和議會。

為哈布斯堡人確定頭銜就好比收集蝴蝶，追蝴蝶的過程比釘標本更有意思。皇帝及其家族成員的完整頭銜可寫滿好幾頁紙，而且幾乎從未刊印過，就算是極盡歌功頌德之能事的紋章學著作也未能詳盡記載。法蘭茲．約瑟夫和卡爾都是奧地利皇帝與匈牙利國王。威廉與父兄為奧地利帝國大公及匈牙利皇家大公；母親和姊姊則是奧地利帝國女大公及匈牙利皇家女大公。偶爾我會將「Erzherzog」翻譯為「親王、王子」，而非直譯為「大公」，以便傳達其在奧地利語境下的含義：他們在血統上屬於王子，是王位的男性繼承人選。

前述哈布斯堡人的完整姓氏為哈布斯堡─洛特林根（Habsburg-Lothringen）。一七三六年，洛林公爵與女大公瑪麗亞．特蕾西亞．馮．哈布斯堡成婚，就此開創哈布斯堡─洛特林根家族一脈。〈國事詔書〉賦予瑪麗亞．特蕾西亞統治權力，並允許她的子嗣繼承哈布斯堡王位。本書提到的每一位現代哈布斯堡人都是瑪麗亞．特蕾西亞的後裔，故也都屬哈布斯堡─洛特林根（或稱哈布斯堡─洛林〔Habsburg-Lorraine〕）家族的成員。

曾在哈布斯堡君主國轄下的各地點也沒有令人滿意的稱法。德語是君主國內非匈牙利區域的行政語言，因此一九一八年以前的地圖通常是以德語名來標註。本書中的哈布斯堡家族成員均出生於一九一八年之前。然而這些人與他們的帝國一樣，在民族意義上都不屬於德意志人。我大致上是採用英文地名。較小地區的英語名稱則通常是沿用斯拉夫語地名。這麼做多少有點不符時序，但大概比較不會造成混淆。

威廉會說六種主要語言：德語、法語、烏克蘭語、波蘭語、義大利語及英語。其中五種是以拉丁字母書寫，烏克蘭語則和俄語同是使用西里爾字母。我採用美國國會圖書館（Library of Congress）的音譯系統來簡略音譯烏克蘭語及俄語字詞。正文裡的烏克蘭語和俄語名稱也盡量以簡單的形式呈現，註釋則提供更精準的拼寫。懂這些語言的讀者會覺得這樣也算易讀；其他人則不必太在意。除了從小說（列於參考書目）引用的段落外，各語言的譯文都是由我本人操刀——不過我確實曾厚臉皮地麻煩朋友和同事幫忙。

威廉．馮．哈布斯堡的所有近親屬都以卡爾為名，不僅是以泰申公爵卡爾大公（威廉父親的祖父，也是母親的外曾祖父）命名，還是以更久遠之前、於十六世紀曾統治一座日不落帝國的卡爾皇帝*命名。威廉本人的全名為威廉．法蘭茲．約瑟夫．卡爾，父親名叫卡爾．史蒂芬，大哥是卡爾．艾伯赫特，另一位兄長則是里奧．卡爾。這樣就夠讓人混亂了，可一九一六年登基的奧地利皇帝竟也叫卡爾。為求簡化，我便採用他們當代人的辦法，於內文中簡稱卡爾．史蒂芬為史蒂芬，稱卡爾．艾伯赫特為艾伯赫特，稱里奧．卡爾為里奧。這樣一來，卡爾皇帝就是故事裡唯一的卡爾了。

---

* 譯註：即神聖羅馬皇帝查理五世（德文是卡爾五世）。

威廉在不同的情境下有不同的名字。紀堯姆、蓋伊（Guy）、羅伯特、威廉、瓦西里、小威廉（威利）或瓦西（Vyshy）都是家人、朋友、情人及同志夥伴對他的稱謂。我以小威廉指稱少年時期的他，並以威廉指成年之後的他。使用德語型態並不表示他屬於德意志民族，他並不是——他大半生著實都不是。德語曾經是普世價值的象徵，而人心內的普世價值總是飄忽不定。比起威廉前半輩子那時代，納粹時期之後人們對德語的觀感已經不同。一九三三年以前，德意志文化可謂歐洲的花朵，不僅在德國本土、在哈布斯堡王土內也備受重視。與卡夫卡《審判》中的主角K不同，威廉選擇了最終令自己被判刑和死亡的身分。然而一如穆齊爾《沒有個性的人》的主角烏里希，他從不覺得身分是一成不變的選擇。

Zeman, Z. A. B. *The Breakup of the Habsburg Empire: A Study in National and Social Revolutions*. London: Oxford University Press, 1961.
*Zhyttia i smert' Polkovnyka Konovaltsia*. Lviv, Ukraine: Chervona kalyna, 1993.
Zolotarev, V. A., et al., eds. *Russkaia voennaia emigratsiia: Dokumenty i materialy*. Moscow: Geiia, 1998.
Żurawski vel Grajewski, Przemysław Piotr. *Sprawa ukraińska na konferencji pokojowej w Paryżu w roku 1919*. Warsaw: Semper, 1995.

Vasari, Emilio. *Dr. Otto Habsburg oder die Leidenschaft für Politik*. Vienna: Verlag Herold, 1972.

Vicinus, Martha. "Fin-de-Siecle Theatrics: Male Impersonation and Lesbian Desire." In *Borderlines: Genders and Identities in War and Peace, 1870–1930*, ed. Billie Melman, 163–192. New York: Routledge, 1998.

Vivian, Herbert. *The Life of the Emperor Charles of Austria*. London: Grayson & Grayson, 1932.

Vogelsberger, Hartwig A. *Kaiser von Mexico*. Vienna: Amalthea, 1992.

Vogt, Adolf. *Oberst Max Bauer: Generalstaboffizier in Zwielicht 1869–1929*. Osnabrück, Germany: Biblio Verlag, 1974.

Vushko, Iryna. "Enlightened Absolutism, Imperial Bureaucracy and Provincial Society: The Austrian Project to Transform Galicia, 1772–1815." PhD diss., Yale University, 2008.

Vyshyvanyi, Vasyl. "U.S.S. z vesny 1918 r. do perevorotu v Avstrii," 1920. Typescript at HURI.

Wagnleitner, Reinhold. *Coca-colonization and the Cold War: The Cultural Mission of the United States in Austria after the Second World War*. Chapel Hill: University of North Carolina Press, 1994.

Wandycz, Piotr. *The Lands of Partitioned Poland*. Seattle: University of Washington Press, 1979.

_____. *Soviet-Polish Relations, 1919–1921*. Cambridge, MA: Harvard University Press, 1969.

Wasserstein, Bernard. *The Secret Lives of Trebitsch Lincoln*. New Haven, CT: Yale University Press, 1988.

Weber, Eugen. *The Hollow Years: France in the 1930s*. New York: Norton, 1996.

Wheatcroft, Andrew. *The Habsburgs: Embodying Empire*. London: Penguin, 1996.

Wiggermann, Frank. *K.u.k. Kriegsmarine und Politik: Ein Beitrag zur Geschichte der italianischer Nationalbewegung in Istrien*. Vienna: Österreichische Akademie der Wissenschaften, 2004.

Williams, Robert C. *Culture in Exile: Russian Émigrés in Germany, 1881–1941*. Ithaca, NY: Cornell University Press, 1972.

Wilson, Andrew. *Ukraine's Orange Revolution*. New Haven, CT: Yale University Press, 2005.

_____. *Virtual Politics: Faking Democracy in the Post-Soviet World*. New Haven, CT: Yale University Press, 2005.

Wingfield, Nancy. *Flag Wars and Stone Saints: How the Bohemian Lands Became Czech*. Cambridge, MA: Harvard University Press, 2007.

Winter, Eduard. *Die Sowjetunion und der Vatikan, Teil 3: Russland und das Papsttum*. Berlin: Akademie-Verlag, 1972.

Yekelchyk, Serhy. *Stalin's Empire of Memory: Russian-Ukrainian Relations in Soviet Historical Memory*. Toronto, ON: University of Toronto Press, 2004.

_____. *Ukraine: The Birth of a Modern Nation*. Oxford: Oxford University Press, 2007.

Zacek, Joseph. "Metternich's Censors: The Case of Palacky." In *The Czech Renascence of the Nineteenth Century*, ed. Peter Brock and H. Gordon Skilling, 95–112. Toronto, ON: University of Toronto Press, 1970.

Zalizniak, Mykola. "Moia uchast u myrovykh perehovorakh v Berestiu Litovs'komu." In *Beresteis'kyi Myr: Spomyny ta Materiialy*, ed. Ivan Kedryn, 51–81. Lviv-Kiev: Kooperatyvna Nakladna Chervona Kalyna, 1928.

Sonnenthal, Hermine von, ed. *Adolf von Sonnenthals Briefwechsel*. Stuttgart, Germany: Deutsche Verlags-Anstalt, 1912.
Spector, Scott. "Where Personal Fate Turns to Public Affair: Homosexual Scandal and Social Order in Vienna 1900–1910." *Austria History Yearbook* 38 (2007): 15–24.
______. "The Wrath of the 'Countess Merviola': Tabloid Exposé and the Emergence of Homosexual Subjects in Vienna in 1907." *Contemporary Austrian Studies* 15 (2006): 31–46.
Spyra, Adam. *Browar Żywiec 1856–1996*. Żywiec, Poland: Unigraf, 1997.
Stevenson, David. *Cataclysm: The First World War as Political Tragedy*. New York: Basic Books, 2004.
Stourzh, Gerald. *Um Einheit und Freiheit: Staatsvertrag, Neutralität, und das Ende der Ost-West-Besatzung Österreichs 1945–1955*. Vienna: Böhlau, 1998.
Stoye, John. *The Siege of Vienna*. London: Collins St. James's Place, 1964.
Strachan, Hew. *The First World War*. New York: Penguin, 2005.
Sudoplatov, Pavel, and Anatoli Sudoplatov. *Special Tasks: The Memoirs of an Unwanted Witness, a Soviet Spymaster*. Boston: Little, Brown, 1994.
Suleja, Włodzimierz. *Orientacja Austro-Polska w latach I Wojny Swiatowej*. Wrocław, Poland: Wydawnictwo Uniwersytet Wrocławskiego, 1992.
Szporluk, Roman. "The Making of Modern Ukraine: The Western Dimension." *Harvard Ukrainian Studies* 25, nos. 1–2 (2001): 57–91.
______. *Russia, Ukraine, and the Breakup of the Soviet Union*. Stanford, CA: Hoover Institution, 2000.
Tanner, Marie. *The Last Descendant of Aeneas: The Hapsburgs and the Mythic Image of the Emperor*. New Haven, CT: Yale University Press, 1993.
Taylor, A. J. P. *The Habsburg Monarchy, 1809–1918: A History of the Austrian Empire and Austria-Hungary*. London: Macmillan, 1941.
Tereshchenko, Iu. I., and T. S. Ostashko. *Ukrains'kyi patriot z dynastii Habsburhiv*. Kiev, Ukraine: NAN Ukrainy, 1999.
Tereshchenko, Iurii. "V'iacheslav Lypyns'kyi i Vil'hel'm Habsburg na politychnykh perekhrestiakh." *Moloda Natsiia* 4 (2002), 91–126.
Thoss, Bruno. *Der Ludendorff-Kreis 1919–1923: München als Zentrum der mitteleuropäischen Gegenrevolution Zwischen Revolution und Hitler-Putsch*. Munich, Germany: Kommissionsbuchhandlung R. Wölfle, 1977.
Thun-Salm, Christiane, and Hugo von Hoffmansthal. *Briefwechsel*, ed. Renate Moering. Frankfurt, Germany: S. Fischer, 1999.
Torzecki, Ryszard. *Kwestia ukraińska w polityce Trzeciej Rzeszy*. Warsaw: Książka i Wiedza, 1972.
Tunstall, Graydon A., Jr. "Austria-Hungary." In *The Origins of World War I*, ed. Richard F. Hamilton and Holger H. Hertwig, 112–149. Cambridge: Cambridge University Press, 2003.
Turii, Oleh. "Istorychnyi shlakh redemptoristiv skhidnoi vitky na ukrainskoi zemli." In *Redemptorysty: 90 lit v Ukraini*, ed. Iaroslav Pryriz. Lviv, Ukraine: Misia Khrysta, 2003.
Tylza-Janosz, Marta. "Dobra czarnieckie i porąbczanskie Habsburgów Żywieckich w XIX i XX wieku." Master's thesis, Akademia Pedagogiczna, Cracow, Poland, 2003.
Ullman, Richard. *Anglo-Soviet Relations 1917–1920*. 3 vols. Princeton, NJ: Princeton University Press, 1961–1973.
Unowsky, Daniel. *The Pomp and Politics of Patriotism*. West Lafayette, IN: Purdue University Press, 2005.

Rauchensteiner, Manfried. *Der Sonderfall: Die Besatzungszeit in Österreich 1945 bis 1955*. Vienna: Verlag Styria, 1979.
Redlich, Joseph. *Emperor Francis Joseph of Austria*. New York: Macmillan, 1929.
Remak, Joachim. "The Healthy Invalid: How Doomed the Habsburg Empire?" *Journal of Modern History* 41, no. 2 (1969): 127–143.
Reshetar, John. *The Ukrainian Revolution*. Princeton, NJ: Princeton University Press, 1952.
Roberts, Mary Louise. *Civilization without Sexes: Reconstructing Gender in Postwar France, 1917–1927*. Chicago: University of Chicago Press, 1994.
Romanov, Alexander. *Twilight of Royalty*. New York: Ray Long and Richard R. Smith, 1932.
Ronge, Max. *Kriegs- und Industriespionage*. Zurich: Amalthea, 1930.
Rossino, Alexander. *Hitler Strikes Poland: Blitzkrieg, Ideology, and Atrocity*. Lawrence: University of Kansas Press, 2003.
Rudnytsky, Ivan. *Essays in Modern Ukrainian History*. Edmonton, AB: CIUS, 1987.
Rumpler, Helmut. *Max Hussarek: Nationalitäten und Nationalitätenpolitik im Sommer des Jahres 1918*. Graz, Austria: Verlag Böhlau, 1965.
Rusniaczek, Jerzy. "Jak powstał zamek w Żywcu." *Karta groni* (1991): 37–51.
Rutkowski, Ernst. "Ukrainische Legion." Unpublished manuscript, in the author's possession. Vienna, 2005.
Ryan, Nellie. *My Years at the Austrian Court*. London: Bodley Head, 1916.
Schmidt-Brentano, Antonio. *Die Österreichische Admirale*. Osnabrück, Germany: Biblio Verlag, 1997.
Schorske, Carl E. *Fin-de-Siecle Vienna: Politics and Culture*. New York: Vintage, 1981.
Sendtner, Kurt. *Rupprecht von Wittelsbach: Kronprinz von Bayern*. Munich, Germany: Richard Pflaum, 1954.
Senecki, Ireneusz, and Dariusz Piotrowski. "Zbiory malarstwa w pałacu Habsburgów w Żywcu." *Gronie* 1, no. 25 (2006): 58–60.
Shanafelt, Gary W. *The Secret Enemy: Austria-Hungary and the German Alliance*. Boulder, CO: East European Monographs, 1985.
Shevel, Oxana. "Nationality in Ukraine: Some Rules of Engagement." *East European Politics and Societies* 16, no. 2 (2002): 386–413.
Skoropads'kyi, Pavlo. *Spohady*. Kiev, Ukraine: Knyha, 1995.
Skrzypek, Józef. "Ukraińcy w Austrii podczas wojny i geneza zamachu na Lwów." *Niepodległość* 19 (1939): 27–92, 187–224, 349–387.
Snyder, Timothy. "The Causes of Ukrainian-Polish Ethnic Cleansing, 1943." *Past and Present* 179 (2003): 197–234.
______. *The Reconstruction of Nations: Poland, Ukraine, Lithuania, Belarus, 1569–1999*. New Haven, CT: Yale University Press, 2003.
______. *Sketches from a Secret War: A Polish Artist's Mission to Liberate Soviet Ukraine*. New Haven, CT: Yale University Press, 2005.
______. "'To Resolve the Ukrainian Problem Once and for All': The Ethnic Cleansing of Ukrainians in Poland, 1943–1947." *Journal of Cold War Studies* 1, no. 2 (1999): 86–120.
Sondhaus, Lawrence. *The Habsburg Empire and the Sea: Austrian Naval Policy, 1797–1866*. West Lafayette, IN: Purdue University Press, 1989.
______. *The Naval Policy of Austria-Hungary, 1867–1914: Navalism, Industrial Development, and the Politics of Dualism*. West Lafayette, IN: Purdue University Press, 1994.

Müller, Wolfgang. *Die Sowjetische Besatzung in Österreich 1945–1955 und ihre politische Mission*. Vienna: Böhlau Verlag, 2005.
Murat, Laure. *La loi du genre: Une histoire culturelle du "troisième sexe."* Paris: Fayard, 2006.
Niemann, Alfred. *Kaiser und Revolution*. Berlin: August Scherl, 1922.
Novosad, Roman. "Iak zahynul Habsburh-Vyshyvanyi." *Zona* 10 (1995): 56–58.
______. "Vasyl' Vyshyvanyi, Iakyi ne stav korolom Ukrainy." *Ukraina* 26 (1992): 22–25.
Nußer, Horst G. W. *Konservative Wehrverbände in Bayern, Preußen und Österreich 1918–1933*. Munich, Germany: Nußer Verlag, 1973.
Onats'kyi, Ievhen. *Portrety v profil*. Chicago: Ukrainian-American, 1965.
Ostashko, Tetiana. "Pol's'ka viiskova spetssluzhba pro ukrains'kyi monarkhichnyi rukh." *Ucrainika Polonika* 1 (2004): 240–256.
Owen, Charles. *The Maltese Islands*. New York: Praeger, 1969.
Palmer, Alan. *Twilight of the Habsburgs: The Life and Times of Emperor Francis Joseph*. New York: Atlantic Monthly Press, 1994.
Pavliuk, Oleksandr. *Borot'ba Ukrainy za nezalezhnist' i polityka SShA, 1917–1923*. Kiev, Ukraine: KM Akademia, 1996.
Pelenski, Jaroslaw. "Hetman Pavlo Skoropadsky and Germany (1917–1918) as Reflected in His Memoirs." In *German-Ukrainian Relations in Historical Perspective*, ed. Hans-Joachim Torke and John-Paul Himka. Edmonton, AB: CIUS, 1994.
Perotti, Eliana. *Das Schloss Miramar in Triest (1856–1870)*. Vienna: Böhlau Verlag, 2002.
Petriv, Vsevolod. *Viis'kovo-istorychni pratsi. Spomyny*. Kiev, Ukraine: Polihrafknyha, 2002.
Pipes, Richard. *The Formation of the Soviet Union*. Cambridge, MA: Harvard University Press, 1997.
Plaschka, Richard Georg, Horst Haselsteiner, and Arnold Suppan. *Innere Front: Militärassistenz, Widerstand und Umsturz in der Donaumonarchie 1918*. Munich, Germany: R. Oldenbourg Verlag, 1974.
*Podvyzhnyky Chynu Naisviatishoho Izbavitelia v Ukraini*. Ternopil, Ukraine: Monastyr, Uspennia Presviatoi Bohorodytsi, 2004.
Pohl, Dieter. *Nationalsozialistische Judenverfolgung in Ostgalizien 1941–1944: Organisation und Durchführung eines staatlichen Massenverbrechens*. Munich, Germany: R. Oldenbourg Verlag, 1996.
*Pola: Seine Vergangenheit, Gegenwart und Zukunft*. Vienna: Carol Gerold's Sohn, 1887.
Pollack, Martin. *Nach Galizien: Von Chassiden, Huzulen, Polen und Ruthenen: Eine imaginaire Reise durch die verschwundene Welt Ostgaliziens und der Bukowina*. Vienna: C. Brandstätter, 1984.
*Polski Słownik Biograficzny*. Vol. 9. Wrocław, Poland: Polska Akademia Nauk, 1960–1961.
Popyk, Serhii. *Ukraintsi v Avstrii 1914–1918*. Kiev, Ukraine: Zoloti Lytavry, 1999.
Rak, Jiří. *Byvali Čechové: České historické myty a stereotypy*. Prague, Czech Republic: H & H, 1994.
Rape, Ludger. *Die Österreichischen Heimwehren und die bayerische Recht 1920–1923*. Vienna: Europaverlag, 1977.
Rasevych, Vasyl'. "Vil'hel'm von Habsburh-Sproba staty ukrains'kym korolom." In *Podorozh do Evropy*, ed. Oksana Havryliv and Timofii Havryliv, 210–221. Lviv, Ukraine: VNTL-Klasyka, 2005.

Kuhnke, Monika. "Polscy Habsburgowie i polska sztuka." *Cenne, bezcenne/utracone*, March–April 1999.

Kursell, Otto v. "Erinnerungen an Dr. Max v. Scheubner-Richter." Unpublished manuscript, BA. Munich, Germany, 1966.

Lacquer, Walter. *Russia and Germany*. Boston: Little, Brown, 1965.

Laverdure, Paul. "Achille Delaere and the Origins of the Ukrainian Catholic Church in Western Canada." *Australasian Canadian Studies* 24, no. 1 (2006): 83–104.

Liulevicius, Vejas. *War Land on the Eastern Front: Culture, National Identity, and Occupation in World War I*. Cambridge: Cambridge University Press, 2000.

Lubomirska, Maria. *Pamiętnik*. Poznań, Poland: Wydawnictwo Poznańskie, 1997.

Lucey, Michael. *Never Say I: Sexuality and the First Person in Colette, Gide, and Proust*. Durham, NC: Duke University Press, 2006.

Ludendorff, Erich. *The General Staff and Its Problems*. Vol. 2. London: Hutchinson & Co., n.d.

MacKenzie, David. *Apis: The Congenial Conspirator*. Boulder, CO: East European Monographs, 1985.

Mackiewicz, Stanisław. *Dom Radziwiłłów*. Warsaw: Czytelnik, 1990.

Magocsi, Paul Robert. *A History of Ukraine*. Toronto: University of Toronto Press, 1996.

Majchrowski, Jacek M. *Ugrupowania monarchysticzne w latach Drugiej Rzeczypospolitej*. Wrocław, Poland: Ossolineum, 1988.

Malynovs'kyi, B. V. "Arkhykniaz Vil'hel'm fon Habsburh, Sichovi Stril'tsi ta 'Zaporozhtsi' u 1918 r." *Arkhivy Ukrainy* 1–6 (1997).

Markovits, Andrei, and Frank Sysyn, eds. *Nationbuilding and the Politics of Nationalism*. Cambridge, MA: Harvard University Press, 1982.

Markus, Georg. *Der Fall Redl*. Vienna: Amalthea, 1984.

Martin, Terry. *The Affirmative Action Empire: Nations and Nationalism in the Soviet Union, 1923–1939*. Ithaca, NY: Cornell University Press, 2001.

Mastny, Vojtech. *Cold War and Soviet Insecurity: The Stalin Years*. New York: Oxford University Press, 1996.

Mayer, Arno J. *The Persistence of the Old Regime: Europe to the Great War*. New York: Pantheon Books, 1981.

Mazower, Mark. *Dark Continent: Europe's Twentieth Century*. New York: Knopf, 1999.

Mędrzecki, Włodzimierz. "Bayerische Truppenteile in der Ukraine im Jahr 1918." In *Bayern und Osteuropa*, ed. Hermann Bayer-Thoma, 442–458. Wiesbaden, Germany: Harrassowitz Verlag, 2000.

Menasse, Robert. *Erklär mir Österreich*. Vienna: Suhrkamp, 2000.

Michalski, Krzysztof. *Płomień wiecznosci: Eseje o myslach Frydyryka Nietzschego*. Cracow, Poland: Znak, 2007.

Miller, Aleksei. *Imperiia Romanovykh i natsionalizm*. Moscow: Novoe Literaturnoe Obozrenie, 2006.

Milow, Caroline. *Die ukrainische Frage 1917–1923 im Spannungsfeld der europäischen Diplomatie*. Wiesbaden, Germany: Harrassowitz Verlag, 2002.

Mistinguett. *Mistinguett: Queen of the Paris Night*. London: Elek Books, 1954.

*Monitor Polski*, 6 March 1919, Number 53.

Mosse, George. *The Fascist Revolution: Towards a General Theory of Fascism*. New York: Howard Fertig, 1999.

______. *The Entourage of Kaiser Wilhelm II, 1888–1918*. Cambridge: Cambridge University Press, 1982.

Husar, Bożena. "Żywieccy Habsburgowie." In *Kalendarz Żywiecki 1994*, 65. Żywiec, Poland: Gazeta Żywiecka 1993.

Hyla, Bogumiła. "Habsburgowie Żywieccy w latach 1895–1947." In *Karta groni*, (1991): 7–27.

Ivanova, Klimentina, ed. *Stara bulgarska literatura*. Vol. 4. Sofia, Bulgaria: Bulgarski pisatel, 1986.

James, Harold. *Europe Reborn: A History, 1914–2000*. Harlow, UK: Pearson, 2003.

Jászi, Oskar. *The Dissolution of the Habsburg Monarchy*. Chicago: University of Chicago Press, 1929.

Jelavich, Charles. *South Slav Nationalism: Textbooks and Yugoslav Union before 1914*. Columbus: Ohio State University Press, 1990.

Judson, Pieter M. *Guardians of the Nation: Activists on the Language Frontiers of Imperial Austria*. Cambridge, MA: Harvard University Press, 2006.

Judt, Tony. *Postwar: A History of Europe since 1945*. New York: Penguin, 2005.

Kakowski, Aleksander. *Z Niewoli do Niepodległosci*. Cracow, Poland: Platan, 2000.

Kellogg, Michael. *The Russian Roots of Nazism: White Émigrés and the Making of National Socialism, 1917–1945*. Cambridge: Cambridge University Press, 2005.

Kentii, A. V. *Narysy istorii Orhanizatsii Ukrains'kykh Natsionalistiv*. Kiev, Ukraine: NAN Ukrainy, 1998.

Khlevniuk, Oleg V. *The History of the Gulag: From Collectivization to the Great Terror*. New Haven, CT: Yale University Press, 2004.

Killem, Barbara. "Karel Havliček and the Czech Press before 1848." In *The Czech Renascence of the Nineteenth Century*, ed. Peter Brock and H. Gordon Skilling, 113–130. Toronto, ON: University of Toronto Press, 1970.

King, Jeremy. *Budweisers into Czechs and Germans: A Local History of Bohemia, 1848–1914*. Princeton, NJ: Princeton University Press, 2002.

Klimecki, Michał. *Polsko-ukraińska wojna o Lwów*. Warsaw: Wojskowy Instytut Historyczny, 1997.

Knežević, Jovana. "The Austro-Hungarian Occupation of Belgrade during the First World War." PhD diss., Yale University, 2004.

Kořalka, Jiři. *Češi v Habsburské ríse a v Evropě*. Prague, Czech Republic: Argo 1996.

Koselleck, Reinhart. *Futures Past: On the Semantics of Historical Time*. Cambridge, MA: MIT Press, 1985.

Koven, Seth. *Sexual and Social Politics in Victorian London*. Princeton, NJ: Princeton University Press, 2004.

Kramer, Mark. "The Collapse of East European Communism and the Repercussions within the Soviet Union." *Journal of Cold War Studies* 5, no. 1 (2003), 3–16; 5, no. 4 (2003), 3–42; 6, no. 4 (2004), 3–64; 7, no. 1 (2005), 3–96.

Krauss, Alfred. "Die Besetzung der Ukraine 1918." In *Die Militärverwaltung in den von den Österreichischen-Ungarischen Truppen Besetzen Gebieten*, ed. Hugo Kerchnawe, Rudolf Mitzka, Felix Sobotka, Hermann Leidl, and Alfred Krauss. New Haven, CT: Yale University Press, 1928.

Kryvuts'kyi, Ivan. *De sribnolentyi Sian plyve . . .* Kiev, Ukraine: Brama, 1999.

______. *Za poliarnym kolom: Spohady viaznia Hulah Zh–545*. Lviv, Ukraine: Poltava, 2001.

Krzyżanowski, Piotr. "Księżna arcypolskosci." *Wprost*, 11 January 2004.

Glassheim, Eagle. *Noble Nationalists: The Transformation of the Bohemian Aristocracy*. Cambridge, MA: Harvard University Press, 2005.

Golczewski, Frank. "Die ukrainische und die russische Emigration in Deutschland." In *Russische Emigration in Deutschland 1918 bis 1941*, ed. Karl Schlögel. Berlin: Akademie Verlag, 1995, 77–84.

Goldinger, Walter, and Dieter A. Binder. *Geschichte der Republik Österreich 1918–1938*. Oldenbourg, Germany: Verlag für Geschichte und Politik, 1992.

Gortazar, Guillermo. *Alfonso XIII, hombre de negocios*. Madrid: Alianza Editorial, 1986.

Grelka, Frank. *Die ukrainische Nationalbewegung unter deutscher Besatzungsherrschaft 1918 und 1941/1942*. Wiesbaden, Germany: Harrassowitz Verlag, 2005.

Gribble, Francis. *The Life of the Emperor Francis-Joseph*. New York: Putnam's Sons, 1914.

Gross, Jan. *Revolution from Abroad: The Soviet Conquest of Poland's Western Ukraine and Western Belorussia*. Princeton, NJ: Princeton University Press, 2002.

Grossegger, Elisabeth. *Der Kaiser-Huldigungs-Festzug, Wien 1908*. Vienna: Verlag der Österreichischen Akademie der Wissenschaften, 1992.

Gumbrecht, Hans Ulrich. *In 1926: Living at the Edge of Time*. Cambridge, MA: Harvard University Press, 1997.

Habsburg, Alice. *Princessa och partisan*. Stockholm: P. A. Norstedt & Söners Förlag, 1973.

Habsburg, Elisabeth. *Das poetische Tagebuch*. Vienna: Verlag der Österreichischen Akademie der Wissenschaften, 1984.

Habsburg, Karol Olbracht. *Na marginesie sprawy Żywieckiej*. Lviv: privately printed, 1924.

Halpern, Paul G. "The Cattaro Mutiny, 1918." In *Naval Mutinies of the Twentieth Century*, ed. Christopher M. Bell and Bruce A. Ellman. London: Frank Cass, 2003, 54–79.

Hamann, Brigitte. *Kronprinz Rudolf: Ein Leben*. Vienna: Amalthea, 2005.

______. *The Reluctant Empress: A Biography of Empress Elisabeth of Austria*. Berlin: Ellstein, 1996.

Hamann, Brigitte, ed. *Die Habsburger*. Munich, Germany: Piper, 1988.

Healy, Maureen. *Vienna and the Fall of the Habsburg Empire*. New York: Cambridge University Press, 2004.

Hendrix, Paul. *Sir Henri Deterding and Royal Dutch Shell: Changing Control of World Oil 1900–1940*. Bristol, UK: Bristol Academic Press, 2002.

Herodotus. *The History*, trans. Henry Clay. Buffalo, NY: Prometheus Books, 1992.

Hills, Alice. *Britain and the Occupation of Austria, 1943–1945*. New York: St. Martin's Press, 2000.

Himka, John-Paul. *Religion and Nationality in Western Ukraine: The Greek Catholic Church and the Ruthenian National Movement in Galicia, 1867–1900*. Montreal, QC: McGill University Press, 1999.

Hirniak, Nykyfor. *Polk. Vasyl' Vyshyvanyi*. Winnipeg, MB: Mykytiuk, 1956.

Hornykiewicz, Teofil, ed. *Ereignisse in der Ukraine 1914–1923*. Vols. 3–4. Philadelphia, PA: Lypynsky East European Research Institute, 1968–1969.

Houthaeve, Robert. *De Gekruisigde Kerk van de Oekraïne en het offer van Vlaamse missionarissen*. Moorslede, Belgium: R. Houthaeve, 1990.

Hrytsak, Iaroslav. *Narys istorii Ukrainy.* Kiev, Ukraine: Heneza, 1996.

Hull, Isabel. *Absolute Destruction: Military Culture and the Practices of War in Imperial Germany*. Ithaca, NY: Cornell University Press, 2004.

Cornwall, Mark. *The Undermining of Austria-Hungary: The Battle for Hearts and Minds*. New York: St. Martin's, 2000.
Dashkevych, Iaroslav. "Vil'hel'm Habsburg i istoriia." *Rozbudova derzhavy* 1, no. 4 (2005): 57–69.
Deák, István. *Beyond Nationalism: A Social and Political History of the Habsburg Officer Corps 1848–1918*. New York: Oxford University Press, 1990.
Dedijer, Vladimir. *The Road to Sarajevo*. New York: Simon and Schuster, 1966.
Diakiv, Solomiia, ed. *Lysty Mytropolyta Andreia Sheptyts'koho do Ilariona Svientsits'koho*. Lviv, Ukraine: Ukrainski tekhnolohii, 2005.
Dickinger, Christiane. *Franz Josef I: Die Entmythisierung*. Vienna: Ueberreuter, 2002.
Dobosz, Stanisław. *Wojna na ziemi Żywieckiej*. Żywiec, Poland: Gazeta Żywiecka, 2004.
*Documents ruthéno-ukrainiens*. Paris: Bureau Polonais de Publications Politiques, 1919.
Dontsov, Dmytro. *Rik 1918*. Toronto: Homin Ukrainy, 1954.
Eudin, Xenia Joukoff. "The German Occupation of the Ukraine in 1918." *Russian Review* 1, no. 1 (1941), 90–105.
Evans, R. J. W. *Rudolf II and His World*. London: Thames and Hudson, 1997.
Evans, Richard J. *The Coming of the Third Reich*. New York: Penguin, 2003.
Feldman, Gerald. *German Imperialism 1914–1918: The Development of a Historical Debate*. New York: John Wiley & Sons, 1972.
Ferguson, Niall. *The World's Banker: The History of the House of Rothschild*. London: Weidenfeld and Nicolson, 1998.
Fischer, Fritz. *Griff nach der Weltmacht*. Düsseldorf, Germany: Droste, 1961.
Fiutak, Martin. "Vasilij von Biskupskij und die russische politische Emigration in München." Master's thesis, Ludwig-Maximilians-Universität, 2004.
Frank, Alison Fleig. *Oil Empire: Visions of Prosperity in Austrian Galicia*. Cambridge, MA: Harvard University Press, 2005.
Freud, Sigmund. *Introductory Lectures on Psychoanalysis*. New York: Norton, 1966.
Gaddis, John Lewis. *The United States and the Origins of the Cold War*. New York: Columbia University Press, 2000.
Garton Ash, Timothy. *In Europe's Name: Germany and the United Continent*. London: Jonathan Cape, 1993.
______. *The Polish Revolution: Solidarity*. New Haven, CT: Yale University Press, 2002.
Garton Ash, Timothy, and Timothy Snyder. "Ukraine: The Orange Revolution." *New York Review of Books*, 28 April 2005, 28–32.
Gay, Peter. *Freud, Jews, and Other Germans*. New York: Oxford University Press, 1978.
Gehler, Michael. "From Non-Alignment to Neutrality? Austria's Transformation during the First East-West Détente, 1953–1958." *Journal of Cold War Studies* 7, no. 4 (2005): 104–136.
Geiss, Imanuel. *Der Polnische Grenzstreifen 1914–1918*. Lübeck, Germany: Matthiesen, 1960.
Gellner, Ernest. *Language and Solitude: Wittgenstein, Malinowski, and the Habsburg Dilemma*. Cambridge: Cambridge University Press, 1998.
Georges-Michel, Michel. *Autres personnalités que j'ai connues, 1900–1943*. New York: Brentano, 1943.
______. *Folles de Luxes et Dames de Qualité*. Paris: Editions Baudinière, 1931.
______. *Gens de Théatre que j'ai connus*. New York: Brentano's, 1942.

Binder, Dieter A. "The Christian Corporatist State: Austria from 1934 to 1938." In *Austria in the Twentieth Century*, ed. Rolf Steininger, Günter Bischof, and Michael Gehler, 72–84. New Brunswick, NJ: Transaction Publishers, 2002.

Binder, Harald. *Galizien in Wien: Parteien, Wahlen, Fraktionen und Abgeordnete im Übergang zur Massenpolitik*. Vienna: Verlag der Österreichischen Akademie der Wissenschaften, 2005.

Blanning, Tim. *The Pursuit of Glory: Europe 1648–1815*. New York: Penguin, 2007.

Bolianovs'kyi, Andrii. *Ukrains'ki viiskovi formuvannia v zbroinykh sylakh Nimechchyny (1939–1945)*. Lviv, Ukraine: CIUS, 2003.

Borowsky, Peter. *Deutsche Ukrainepolitik 1918*. Lübeck, Germany: Matthiesen Verlag, 1970.

Boyer, John W. "Political Catholicism in Austria, 1880–1960." *Contemporary Austrian Studies* 13 (2004): 6–36.

Bożek, Gabriela, ed., Bożena Husar and Dorota Firlej, authors. *Żywieckie projekty Karola Pietschki*. Katowice, Poland: Sląskie Centrum Kultorowego, 2004.

Brandon, Ray, and Wendy Lower, eds. *The Shoah in Ukraine: History, Testimony, and Memorialization*. Bloomington: Indiana University Press, 2008.

Brassaï, *The Secret Paris of the 1930s*. New York: Pantheon Books, 1976.

Bridge, F. R., "The Foreign Policy of the Monarchy 1908–1918." In *The Last Years of Austria-Hungary: Essays in Political and Military History 1908–1918*, ed. Mark Cornwall. Exeter, UK: University of Exeter Press, 1990.

Brook-Shepherd, Gordon. *The Last Empress: The Life and Times of Zita of Austria-Hungary, 1892–1989*. New York: HarperCollins, 1991.

______. *Uncrowned Emperor: The Life and Times of Otto von Habsburg*. London: Hambledon and London, 2003.

Bruski, Jan Jacek. *Petlurowcy: Centrum Państwowe Ukraińskiej Republiki Ludowej na wychodŸstwie (1919–1924)*. Cracow, Poland: Arcana, 2004.

Bubnii, Mykhailo. *Redemptorysty*. Lviv, Ukraine: Monastyr Sv. Alfonsa, 2003.

Buchanon, Tom, and Martin Conway, eds. *Political Catholicism in Europe*. New York: Oxford University Press, 1996.

Burds, Jeffrey. "The Early Cold War in Soviet West Ukraine." Carl Beck Papers, Pittsburgh, no. 1505, 2001.

Burián, Stephen. *Austria in Dissolution*. London: Ernst Benn, 1925.

Burrin, Philippe. *Fascisme, nazisme, autoritarisme*. Paris: Éditions du Seuil, 2000.

Cartledge, Bryan. *The Will to Survive: A History of Hungary*. London: Timewell Press, 2006.

Cavallie, James. *Ludendorff och Kapp i Sverige*. Stockholm: Almqvist & Wiksell International, 1993.

Chałupska, Anna. "Księżna wraca do Żywca." *Nad Sołą i Koszarową* 4, no. 11 (June 2001).

Chłopczyk, Helena. "Alicja Habsburg–Księżna–Partyzant." *Karta groni* 26 (1991): 28–36.

______. "Ostatni własciciele dóbr Żywieckich." Unpublished paper. Żywiec, 1986.

Cienciala, Anna, Natalia Lebedeva, and Wojciech Materski, eds. *Katyń: A Crime without a Punishment*. New Haven, CT: Yale University Press, 2007.

Clark, Christopher. *Iron Kingdom: The Rise and Downfall of Prussia, 1600–1947*. Cambridge, MA: Harvard University Press, 2006.

______. *Kaiser Wilhelm II*. London: Longman, 2000.

Cohen, Gary. *The Politics of Ethnic Survival: Germans in Prague, 1861–1914*. West Lafayette, IN: Purdue University Press, 2006.

## 紙本次級資料


Abramson, Henry. *A Prayer for the Government: Ukrainians and Jews in Revolutionary Times, 1917–1920*. Cambridge, MA: Harvard University Press, 1999.

Afflerbach, Holger, ed. *Kaiser Wilhelm II als Oberster Kriegsherr im Ersten Weltkrieg*. Munich, Germany: R. Oldenbourg, 2005.

Andics, Hellmut. *Der Fall Otto Habsburg: Ein Bericht*. Vienna: Verlag Fritz Molden, 1965.

Antonoff, Anne Louise. "Almost War: Britain, Germany, and the Balkan Crisis, 1908–1909." PhD diss., Yale University, 2006.

Applebaum, Anne. *Gulag: A History*. New York: Doubleday, 2003.

Armie. *Maria Cristina de Habsburgo Reina de España*. Barcelona, Spain: Ediciones Maria Rosa Urraca Pastor, 1935.

Arz, Artur. *Zur Geschichte des Grossen Krieges 1914–1918*. Vienna: Rikola Verlag, 1924.

Badeni, Joachim. *Autobiografia*. Cracow, Poland: Wydawnictwo Literackie, 2004.

Balfour, Michael, and John Mair. *Four-Power Control in Germany and Austria*. London: Oxford University Press, 1956.

Banac, Ivo. *The National Question in Yugoslavia: Origins, History, Politics*. Ithaca, NY: Cornell University Press, 1984.

______. *With Stalin against Tito: Cominformist Splits in Yugoslav Communism*. Ithaca, NY: Cornell University Press, 1988.

Bar, Jacek. "Z Życia koła." Unpublished manuscript, available at http://www.przewodnicy.net/kpt/zycie04/04_10_20.html. 20 October 2004.

Bartovsky, Vojtěch. *Hranice: Statisticko-Topograficky a kulturny obraz*. Hranice: Nakladem Vojt. Bartovského, 1906.

Basch-Ritter, Renate. *Österreich auf allen Meeren: Geschichte der k. (u.) k. Marine 1382 bis 1918*. Graz, Austria: Verlag Styria, 2000.

Baumgart, Winfried. *Deutsche Ostpolitik 1918*. Vienna: R. Oldenbourg Verlag, 1966.

Baur, Johannes. *Die russische Kolonie in München 1900–1945*. Wiesbaden, Germany: Harrassowitz Verlag, 1998.

Bayer v. Bayersburg, Heinrich. *Österreichs Admirale*. Vienna: Bergland Verlag, 1962.

Beer, Siegfried. "Die Besatzungsmacht Großbritannien in Österreich 1945–1949." In *Österreich unter Alliierter Besatzung 1945–1955*, ed. Alfred Ableitinger, Siegfried Beer, and Eduard G. Staudinger, 41–70. Vienna: Böhlau Verlag, 1998.

Beller, Steven. "Kraus's Firework: State Consciousness Raising in the 1908 Jubilee Parade in Vienna and the Problem of Austrian Identity." In *Staging the Past: The Politics of Commemoration in Habsburg Central Europe, 1848 to the Present*, ed. Maria Bucur and Nancy Wingfield, 46–71. West Lafayette, IN: Purdue University Press, 2001.

Berenson, Edward. *The Trial of Madame Caillaux*. Berkeley: University of California Press, 2002.

Berkhoff, Karel C. *Harvest of Despair: Life and Death in Ukraine under Nazi Rule*. Cambridge, MA: Harvard University Press, 2004.

Bihl, Wolfdieter. "Beitrage zur Ukraine-Politik Österreich-Ungarns 1918." *Jahrbücher für Geschichte Osteuropas* 14 (1966): 51–62.

______. *Österreich-Ungarn und die Friedenschlüsse von Brest-Litowsk*. Vienna: Böhlau Verlag, 1970.

______. "Zur Tätigkeit des ukrainophilen Erzherzogs Wilhelm nach dem Ersten Weltkrieg." Sonderdruck aus *Jahrbücher für Geschichte Osteuropas*. Munich: Osteuropa-Institut, 1971.

# 參考資料

## 紙本初級資料

### 引言

Nietzsche, Friedrich. "Nachgelassene Fragmente Frühjahr 1881 bis Sommer 1882." *Nietzsche Werke. Kritische Gesamtausgabe*. Berlin: Walter de Gruyter, 1973, Fünfte Abteilung, Zweiter Band, 411.

### 歌劇唱詞

*Des Kaisers Traum. Festspiel in einem Aufzuge von Christiane Gräfin Thun-Salm. Musik von Anton Rückauf*. Vienna, 1908.

### 小說

Musil, Robert. *The Confusions of Young Törless*, trans. Shaun Whiteside. New York: Penguin, 2001.

Musil, Robert. *The Man without Qualities*, trans. Burton Pike and Sophie Wilkins. New York: Vintage, 1995.

### 報紙

*Berlinske Tidende*, 31 March 1920; *Die Neue Zeitung*, 3 December 1908; *Die Presse*, 10 November 2007; *Gazeta Wyborcza*, 1991–2005; *Korespondent*, 15 June 2007; *Le Figaro*, 4 July, 28 July, 13 August 1935; *Le Jour*, 25 July 1934; *Le Journal*, 28 July 1935; *Le Populaire*, 15 December 1934, 28 July 1935; *L'Oeuvre*, 28 July 1935; *Matin*, 15 December 1934; *Neues Wiener Journal*, 9 January 1921; *New York Times*, 14 November 1930, 21 February 1931, 15 September 1931, 11 September 1934, 17 December 1937, 7 April 1997; *Rzeczpospolita*, 1991–2005; *Soborna Ukraina*, 1 November 1921; *Völkischer Beobachter*, 11 March 1937; *Volksblatt*, 6 December 1908; *Wiener Abendpost*, 3 December 1908; *Wiener Bilder*, 9 December 1908; *Wiener Mittag*, 2 September 1921.

of Memory.

20. Richard Pipes於*Formation of the Soviet Union*一書的較新版本中，指出哈布斯堡對於烏克蘭民族建設的影響是他先前忽略的議題。如欲瞭解蘇聯吞併西烏克蘭的固有困境，相關討論可參見Szporluk, *Russia*, 259–276. 就我所見，民族認同的最佳定義為Golczewski, "Die ukrainische und die russische Emigration," 77: "Die Zugehörigkeit sagte weniger etwas über Ethnos, Sprache, Konfession, als über das Bekenntnis zu einer historisch-politischen Ordnungsmöglichkeit aus."（歸屬感與其說關乎族裔、語言和教派，不如說是對歷史—政治秩序可能性的肯認。）
21. 有關維也納與加利西亞的歷史角色，另一種觀點可見Szporluk, "The Making of Modern Ukraine."
22. 奧托的引言取自*Korespondent*, 15 June 2007.
23. 目前，介紹此段時期的最佳之作為Judt, *Postwar*. 非常值得一讀的還有Mazower, *Dark Continent*以及James, *Europe Reborn*.
24. 用「歐洲聯盟」一詞來說明一九九二年之前的事件並不合宜，但比起反覆切換「歐洲聯盟」和「歐洲共同體」來指稱同一機構，這麼寫似乎似乎比較不易混淆。
25. 二十世紀末至二十一世紀初，統一的德國國土仍不到一九三八年德國的一半。另可參閱Garton Ash, *In Europe's Name*，書中對於歐洲持有更為批判的態度，視之為為西德的利益服務。
26. 邊境之說：烏蘇拉·普拉斯尼克（Ursula Plassnik）於二〇〇七年十一月十日在維也納總理府午餐時發表的言論。
27. 威廉的渴望：IPH, 5 September 1947, TsDAHO 26/1/66498-fp/148980/I/27; Julius Lustig-Prean von Preansfeld, "Lebensskizzen der von 1870 bis 1918 ausgemusterten 'Neustädter,'" KA, Gruppe 1, Band 2, p. 536. 我所稱的猶太法是指《哈拉卡》（Halakha）。魯德尼茨基之母米雷娜·魯德尼茨卡（Milena Rudnyts'ka）為烏克蘭「五傑」（Group of Five）之一，還是個了不起的議員、女權人士兼作家。她的母親為奧爾加·斯皮格爾（Olga Spiegel）。

失，參照Snyder, *Reconstruction of Nations*; Pollack, *Nach Galizien*.

10. 諾里爾斯克：Kryvuts'kyi, *Za poliarnym kolom*, 39，引言參見59–61, 204.
11. 施瓦洛夫斯基：參見*Die Musik in Geschichte und Gegenwart*或Baker的*Biographical Music Dictionary of Musicians.*
12. 奧地利民族認同的特殊性須另以單獨的研究探討。有關一九五五年奧地利的高階政治，經典之作為Stourzh, *Um Einheit und Freiheit*. 有關中立：Gehler, "From Non-Alignment to Neutrality." 有關文化：Menasse, *Erklär mir* Österreich以及Wagnleitner, *Coca-colonization and the Cold War*.
13. 威廉的姊姊雷娜塔死於一九三五年，哥哥里奧死於一九三九年，哥哥艾伯赫特則死於一九五一年。姊姊美狄黛在里約一直住到一九六六年去世為止；姊姊伊蓮諾拉則是住在維也納，去世於一九七四年。
14. 有關反對派「團結工聯」，參見Garton Ash, *Polish Revolution*. 欲瞭解一九八九與一九九一年之間的關聯，權威之作為Kramer, "Collapse of East European Communism."
15. 參見Badeni, *Autobiografia*. 這段官司的歷史取自媒體報導：*Gazeta Wyborcza*與*Rzeczpospolita*，以及Spyra, *Browar Żywiec*, 73–75.
16. 克羅埃西亞：Brook-Shepherd, *Uncrowned Emperor*, 193–194. 塞拉耶佛：*New York Times*, 7 April 1997, 6. 烏克蘭：Dashkevych, "Vil'hel'm Habsburg i istoriia," 68. 另可參見*Korespondent*, 15 June 2007之訪談。
17. 我們在此也能找到與哈布斯堡家族的相似處：尤申科在維也納接受治療，他待的正是一九三七年也曾收治里奧．馮．哈布斯堡的同間私立醫院；而這次攻擊就如一九三五年的威廉醜聞，一樣毀去了烏克蘭領導人的迷人形象。與威廉最相似的橙色革命人士大概就屬尤莉亞．提摩申科（Julia Tymoshenko）了。威廉是紅王子，是一位同理農民的大公；她則是天然氣公主，是個學會關懷平民的能源寡頭。雖然兩人穿著烏克蘭傳統刺繡襯衫一樣好看，但提摩申科的衣著更能成功吸引大眾眼球。更詳盡的敘述可參見Garton Ash and Snyder, "Ukraine: The Orange Revolution." 另參見Andrew Wilson的兩本著作：*Ukraine's Orange Revolution*與*Virtual Politics*。
18. 一九九一年的烏克蘭愛國人士罕有歐美支持。老布希總統曾發表著名的「基輔雞」（Chicken Kiev）演講，希望能保蘇聯完整。在一九四〇年代末至一九五〇年代初，幾位烏克蘭人雖曾受雇於西方情報局，但當時的力氣微小，無望成事。唯一最接近例外的就是威廉在一九一八年的占領政策。值得一提的還有亨利克．約瑟夫斯基（Henryk Józewski）在波屬沃里尼亞（Volhynia）對烏克蘭人的容忍政策。參見Snyder, *Sketches from a Secret War*. 有關烏克蘭作為一種政治選擇的論述，參見Rudnytsky, *Essays*; Szporluk, *Russia*以及Shevel, "Nationality in Ukraine."
19. 有關這段複雜歷史，參見Martin, *Affirmative Action Empire*及Yekelchyk, *Stalin's Empire*

II/146–147; Novosad, "Vasyl' Vyshyvanyi," 25. 有關雷貝德效力美國的情形，參見Burds, "Early Cold War."

46. IPN, 24 July 1947, TsDAHO 263/1/66498-fp/148980/II/1–5.
47. 有關此處引言、本段討論及後續段落，參見Snyder, "To Resolve"; Snyder, "The Causes."
48. Mackiewicz, *Dom Radziwiłłów*, 211; Hamann, *Die Habsburger*, 401. 雷娜塔的丈夫拉齊維爾會說德語，年輕時曾被視為親德派，並曾於戰爭期間協助波蘭的反德運動。戰爭結束時他遭蘇聯逮捕，後死於流放地西伯利亞。

## 橙色　歐洲革命

1. Novosad, "Vasyl' Vyshyvanyi," 25; Vasyl Kachorovs'kyi, interrogation protocol, TsDAHO 263/1/66498-fp/148980/II/160–164; Rasevych, "Vil'hel'm von Habsburg," 220. 確切數字可參見"Stalins letzte Opfer"及後續文章，網址為www.profil.at. 卡喬洛夫斯基供出他的法國聯絡人名叫Boudier。
2. Bundes-Polizedirektion Wien to Bundesministerium für Inneres, "Habsburg-Lothringen Wilhelm Franz Josef; Information," 2 March 1952, AR GA, 69.002/1955. 羅曼的引言摘自IPN, 19 August 1947, TsDAHO 263/1/66498-fp/148980/II/20.
3. 吃午餐：Hirniak, *Polk. Vasyl' Vyshyvanyi*, 38. 警方的引言摘自Bundes-Polizeidirektion Wien to Bundesministerium für Inneres, "Habsburg-Lothringen Wilhelm Franz Josef; Information," 2 March 1952, AR GA, 69.002/1955. 威廉談卡喬洛夫斯基：IPH, 11 November 1947, TsDAHO 26/1/66498-fp/148980/I/80.
4. 有關冷戰起源的爭議牽涉太過複雜，在此就先不討論。有關希臘—南斯拉夫—蘇聯危機，參閱Banac, *With Stalin against Tito*, 117–142. 有關美方觀點，參見Gaddis, *United States*. 蘇聯這幾個月政策的統整指南：Mastny, *Cold War*, 30–46.
5. Kryvuts'kyi, *De sribnolentyi Sian plyve*, 321–322; Novosad, "Iak zahynul," 57.
6. 獄友Orest Matsiukevych的審訊紀錄，TsDAHO 26/1/66498-fp/148980/2/178.
7. 參見Lymarchenko, "Postanovlenie," 29 May 1948, and Tkach, "Akt," in TsDAHO 26/1/66498-fp/148980.
8. 奧地利：Bundes Ministerium für Inneres, Abteilung 2, "Wilhelm Franz Josef Habsburg-Lothringen," 29 November 1952, AR GA, 69.002/1955.
9. 此人為克利明提・蕭普提斯基（Klymyntii Sheptyts'kyi），威廉的導師安德里・蕭普提斯基之弟，他本身也是個有趣的人物。此處不便簡述西烏克蘭的戰後歷史。可參閱Magocsi, *History of Ukraine*; Hrytsak, *Narys*; Yekelchyk, *Ukraine*. 蘇聯集中營制度的更完整簡介可參見Applebaum, *Gulag*與Khlevniuk, *History of the Gulag*. 有關東加利西亞的大屠殺，參見Pohl, *Nationalsozialistische Judenverfolgung*. 有關歷史上加利西亞地區的消

R49/39.

33. SS Rechtsabteilung, "Volkstumszugehörigkeit der Familie des verstorbenen Erzherzogs Leo Habsburg in Bestwin," Kattowitz, 19 April 1941, BA R49/37.

34. 瑪亞：Der Amtskomissar und k. Ortsgruppenleiter to the SS-SD Abschnitt Kattowitz, 2 August 1940, BA R49/37. Category: Bezirkstelle der Deutschen Volksliste to Zentralstelle der Deutschen Volksliste in Kattowitz, 19 November 1941, BA R49/37. Traitor: "Vermerk zu einem Vortrag des SS-Gruppenführer Greifelt beim Reichsführer SS am 12 Mai 1943," BA NS19/662 PK D 0279; "Besitzregelung der Herrschaft Saybusch," 18 May 1943, BA R49/38.

35. Der Hauptbeauftrage "Eindeutschung von Polen," 13 August 1942, APK-OŻ DDŻ 1150.

36. "Aktenvermerk," 18 May 1944, BA NS19/662 PK D 0279.

37. "Angelegenheit Saybusch-Bestwin," 19 May 1944, BA NS19/662 PK D 0279.

38. 本段首句引言取自 Gauleiter von Oberschlesien to SS Gruppenführer Greifelt, September 1944, BA NS19/662 PK D 0279. 地方當局：Beauftragte für den Vierjahresplan to Reichskommissar für die Festigung deutschen Volkstums, 26 November 1943, BA R49/38; "Vermerk für SS Standartenführer Dr. Brandt," 18 November 1944, BA NS19/662 PK D 0279. 第二條引言取自 "Vermerk für SS Standartenführer Dr. Brandt," 18 November 1944, BA NS19/662 PK D 0279.

39. Dachau and Mauthausen. 若是在波蘭等國家，蘇聯便能無礙視他為德國共犯；但在奧地利，由於美國和英國人也都在場，所以他們必須更加小心。

40. IPH, 26 September 1947, TsDAHO 26/1/66498-fp/148980/I/59; IPH, 14 April 1948, TsDAHO 26/1/66498-fp/148980/I/28; IPN, 19 June 1947, TsDAHO 263/1/66498-fp/148980/I/216; IPH, 5 September 1947, TsDAHO 26/1/66498-fp/148980/I/39–40. 整體可參考 Müller, *Die Sowjetische Besatzung*, 39–89; Buchanon and Conway, *Political Catholicism in Europe*; Boyer, "Political Catholicism," 6–36.

41. Hirniak, *Polk. Vasyl' Vyshyvanyi*, 38–39.

42. Rauchensteiner, *Der Sonderfall*, 131.

43. 熟悉該問題的專家都知道，此烏克蘭民族主義組織指的是這時正在內鬥的班德拉（Bandera）派系。威廉接觸的對象為烏克蘭最高解放委員會（Supreme Ukrainian Liberation Council），是班德拉一派欲建立的全面政治既軍事組織，以助民族主義者為戰後的行動做好準備。我在本作中先避談烏克蘭的內鬥；此議題詳見我的《民族重建》（*Reconstruction of Nations*）及其中引用的相關烏克蘭及波蘭等著作。

44. IPH, 11 November 1947, TsDAHO 26/1/66498-fp/148980/I/72–74.

45. 有關奧托：Brook-Shepherd, *Uncrowned Emperor*, 176. 一九四六年的事件發展：IPN, 27 August 1947, TsDAHO 263/1/66498-fp/148980/II/30–38; IPN, 19 June 1947, TsDAHO 263/1/66498-fp/148980/I/204–206; IPN, 23 April 1948, TsDAHO 263/1/66498-fp/148980/

16. 女友：Bundesministerium für Inneres, Abteiling 2, "Bericht: Wilhelm Franz Josef Habsburg-Lothr," 18 September 1947, AR GA, 69.002/1955.
17. 參見Berkhoff, *Harvest of Despair*.
18. 有關於烏克蘭境內發生的大屠殺，參見Brandon and Lower, *Shoah in Ukraine*.
19. Hirniak, *Polk. Vasyl' Vyshyvanyi*; IPN, 19 August 1947, TsDAHO 263/1/66498-fp/148980/II/19. 納粹高層對於該如何處置烏克蘭各有不同意見，羅森伯格本想加以利用烏克蘭問題，但他的企圖卻不敵艾里希・科赫（Eric Koch）於烏克蘭專員轄區實際推行的政策和希特勒的自負。
20. 諾沃薩德的過去：IPN, 3 July 1947, TsDAHO 263/1/66498-fp/148980/I/224, 185, 236. 引言取自Novosad, "Vasyl' Vyshyvanyi," 22–23; 另參見Protokol Doprosa (兩人的聯合審訊), 12 May 1948, TsDAHO 263/1/66498-fp/148980/II/195–211.
21. Novosad, "Vasyl' Vyshyvanyi," 23; Hills, *Britain and the Occupation of Austria*, 100–111; Beer, "Die Besatzungsmacht Großbritannien," 54.
22. 搬家：WSL, Meldezettel, "Habsburg-Lothringen," 1944, AR GA, 170.606. 馬士：IPH, 26 September 1947, TsDAHO 26/1/66498-fp/148980/I/58–59; IPH, 14 April 1948, TsDAHO 26/1/66498-fp/148980/I/150–154; Balfour and Mair, *Four-Power Control*, 318. 我曾用這個名字及其他相關名姓查找法國及英國檔案，卻不知何故一無所獲。但願其他人的運氣會好一點；威廉在一九四〇年代，甚或是一九三〇年代與英、法國的接觸還有更多資訊尚待發掘。他在一九三〇年代經常前往倫敦，對於一九三五年被逐出法國一事也尤其敏感，這表示某些人脈關係早在那時就可能已經存在。
23. 莉妲：IPN, 19 August 1947, TsDAHO 263/1/66498-fp/148980/II/21.
24. Novosad, "Vasyl' Vyshyvanyi," 25.
25. The Waffen-SS Galizien, IPN, 19 August 1947, TsDAHO 263/1/66498-fp/148980/II/23–26.
26. Rasevych, "Vil'hel'm von Habsburg," 220.
27. Gestapo, Kattowitz, Interrogation of Alice von Habsburg, Vistula, 27 January 1942, BA R49/38. 另參見Badeni, *Autobiografia*, 141.
28. Stab Reichsführer SS to Greifelt, Reichskommissar für die Festigung deutschen Volkstums, 1 December 1942, BA NS19/662 PK D 0279.
29. Chef der Sicherheitspolizei to Stabshauptamt des Reichskommissars für die Festigung deutschen Volkstums, 20 July 1942, BA R49/38.
30. A. Habsburg, *Princessa och partisan*, 169. 海德里希也是波希米亞—摩拉維亞保護國的帝國總督，所以才會被選為目標。
31. Marie Klotilde Habsburg to Hitler, 29 May 1940, BA, R43II/1361.
32. Greifelt to Heydrich, 23 September 1941, BA R49/39; "Aktenvermerk," 26 June 1941, BA

## 黑色　抵抗希特勒與史達林

1. Chałupska, "Księżna wraca"; Marcin Czyzewski, "Arcyksiężna przypilnuje dzieci," *Gazeta Wyborcza* (Katowice), 21 September 2001; Krzyżanowski, "Księżna arcypolskości"; Badeni, *Autobiografia*, 75.
2. A. Habsburg, *Princessa och partisan*, 83.
3. 探討蘇聯行徑的經典之作為Gross, *Revolution from Abroad.* 有關波蘭軍官遭殺害之事，參見Cienciala et al., *Katyń.* 德國占領初期幾週之詳情，參見Rossino, *Hitler Strikes Poland.* 瑪麗亞・克里斯蒂娜為該兩名老師下落的資料來源，參見本章註釋4。德國於九月六日吞併日維茨。
4. 引言與事件為瑪麗亞・克里斯蒂娜・哈布斯堡的回憶，引用於Bar, "Z Życia koła." 銀器："Vermerk," 19 May 1943, BA R49/38.
5. 德國後裔：Sicherheitspolizei, Einsatzkommando z. b. V. Kattowitz, "Niederschrift," 16 November 1939, BA R49/38. 叛國行徑：Gestapo, Teschen, to Gestapo, Kattowitz, 8 December 1939, BA R49/38.
6. Dobosz, *Wojna na ziemi* Żywieckiej, 41–48.
7. IPH, 14 April 1948, TsDAHO 26/1/66498-fp/148980/I/143, 145; Gauleitung Wien, Personalamt, to NSDAP, Gauleitung, 8 May 1940, AR GA, 170.606.
8. Hirniak, *Polk. Vasyl' Vyshyvanyi*, 35; Wien Stadt und Landesarchiv, Meldezettel, "Habsburg-Lothringen," 1944, AR GA, 170.606.
9. "Entwurf," Saybusch, 22 October 1940, APK-OŻ DDŻ 1161; Finanzamt Kattowitz-Stadt, "Prufungsbericht," 23 June 1941, APK-OŻ DDŻ 1160. 美元和馬克遲至一九四一年仍可互相兌換。美元在一九四一年的價值是透過消費者物價指數換算得出。推算方式有許多種，但沒有一種是完美的。此處的重點在於兩人得到了大筆金錢。
10. 朋友：Reichssicherheitsamt to Stab Reichsführer SS (Wolff), 25 May 1940, BA NS19/662 PK D 0279. 北歐種族：A. Habsburg, *Princessa och partisan*, 113–114.
11. 信件：Botschafter v. Mackensen, 13 February 1940; Hermann Neumacher to Himmler, 19 June 1940, both at BA NS19/662 PK D 0279. 遷離安置及啤酒廠的情形：Dobosz, *Wojna na ziemi Żywieckiej*, 69–74; Spyra, *Browar* Żywiec, 61.
12. 作主："Schlußbericht," Kattowitz, 30 January 1941, BA R49/38. 信件：Alice to Albrecht, 15 November 1941, BA R49/38.
13. 參見A. Habsburg, *Princessa och partisan*, 122–123; Dobosz, *Wojna na ziemi* Żywieckiej, 102.
14. Alice to Albrecht, 15 November 1941, Gestapo translation, BA R49/38.
15. 里奧：Wilhelm to Tokary, 10 December 1937, HURI, Folder 2.

1930, APK-OŻ DDŻ 1.

11. Wilhelm to Tokary, 27 August 1935, HURI, Folder 1; Wilhelm to Tokary, 18 October 1935, HURI, Folder 1.
12. Wilhelm to Tokary, 18 October 1935, HURI, Folder 1.
13. Wilhelm to Tokary, 7 October 1936, HURI, Folder 1.
14. Wilhelm to Tokary, 24 October 1936, HURI, Folder 1.
15. Wilhelm to Tokary, 27 November 1935, HURI, Folder 1. 有關貴族是如何適應民族社會主義，概略可參見Burrin, *Fascisme, nazisme, autoritarisme*.
16. 四月：Wilhelm to Tokary, 22 April 1936, HURI, Folder 2. 引言取自Wilhelm to Tokary, 7 October 1936, HURI, Folder 2.
17. Goldinger and Binder, *Geschichte der Republik* Österreich, 246. 政府甚至無法指望右派自衛民兵忠於當局，因為其民兵領袖才剛被逐出政府。
18. 注定失敗：Wilhelm to Tokary, 27 January 1937, HURI, Folder 2. 1934: Wilhelm to Tokary, 21 December 1934, HURI, Folder 1. 浪跡天涯：Wilhelm to Tokary, 18 October 1935, HURI, Folder 1.
19. Wilhelm to Albrecht, 15 July 1936, APK-OŻ DDŻ 894; Wilhelm to Negriusz, 31 October and 1 December 1936, APK-OŻ DDŻ 894.
20. Gauleitung Wien, Personalamt, to NSDAP, Gauleitung, 8 May 1940, AR GA, 170.606.
21. 波爾塔維茨的職涯概要取自：Kentii, *Narysy*, 30; Bolianovs'kyi, *Ukrains'ki viiskovi formuvannia*, 177; Torzecki, *Kwestia ukraivska*, 119, 125; Lacquer, *Russia and Germany*, 156; and Ostashko, "Pol's'ka viiskova spetssluzhba." 信件：Poltavets-Ostrianytsia to Hitler, 23 May 1935, BA R43I/155.
22. Wilhelm to Tokary, 25 February 1937, 19 March 1937, HURI, Folder 2.
23. Tokary to Wilhelm, 23 November 1937, HURI, Folder 2, "Trottel."
24. 文章："Habsburger Kriminalgeschichte," *Völkischer Beobachter*, 11 March 1937. 企業：Wilhelm to Tokary, 19 December 1937, HURI, Folder 2. 恩澤、頑固：Wilhelm to Tokary, 19 March 1937, HURI, Folder 2.
25. 引言與背景資料取Wilhelm to Tokary, 27 January 1937, HURI, Folder 2.
26. 時代：Wilhelm to Tokary, 19 December 1937, HURI, Folder 2. 清算：Wilhelm to Tokary, 19 December 1937, HURI, Folder 2. 治癒：Tokary to Wilhelm, 2 March 1938, HURI, Folder 2. 繩索：Wilhelm to Tokary, 25 February 1937, HURI, Folder 2. 德、義、日於一九四二年一月十八日簽署軍事協議。
27. 範例參見Hills, *Britain and the Occupation of Austria*, 18.

59. 捷克斯洛伐克：Wilhelm to Tokary, 18 August 1935, HURI, Folder 1. 歐根撰寫的比利時新聞文章。一九三五年七月："Une Machination Bolchevique," AR, Neue Politisches Archiv, AA/ADR, Karton 416, Folder: Liasse Personalia Geh. A-H. 有關科諾瓦萊茨遭謀殺一事的供述，參見Sudoplatov and Sudoplatov, *Special Tasks*, 7–29.
60. "Les Habsbourgs vont-ils rentrer en Autriche?" *Le Figaro*, 4 July 1935, 1.
61. "A.S. de Couyba Paule et Guillaume de Habsburg," 23 January 1935, APP, B A/1680.
62. 大世紀：Germaine Decaris, "L'archiduc de Habsbourg-Lorraine est condamné par défaut à cinq ans de prison," *L'Oeuvre*, 28 July 1935, 1, 5. 帽子：Georges Claretie, "La fiancée d'un prétendant du trône d'Ukraine," *Le Figaro*, 28 July 1935, 1, 3.
63. 社會階級：Weber, *Hollow Years*.
64. 兩句引言均取自Germaine Decaris, "L'archiduc de Habsbourg-Lorraine est condamné par défaut à cinq ans de prison," *L'Oeuvre*, 28 July 1935, 1, 5.

## 棕色　貴族法西斯

1. 此事件的敘述依據為Österreichische Gesandschaft, Paris, to Bundeskanzleramt, Auswärtige Angelegenheiten, Vienna, "Betrügerische Maneuver der im Prozess gegen Erzherzog Wilhelm verurteilten Mlle. Couyba," 19 May 1936, AR, Neue Politisches Archiv, AA/ADR, Karton 416, Folder: Liasse Personalia Geh. A-H.
2. Wilhelm to Tokary, 19 June 1935 and 27 November 1935, HURI, Folder 1.
3. *Folles de Luxes et Dames de Qualité*, Paris: Editions Baudinière, 1931.
4. 貓：Wilhelm to Tokary, 27 August 1935, HURI, Folder 1. Nerves: Wilhelm to Tokary, 19 June 1935, HURI, Folder 1.
5. 參照 [Wilhelm], Declaration to French Press, 1935, HURI, Folder 1 to "Une lettre de l'archiduc Guillaume Habsburg-Lorraine d'Autriche," *Le Figaro*, 13 August 1935, 3.
6. 有關其貞潔的八卦：Gribble, *Life of the Emperor Francis-Joseph*, 279. 有關歐根的回歸："Viennese Hail Archduke," *New York Times*, 11 September 1934. 本段概要：Hamann, *Die Habsburger*, 101.
7. 所有必要的人：Wilhelm to Tokary, 27 November 1935, HURI, Folder 1. Name: Bundes Ministerium für Inneres, Abteilung 2, "Wilhelm Franz Josef Habsburg-Lothringen," 29 November 1952, AR GA, 69.002/1955.
8. 受訓：Gauleitung Wien, Personalamt, to NSDAP, Gauleitung, 8 May 1940, AR GA, 170.606.
9. Freiherr von Biegeleben, Ordenskanzler, Kanzlei des Ordens vom Goldenen Vlies, Vienna, 26 March 1936, APK-OŻ DDŻ 1.
10. "Es existieren laut Inventar 89 Collanen des Ordend vom goldenen Vlies," Vienna, 26 May

48. 審判是以一首歌作為開頭。司法宮位於塞納河的一座島上，不在左岸也不在右岸，而是從左岸（參議院就座落於此處）步行至右岸（如蒙馬特）時會行經的地標之一。這裡在晚間也許顯得肅穆莊嚴，早上則予人愉悅之感。剛好，這次審判中的首位辯方——當時甫去世的參議員查理・葵巴（亦是酒吧駐唱歌手莫里斯・布凱）——就曾多次行經這條路。審判長許可代表其家人的律師發表特殊開案陳詞。參議員葵巴的家人希望紀錄能清楚說明被告寶蕾特與他們絕無干係。律師朗誦了葵巴／布凱熱門歌曲〈曼農〉（Manon）的幾句歌詞，總結時也請求別讓這首歌「無瑕的榮耀」受到玷汙。Germaine Decaris, "L'archiduc de Habsbourg-Lorraine est condamné par défaut à cinq ans de prison," *L'Oeuvre*, 28 July 1935, 1, 5.
49. "Bericht in der Sache gegen Erzherzog Wilhelm und Paule Couyba" [August 1935], AR, Neue Politisches Archiv, AA/ADR, Karton 416, Folder: Liasse Personalia Geh. A-H; Geo. London, "Il fallait d'abord faire manger le prince," *Le Journal*, 28 July 1935.
50. AP, D1U6 3068, case 299814, Seizième Chambre du Tribunal de Premier Instance de Département de la Seine séant au Palais de Justice à Paris, "Pour le Procureur de la République et Pour Paneyko Basile et Evrard Charles contre Couyba Paule et De Habsbourg-Lorraine Archiduc d'Autriche Guillaume François Joseph Charles"; "Bericht in der Sache gegen Erzherzog Wilhelm und Paule Couyba" (August 1935), AR, Neue Politisches Archiv, AA/ADR, Karton 416, Folder: Liasse Personalia Geh. A-H.
51. 她的男人：Germaine Decaris, "L'archiduc de Habsbourg-Lorraine est condamné par défaut à cinq ans de prison," *L'Oeuvre*, 28 July 1935, 5.
52. 引言取自 "Bericht in der Sache gegen Erzherzog Wilhelm und Paule Couyba" [August 1935], AR, Neue Politisches Archiv, AA/ADR, Karton 416, Folder: Liasse Personalia Geh. A-H.
53. AP, D1U6 3068, case 299814, Seizième Chambre du Tribunal de Premier Instance de Département de la Seine séant au Palais de Justice à Paris, "Pour le Procureur de la République et Pour Paneyko Basile et Evrard Charles contre Couyba Paule et De Habsbourg-Lorraine Archiduc d'Autriche Guillaume François Joseph Charles."
54. Berenson, *Trial of Madame Caillaux*, 1–42.
55. Paneyko to L. Beberovich, 30 April 1935, HURI, Folder 1; [Österreichische Gesandschaft, Paris], July 1935, AR, Neue Politisches Archiv, AA/ADR, Karton 416, Folder: Liasse Personalia Geh. A-H. 此為法國人對德國人常有的刻板印象：Murat, *La loi du genre*, 294–295.
56. "L'archiduc Guillaume de Habsbourg est condamné par défaut à cinq années de prison," *Le Populaire*, 28 July 1935, 1, 2; *L'Oeuvre*, 28 July 1935, 1.
57. Geo. London, "Il fallait d'abord faire manger le prince," *Le Journal*, 28 July 1935.
58. Wilhelm to Tokary, 22 June 1935, HURI, Folder 1.

36. 齊柏林飛船與奧托："Pobyt Otty Habsburka v Berlíne," 6 February 1933, AUTGM, fond TGM, R-Monarchie, k. 1; IPH, 5 September 1947, TsDAHO 26/1/66498-fp/148980/I/27. Hitler: Wilhelm to Tokary, 8 August 1934, HURI, Folder 1. Wiesner: Wilhelm to Tokary in Paris, 21 December [1934?], HURI, Folder 1; Vasari, Otto Habsburg, 114.
37. Brook-Shepherd, *Uncrowned Emperor*, 83, 85.
38. Hendrix, Sir Henri Deterding; IPH, 14 April 1948, TsDAHO 26/1/66498-fp/148980/I/82.
39. 愛神號救援：Schmidt-Brentano, *Die* Österreichische *Admirale*, 474. 羅斯柴爾德：Ferguson, *World's Banker*, 971, 992.
40. 飯局的敘述取自："Bericht in der Sache gegen Erzherzog Wilhelm und Paule Couyba" [August 1935], AR, Neue Politisches Archiv, AA/ADR, Karton 416, Folder: Liasse Personalia Geh. A-H; "A.S. de Couyba Paule et Guillaume de Habsburg," 23 January 1935, APP, B A/1680; Germaine Decaris, "L'archiduc de Habsbourg-Lorraine est condamné par défaut à cinq ans de prison," *L'Oeuvre*, 28 July 1935, 1, 5.
41. Osterreichische Gesandschaft, Paris, to [Generalsekretär] Franz Peter, Bundeskanzleramt, Vienna, 5 December 1934, AR, Neue Politisches Archiv, AA/ADR, Karton 416, Folder: Liasse Personalia Geh. A-H.
42. "Une escroquerie au rétablissement des Habsbourg," *Matin*, 15 December 1934. 騙局：[Legionsrat] Wasserbäck, Osterreichische Gesandschaft, Pressedienst, Paris, to Eduard Ludwig, Vorstand des Bundespressediensts, Vienna, 22 December 1934. 貴族：Österreichische Gesandschaft, Paris, to Generalsekretär Franz Peter, Vienna, 28 December 1934. 使館：Maurice Bourgain, Paris, to Légation d'Autriche, 26 June 1935. 三封函件均收錄於 AR, Neue Politisches Archiv, AA/ADR, Karton 416, Folder: Liasse Personalia Geh. A-H.
43. Burrin, *Fascisme, nazisme, autoritarisme*, 202, 209.
44. Georges Oubert, "La 'fiancée' de l'Archiduc Guillaume de Habsbourg est en prison depuis d'un mois," *Le Populaire*, 15 December 1934.
45. 同上。
46. 歐根：Bundeskanzleramt, Auswärtige Angelegenheiten, "Erzherzog Wilhelm," 15 July 1935; 科洛雷多：Österreichische Gesandschaft, Paris, to Generalsekretär Franz Peter, Vienna, 28 December 1934; 兩者均收錄於 AR, Neue Politisches Archiv, AA/ADR, Karton 416, Folder: Liasse Personalia Geh. A-H. Veterans: Union des Anciens Combattants de l'Armée de la Republique Ukrainniene en France to Georges Normand (Juge d'Instruction), 20 May 1935, HURI, Folder 1. 威廉的朋友：Tokary to Le Baron de Villanye, Hungarian Ambassador in Rome, 6 April 1935, 同前。
47. 他最晚於六月十九日抵達維也納。Wilhelm to Tokary, 19 June 1935, HURI, Folder 1.

廉："Friedrich Leopold, Kin of Kaiser, Dies," *New York Times*, 15 September 1931; "Potsdam Sale Fails to Draw High Bids," *New York Times*, 21 February 1931.

23. "Michael Winburn Dies; Paris Soap Firm Head," *New York Times*, 14 November 1930.
24. 引言分別取自Michel Georges-Michel, "Ou l'Archiduc Guillaume unit Mlle Mistinguett et l'Archiduc Rodolphe" [summer 1932], HURI, Folder 2; and Mistinguett, *Queen of the Paris Night*, 1.
25. Brook-Shepherd, *The Last Empress*, 215ff.
26. Andics, *Der Fall Otto Habsburg*, 67, 74; Vasari, *Otto Habsburg*, 150–151; Interview, *Die Presse*, 10 November 2007, 2.
27. Vasari, *Otto Habsburg*, 125–126.
28. 由哈布斯堡統治的未來：Binder, "Christian Corporatist State," 80. 各城鎮：Vasari, Otto Habsburg, 109. 有關舒士尼格兩難處境的探討，參見Goldinger and Binder, *Geschichte der Republik* Österreich.
29. 里奧後來聲稱自己已被逐出家族。SS Rechtsabteilung, "Volkstumszugehörigkeit der Familie des verstorbenen Erzherzogs Leo Habsburg in Bestwin," Kattowitz, 19 April 1941, BA R49/37.
30. Freiherr von Biegeleben, Kanzlei des Ordens vom Goldenen Vlies, Vienna, 1 June 1934, 22 May 1934, 10 December 1934, APK-OŻ DDŻ 1. 懸掛的模樣：Brook-Shepherd, *The Last Empress*, 243–244.
31. 廚師：Chłopczyk, "Ostatni własciciele," 23.
32. Stefan Habsburg, "Mein Testament," 12 June 1924, APK-OŻ DDŻ 85; "Układ spadkowy," 4 May 1934, APK-OŻ DDŻ 753.
33. "Wykaz wypłaconych i przekazanych apanażów dotacji i spłaty na rach. Kasy Dworskiej," 15 May 1934, APK-OŻ DDŻ 894.
34. 慈善事業：A.S. de l'archiduc Guillaume de Habsbourg, 2 August 1935, APP, B A/1680; Andrii Sheptyts'kyi to Ilarion Svientsits'kyi, 5 April 1933, in Diakiv, *Lysty Mytropolyta Andreia Sheptyts'koho*, 50. 烏克蘭民族主義組織："Znany Wasyl Wyszywanyj," 1 July 1934, RGVA, 308k/7/322/4; Wilhelm to Oksana de Tokary, 20 November 1933, HURI, Folder 1. 另參見IPH, 26 September 1947, TsDAHO 26/1/66498-fp/148980/I/54; Tereshchenko and Ostashko, *Ukrains'kyi patriot*, 58. 希特勒：Winter, *Die Sowjet union*, 146.
35. Polish Ministry of Internal Affairs, Wydział Narodowosciowy, Komunikat Informacyjny, 7 June 1933, AAN MSW 1041/68; "Znany Wasyl Wyszywanyj," 1 July 1934, RGVA, 308k/7/322/4. 有關帕內科的人脈，參見*Zhyttia i smert' Polkovnyka Konovaltsia.*，書中各處有零散提及。

Piegl, 2 June 1928, Wilhelm to Piegl, 9 June 1928, Piegl to Wilhelm, 13 June 1928, all in BK 22/71, fiche 3, 85–92.

10. 克羅爾："L'archiduc Guillaume de Habsbourg condamné par défaut à cinq années de prison," Le Populaire, 28 July 1935, 1, 2; Ostashko, "Pol's'ka viiskova spetssluzhba." 參見匯款紀錄：APK-OŻ DDŻ 753, 894.
11. Romanov, *Twilight of Royalty*, 27; 馬球一事詳見Georges-Michel, *Autres personnalités*, 122.
12. Georges-Michel, *Autres personnalités*, 130–131. 雪茄有時就只是雪茄（Sometimes a cigar is just a cigar，譯註：據說是佛洛伊德的名言，指事情有時就如表象這麼簡單。此處應是指不必過度解讀此事件）。
13. Michel Georges-Michel, "Une histoire d'ancre sympathetique," *Le Jour*, 25 July 1934.
14. "A.S. de Couyba Paule et Guillaume de Habsburg," 23 January 1935, APP, B A/1680. 對照Brassaï, *Secret Paris*.
15. "A.S. de l'archiduc Guillaume de Habsbourg," 2 August 1935, APP, B A/1680.
16. 簡報，Raymonde Latour, "En regardant poser S.A.I. l'archiduc Guillaume de Lorraine-Habsbourg," 28 October 1931, HURI, Folder 2. 有關貴族於下層階級逗留時的「聖愛」（agape）跟「友愛」（philia）相近處，參見Koven, *Sexual and Social Politics*, 276–277及各處。
17. "A.S. de Couyba Paule et Guillaume de Habsburg," 23 January 1935, APP, B A/1680.
18. 卡約夫人：Berenson, *Trial of Madame Caillaux*. 寶蕾特與卡約：[Legionsrat] Wasserbäck, Osterreichische Gesandschaft, Pressedienst, Paris, to Eduard Ludwig, Vorstand des Bundespressedienst s, Vienna, 22 December 1934, AR, Neue Politisches Archiv, AA/ADR, Karton 416, Folder: Liasse Personalia Geh. A-H. 蒙齊："A.S. de Couyba Paule et Guillaume de Habsburg," 23 January 1935, APP, B A/1680; "Bericht in der Sache gegen Erzherzog Wilhelm und Paule Couyba" [August 1935], AR, Neue Politisches Archiv, AA/ADR, Karton 416, Folder: Liasse Personalia Geh. A-H.
19. 羅斯柴爾德："A.S. de Couyba Paule et Guillaume de Habsburg," 23 January 1935, APP, B A/1680; Germaine Decaris, "L'archiduc de Habsbourg-Lorraine est condamné par défaut à cinq ans de prison," *L'Oeuvre*, 28 July 1935, 1, 5; Georges Oubert, "La 'fiancée' de l'Archiduc Guillaume de Habsbourg est en prison depuis d'un mois," *Le Populaire*, 15 December 1934.
20. Préfecture de Police, Cabinet du Préfet, 7 July 1932, APP, B A/1680. 有關威廉三次入籍申請的所有文件均收錄於此檔案。
21. 在二十世紀初的巴黎，如威廉這類品味的男人結交女演員及其他名人的情形並不罕見。參照Vicinus, "Fin-de-Siècle Theatrics," 171–173.
22. 蜜絲婷瑰結交的眾國王詳見：Mistinguett, *Queen of the Paris Night*, 60–63. 腓特烈・威

"Informacje rosyjskie z Berlina," 24 September 1921, AAN MSZ 5351 234.

33. 烏克蘭人：Directory Chief of Staff to UNR Ministry of Foreign Affairs, 17 September 1921, TsDAVO 3696/2/466/84; UNR MFA to Ambassador in Berlin, 16 November 1921, TsDAVO 3696/3/19/119; Bruski, *Petlurowcy*, 335–336.
34. Rape, *Die* österreichischen *Heimwehren*, 273; Tereshchenko and Ostashko, *Ukrains'kyi patriot*, 57.
35. Dowództwo Okręgu Korpusnego Nr. II w Lublinie, "Raport Ukraiński," Lublin, 19 April 1922, CAW I.303.4.6906. 支持：Vertraulich Abschrift, 11 February 1922, BHStA, Kriegsarchiv, Bayern und Reich Bund 36. 背信棄義：Bauer in Vienna to Ludendorff, 3 February 1922, BK 22/77, fiche 1, 18. 另參見Sendtner, *Rupprecht von Wittelsbach*, 462–463.
36. 魯登道夫與被殺害的舒布納—里克特。
37. Bauer to Pittinger, 12 March 1922, BHStA, Kriegsarchiv, Bayern und Reich Bund 36.

## 丁香紫　歡場巴黎

1. Armie, *Maria Cristina de Habsburgo*, 200, 205; Brook-Shepherd, *The Last Empress*, 219.
2. 傳統與現代的獨裁觀念在此交會：一是恢復既有政治秩序的過渡時期，另一是一人統治的永久狀態。
3. C. Fuchs to Luise Engeler, 20 October 1931, BK 22/70, fiche 2, 62–63; Vogt, *Oberst Max Bauer*, 406–408; 威廉至皮格爾的信收錄於BK 22/71, fiche 2.
4. Piegl to Wilhelm, 14 March 1929, BK 22/71, fiche 4, 138; Vogt, *Oberst Max Bauer*, 422, 432; Wasserstein, *Secret Lives*, 214ff.
5. J. Piegl to Wilhelm, 23 June 1927, BK 22/71, fiche 2, 42; Piegl to Wilhelm, 17 January 1928, 同前, 60, 102–103; Piegl to Wilhelm, 21 June 1928, BK 22/71, fiche 3, 102–103; Piegl to Pallin, 8 February 1929, BK 22/71, fiche 4, 131–132; Wilhelm to Piegl, 16 February 1929, 同前, 133. 阿方索生平詳見Gortazar, *Alfonso XIII*.
6. Wilhelm to Piegl, 25 May 1928, BK 22/71, fiche 2, 69.
7. 貸款："A.S. de l'archiduc Guillaume de Habsbourg," 2 August 1935, APP, B A/1680; Carl Schuloff, Vienna, 12 January 1934, copy of letter, APK-OŻ DDŻ 753. 兄弟：資料取自István Déak，而Déak是引用József Kardos, *Legitimizmus: legitimista politikusok Magyarországon a két világháború között*, Budapest: Korona, 1998, 280, 303, 571.
8. A. Bonnefoy-Sibour, Le Préfet de Seine-et-Oise to Ministre de l'Intérieur, 24 April 1929, AC, Fonds de Moscou, Direction de la Sûreté Générale, 19949484/ 154/9722.
9. 往來狀況：Wilhelm to Sheptyts'kyi, 14 February 1927, TsDIAL, 358/3t/166/26. 警方："A.S. de l'archiduc Guillaume de Habsbourg," 2 August 1935, APP, B A/1680. 出行：Wilhelm to

25. 預測和民意支持度：Polizeidirektion Wien to Bundesministerium für Äusseres, 7 February 1921, in Hornykiewicz, *Ereignisse*, vol. 4, 284. 瓦蘭吉人一事詳見Dashkevych, "Vil'hel'm Habsburg i istoriia," 67; Tereshchenko, "V'iacheslav Lypyns'kyi." 奇卡連科的文章發表於*Volia*, 23 April 1921.
26. 災難一場：Vivian, *Life of Emperor Charles*, 224. 另參見Vasari, *Otto Habsburg*, 32–34; 以及 Cartledge, *Will to Survive*, 351–352.
27. Rape, *Die* österreichischen *Heimwehren*, 260–263.
28. 七月：Nußer, *Konservative Wehrverbände*, 225; Rape, *Die* österreichischen *Heimwehren*, 263. 八月：Vogt, *Oberst Max Bauer*, 340, 383. 現代君王：Spectator, "Monarkhiia i respublika," *Soborna Ukraina*, 1 November 1921, 2. 政治活動詳見Polizeidirektion Wien to Bundesministerium für Äusseres, 14 November 1921, in Hornykiewicz, *Ereignisse*, vol. 4, 307–308; IPH, 2 March 1948; TsDAHO 26/1/66498-fp/148980/I/118; Onats'kyi, *Portrety v profil*, 149. 雖然威廉報紙的資金是來自德國人，但走的卻是親英路線。威廉是一名水手，他視烏克蘭為未來的海上強國；他也是個會說英語又瞭解王室的親英人士（此時他本人在英國王位的繼承順位中排名第三百五十八）。
29. 「構築」(Aufbau）的創始文件為"Die Grundlage für die Statuten einer Gesellschaft m.b.H. des Wiederaufbaus der vom Weltkriege geschädigten Staaten," November 1920, BK 22/74, fiche 1, 18–20. 另參見Fiutak, "Vasilij von Biskupskij," 32–33; Kursell, "Erinnerungen an Dr. Max v. Scheubner-Richter," 19; 及Baur, *Die russische Kolonie*, 258, 267. 威廉及該烏克蘭金融集團詳見Vogt, *Oberst Max Bauer*, 383. 有關集團之運作，參見Nußer, *Konservative Wehrverbände*, 226; 及Thoss, *Der Ludendorff-Kreis*, 446–447.
30. Onats'kyi, *Portrety v profil*, 150.
31. 魯登道夫：Georg Fuchs, "Zur Vorgeschichte der Nationalsozialistischen Erhebung," BA NS26, 38, 130. Arms: "Nr. 282/21 von 11.IX.1921," BHStA, Kriegsarchiv, Bayern und Reich Bund 36. 綠色國際：UNR Mission in Hungary, to UNR Minister of Foreign Affairs, 12 December 1921, TsDAVO 3696/2/466/86; Wilhelm, "Das Ukrainische Problem," *Neues Wiener Journal*, 9 January 1921. 受訓：Kellogg, *Russian Roots of Nazism*, 181. 祖國："Abschrift eines Briefes vom Führer der deutschen Kolonisten Dr. Jakob Flemmer an Obersten Wasyl Wyschywanij, Kischineff, 30 August 1921," BHStA, Kriegsarchiv, Bayern und Reich Bund 36.
32. 維也納媒體：*Wiener Mittag*, 2 September 1921. 法國："Abschrift des Originalberichts der französischer Spionagestelle in Wien," 30 August 1921, BHStA, Kriegsarchiv, Bayern und Reich Bund 36. 俄國：Zolotarev, *Russkaia voennaia emigratsiia*, 446. 捷克："Ruští monarchisté v Praze" [1921], AKPR, ič; 276/k. 17. 波蘭：Embassy in Copenhagen,

personalna: Karol Habsburg, "Wniosek na odznaczenie 'Krzyże Walecznych' w mysl rozporządzenia ROP z dnia 11 sierpnia 1920 r.," Leon Habsburg, 11 April 1922; "Karta ewidencyjna," 1927. 威廉的兵役狀況："Notiz," Vienna, 17 August 1920, PAAA Wien 342; Auswärtiges Amt, Report on meeting with Larischenko, 26 August 1920, PAAA R84244. 林肯生平：Wasserstein, *Secret Lives*, 175.

15. Badeni, *Autobiografia*, 11; Chłopczyk, "Alicja Habsburg," 29–31.
16. Stefan to "Kochany Hrabio" (Potocki?), 10 August 1920, APK-OŻ DDŻ 85.
17. Wilhelm, "Das Ukrainische Problem," *Neues Wiener Journal*, 9 January 1921.
18. Stefan, "Nadesłane," Żywiec, 31 January 1921, APK-OŻ DDŻ 754; Polizeidirektion Wien to Bundesministerium für Äusseres, 7 February 1921, in Hornykiewicz, *Ereignisse*, vol. 4, 284.
19. 家產爭議：HHStA, Fach 1, Karton 66, Folder "Erzherzog Karl Stefan," "Rozporządzenie Ministra Rolnictwa i Dóbr Państwowych w przedmiocie ustanowienia zarządu państwowego nad dobrami arcyksięcia Karola Stefana Habsburga z Żywca, położonemi na terytorjum b. zaboru austrjackiego," 28 February 1919, in *Monitor Polski*, 6 March 1919, Number 53. Worry: Stefan to [Potocki?], 10 August 1920, APK-OŻ DDŻ 85. 史蒂芬：Stefan to Polish Council of Ministers, February 1922, APK-OŻ DDŻ 754. 家族政宣：K. O. Habsburg, *Na marginesie sprawy* Żywieckiej, 18.
20. 安排狀況：Kancelarja Cywilna Naczelnika Państwa to Stefan, 26 August 1921, APK-OŻ DDŻ 757; "Informacja w sprawie dóbr Żywieckich," 1923, APK-OŻ DDŻ 754; "Rozporządzenie," 24 August 1924, APK-OŻ DDŻ 755. 義大利：C. Canciani to Kloss, 6 July 1919, APK-OŻ DDŻ 757; "Akt darowizny," draft, September 1920, APK-OŻ DDŻ 757. 「親愛的爸爸」: Kloss in Rome to Stefan, 22 November 1921, APK-OŻ DDŻ 757.
21. 引言取自 Wilhelm, "Das Ukrainische Problem," *Neues Wiener Journal*, 9 January 1921. Tereshchenko and Ostashko, *Ukrains'kyi patriot*, 46; Bruski, *Petlurowcy*, 332–333.
22. 表象之下的意圖：Williams, *Culture in Exile*, 148. 協議：Dashkevych, "Vil'hel'm Habsburg i istoriia," 65.
23. 德國人：Naczelne Dowództwo W.P., Oddział II, "Skoropadski i arcyksiążę Wilhelm," 1921, CAW I.303.4.2718/102–104.
24. 民主：Tereshchenko, "V'iacheslav Lypyns'kyi." 謠言：MSZ, "Projekt Referatu 'Ukraina,'" November 1921, AAN MSZ 5354/671–681; Kellogg, *Russian Roots of Nazism*, 181. 瑪麗亞：Onats'kyi, *Portrety v profil*, 144. 主導角色：Polizeidirektion Wien to Bundesministerium für Äusseres, 7 February 1921, in Hornykiewicz, *Ereignisse*, vol. 4, 284. 移民：Wilhelm to Tokary, 23 January 1921, HURI, Folder 1; Julius Lustig-Prean von Preansfeld, "Lebensskizzen der von 1870 bis 1918 ausgemusterten 'Neustädter,'" KA, Gruppe 1, Band 2, 536.

1075/4/18a/11; IPH, 4 September 1947; TsDAHO 26/1/66498-fp/148980/I/20. 羅馬尼亞人的要求：HHStA, Archiv der Republik, F1, Karton 68, Rumänische Liquidierungskommission to Staatsamt für Aüsseres, 10 June 1919. 此時奧地利實際上曾被稱為德意志奧地利（Deutschösterreich）。其緣由有點複雜。羅馬尼亞在戰爭快結束前重回戰場，並於巴黎和會奪走哈布斯堡君主國的大片領土。羅馬尼亞和波蘭一樣，也是戰勝國所謂的盟友。儘管羅國軍隊對打勝仗的貢獻微乎其微，但在戰勝國瓜分哈布斯堡王土之時，羅馬尼亞也分到一杯羹。羅國當局抓獲這樣一位來自前朝的成員，便趁此機會羞辱威廉，也找新生奧地利共和國的麻煩。羅國人監禁威廉，說他欠他們債，而奧地利理應償還。一九一八年十一月局勢正亂，與家人和宮廷斷了聯繫的威廉確實曾在切爾諾夫策向當時仍屬哈布斯堡的省政府借了點錢。這時羅馬尼亞已占領切爾諾夫策與布科維納的其餘地區，他們現在想讓威廉歸還借去的錢。即便軍方正監視著威廉，羅馬尼亞官員卻仍致信維也納詢問他的下落。他們若非不老實，就是辦事不力，但這種行為也絕不討喜。協約國的盟友便是這樣，用這種與他們身分相稱的小動作擺出列強在巴黎和會羞辱人的架式。

5. Hirniak, *Polk. Vasyl' Vyshyvanyi*, 31.
6. 我簡化了複雜的來龍去脈。參見Bruski, *Petlurowcy*; Ullman, *Anglo-Soviet Relation*s; Wandycz, *Soviet-Polish Relations*; Reshetar, *Ukrainian Revolution*; Abramson, *Prayer for the Government*.
7. Tereshchenko and Ostashko, *Ukrains'kyi patriot*, 38–39
8. Wasserstein, *Secret Lives*, 1–127. 加利西亞油田詳見Frank, *Oil Empire*.
9. Hull, *Entourage*, 269; Cavallie, *Ludendorff och Kapp*, 327; Evans, *Coming of the Third Reich*, 61, 177.
10. 引自希特勒的言論摘自Kellogg, *Russian Roots of Nazism*, 105. 參見Evans, *Coming of the Third Reich*, 67–68, 97; Cavallie, *Ludendorff och Kap*p, 329.
11. Wasserstein, *Secret Lives*, 163.
12. Henry Hellsen, "Kejser at Ukraine," *Berlinske Tidende*, 31 March 1920, 2. 引言摘自Onats'kyi, *Portrety v profil*, 135.
13. 密謀的細節於V. V. Biskupskii, in Williams, *Culture in Exile*, 100有詳細描寫。另參見Rape, *Die* österreichischen *Heimwehren*, 246–248; Thoss, *Der Ludendorff-Kreis*, 444; Naczelne Dowództwo W.P., Oddział II, "Skoropadski i arcyksiążę Wilhelm," 1921, CAW I.303.4.2718/99.
14. 威廉兄長的兵役狀況：CAW, Teczka personalna, Leon Karl Habsburg: "Wniosek na odznaczenie 'Krzyże Walecznych' w mysl rozporządzenia ROP z dnia 11 sierpnia 1920 r.," Leon Habsburg, 3 September 1920; "Główna karta ewidencyjna," [1929]; CAW, Teczka

Amt, 4 September 1918, PAAA R14382.

30. 有關吞併和族群清洗之情形，參見Geiss, *Der Polnische Gren- zstreifen*, 125–146. 史蒂芬的立場：Paul von Hintze, Auswärtiges Amt, Telegram, 28 August 1918, PAAA Wien 342.

31. 德國對斯科羅帕茨基的承諾載於Borowsky, *Deutsche Ukrainepolitik*, 264–265. 有關對威廉人身安全的擔憂，參見Trautmansdorff to Burián, 23 September 1918, in Hornykiewicz, *Ereignisse*, vol. 3, 358. 該名奧地利指揮官為艾弗雷德．克勞斯（Alfred Krauss）。

32. 烏克蘭將受布爾什維克主宰：Wilhelm to Tokary, 12 October 1918, HURI, Folder 1. 威廉是從奧國占領的前俄領土被移調至奧地利的一個省。然而在烏克蘭人眼中，他仍身處烏克蘭。烏克蘭王室在奧國的領土本就應納入東加利西亞和布科維納。切爾諾夫策距利維夫不遠（一百六十四英里，可乘火車往返）。威廉受命保衛這座城市，對抗以族裔為由聲稱擁有布科維納主權的羅馬尼亞。切爾諾夫策在哈布斯堡治下已成為一現代化大城市，而哈布斯堡現代化的定義就是多元特質。這座城市約有七萬人口，市裡坐擁羅馬、希臘及亞美尼亞天主教堂，也有猶太教堂。這裡不僅是烏克蘭和羅馬尼亞文化的中心，也是意第緒（Yiddishist）運動的重鎮，最知名的可能還是其優秀的德語大學。

33. Wilhelm to Vasylko, 18 October 1918, TsDIAL 358/3t/166/23–24; Wilhelm to Sheptyts'kyi, 18 October 1918, TsDIAL 358/3t/166/23.

34. 有關威廉由他人取而代之，參見Klimecki, *Polsko-ukraivska wojna*, 47, 55. 卡爾的法令僅適用於奧匈帝國的奧地利區域；匈牙利政府在自治問題上態度堅決。

35. Plaschka, Haselsteiner, and Suppan, *Innere Front*, vol. 2, 304, 316. 波蘭外交部曾取得這些命令的副本：AAN MSZ 5350/254–257. 另參見Ezherzog Wilhelm, 1 November 1918, "Dringend," *Documents ruthéno-ukrainiens,* 32; Vasyl' Vyshyvanyi, "U.S.S. z vesny 1918 r. do perevorotu v Avstrii," 25 October 1920, HURI, Folder 2; Klimecki, *Polsko-ukraivska wojna*, 68, 73, 91.

36. 塞爾維亞人之所以能重新集結，是因為協約國部隊將哈布斯堡的盟友保加利亞趕出戰局。

37. 威廉的旅程載於"Memuary," TsDAVO 1075/4/18a/9.

38. "Memuary," TsDAVO 1075/4/18a/11.

## 白色　帝國掮客

1. 威廉的所在地："Memuary," TsDAVO 1075/4/18a/11

2. 參見Żurawski vel Grajewski, *Sprawa ukraińska*; Pavliuk, *Borot'ba Ukrainy*.

3. 捏造：*Documents ruthéno-ukrainiens*, 21. 波蘭的論點：Tereshchenko and Ostashko, *Ukrains'kyi patriot*, 37. 另參見Milow, *Die ukrainische Frage*, 312–313, 324.

4. 健康狀況：Rasevych, "Vil'hel'm von Habsburg," 217. 威廉被捕："Memuary," TsDAVO

Liasse Russland XI d/8, Karton 154, p. 141.

20. 有關此密謀的情報，參見“Monarchistische Bewegung in der Ukraine,”18 February 1918, PAAA R13461. 針對哈布斯堡圖謀的引言取自Lersner to Auswärtiges Amt, 20 March 1918, PAAA R14363. 五月十三日的引言取自Stoltzenberg to Oberost, 13 May 1918, PAAA R14365. 稱威廉願繼任酋長的德國報告取自Mumm to Chancellor Hertling, 13 May 1918, PAAA R14365.
21. 史達林的電報收錄於KA, Armeeoberkommando, Operationsabteilung, Op. Akten, Evidenzgruppe “R,” 22 May 1918, Karton 793.
22. 視威廉為幻想家的觀點載於General Gröner to Mumm, 20 May 1918, PAAA 14374. 有關間諜報告，請分別參閱“Protokol pro dii USS na terytorii Annins'koi volosti,” Hetmanate, 26 June–9 July 1918, in Malynovs'kyi, “Arkhykniaz Vil'hel'm fon Habsburh,” 37–38; Mumm to Hertling, 2 June 1918, PAAA Wien 342; 以及（末三句引言）“L'Archiduc Wilhelm,” Informer's Report, 1918, PAAA 14379.
23. 引言取自Mumm to Chancellor Hertling, 7 July 1918, PAAA 14376. 另參見Pelenski, “Hetman Pavlo Skoropadsky,” 75. 斯科羅帕茨基於Skoropads'kyi, *Spohady*, 208憶及他的懷疑；另參見Presseberich der Press-Warte, 28 July 1918, PAAA 14366.
24. “Memuary,” TsDAVO 1075/4/18a/9.
25. “Memuary,” TsDAVO 1075/4/18a/9.
26. 有關威廉隨從的資料載於Legionsrat to Auswärtiges Amt, 8 August 1918, PAAA 14379. 會面情形詳見Niemann, *Kaiser und Revolution*, 36; Hussche to Auswärtiges Amt, 13 August 1918, PAAA 14379. 皇帝於Wilhelm II to Karl, 8 August 1918, PAAA 14379表達自己對威廉的印象。威廉與王室成員之比較載於Plessen to Gräfin Brockdorff, 8 August 1918, in Afflerbach, *Kaiser Wilhelm II als Oberster Kriegsherr*, 926.
27. Niemann, *Kaiser und Revolution*, 35–36; Burián, *Austria in Dissolution*, 352–355; Ludendorff, *General Staff*, 595; Strachan, *First World War*, 317–318; Rumpler, *Max Hussarek*, 50–55.
28. 德國人稱威廉曾於斯巴提及他的王權野心。德國外交官則聲稱持有一封信，在信中威廉自稱為烏克蘭的合適統治者。德國自稱持有威廉野心證據之範例，參見Bussche to Berkheim, 14 August 1918, PAAA 14379; Forgách to Burián, 18 August 1918, in Hornykiewicz, *Ereignisse*, vol. 3, 347, citing Mumm.
29. Forgách to Burián, 11 August 1918, in Hornykiewicz, *Ereignisse*, vol. 3, 345. 威廉九月回歸之詳情，參見Wilhelm to Sheptyts'kyi (September 1918), TsDIAL, 358/3t/166/19–20. 眾人對威廉提議前往基輔之反應，參見Mumm to Auswärtiges Amt, 27 August 1918, PAAA R14380; Mumm to Auswärtiges Amt, 28 August 1918, PAAA R14380; Mumm to Auswärtiges

12. Malynovs'kyi, "Arkhykniaz Vil'hel'm fon Habsburh," 30; Petriv, *Spomyny*, 537. 該兵團是由一支騎兵團和一支步兵團組成。
13. 引言取自Petriv, *Spomyny*, 546.
14. Hirniak, *Polk. Vasyl' Vyshyvanyi*, 27. 另參見Wilhelm to Vasylko, 24 May 1918, TsDIAL 358/3t/166/21–22.
15. 博爾博坎的提議摘自Petriv, *Spomyny*, 547. 有關威廉與卡爾的討論，參見HHStA, Politisches Archiv I 523, Liasse XL VII/12/d, 517, "Entwurf eines Allerhöchsten Telegramms an Seine k.u.k Hoheit Erzherzog Wilhelm," May 1918. See also IPH, 23 September 1947, TsDAHO 26/1/66498-fp/148980/I/45; "Memuary," TsDAVO 1075/4/18a/9; and Bihl, "Beitrage zur Ukraine-Politik," 55.
16. 哈布斯堡軍人的掠奪行徑，參見KA, Oberkommando, Quartiermeisterabsteilung, 2626, Folder "Ukraine. Geheimakten," Nachrichtenabteilung an AOK Ukraine, "Bericht über Ukraine,"15 June 1918. 食物之款項，參見Krauss, "Die Besetzung," 360. 有關平民態度之探討，參見KA, Oberkommando, Quartiermeisterabsteilung, 2626, Folder "Ukraine. Geheimakten," Nachrichtenabteilung an Ukr. Abt. des AOK, 6 October 1918. 有關該協議，詳見Borowsky, *Deutsche Ukrainepolitik*, 139.
17. 有關絞刑一事，詳見KA, Armeeoberkommando, Operationsabteilung, Op. Akten, Karton 723, Evidenzgruppe "R," Telegram, 1 June 1918. 有關被綁在鐵軌上的鐵路官員，參見KA, Armeeoberkommando, Operationsabteilung, Op. Akten, Karton 724, Evidenzgruppe "R," Telegram, 5 July 1918. 大炮轟炸事件於KA, Armeeoberkommando, Operationsabteilung, Op. Akten, Karton 724, Evidenzgruppe "R," Telegram, "Bericht fuer s. m.," 20 July 1918中有提及。軍情處引言摘自KA, Oberkom- mando, Quartiermeisterabsteilung, 2626, Folder "Ukraine. Geheimakten," Chef des Generalstabes, "Lage in der Ukraine," 7 August 1918.
18. KA, Armeeoberkommando, Op. Abteiling, Op. Akten, Karton 723. Report from Odessa, "Bericht über die Niedermetzlung der Honvedhusaren bei Wladimirowka am 31/5[1918]," 21 June 1918. 我提到的無政府主義者為馬赫諾（Makhno）。
19. 哈布斯堡官員對烏克蘭的看法載於KA, Oberkommando, Quartiermeisterabsteilung, 2626, Folder "Ukraine. Geheimakten," Nachrichtenabteilung an Ukr. Abt. des AOK, "Bericht über die ukrainischen Verhältnisse," 26 June 1918; and KA, Armeeoberkommando, Operationsabteilung, Op. Akten, Karton 724, Evidenzgruppe "R," Telegram, 5 July 1918. 另參見KA, Armeeoberkommando, Operationsabteilung, Op. Akten, Evidenzgruppe "R," Karton 792, Telegram, 21 May 1918. 有關馬赫諾，參見Dontsov, *Rik 1918*, 14. 有關司令對威廉之提問，參見Forgách to Burián, 16 June 1918, in Hornykiewicz, *Ereignisse*, vol. 3, 339. 對皇帝的懇求載於Forgách to Burián, 24 June 1918, HHStA, Politisches Archiv X/Russland,

5. 詔令載於Wilhelm to Sheptyts'kyi, 19 February 1918, TsDIAL, 358/3t/166/15–16; and Rutkowski, "Ukrainische Legion," 3. 兩人的對話於Wilhelm to Vasylko, 18 March 1918, TsDIAL, 358/3t/166/17–18 (emphasis in original) 中有敘述。有關王位：IPH, 23 September 1947, TsDAHO 26/1/66498fp/148980/I/47. 軍團之成立，參見Vasyl' Vyshyvanyi, "U.S.S. z vesny 1918 r. do perevorotu v Avstrii," 25 October 1920, HURI, Folder 2. 有關其一九一八年以前的歷史，參見Popyk, *Ukraintsi v Avstrii*, 40–62.
6. 威廉的印象，參見Vasyl' Vyshyvanyi, "U.S.S. z vesny 1918 r. do perevorotu v Avstrii," 25 October 1920, HURI, Folder 2.
7. 引用威廉之語摘自Vasyl' Vyshyvanyi, "U.S.S. z vesny 1918 r. do perevorotu v Avstrii," 25 October 1920, HURI, Folder 2. 哥薩克人詳見"Memuary," TsDAVO 1075/4/18a/8.
8. 威廉的烏克蘭化言論摘自Wilhelm to Vasylko, 24 May 1918, TsDIAL 358/3t/166/21–22. 他的政策於Hirniak, *Polk. Vasyl' Vyshyvanyi*, 15中有所討論。馬廄表演的相關資料取自Vasyl' Vyshyvanyi, "U.S.S. z vesny 1918 r. do perevorotu v Avstrii," 25 October 1920, HURI, Folder 2.
9. Sheptyts'kyi to Wilhelm, 13 June 1918, *Documents ruthéno-ukrainiens*, 13; Petriv, *Spomyny*, 550. 另參見：Onats'kyi, *Portrety v profil*; *Podvyzhnyky Chynu Naisviatishoho Izbavitelia v Ukraini*; 以及Skrzypek, "Ukraivcy w Austrii," 381. fn. 47. 有關烏克蘭的救贖主教徒，參見Houthaeve, *De Gekruisigde Kerk*, 323–324; Laverdure, "Achille Delaere," 85–90; Turii, "Istorychnyi shlakh," 49–51; 以及Bubnii, *Redemptorysty*, 24–33。二十世紀初，加拿大西部罕有人為烏克蘭的希臘禮天主教移民以其母語和儀式主持禮拜，因此比利時救贖主教徒便志願於該地提供宗教服務，他們開始學習烏克蘭語，並將希臘禮天主教儀式換成羅馬天主教的形式。一九一〇年，蕭普提斯基造訪加拿大，並認識了這些為了在加拿大草原上向烏克蘭人傳道而已皈依希臘禮天主教的救贖主教徒。為之動容的蕭普提斯基便安排將救贖主教徒也派往加利西亞東部。伯納正是一九一三年第一批落腳加利西亞的教徒之一，而他和其他教友也都開始產生了烏克蘭民族認同。一九一七年，伯納和威廉同在利維夫迎接蕭普提斯基。
10. "Memuary," TsDAVO 1075/4/18a/8; Tereshchenko and Ostashko, *Ukrains'kyi patriot*, 27.
11. 此段落的引言分別取自Forgách to Burián, 22 June 1918, HHStA, Politisches Archiv X/Russland, Liasse Russland XI d/8, Karton 154, p. 149; K. u. k. Ministerium des Äußern, Referat I, "Tagesbericht," 27 August 1918, in Hornykiewicz, *Ereignisse*, vol. 3, 352; KA, Oberkommando, Quartiermeis- terabsteilung, 2626, Folder "Ukraine. Geheimakten," Nachrichtenabteilung an Ukr. Abt. des AOK, "Bericht über die ukr. Verhältnisse," 16 June 1918; K. u. k. Armeeoberkommando, Operations-Abteilung, Streng vertraulich, nicht für Deutsche, 30 June 1918, in Hornykiewicz, *Ereignisse*, vol. 3, 139.

23. 引言取自Cornwall, *Undermining*, 46. 有關和平提議，參見HHStA, Fach 1, Karton 66, Folder "Erzherzog Stefan."
24. Wilhelm to Sheptyts'kyi, 4 December 1917, TsDIAL, 358/3t/166/4; Tereshchenko and Ostashko, *Ukrains'kyi patriot*, 15–16; Grelka, *Die ukrainische Nationalbewegung*, 92; KA, Personalevidenzen, Qualifikationsliste und Grundbuchblatt des Erzherzogs Wilhelm F. Josef, Veränderungen; Wilhelm to Huzhkovs'kyi, 10 January 1918, TsDIAL 358/3t/166/6.
25. 罷工之情形請見Bihl, Österreich-Ungarn *und die Friedenschlüsse*, 87. 關於英軍封鎖時的維也納社會，參見Healy, *Vienna*. 有關一九一八年一月二十二日外交部長切爾寧（Czernin）於維也納發表之言論，參見Arz, *Zur Geschichte des Grossen Krieges*, 225. 哈布斯堡參謀本部的通信內容取自KA, Armeeoberkommando, Op. Abteilung, Op. geh. Akten, Karton 464, K.u.k. AOK zu Op. Geh. Nr. 829, Chef des Generalstabes, "Sitzungsbericht vom 21 Jänner (1918)." 欲瞭解威廉與瓦西爾科，參見Dontsov, *Rik 1918*, 14; Skrzypek, "Ukraińcy w Austrii," 353; Hirniak, *Polk. Vasyl' Vyshyvanyi*, 13; Bihl, Österreich-Ungarn *und die Friedenschlüsse*, 98; Zalizniak, "Moia uchast," 80–81; Popyk, *Ukraintsi v Avstrii*, 134–143.
26. Wilhelm to Sheptyts'kyi, 14 February 1918, TsDIAL 358/3t/166/7–8.

## 灰色　影子國王

1. Lersner to Auswärtiges Amt, 18 March 1918, PAAA R14363; Arz, *Zur Geschichte des Grossen Krieges*, 240.
2. 軍隊參謀長的引言載於KA, Armeeberkommando, Quartiermeisterabsteilung, 2626, Folder "Ukraine. Geheimakten," Chef des Generalstabes, Arz, K. u. k. Armeeoberkommando, Ukrainische Abteiling, to Austrian General Staff in Baden, "Klärung von Fragen in der Ukraine," 4 October 1918. 特使的引言取自Forgách to Burián, 10 August 1918. n Hornykiewicz, *Ereignisse*, vol. 3, 322. 哈布斯堡軍事情報官的引言載於KA, Armeeoberkommando, Quartiermeisterabteiling, Karton 2634, "Referat über die ukr. Legion," Hptm. Kvaternik, K. u. k. AOK (Opabt.), 25 February 1918. 想法創新的軍事情報官克瓦捷爾尼克（Kvaternik）所指的卻非原本的烏克蘭軍團（即一九一四年成立的「西奇射手」〔Sich Marksmen〕），而是一支由戰俘組成的新部隊，該部隊很快就被德國解散了。
3. 德國的先後考量詳見Mumm，引用於Eudin, "German Occupation," 93. 另參見Mędrzecki, "Bayerische Truppenteile," 458. 油田詳見Baumgart, *Deutsche Ostpolitik*, 123. 學者Fischer以其*Griff nach der Weltmacht*一作就德意志帝國的戰爭目的與行動展開辯論。Feldman, *German Imperialism*為實用的文件彙整。
4. 其正式名稱為烏克蘭國（Ukrainian State）。為避免混淆，我會一律將在俄羅斯帝國領土上建立的國家稱為烏克蘭民族共和國。

k. Legationsrath, Warsaw, An das löbliche Politische Expedit des K. und K. Ministeriums des Aeussern, 1 October 1916. 攝政委員會的三名委員之一曾發表過聲明，請參見Kakowski, *Z Niewoli*, 333–356. 針對史蒂芬公眾支持的討論，請見Lubomirska, *Pamiętnik*, 499, 504

13. 與腓特烈的通信：Friedrich to Wilhelm, 2 November 1916, TsDIAL, 408/1/567/8. 有關拜會皇帝之情形，參見"Memuary," TsDAVO 1075/4/18a/6. 有關威廉於一九一六年獲派的任務，參見KA, Personalevidenzen, Qualifikationsliste und Grundbuchblatt des Erzherzogs Wilhelm F. Josef, Vormerkblatt für die Qualifikationsbeschreibung für die Zeit vom 1/IV 1916 bis 30/IX 1917. His promotion is mentioned in KA, Personalevidenzen, Qualifikationsliste und Grundbuchblatt des Erzherzogs Wilhelm F. Josef, Veränderungen. Ethnographic: Huzhkovs'kyi(?) to Olesnyts'kyi, 29 January 1917, TsDIAL 408/1/567/120.
14. 引言為威廉對胡日科夫斯基所說, 7 November 1916, TsDIAL 408/1/567/18. 實際上，波蘭王國之成立宣告令主張奧地利—波蘭方案的波蘭人很是失望。本章欲著重於烏克蘭人的觀點；另Suleja, *Orientacja Austro-Polska* 是探討波蘭人態度的上乘之作。
15. 與史蒂芬通信的情形於Wilhelm to Huzhkovs'kyi, 29 December 1916, TsDIAL 408/1/567/28中有提及。有關「烏克蘭公國」（Fürstentum Ukraina）之資訊，詳見Wilhelm to Huzhkovs'kyi, 29 December 1916, TsDIAL 408/1/567/29.
16. Wilhelm to Huzhkovs'kyi, 8 February 1917, TsDIAL 408/1/567/62–63.
17. 威廉對醫生的回憶摘自"Memuary," TsDAVO 1075/4/18a/6. 他參加佛洛伊德講座一事取自一新聞剪報，Michel Georges-Michel, "Ou l'Archiduc Guillaume unit Mlle Mistinguett et l'Archiduc Rodolphe" [summer 1932], HURI, Folder 2. 前述講座的英文版為Freud, *Introductory Lectures*, 414–415, 433–435. 歷史學家Peter Gay曾創立一個以佛洛伊德學說詮釋維也納生活的學派，範例參見*Freud, Jews, and Other Germans*。
18. 威廉四月三日出發之情形，參見Wilhelm to Huzhkovs'kyi, 22 March 1917, TsDIAL 408/1/567/88. 送酒一事於Wilhelm to Huzhkovs'kyi [1917], TsDIAL 408/1/567/124中有提及。攝政委員會詳見*Polski Słownik Biograficzny*, vol. 9, 219. 威廉於一九一七年五月二十一日獲頒鐵十字勳章一事於KA, Personalevidenzen, Qualifikationsliste und Grundbuchblatt des Erzherzogs Wilhelm F. Josef, Veränderungen中有提及。
19. Zeman, *Breakup*, 126; Bridge, "Foreign Policy," 28.
20. Wilhelm to Huzhkovs'kyi, 9 June 1917, TsDIAL 408/1/567/100–102.
21. 引言與細節摘自Wilhelm to Vasylko, 1 August 1917, TsDIAL 358/3t/166/34–35. 卡爾於科洛梅亞（Kolomyja）執行之公務在Skrzypek, "Ukraivcy w Austrii," 74有所敘述。
22. "Vom Tage Metropolit Graf Szeptycki in Lemberg," 11 September 1917, PAAA Wien 342; Deutsches Konsulat, Lemberg, 報告日期為12 September 1917, PAAA Wien 342; Novosad, "Vasyl' Vyshyvanyi," 22; Rasevych, "Vil'hel'm von Habsburg," 214.

36. 引言摘自Tunstall, "Austria-Hungary," 124.
37. Wilhelm to Huzhkovs'kyi, 17 November 1916, TsDIAL, 408/1/567/15.

## 紅色 戎裝王子

1. MacKenzie, *Apis*. 他的真名為德拉古廷・狄米崔耶維奇（Dragutin Dimitrijević）。阿皮斯神首度出現於歷史中時，被形容為帝國的詛咒。Herodotus, *History*, 192–193.
2. 匈牙利的氣氛則頗為不同，法蘭茲・斐迪南對馬扎爾人（Magyar）懷有敵意，馬扎爾人也不喜歡他。法蘭茲・斐迪南意圖打造三元帝國，意在削弱匈牙利在帝國內的地位。
3. 這有別於他對德意志人和捷克人的態度，他敦促兩者於戰時暫且擱置民族爭端。打勝仗也無法提高他們在君主國內的相對地位。Popyk, *Ukraintsi v Avstrii*, 99–100; Judson, *Guardians of the Nation*, 220.
4. 哈布斯堡這方的看法，參見Shanafelt, *Secret Enemy*, 45.
5. Deák, *Beyond Nationalism*, 193. 有關近期對一戰的精采論述，參見Strachan, *First World War*; Stevenson, *Cataclysm*.
6. 一九一三年的畢業生有超過一半都在戰場上非死即傷。Deák, *Beyond Nationalism*, 91. 引言取自KA, Personalevidenzen, Qualifikationsliste und Grundbuchblatt des Erzherzogs Wilhelm F. Josef, Belohnungsantrag (28 March 1915). 金羊毛勳章詳見"Liste Nominale des Chevaliers de l'Ordre de la Toison d'Or en vie May 1929," APK-OŻ DDŻ 1.
7. 有關艾伯赫特的資料，參見KA, Personalevidenzen, Qualifikationslist des Erzherzogs Carl Albrecht. 有關威廉畢業的情形，參見KA, Personalevidenzen, Qualifikationsliste und Grundbuchblatt des Erzherzogs Wilhelm F. Josef, Belohnungsantrag (21 March 1918)及類似文件。.
8. 威廉的「紅王子」稱呼詳見"Memuary," TsDAVO 1075/4/18a/4; Onats'kyi, *Portrety v profil*, 126. 該團為第十三輕騎兵（13th Uhlans）。
9. "Memuary," TsDAVO 1075/4/18a/4–5.
10. 有關此時期史蒂芬和威廉之情形，參見HHStA, Fach 1, Karton 66, Folder "Erzherzog Stefan," Telegram, Prinz Hohenlohe, Berlin, 7 February 1916. 有關這類謠言及集會，請參閱Lubomirska, *Pamiętnik*, 121, 333.
11. Burián, *Austria in Dissolution*, 96–97, 100, 342; Shanafelt, *Secret Enemy*, 71, 80, 90; Zeman, *Breakup*, 100, 104.
12. 威廉對父親之敘述：Wilhelm to Huzhkovs'kyi, 29 December 1916, TsDIAL, 408/1/567/28–29. 有關史蒂芬與女婿恰托雷斯基的整體資訊，參見Hamann, *Die Habsburger*, 226; Hyla, "Habsburgowie Żywieccy," 14–15; Majchrowski, *Ugrupowania monarchysticzne*, 9–10. 父子間通信之例子，參見HHStA, Fach 1, Karton 66, Folder "Erzherzog Karl Stefan," Der k. und

認同猶太人，後來才認同烏克蘭人。其立論依據似乎是單一一篇新聞文章的摘要。原文為Henry Hellsen, "Kejser at Ukraine," *Berlinske Tidende*, 31 March 1920, 2. 據Hellsen所說，小威廉曾計劃成立以色列國，並主動接洽柏林的世界猶太復國主義組織（World Zionist Organization）欲為之效力。我們不難想像他是怎麼出現此想法的。當時有愈來愈多人支持猶太復國主義（指猶太人返回巴勒斯坦建立猶太國家的想法）。一九一三年，第十一屆猶太復國主義大會於維也納召開，小威廉當時就住在那裡。小威廉在此時搬到維也納，這可能會是他發現專屬民族的重大時刻。洛希尼島上碰巧沒有猶太人，日維茨就算有也是極少。但伊斯坦堡和北非肯定有猶太人，威廉在一九〇六、一九〇七及一九〇九年全家出航旅行時就很喜歡這些地方。他於一九〇九至一九一二年的就學處赫拉尼采鎮也有猶太人。那裡有條街名為猶太街，街上有一座猶太教堂、一所學校和一棟公用建築（見Bartovsky, *Hranice*, 225）。但以上多屬推測。威廉本人不曾重提此事；該篇文章是唯一已知的來源；Hellsen對事發時間的敘述也非常模糊。Hellsen引用的部分猶太人有關細節（例如威廉與德皇威廉二世的對話）與實際上是有關烏克蘭人的事件非常相似，值得懷疑。且Hellsen不具專門知識，是在事發多年後才開始寫作。除非找到進一步證據，否則威廉認同猶太人一事雖不無可能，但機率不大。

23. "Memuary," TsDAVO 1075/4/18a/1–2, 引言摘自1和2。另參見Hirniak, *Polk. Vasyl' Vyshyvanyi*, 7–8.
24. "Memuary," TsDAVO 1075/4/18a/2.
25. 引言摘自"Memuary," TsDAVO 1075/4/18a/2.
26. 有關更多細微之處，參見Markovits and Sysyn, *Nationbuilding*; and Binder, *Galizien in Wien*.
27. Gellner, *Language and Solitude*, 132ff對東歐民族誌的風格有很精彩的總結。
28. 關於烏克蘭君主制，請參閱Tereshchenko, "V'iacheslav Lypyns'kyi." 加利西亞烏克蘭運動之普及，可參閱John-Paul Himka的著作，例如*Religion and Nationality in Western Ukraine*.
29. Tereshchenko and Ostashko, *Ukrains'kyi patriot*, 8. 該顧問為Ievhen Olesnyts'kyi.
30. IPH, 14 April 1948; TsDAHO 26/1/66498-fp/148980/I/132; 另參見Onats'kyi, *Portrety v profil*, 126. 其中軍官團詳見Plaschka, Haselsteiner, and Suppan, *Innere Front*, 35.
31. "Memuary," TsDAVO 1075/4/18a/3; Novosad, "Vasyl' Vyshyvanyi," 24.
32. "Memuary," TsDAVO 1075/4/18a/3; Deák, *Beyond Nationalism*, 82.
33. 烏克蘭的貧困處境，參見"Memuary," TsDAVO 1075/4/18a/2–3.
34. Stefan to Franz Ferdinand, 5 or 6 November 1908; Stefan to Franz Ferdinand, 6 or 7 November 1908, APK-OŻ DDŻ 84. See also Antonoff, "Almost War."
35. Dedijer, *Road to Sarajevo*, 145. See also Deák, *Beyond Nationalism*, 8.

一九〇八年十一月的儀式上重申放棄這些權利。就算在波蘭遭到瓜分之後，拉齊維爾家族仍很富有。希羅尼穆斯．拉齊維爾與德國關係密切。他出生於德意志帝國，父親為德國議會議員。

12. Mackiewicz, *Dom Radziwiłłów*, 210–211.
13. 引文摘自一份無標題的放棄聲明文件：HHStA, Fach 1, Karton 203, Folder "Vermählung der Erzherzogin Mechtildis mit dem Prinzen Aleksander Olgierd Czartoryski." 另參見同上資料的下列文件："Kopie" of "Entwurf," 9 October 1912; K. und k. Ministerium des kaiserl. und königl. Hauses und des Äussern, Vienna, 26 January 1913, 3.518/1, Vertraulich; Vortrag des Ministers des kaiserlichen und königlichen Hauses und des Äussern, 9 October 1912.
14. Hyla, "Habsburgowie Żywieccy,"10. 恰托雷斯基的格言為「Bądź co Bądź」(無論發生何事)。
15. Ryan, *My Years*, 98–99; Hyla, "Habsburgowie Żywieccy," 9; "Memuary," TsDAVO 1075/4/18a/1.
16. 史蒂芬的信：Stefan to Baron Rehmer, Ministerium des Aüssern [December 1912], APK-OŻ DDŻ 85. 眾人的反應記載於HHStA, Fach 1, Karton 203, Folder "Vermählung der Erzherzogin Mechtildis mit dem Prinzen Aleksander Olgierd Czartoryski," K. und k. Ministerium des kaiserl. und königl. Hauses und des Äussern, Vienna, 26 January 1913, 3.518/1, Vertraulich. 據Hamann, *Die Habsburger*, 81所說，此為首場「嫁入中產階級」(in das Bürgertum)的婚禮。不同於兩位妹妹的是，伊蓮諾拉還得徹底放棄未來動用國家公款的權利。HHStA, Fach 1, Karton 203, Folder "Vermählung der Erzherzogin Eleonore mit dem Linienschiffslieutenant von Kloss," Kopie, "Verwurf."
17. 引言摘自Ryan, *My Years*, 99. 雙方書信往來的例子：Stefan to L. Bernheimer, 22 December 1912, APK-OŻ DDŻ 85.
18. KA, Personalevidenzen, Qualifikationsliste und Grundbuchblatt des Erzherzogs Wilhelm F. Josef, Klassifikationsliste (15 March 1915).
19. Hull, *Entourage*, 65 and passim; Clark, *Kaiser Wilhelm II*, 73–76; Murat, *La loi du genre*, 265. 普魯斯特認為，這起醜聞使得法國社會開始接納「同性戀」(homosexualité)一詞。Lucey, *Never Say I*, 230.
20. Spector, "Countess Merviola," 31–46; ibid., "Homosexual Scandal," 15–24.
21. Deák, *Beyond Nationalism*, 143–145; Palmer, *Twilight*, 318; Ronge, *Kriegsund Industriespionage*, 79–86; KA, Personalevidenzen, Qualifikationsliste und Grundbuchblatt des Erzherzogs Wilhelm F. Josef, "Hauptgrundbuchblatt."
22. Novosad, "Vasyl' Vyshyvanyi," 24. 或者小威廉也許已做好準備統治兩個王國，正如Vasyl' Rasevych的主張，參見其"Vil'hel'm von Habsburg," 212–213. Rasevych認為，威廉先是

## 綠色　東方歐洲

1. Gribble, *Life of the Emperor Francis-Joseph*, 119; Hamann, *Reluctant Empress*, 288, 301; E. Habsburg, *Das poetische Tagebuch*, 383.
2. 相關討論請見Wheatcroft, *Habsburgs*；尤其可參閱Tanner, *Last Descendant*.
3. 伊斯坦堡之旅，請見HHStA, Fach 1, Karton 66, Folder "Erzherzog Karl Stefan," Seiner Exzellenz Herrn Grafen Gołuchowski, 3 October 1906 and 23 October 1906. 阿爾及爾之旅，參見資料同上，Telegram, Chiffre, Algiers, 2 May 1907.
4. 馬爾他之行，參見資料同上，Consolato d'Austria-Ungharia, Malta, A sua Eccellenza Il Barone Lexa de Aehrenthal, 22 April 1907. 針對馬爾他政局之探討，參見Owen, *Maltese Islands*, 63–66.
5. 一九〇九年之行，參見Stefan in Podjavori to Austrian trade section in Triest, 31 March 1909, APK-OŻ DDŻ 84. 小威廉的印象，參見"Memuary," TsDAVO 1075/4/18a/1.
6. Tylza-Janosz, "Dobra czarnieckie i porąbczanskie," 20, 28, 35; Spyra, *Browar żywiec*, 27–30. 貴族的資本主義，參見Glassheim, *Noble Nationalists;* and Mayer, *Persistence of the Old Regime*.
7. 一家人之肖像，參見Senecki and Piotrowski, "Zbiory malarstwa," 58–60; Kuhnke, "Polscy Habsburgowie"; Mackiewicz, *Dom Radziwiłłów*, 209. 搬家時間於"Memuary," TsDAVO 1075/4/18a/1中有提及。民族風格，請見Bożek, *Żywieckie projekty Karola Pietschki*. 該座小教堂於Rusniaczek, "Jak powstał," 40–41中有提及。瑪麗亞・特蕾西亞對教宗的請求：Maria Theresia to Pope Benedict XV, 1 December 1904; "Sacra Rituum Congregatio . . ." 18 January 1905; [Illegible] to Maria Theresia, 15 May 1912; all in APK-OŻ DDŻ 3.
8. Kuhnke, "Polscy Habsburgowie." 窗戶事件取自Stefan to Entresz, July 1906, APK-OŻ DDŻ 84.
9. Stefan to "Caro Signore Commendatore," 25 September 1909; Stefan to Dr. Weiser & Sohn, Vienna, 8 October 1909; Stefan to Société Lorraine, 2 December 1909; Stefan to Daimler Motor Company, Coventry, 21 March 1910; Stefan to Hieronym Tarnowski, June 1910, all in APK-OŻ DDŻ 85. 汽車詳見Husar, "Żywieccy Habsburgowie," 65.
10. Ryan, *My Years*, 127–134. 二〇〇七年，該株紅豆杉仍在。
11. HHStA, Fach 1, Karton 200, Folder "Vermählung 74 der Erzherzogin Renata mit dem Prinzen Radziwill," K. und k. Ministerium des kaiserl. und königl. Hauses und des Äussern, "Eheschliessung Ihrer k.u.k. Hoheit der durchlauchstigsten Frau Erzherzogerin Renata Maria mit dem Prinzen Hieronymus Radziwill"; ibid., Sr. K. und K Apost. Majestät Obersthofmeisteramt, An das löbliche k. und k. Ministerium des k. und k. Hauses und des Aeussern, 18 September 1908. 雷娜塔當時必須接受法庭照會列出的每一項條件，並於

此不僅是兄弟，更是表親。法蘭茲・約瑟夫為在位皇帝，所以此名也是在致意維也納。「威廉」則是取自於前一年去世的條頓騎士團大團長兼前奧地利軍隊司令威廉・馮・哈布斯堡大公。因此，史蒂芬是在將自己的兒子雙重獻給自己的君王，不僅直接向法蘭茲・約瑟夫致敬，也是在透過家族中少數贏得法蘭茲・約瑟夫敬重的成員表示敬意。Redlich, *Emperor Francis Joseph,* 200, 476.

16. 這段概述絕無法忠實反映十九世紀波蘭歷史之複雜。最佳指南為 Wandycz, *Lands of Partitioned Poland.*
17. Schmidt-Brentano, *Die Österreichische Admirale,* 473.
18. Sondhaus, *Naval Policy,* 136.
19. Ryan, *My Years,* 69.
20. Ryan, *My Years,* 70–73. 瑞安表示，自己撰寫回憶錄是為了證明並非所有哈布斯堡人都癲狂、壞心又不擅統治，不過回憶錄的內容在這點上有點含糊。
21. Ryan, *My Years*, 83.
22. 史蒂芬的藝術創作似乎無一留存下來。但他素描本中的素描倒很能見其特色，請見 APK-OŻ DDŻ 84 and 85.
23. Ryan, *My Years*, 66–67.
24. "Memuary," TsDAVO 1075/4/18a/1; Ryan, *My Years*, 91.
25. 造船及引言取自：Stefan to Cox and King, Naval Architects, London, 1905, APK-OŻ DDŻ 84. 兒子們的航海課程於 "Memuary," TsDAVO 1075/4/18a/1 中有提及。山羊事件記載於 Ryan, *My Years*, 245–246.
26. 聖彼得堡之行記載於 HHStA, Fach 1, Karton 66, Folder "Erzherzog Karl Stefan," Letter to Seiner Exzellenz Herrn Grafen Gołuchowski, St. Petersburg, 12 August 1900. 與瑪麗亞・克里斯提娜之往來，請見：HHStA, Fach 1, Karton 66, Folder "Erzherzog Karl Stefan," Letter, Seiner Exzellenz Herrn Grafen Gołuchowski, San Sebastian, 30 September 1900.
27. 一九〇二年，參與阿方索成年禮之行記載於 Ryan, *My Years*, 250.
28. HHStA, Fach 1, Karton 66, Folder "Erzherzog Karl Stefan," An das hohe K. und h. Ministerium des kaiserlichen und königlichen Hauses und des Aeussern, Vienna, 27 January 1905.
29. 與水手之互動：Ryan, *My Years*, 98. 日期：Hyla, "Habsburgowie żywieccy," 9. 威廉對水手的記憶："Memuary," TsDAVO 1075/4/18a/1.
30. Stefan to Agenor Gołuchowski, 17 July 1906, HHStA, Fach 1, Karton 66, Folder "Erzherzog Karl Stefan."
31. "Memuary," TsDAVO 1075/4/18a/1.

13. *Volksblatt*, 6 December 1908, 3; *Die Neue Zeitung*, 3 December 1908, 1; Wingfield, *Flag Wars and Stone Saints*, 129; Unowsky, *Pomp and Politics*, 181.

## 藍色 濱海童年

1. *Des Kaisers Traum. Festspiel in einem Aufzuge von Christiane Gräfin Thun-Salm. Musik von Anton Rückauf*, Vienna, 1908, 29; Michel Georges-Michel, "Une histoire d'ancre sympathetique," *Le Jour*, 25 July 1934; "Akt," TsDAHO 26/1/66498-fp/148980/I.
2. Basch-Ritter, *Österreich auf allen Meeren,* 71.
3. *Pola: Seine Vergangenheit, Gegenwart und Zukunft,* 32, 82. 我們所謂的「全球化」（globalization）一詞在德語中為「Welthandel」。我是在深思熟慮後才決定使用此詞；當今世界貿易的狀況應為（有時也會使用)「第二次全球化」。
4. Wiggermann, *K.u.k. Kriegsmarine und Politik,* 36.
5. Sondhaus, *Habsburg Empire and the Sea,* 172–212; Perotti, *Das Schloss Miramar,* 9–89.
6. Vogelsberger, *Kaiser von Mexico*, 333.
7. 卡爾後於瓦格拉姆之戰由拿破崙擊敗，巴黎凱旋門便是在紀念此事。
8. "Memuary," TsDAVO 1075/4/18a/1; Sondhaus, *Naval Policy*, 61; Hyla, "Habsburgowie żywieccy," 7.
9. HHStA, Fach 1, Karton 189, Folder Vermählung Des Erzherzogs Carl Stephan mit der Erzherzogin Maria Theresia von Toscona zu Wien am 28 February 1886, Grover Cleveland to Franz Josef, 20 May 1886. 銀器贈禮，請見A. Habsburg, *Princessa och partisan*, 113.
10. 魯道夫生平，請見Hamann, *Kronprinz Rudolf*, esp. 330–332, 415–419. 對父子倆關係的討論，請見Dickinger, *Franz Josef I*, 54–66.
11. 引言取自Hamann, *Reluctant Empress,* 130, 135.
12. Markus, *Der Fall Redl,* 149–150; Wheatcroft, *Habsburgs,* 283; Gribble, *Life of the Emperor Francis-Joseph,* 281.
13. Ivanova, *Stara bulgarska literatura,* 64.
14. 魯道夫的介紹詳見Hamann, *Kronprinz Rudolf,* 296–298. 雙方對彼此之影響，詳見："Memuary," TsDAVO 1075/4/18a/1, 2, and 6; and Ryan, *My Years,* 232. 三元主義（Trialism）詳見：Dedijer, *Road to Sarajevo,* 93–95, 153, 159. 該時期賽爾維亞與克羅埃西亞的政治理念，於Banac, *National Question,* 70–114有所探討。一九〇三年王朝更迭後，人民又起了南斯拉夫的念頭。參見Jelavich, *South Slav Nationalism,* 19–26.
15. HHStA, Fach 1, Karton 147, Folder Entbindung Erzherzogin Maria Theresia 1895. 他的全名為威廉・法蘭茲・約瑟夫・卡爾。整串名字都與王朝有關。卡爾為父親的祖父，母親的外曾祖父；所有男孩都取用此名。而這名字也算合適，因這樣能時時提醒他們，彼

*Anton Rückauf*, Vienna, 1908. 環城大道之介紹請見Schorske, *Fin-de-Siecle Vienna*, 24–115. 當日詳細情形取自Vasyl Vyshyvanyi (Wilhelm von Habsburg), "Memuary," TsDAVO 1075/4/18a/2; *Wiener Abendpost*, 3 December 1908, 1–6; *Wiener Bilder*, 9 December 1908, 21; Thun-Salm and Hoffmansthal, *Briefwechsel*, 187, 238. 其他對當晚活動之探討，請見Mayer, *Persistence of the Old Regime*, 142–143; and Unowsky, *Pomp and Politics*, 87–89. 一九〇八年的其他慶典，請見Grossegger, *Der Kaiser-Huldigungs-Festzug*; and Beller, "Kraus's Firework."

2. 朗巴勒王妃（Princesse de Lamballe）之頭顱，其細節及大量解讀資料可參考Blanning, *Pursuit of Glory*, 619–670.
3. 哈布斯堡的象徵主義，請見Wheatcroft, *Habsburgs*. 若論對於哈布斯堡全面論述的研究，首屈一指之作為Evans, *Rudolf II and His World.* 魯道夫的小冊，請見Hamann, *Kronprinz Rudolf*, 341.
4. 欲瞭解審查情形與各民族的狀況，請參見Zacek, "Metternich's Censors"; and Killem, "Karel Havlicek." 不同角度的幽默探討，請見Rak, *Byvali Mechové.*
5. 此處細節取自Clark, *Iron Kingdom*，惟一六八三年的熔金事件是由Stoye, *Siege of Vienna*提及。
6. 表演細節：*Sonnenthal, Adolf von Sonnenthals Briefwechsel*, 229. 參見First Corinthians 13:13: "Nun aber bleibt Glaube, Hoffnung, Liebe, diese drei; die größte aber von diesen ist die Liebe." 劇中的未來之靈："Das ist das Größte, und ich nenn's: die Liebe."
7. *Wiener Abendpost*, 3 December 1908, 3.
8. "Memuary," TsDAVO 1075/4/18a/1.
9. 奧地利與匈牙利擁有共同的軍隊、外交部與支應軍事與外交開銷的共同預算，但匈牙利政府自行掌管內政事務。一八六七年之後，約瑟夫的正確稱號為奧地利（帝國）與匈牙利（王國）的「皇帝暨國王」或「皇帝—國王」，他的領地稱為奧地利—匈牙利（譯註：中文習稱奧匈帝國，但從匈牙利角度而言，帝國只涵蓋奧地利部分），君主國的機構視情況稱為帝國的（Imperial）、王國的（Royal）、或帝國暨王國的（Imperial-Royal）。詳見〈名稱和語言〉。
10. 參見Cohen, *Politics of Ethnic Survival*; King, *Budweisers into Czechs and Germans*; Kořalka, Češi *v Habsburské ríse a v Evropě*.
11. A. J. P. Taylor於*Habsburg Monarchy*一作中欲論證，無論有無第一次世界大戰，哈布斯堡君主國都注定會滅亡。此研究則質疑該論述。Remak, "The Healthy Invalid" 對Taylor的論點多有引人深思之引用反證。
12. 史蒂芬致法蘭茲・斐迪南大公，一九〇八年十一月五或六日；史蒂芬致法蘭茲・斐迪南大公，一九〇八年十一月六或七日，APK-OŻ DDŻ 84。參謀長康拉德（Conrad）之出席於*Wiener Abendpost*, 3 December 1908, 3中有提及。

# 註釋

## 檔案館與縮寫

| | |
|---|---|
| AAN | Archiwum Akt Nowych, Warsaw, Poland |
| AC | Archives Contemporaines, Fontainebleau, France |
| AKPR | Achiv Kanceláře Prezidenta Republiky, Prague, Czech Republic |
| AP | Archives de Paris, Paris, France |
| APK-OŻ | Archiwum Pavstwowe w Katowicach, Oddział w Żywcu, Poland |
| APP | Archives de la Préfecture de Police, Paris, France |
| AR | Archiv der Republik, Vienna, Austria |
| AUTGM | Archiv Ústavy Tomáše Garrigue Masaryk, Prague, Czech Republic |
| BA | Bundesarchiv, Berlin-Lichterfelde, Germany |
| BHStA | Bayerisches Hauptstaatsarchiv, Munich, Germany |
| BK | Bundesarchiv, Koblenz, Germany |
| CAW | Centralne Archiwum Wojskowe, Rembertów, Poland |
| HHStA | Haus-, Hof-, und Staatsarchiv, Vienna, Austria |
| HURI | Ukrainian Research Institute, Harvard University, Tokary Collection |
| IPH | Interrogation Protocol (Protokol Doprosa), Wilhelm von Habsburg |
| IPN | Interrogation Protocol (Protokol Doprosa), Roman Novosad |
| KA | Kriegsarchiv, Vienna, Austria |
| PAAA | Politisches Archiv, Auswärtiges Amt, Berlin, Germany |
| RGVA | Rossiiskii Gosudarstvennyi Voennyi Arkhiv, Moscow, Russia |
| TsDAHO | Tsentral'nyi Derzhavnyi Arkhiv Hromads'kykh Obiednan, Kiev, Ukraine |
| TsDAVO | Tsentral'nyi Derzhavnyi Arkhiv Vyshchykh Orhaniv Vlady ta Upravlinnia Ukrainy, Kiev, Ukraine |
| TsDIAL | Tsentral'nyi Derzhavnyi Istorychnyi Arkhiv, Lviv, Ukraine |
| WSL | Wiener Stadt- und Landesarchiv, Vienna, Austria |

## 金色　帝王之夢

1. 此劇為*Des Kaisers Traum. Festspiel in einem Aufzuge von Christiane Gräfin Thun-Salm. Musik von*

*Beyond*

88

世界的啟迪

# 紅王子

## 一位貴族的秘密人生與流轉中的近代歐洲認同

The Red Prince: The Secret Lives of a Habsburg Archduke

作者　提摩希・史奈德（Timothy Snyder）
譯者　黃好萱
總編輯　洪仕翰
責任編輯　王晨宇
譯校　夏克勤
行銷企劃　張偉豪
封面設計　莊謹銘
排版　宸遠彩藝

出版　衛城出版 / 左岸文化事業有限公司
發行　遠足文化事業股份有限公司（讀書共和國出版集團）
地址　231 新北市新店區民權路 108-3 號 8 樓
電話　02-22181417
傳真　02-22180727
客服專線　0800-221029
法律顧問　華洋法律事務所　蘇文生律師
印刷　呈靖彩藝有限公司
初版　2025 年 3 月
定價　580 元
ISBN　9786267645093（紙本）
9786267645109（EPUB）
9786267645116（PDF）


歡迎團體訂購，另有優惠，請洽 02-22181417，分機 1124


ACRO POLIS
衛城出版
Email　acropolisbeyond@gmail.com
Facebook　www.facebook.com/acrolispublish

國家圖書館出版品預行編目(CIP)資料

紅王子：一位貴族的秘密人生與流轉中的近代歐洲認同/提摩希.史奈德(Timothy Snyder)作；黃好萱譯. -- 初版. -- 新北市：衛城出版，左岸文化事業有限公司出版：遠足文化事業股份有限公司發行, 2025.03
384面；14.8 x 21公分. -- (Beyond；88)(世界的啟迪)
譯自：The red prince : the secret lives of a Habsburg archduke.
ISBN 978-626-7645-09-3(平裝)

1. 哈布斯堡-洛林(Habsburg-Lothringen, Wilhelm, 1895-1948)
2. 傳記　3.CST: 烏克蘭

784.828　114001137